WALDECK-ROUSSEAU

L'ÉTAT
ET
LA LIBERTÉ

PREMIÈRE SÉRIE
(1879-1883)

PARIS
BIBLIOTHÈQUE-CHARPENTIER
EUGÈNE FASQUELLE, ÉDITEUR
11, RUE DE GRENELLE, 11
1906

L'ÉTAT
ET
LA LIBERTÉ

Eugène FASQUELLE, Éditeur, 11, rue de Grenelle

DU MÊME AUTEUR :

Discours parlementaires (1879-1889), 1 volume in-8.   7 fr. 50

Questions sociales, 1 volume in-18 . . . .   3 fr. 50
Associations et Congrégations, 1 volume in-18 . . .   3 fr. 50
La Défense républicaine, 1 volume in-18 . . . . .   3 fr. 50
Action républicaine et sociale, 1 volume in-18. . .   3 fr. 50
Politique française et étrangère, 1 volume in-18 . .   3 fr. 50
Pour la République, 1 volume in-18 . . . .   3 fr. 50

EN PRÉPARATION :

Histoire du Ministère Waldeck-Rousseau.

Paris. — L. MARETHEUX, imprimeur, 1, rue Cassette. — 10984.

WALDECK-ROUSSEAU

L'ÉTAT
ET
LA LIBERTÉ

— PREMIÈRE SÉRIE —

1879-1883

PARIS
BIBLIOTHÈQUE-CHARPENTIER
EUGÈNE FASQUELLE, ÉDITEUR
11, RUE DE GRENELLE, 11
—
1906

Tous droits réservés.

Il a été tiré de cet ouvrage :

5 exemplaires numérotés sur papier de Hollande.

INTRODUCTION DE L'ANNOTATEUR

Les réputations politiques s'établissent souvent sur les apparences. C'est parfois un danger pour les hommes d'État. Une parole, un acte mal interprété, une pensée perfidement travestie, la passion des partis s'en mêlant, c'en est assez pour classer un homme public, et le juger. Peut-être, cela s'est vu, ne sait-on presque rien encore de ses projets, de ses ambitions, de ses principes même, et déjà il est l'ennemi... l'ennemi du peuple.

C'est l'aventure qui arriva à M. Waldeck-Rousseau dans ses premières années de Parlement. Il venait de prononcer sur la réforme de la magistrature ces admirables discours où il réfutait des contradicteurs qui s'appelaient M. Ribot et M. Clemenceau. Il avait adressé aux préfets, sur les faveurs administratives, cette circulaire historique dont s'effrayèrent les députés comptant moins sur leur mérite personnel que sur leur influence bureaucratique pour être réélus. Un mot alors s'éleva, mot terrible dans une jeune démocratie ivre de liberté imprécise : C'est un autoritaire ! Et l'Extrême-Gauche, renchérissant, le traitait cavalièrement de bonapartiste, et le pays républicain, qui, plus tard, devait tant l'acclamer, tant le regretter, croyait presque à ces choses.

Qu'avait donc fait M. Waldeck-Rousseau ? Lui, issu d'une famille solidement républicaine, fils d'un homme qui combattit la Monarchie de Juillet autant que le Gouvernement de Napoléon III, lui qui, à vingt ans, en ce Paris fiévreux de 1869, entendait avec joie les Jules Simon, les Dufaure, chez qui il fréquentait, prédire la chute prochaine du régime impérial, et qui, peu après, dans sa Bretagne réveillée, se dévouait avec cœur à la propagande des idées nouvelles, militant infatigable des 24 et 16 Mai, républicain si franchement déclaré, — par ses discours, par ses écrits, par toute sa personne, — que les républicains de Rennes lui imposaient aussitôt un mandat de député, quel crime imprévu de lèse-démocratie avait-il donc commis? Celui-ci et point d'autre : en même temps qu'il proclamait la souveraineté du suffrage universel, il affirmait sans fléchir l'existence des droits de l'État.

A cette époque, il est vrai, la doctrine apparaissait plus qu'audacieuse au gros du parti républicain. Celui-ci, sans traditions de gouvernement, turbulent, provocant, méfiant, demeurait non sans fierté sur ses positions de combat. Ses récentes batailles l'avaient laissé fort échauffé. Il se souvenait trop du passé pour être sûr de l'avenir. Les accidents éphémères des luttes politiques le troublaient plus que le souci des immuables principes qui commandent toute société. C'était toujours de représailles, de démolitions, qu'il se préoccupait. Il semblait ne pas se douter qu'il était le maître, et que la République existait. Subjectivement, dans son ensemble, il restait un parti d'opposition. Des théories, des pensées généreuses, de l'idéal, oh ! certes, il en était gonflé, mais il se découvrait lamentablement inexpérimenté et candide lorsqu'on lui parlait de cet esprit politique positif qu'aujourd'hui il possède beaucoup trop, dit-on, et mal. Aussi, entraîné par habitude à tous les assauts contre le pouvoir, quel qu'il fût, il glissait à son propos aux pires sottises, surtout quand au ministère entraient les plus qualifiés de ses propres chefs. En eux, dès lors, il ne voyait plus que les représentants de l'*autorité*, c'est-à-dire les défenseurs officiels de cela contre quoi il s'était toujours révolté. Et, loin de les aider à gouverner, il s'acharnait contre eux au nom de la République.

République, autorité, ces deux expressions forment-elles donc une fatale antithèse ? Aux environs de 1880, conservateurs et démocrates, pour des causes différentes, admettaient encore en général, et de bonne foi, cette théorie si superficielle. Ce n'était pas l'avis, on s'en doute, de M. Waldeck-Rousseau. Il pensait que la République avait, à l'égal de la monarchie, le droit, le devoir, de faire figure de gouvernement, et que la liberté ne saurait se développer sans respecter les fondements de l'État, sans reconnaître le principe d'autorité.

Sans doute il n'entendait pas ce principe à la manière des partis conservateurs comme une digue dressée contre la marche du progrès. Acquis d'avance aux réformes les plus hardies, il partageait, et il s'en glorifiait, les tendances, les aspirations, les généreuses passions des classes laborieuses. Son esprit, en conséquence, rejetait de l'autorité ce qu'y cherchaient, dans leur égoïsme étroit et apeuré, les gouvernements antérieurs : une arme de compression, de tyrannie. La justice étant pour lui la règle de l'Etat, l'autorité se limitait à être l'instrument indispensable de la loi. De puissance oppressive, elle devenait puissance protectrice. Dépouillée de l'arbitraire, de la violence, ce n'était plus que l'organisme naturel de l'Etat, le mécanisme parfait des rouages de la vie nationale, l'expression régulière de la volonté générale du pays.

A la base des doctrines politiques de M. Waldeck-Rousseau repose le dogme absolu du suffrage universel. Si l'illustre orateur se dégageait des préjugés et des préventions du parti républicain contre le pouvoir exécutif, s'il souhaitait ce pouvoir incontesté, fort, respecté, c'était à condition qu'il représentât fidèlement la nation. Il proclamait sans réserve que la souveraineté universelle est la source de tous les pouvoirs et de tous les droits. En dehors d'elle, il ne découvrait que conceptions chimériques, violences, arbitraires, usurpations. Et s'il s'inclinait devant cette théorie, ce n'était pas seulement devant une formule, mais parce qu'il trouvait là, expliquait-il, une satisfaction pour sa raison et pour son esprit, parce qu'il voyait dans le suffrage universel le seul jugement, le seul arbitrage possible dans l'éternel conflit entre l'individu et la collectivité, entre l'autorité et la liberté.

L'autorité a pour devoir capital d'obéir à la volonté nationale hautement et fermement affirmée. Elle ne doit contrarier en rien l'exercice des libertés par lesquelles chaque citoyen a le droit de chercher à agir sur l'opinion, à convaincre le corps électoral, à conquérir le gouvernement. Mais, ensuite, quand le peuple a rendu son verdict, jugé les opinions et les doctrines, ce verdict, ce jugement doit être respecté, et c'est au pouvoir, disait M. Waldeck-Rousseau, d'imposer ce respect :

« Je considère que la règle fondamentale d'une démo-
« cratie, c'est la manifestation la plus libre des opinions,
« l'exercice sans entrave de l'activité individuelle, sans
« autre limite que la loi, souveraine parce qu'elle émane
« du peuple souverain. Il faut qu'on puisse librement
« écrire, parler, se réunir... Mais après ces débats, cette
« discussion, cette propagande, le pays juge, il prononce,
« et sa volonté manifestée doit être obéie, obéie par tous.
« Et c'est ici que le rôle de l'autorité commence ; c'est pour
« cela qu'il faut un pouvoir respecté, qui, par ses agents,
« sur tous les points du territoire, assure l'exécution de
« cette volonté souveraine. Ainsi envisagée, qu'est-ce donc

« que l'autorité, sinon la force légale mise au service des
« jugements d'un peuple libre?... »

Dès lors le pouvoir exécutif n'est plus l'antagoniste du peuple, puisqu'il en émane, puisqu'il se confond avec lui. Comment, dans ces conditions, entreprendre la diminution de l'Etat, interprète des volontés du pays, gardien de ses institutions ? L'autorité qui est son essence cesse d'être un instrument de tyrannie, elle est un instrument de liberté. Qu'on multiplie toutefois les moyens de contrôle, les précautions, les garanties, cela, M. Waldeck-Rousseau l'admet, le conseille, mais ce qu'il repousse nettement, c'est que le pouvoir exécutif soit débile, suspect, chaque jour menacé : ce serait à bref délai la déchéance de la Constitution. Les démocraties les plus farouches, du moment qu'elles acceptent l'état de société, sont obligées de se conformer à cette doctrine : elle découle de l'inflexible logique du contrat social.

M. Waldeck-Rousseau, quand il exposait avec énergie ces principes, inquiétait, indisposait son parti. Mais il lui rendait un immense service : il l'amenait malgré lui à dégager la République des dissertations un peu primitives où la tenaient informe les politiciens nourris de mots et de légendes. Il lui démontrait que le Gouvernement démocratique ne serait qu'une chimère vite évanouie s'il prétendait exister en dehors des lois scientifiques de tout Etat constitué. Il lui disait qu'il fallait que l'on sût bien — par des lois — que la République est capable de donner au pays la même somme de sécurité, de repos, que tout autre Gouvernement. C'était affirmer, devant d'anciens révolutionnaires non encore assagis, la nécessité de l'ordre, de cet ordre abhorré dont Montesquieu cependant a écrit qu'il n'est que la sécurité pour tous. Enfin il concluait par cette forte parole : « Il n'y a pas de liberté en dehors de la loi et contre la loi. » Et comme il avait cette qualité de parler avec franchise, on se méprit naturellement sur ses sentiments. Autoritaire ! clamaient les radicaux indignés. Jacobin ! grondaient les conservateurs épouvantés. Ce n'était qu'un libéral qui avait médité les leçons des philosophes et des historiens.

Qu'on jette un regard rapide sur sa vie politique. Jacobin, au sens légendaire du mot, quand le fut-il? Pas même en ces jours passionnés de 1899, où, montant au pouvoir, il refusa de prendre des mesures de coup d'Etat — on saura plus tard lesquelles — que le pays républicain, surexcité, eût applaudies sans doute! Autoritaire, au sens faussé du mot, quand le fut-il? Serait-ce lorsque, plus audacieux même que Gambetta, plus intelligemment révolutionnaire que les rouges théoriciens des barricades, il eut ce ferme courage de vouloir transformer les mœurs politiques de la France, d'enlever aux députés, lui, ministre de trente ans, la possibilité de se constituer une clientèle d'électeurs domestiqués par les faveurs administratives ? Lorsque, aux partisans du scrutin d'arrondissement arguant qu'il faut qu'un électeur connaisse son député, il répondait : « J'aimerais mieux que l'électeur connût moins son député et mieux ses principes » ? Ou bien lorsque, défendant en 1884 la publicité des débats des conseils municipaux contre les esprits timorés du Sénat, il les scandalisait en déclarant qu'à son sens la France manquait de l'habitude de la vie publique, qu'elle ne faisait pas assez de politique, que le suffrage universel ne demeurait pas d'une façon assez constante mêlé à l'étude, à l'examen des questions qui le concernent, et que la République ne saurait faire un trop pressant appel à l'activité individuelle autant qu'à l'activité communale?

Profondément individualiste, respectueux du droit commun, opposé aux empiétements de l'autorité, aux interventions abusives du pouvoir exécutif ou législatif, par exemple dans les affaires économiques du pays[1], M. Waldeck-Rousseau a été jusqu'à ce jour l'homme d'État le plus vraiment libéral de la troisième République. Il voulait l'Etat solidement constitué, oui! mais serf de la loi-interprète de la liberté. La loi était son guide. En elle seule il plaçait sa confiance et ses espoirs. Là fut sa force, oserons-nous dire tout son mystère?...

Henry Leyret.

Novembre 1905.

---

[1]. On trouvera à l'appendice de cet ouvrage un discours — *Individualisme et Protectionnisme* — où M. Waldeck-Rousseau condamnait en termes formels l'habitude prise par le pays d'en appeler à l'État, et les complaisances de celui-ci. Il montrait à quelles conséquences on en arrivait, notamment, avec les lois de protection : «... Du moment où l'on convient que le droit de douane tend à assurer au capital industriel un prix de vente rémunérateur, je ne vois pas ce qu'on peut répondre à la main-d'œuvre quand elle vient demander qu'on lui assure un gain en harmonie avec ses besoins... De sorte que l'on pourrait montrer sans grands efforts que le collectivisme contemporain n'est pas autre chose que la protection poussée à ses extrêmes limites. »

L'ÉTAT
ET
LA LIBERTÉ

LE TRAVAIL

LEVIER DES DESTINÉES HUMAINES

M. Waldeck-Rousseau avait été élu député de Rennes le 6 avril 1879. En remerciant les électeurs bretons de l'avoir choisi, il leur avait écrit : « J'entre ainsi par votre volonté dans la vie parlementaire, avec la ferme volonté de n'être pas inutile. » Il ajoutait que son premier désir était de bien connaître leurs intérêts, et, en effet, il s'attacha tout de suite à étudier avec un égal dévouement ceux de la ville et ceux de la campagne. On le vit fréquenter avec assiduité les réunions des Comices agricoles. Il y prononçait des discours où, à côté des questions spéciales aux travailleurs des champs, il traitait les problèmes politiques de l'heure, rappelait les progrès accomplis grâce à la Révolution, défendait la République contre les attaques de ses ennemis, exprimait sa pensée sur les devoirs des gouvernements et l'art de gouverner. Il n'avait pas encore fait à la tribune de la Chambre ces débuts qui le devaient rendre célèbre tout d'un coup. Déjà le futur homme d'État se révélait dans ses allocutions familières des Comices par ses idées générales, ses opinions réfléchies, son programme de réformes.

A Cesson, le 29 septembre 1879, il montra que le travail devenait de plus en plus le maître de l'humanité.

MES CHERS CONCITOYENS,

Si je prends à mon tour et pour un instant la parole, c'est que je me reprocherais de quitter cette réunion sans exprimer publiquement les sentiments qu'elle m'a laissés et que j'emporte comme un précieux souvenir.

Tous les départements voisins ont leurs comices et j'en ai visité plusieurs ; je n'en ai pas vu qui fussent, comme les nôtres, marqués de ce caractère de cordialité et de sympathique entraînement. Je ne parle pas seulement des excellentes paroles que nous venons d'entendre, mais aussi des entretiens familiers, des conversations intimes de la journée, où nos esprits comme nos mains se sont cherchés, rencontrés, unis. C'est que nos comices ne sont pas seulement pour vous l'occasion de comparer vos produits, vos progrès, de disputer les récompenses dues à vos laborieux efforts ; ils sont aussi une solennité vraiment populaire et quelque chose comme la véritable fête du travail agricole émancipé par vos pères, perfectionné, rendu plus fécond par vous, qui a ses représentants dans tous les conseils, ses institutions, ses annales, ses lauréats et ses solennités commémoratives.

Si nos comices ont vraiment ce caractère propre, c'est que notre département et surtout notre arrondissement ont aussi leur caractère bien particulier et bien remarquable. C'est qu'entre nous tous, représentants ou représentés, il y a un patrimoine commun de droits acquis, cette confiance qui naît de la solidarité des intérêts, et ce lien étroit d'une commune origine.

Il n'est aucun de nous dont la situation plus ou moins humble, plus ou moins élevée, ne soit le résultat d'un effort personnel et ne marque une étape plus ou moins avancée, plus ou moins haute, sur la grande route du travail. C'est assez dire que nous datons tous de cette grande époque qui a supprimé l'inégalité des conditions morales et substitué à cet accident du hasard, la naissance, qui décidait jadis du sort de l'homme, cette grande puissance des temps modernes que je viens de nommer tout à l'heure, ce levier tout-puissant des destinées humaines qui s'appelle le travail.

Il me plairait de rechercher avec vous combien cette grande conquête est vôtre, comme c'est surtout des campagnes qu'est sorti ce régime nouveau, comment c'est de cette terre, de cette glèbe, que sortit, il y a près d'un siècle, la première moisson de libertés. Il me faudrait alors faire la sombre peinture des maux dont l'excès fit cet affranchissement, et, plutôt que d'en assombrir cette fête, je préfère constater les progrès si décisifs que vous avez accomplis.

Comme vous avez marché, Messieurs les agriculteurs, depuis cette époque! combien vous avez grandi! En même temps que votre domaine matériel s'affermissait, que la terre cessait d'être pour vous une possession précaire pour devenir une propriété certaine, votre domaine intellectuel s'agrandissait aussi : avec les routes s'ouvraient les écoles, et vous preniez de vos intelligences cette décisive possession qui s'appelle l'instruction, l'éducation intellectuelle.

On a dit, Messieurs, que la terre monte, ensevelissant sur certains points le seuil des vieux édifices condamnés à l'immobilité; ce qui est bien plus vrai, c'est que le niveau de l'esprit, des connaissances, de la moralité, s'élève, c'est qu'il y a véritablement un mouvement ascensionnel de l'humanité.

Que ceux qui en doutent cessent de vivre avec eux-mêmes pour vivre avec vous; qu'ils reçoivent vos impressions, vos pensées : ils sortiront comme nous-mêmes de ces entretiens, pleins d'estime et de respect pour leur temps.

Messieurs, si le temps présent vaut assurément mieux que le passé, ce n'est pas à dire qu'il n'ait aussi ses légitimes préoccupations. Depuis trois ans, notre agriculture est sérieusement éprouvée.

On a tout d'abord attribué ses souffrances au mouvement d'importation qui s'est produit l'année dernière. Laissez-moi vous dire que cette importation est limitée à nos propres besoins, qu'il a fallu cette triple coïncidence d'une mauvaise récolte en France, d'une récolte exceptionnelle en Amérique et en Angleterre, pour qu'une baisse aussi marquée se produisît et pour que les trente et quelques millions d'hectolitres que les Etats-Unis peuvent exporter vinssent s'accumuler sur notre marché.

Joignez à ces circonstances exceptionnelles la crise que nos voisins traversent, crise bien plus aiguë, bien plus douloureuse que la nôtre, et vous demeurerez convaincus que ce malaise, ces souffrances, sont surtout le résultat de saisons mauvaises ou de circonstances extérieures qu'un gouvernement ne peut déjouer.

Il est vrai que de profonds politiques disent partout que si les saisons sont pluvieuses, les récoltes insuffisantes, c'est la faute de la République... Je cherche, Messieurs, lequel de ses actes peut être incriminé. Les traités de 1862 sont-ils son œuvre?

Ce qu'elle a fait, ce qu'elle fait, je vais vous le dire. Elle nous a donné dix années d'une paix profonde à l'extérieur, et si, intérieurement, elle a pu être troublée, c'est par des projets et des intrigues qui ne tendaient pas sans doute à la consolider, mais à la détruire. Chaque année elle diminue le budget des dépenses inutiles pour grossir celui des dépenses fécondes.

Notre seul département pouvait, cette année, consacrer un million de plus que les années précédentes à ses voies de communication. Après les écoles primaires elle a fait les écoles supérieures; chaque département va avoir son école d'agriculture. En un mot, elle a fait ce qu'il est de son essence de faire, elle reste perpétuellement en harmonie avec les besoins, les aspirations de ce pays dont elle sort; car si jadis un homme botté, éperonné, le fouet en main, pouvait dire en plein Parlement : l'Etat, c'est moi! il faut dire aujourd'hui, Messieurs : la République, c'est vous.

Je vous propose, Messieurs, de boire au travail, et tout particulièrement au travail agricole, si bien représenté par les agriculteurs de ce canton et par leurs mandataires directs MM. les maires, les adjoints et les conseillers municipaux. Leur présence à ce comice, leurs succès justifient tout ce que je vous disais du pouvoir du travail fécondé par l'instruction ; et ce qu'il faut constater ici, avec une profonde satisfaction et un légitime orgueil, c'est que pour trouver des représentants instruits, éclairés, et si parfaitement à la hauteur de leurs fonctions, vous n'avez pas eu besoin de chercher ailleurs que dans vos propres rangs.

Je bois à l'agriculture et à ses dignes représentants du canton Sud-Est !

L'ÉGLISE

OUVERTE A LA FOI ET NON A LA POLITIQUE

A Montreuil-le-Gust, le 6 octobre 1879, se réunit le Comice Agricole du canton Nord-Est de Rennes. M. Waldeck-Rousseau, dans son toast au banquet, démontra la sollicitude du Gouvernement pour l'Agriculture. Ensuite, après avoir dit qu'une République ne peut être que pacifique, il releva les accusations du parti monarchique qui parlait aux paysans de persécution religieuse et leur annonçait la prochaine fermeture des églises. « Nous voulons, répondait M. Waldeck-Rousseau, que l'Eglise reste ouverte, mais ouverte à la foi et non à la politique ! »

MESSIEURS,

Permettez-moi tout d'abord de remercier M. le Président et les membres de ce comice d'avoir bien voulu se souvenir que rien de ce qui touche aux intérêts si précieux qu'ils représentent ne pouvait me laisser indifférent ; et, puisque c'est à ma qualité de député de cette circonscription que je dois l'honneur qui m'est fait, laissez-moi aussi vous assurer que cette sollicitude si naturelle que je tiens à affirmer est celle de tous mes collègues, comme elle est celle du Gouvernement.

Comment en pourrait-il être autrement, Messieurs?... Est-ce qu'entre un gouvernement qui s'appelle la République et cette grande partie de la nation qui s'appelle l'Agriculture, il n'y a pas une parenté d'origine?... Est-ce qu'un pouvoir sorti du pays peut avoir d'autres ambitions, d'autres intérêts, d'autres besoins que ce pays lui-même?

Parmi ces besoins et ces intérêts de notre époque, il en

est qui sont surtout les vôtres, à vous, Messieurs, qui représentez ici la classe si laborieuse, si sage, de nos cultivateurs.

Dans le domaine matériel, vous voulez la sécurité d'un gouvernement pacifique, armé pour la défense, non pour l'attaque. Dans un domaine plus élevé, non moins précieux, vous voulez aussi la sécurité des esprits.

Le travail dans la paix matérielle et dans la paix morale, n'est-ce pas la devise qui frappait aujourd'hui nos yeux en pénétrant dans votre comice? N'est-ce pas votre programme à la fois bien simple, mais bien grand?... Et si depuis bientôt dix années vous avez si énergiquement affirmé votre attachement au régime actuel, n'est-ce pas aussi parce que vous avez pu vous convaincre par ses tendances, par ses œuvres, que ce programme, qui est le vôtre, était aussi et serait toujours le sien?...

Nous leur devons, Messieurs, les dix années qui viennent de s'écouler dans une paix extérieure dont il est permis de dire qu'elle n'est pas sans éclat ni sans prestige, aujourd'hui que la France républicaine a reconquis sa large part d'influence, de respect et d'estime dans les conseils de l'Europe.

Messieurs, les gouvernements ont leurs lois naturelles, auxquelles ils n'échappent pas plus que les individus.

A une monarchie il faut, pour masquer le scandale de certains trônes, de belliqueuses aventures, les nuages de poudre qui s'élèvent des champs de bataille, le faste onéreux, le cortège des hauts dignitaires de tous ordres, toutes ces choses qui troublent le regard, faussent et grandissent les images, et transforment en roi-soleil tel homme auquel les maires de nos communes refuseraient aujourd'hui, avec indignation, un certificat de bonnes mœurs.

Une République est au contraire et ne peut être que pacifique, parce que, sortie de la nation, elle n'a pas à se faire pardonner quelque invraisemblable origine, et aussi parce qu'elle n'a pas besoin de demander à la guerre cette fièvre belliqueuse et ces sinistres moissons d'hommes qui détournent ou énervent l'esprit d'examen, de liberté, d'indépendance, l'irréconciliable ennemi des monarchies.

Messieurs, le Gouvernement actuel réserve toutes ses forces pour un combat pacifique, mais bien plus décisif : j'entends parler de cette lutte commerciale, industrielle, agricole, née du développement progressif de toutes les nations et dans laquelle elles se disputent, non plus des provinces, mais le marché européen. Lutte pressante où le succès est au prix, non des interdictions ou des entraves, mais du progrès, de l'économie, de la supériorité dans la production.

Vous comprenez bien, dans ce pays où l'exportation tient une si large place, qu'une nation qui jette sur le marché étranger 4 milliards de produits naturels ou fabriqués ne peut fermer ses portes sans provoquer des représailles, et que, vînt-elle à supprimer chez elle la concurrence au prix de l'élévation de ce qui se consomme, rejaillissant aussitôt sur tout ce qui se produit, il ne lui serait pas donné de la supprimer là où elle la rencontre, surtout sur ce marché étranger, sur le marché anglais par exemple.

Mais ce qui s'impose à un gouvernement éclairé, ce que veut faire le nôtre, c'est de vous armer puissamment pour ce grand combat ; de perfectionner dans vos mains l'instrument de cette lutte. C'est de ce côté qu'il a porté toutes ses forces vives. Vous savez à quels sacrifices il se prépare, par l'épargne, pour créer une France commerciale, agricole, vraiment nouvelle, où d'immenses travaux vont abaisser le prix des transports, multiplier les débouchés, et, d'une extrémité de notre pays à l'autre, mettre tout centre de production en communication facile avec quiconque peut lui vendre ce dont il a besoin pour produire ou lui acheter ce qu'il aura produit.

Ce n'est pas assez de perfectionner l'instrument matériel de la culture; partout vont s'ouvrir des écoles destinées à vulgariser les notions de cette science. Enfin, à l'heure actuelle, le Gouvernement consulte tous vos représentants sur l'organisation d'une grande institution de crédit agricole qui place le cultivateur au-dessus des éventualités d'une mauvaise année.

J'avais donc bien le droit de dire que vos intérêts matériels ont toute la sollicitude de ce Gouvernement que vous avez si victorieusement défendu.

Et cependant la République eût fait encore bien plus s'il lui avait été donné de se consacrer tout entière à ces pacifiques travaux; s'il ne lui avait fallu constamment se défendre, et si, quand le pays demandait avant tout ce calme qui rend le travail fécond, chaque jour des coalitions nouvelles ne l'avaient secoué, agité, au gré de leurs convoitises.

Messieurs, aujourd'hui ce calme est fait, vous l'avez fait en manifestant hautement les volontés de la France.

Il est vrai qu'à l'heure actuelle on s'attache à vous montrer cette paix intérieure troublée, et, comme toujours, ce sont ceux-là mêmes qui rêvent de la détruire qui affectent ces vaines alarmes.

On crie à la persécution religieuse, on vous montre les croyances violentées, bientôt les églises sans doute aussi fermées.

Il y a, Messieurs, quelque imprudence de '- part de certaines personnes à parler de ces choses : les persécutions, nous savons qui les a faites et qui les a subies, et je ne répondrais pas à de pareilles accusations, s'il n'était du devoir de quiconque a le respect de ses convictions de protester sans cesse contre certaines calomnies.

Ce qui est vrai, Messieurs, c'est que nous voulons que l'église reste ouverte, mais ouverte à la foi et non à la politique !

Ce qui est vrai, c'est que l'État ne se refuse à reconnaître que ceux-là qui ne le reconnaissent pas !

Ce qu'il veut atteindre, ou plutôt ce contre quoi il veut se défendre, ce n'est pas la religion qu'il respecte, ni ses ministres naturels dont il vient d'augmenter les traitements, mais bien un parti politique véritable, dont les visées sont toutes terrestres, toutes positives, dans les mains duquel cette religion n'est qu'une arme qu'il compromet, et qui ne marche pas à la conquête des âmes, mais bien à celle du pouvoir politique et du domaine civil, avec ce programme fécond en promesses d'oppressions et de représailles qui s'appelle la revanche de 89, c'est-à-dire la revanche des privilégiés contre l'affranchissement[1].

Messieurs, la vérité des faits a toujours raison des sophismes, des déclamations passionnées, des bruits malveillants habilement répandus, et quand il sera prouvé, et, cette preuve, chaque jour elle s'affirme, que les croyances sont libres, les ministres du culte respectés ; quand nous aurons, en respectant l'inviolabilité du domaine religieux, assuré aussi l'intégrité du domaine civil, nous aurons après la paix matérielle fait ce que j'appelais tout à l'heure la paix morale.

Messieurs, en vous proposant de porter la santé de l'honorable Président et des membres du Comice, j'associe dans les vœux que je forme et les cultivateurs de ce canton et les défenseurs si dévoués de leurs intérêts.

---

1. Le manuscrit de ce discours, retrouvé dans les papiers de l'illustre homme d'État, contient une variante du passage précédent. Elle renferme une approbation complète de la politique poursuivie par Jules Ferry contre les congrégations non autorisées, et caractérisée par le fameux Article 7. La voici :

« Ce qui est vrai au point de vue de l'enseignement, c'est que l'État actuel se refuse à reconnaître des congrégations qui ne le reconnaissent pas. C'est qu'à côté des représentants naturels du culte, d'un clergé national qu'il veut honoré, respecté, il ne peut sans forfaiture laisser l'éducation de la jeunesse à des congrégations que les monarchies comme les républiques ont proscrites, qu'un pape a frappées, et qui personnifient aujourd'hui non pas une religion sainte et désintéressée marchant à la conquête des âmes, mais un parti politique... Nous entourons de respect le sentiment religieux ; ce que nous réprouvons comme la plus funeste des entreprises, funeste pour la société civile, funeste pour la société religieuse, c'est cette création nouvelle d'une religion de combat avec des apôtres de propagande monarchique. »

LES CONGRÉGATIONS
CONTRE LA RÉPUBLIQUE

Il y eut, le 1er août 1880, des élections très importantes. La moitié des Conseils généraux furent renouvelés au milieu d'une agitation considérable. Les partis de droite cherchèrent à troubler la France et à la ramener à eux. Ils se flattaient d'infliger à la République dans les campagnes une écrasante défaite : l'Église, il est vrai, marchait avec eux. Or, sur 1.433 sièges à pourvoir, les républicains en obtinrent 1.026, en gagnant 298 sur la réaction, qui perdait, en outre, et définitivement, la majorité dans les Conseils généraux où elle avait jusque-là appartenu à la droite. M. Waldeck-Rousseau commenta cet événement dans le discours qu'il prononça à Bruz, à la réunion du Comice du canton sud-ouest de Rennes, le 6 septembre 1880. Comme l'année précédente, il fit ressortir les liens de la République et de l'Agriculture, et, avec plus de vigueur encore, il dénonça les entreprises contre-révolutionnaires du clergé, non pas le clergé sincèrement national, mais cette « armée internationale, recrutée dans tous les pays, irrégulière, de tous ordres et de toutes couleurs, se vantant d'avoir l'univers pour patrie, Rome pour capitale et la France pour campement ». C'était des congréganistes qu'il parlait, et il voulait que le Gouvernement leur imposât le respect de la loi, de toute la loi.

Messieurs,

J'exprimerai, j'en suis certain, le sentiment de tous ceux qui ont assisté à ce comice, en remerciant tout d'abord son excellent président, M. Marçais-Martin, de tout ce qu'il a fait pour en assurer le succès, visitant les fermes, réglant tous les détails et répandant sur cette fête le charme de cette franche cordialité qui est chez lui l'enveloppe d'un dévouement toujours prêt et d'une bonne volonté que rien ne fatigue.

Cette dette d'affectueuse sympathie une fois payée, j'aurais souhaité de vous laisser sous l'impression des paroles que vous venez d'applaudir. Est-ce que M. Roger-Marvaise et moi nous n'avons pas les mêmes pensées, n'avons-nous pas suivi la même voie, poursuivi le même but, et ne vous semble-t-il pas comme à moi qu'il est toujours resté, par les liens d'affection qui nous unissent à lui, le député de la première circonscription [1] ?

Les paroles si bienveillantes pour moi que vous avez entendues ne me laissent pas le droit de me taire; dans ces éloges que je n'ai point mérités, laissez-moi faire une large part aux illusions de son indulgente amitié ; je n'en veux retenir que ce qui touche à cet attachement, profond en quelque sorte, et inné chez moi, aux institutions républicaines en dehors desquelles je n'ai jamais compris et jamais espéré d'ordre assuré ou de prospérité durable.

Je prends, d'ailleurs, d'autant plus volontiers la parole que je ne trouve en moi et que je n'ai à traduire que des sentiments qu'il est toujours doux de mettre en commun : la confiance dans le présent, la sécurité pour l'avenir.

La présence ici de M. Roger-Marvaise me reportait à cette époque menaçante, trouble, où pour la troisième fois vous avez renouvelé son mandat [2]. Le présent était triste, l'avenir incertain ; nous assistions à cette épreuve avec l'anxiété patriotique que l'on éprouve à l'heure où se dénoue une de ces crises d'où un peuple peut sortir à jamais libre, maître de ses destinées, marchant désormais d'un pas assuré dans la voie de tous les progrès pacifiques et féconds, ou bien courbé, diminué aux yeux des nations qui l'observent et amoindri dans sa propre estime.

Puis, après la crise politique, ce fut la crise agricole, ce

---

1. M. Roger-Marvaise, élu sénateur d'Ille-et-Vilaine en janvier 1879, avait été remplacé comme député par M. Waldeck-Rousseau.
2. La période du 16 Mai.

furent les épreuves matérielles et domestiques ; trois mauvaises années s'écoulaient ; les mauvaises récoltes succédaient aux mauvaises récoltes ; et ceux-là même que vous veniez de précipiter du pouvoir reprenaient courage, caressaient l'espoir d'une revanche.

Que de projets on a fondés sur vos souffrances !... Le pays se décourageait; il se disait que toutes ces épreuves, la pluie, la sécheresse, les gelées, c'était l'œuvre de la République ; il viendrait une de ces heures de lassitude où les peuples s'abandonnent... Est-ce que toutes les restaurations ne sont pas sorties de quelque grand deuil public ?

Eh bien ! toutes ces prévisions, toutes ces espérances, vous les avez rendues vaines, et après toutes ces souffrances, après la propagande la plus ardente, après les brochures et les prédications, le pays a été consulté, non pas les villes seulement, mais les campagnes, non pas les grands centres seulement, mais les plus humbles bourgades, la ferme comme l'atelier, et, de cette consultation, il est sorti l'élection du 1er août, la plus magnifique affirmation de l'attachement d'un peuple libre aux institutions qu'il s'est données !

C'est là un fait consolant, Messieurs, et dont il faut se réjouir, non comme d'une victoire d'amour-propre ou de parti, mais comme d'une de ces victoires nationales qui marquent la fin des partis.

Ce résultat atteste tout d'abord les incontestables progrès de notre éducation politique. On vante surtout, d'habitude, les qualités brillantes de notre génie national, sa puissance et sa promptitude de conception, son ardeur aux actions généreuses ; mais quand on a étudié attentivement l'histoire de ces dix dernières années, on voit que ce qu'on ne saurait assez louer, c'est sa fermeté et sa patience, et cette qualité maîtresse, le calme bon sens qui réfléchit, qui pèse, et qui, l'heure venue, juge souverainement les choses et les hommes.

Il faut aussi, Messieurs, en faire remonter l'honneur à la sagesse du parti républicain, aussi bien lorsque, sous l'ordre moral, il était encore l'opposition bien qu'il fût déjà le pays, que depuis qu'arrivé au gouvernement il est devenu le pouvoir.

Sa politique a été décisive, parce qu'elle a toujours été une politique nationale; au-dessus de toutes nos ambitions, de tous les mouvements même légitimes de notre indignation, nous avons toujours placé la grande image de la patrie. Quand au 24 et au 16 mai, ces deux dates qui demeurent clouées à l'histoire de l'ordre moral, on nous traquait, on ruinait nos journaux, on supprimait nos colporteurs, on fermait les auberges suspectes de vendre un cidre trop républicain; quand on interdisait nos comices, nous sommes restés sages, ne voulant pas augmenter les alarmes du pays en avançant d'une minute l'heure de la justice légale, et à toutes les provocations nous avons répondu : nous pouvons attendre... nous sommes le pays !... Et le 14 octobre est venu [1], passant comme un grand souffle, courbant tous ces petits grands hommes et jetant sur le sol de la patrie vengée les débris de leurs impuissantes conceptions !

Depuis, Messieurs, nous n'avons pas eu dans le gouvernement d'autre règle de conduite. Certes, nous n'avons pas résolu toutes les questions, accompli tous les progrès; mais depuis trois ans seulement que nous sommes sortis du conflit pour entrer dans la période de l'action tranquille, nous avons accompli une tâche qu'il est permis de contempler avec quelque orgueil.

On avait dit que la République, c'était le gaspillage; et nous avons réduit de 300 millions le chiffre des charges publiques ! Quel est le gouvernement qui en a fait autant ?... Que c'était l'inquiétude et l'alarme; et à la politique des dégrèvements, le pays répond par la politique de la confiance; chaque année se solde avec un excédent de recettes; à l'heure actuelle, pour cette année, cet excédent est de plus de 100 millions, de sorte que la porte reste ouverte à toutes les réformes financières et que l'honorable M. Léon Say pouvait montrer comme prochain et comme possible le dégrèvement de l'impôt foncier.

---

1. Réélection des 363, — 14 octobre 1877.

On avait encore dit que c'était le désordre, et jamais tranquillité n'a été plus complète, jamais sécurité plus absolue!

En présence de ces résultats, il a bien fallu sortir des déclamations vaines, et c'est alors que tout d'abord on a tenté d'exploiter des souffrances trop réelles en faisant la campagne de la persécution agricole. On vous disait que vous subissiez de cruelles épreuves, et l'on ajoutait que pourtant il y avait un remède bien simple à ces maux, qu'il suffisait de fermer nos portes à l'importation étrangère, ou tout au moins de frapper de lourdes taxes les objets de consommation de première nécessité.

Messieurs, si ce remède eût été si simple, si efficace, je demande qu'on m'explique comment la République ne l'aurait pas employé? Est-ce qu'elle a quelque intérêt à ce que le pays souffre, à ce que l'agriculture soit éprouvée? Est-ce que ce ne sont pas les campagnes qui, en 89, ont fait la première République? Est-ce qu'elles n'ont pas été le berceau de celle de 1870? Est-ce que ce ne sont pas elles qui l'ont faite peu à peu si grande et si forte, et qui, aux heures périlleuses, se sont levées pour la défendre?...

Et si ce n'eût été par reconnaissance, est-ce que nous n'aurions pas été guidés par l'intérêt? Veut-on me dire l'intérêt qu'aurait eu un Gouvernement, qui à chaque instant dépend du suffrage universel, à mécontenter ceux-là qui sont la force parce qu'ils sont le nombre, comme ils sont aussi la bonne volonté?

Messieurs, de mémorables débats se sont ouverts sur cette question; la Chambre, dont l'immense majorité représente les intérêts agricoles, a voulu l'étudier sous toutes ses faces, et de cet examen approfondi il est sorti la preuve que l'année dernière nous n'avions pas produit le blé que nous consommons, que sur cinq personnes il y en aurait eu une qui n'aurait pas eu de pain, et qu'il y a un siècle et demi, sous cette monarchie qu'on vous présente comme si bienfaisante et si douce aux agriculteurs, les mêmes circonstances auraient amené non la gêne, non le malaise passager, mais la famine avec toutes ses épouvantes...

A cet expédient désastreux qui, en pesant sur tous ceux qui consomment et qui travaillent, eût rejailli sur les agriculteurs eux-mêmes, qui eût tari les sources de la production, par là même celles du revenu, nous avons préféré une autre politique, celle qui consiste à développer partout l'activité en favorisant le travail, celle qui consiste à prendre, chaque année, toutes les ressources disponibles de notre budget pour les employer au profit de ce travail national; et quand, l'année dernière, nous avons pu constater avec une joie patriotique que nous pouvions disposer d'un excédent de 80 millions, à qui donc les avons-nous donnés avec joie, si ce n'est aux campagnes, dans la personne des communes rurales?

Alors on a changé de tactique et on vous a parlé de persécution religieuse : la République voulait persécuter la religion! On a inondé le pays de journaux et de brochures; de modernes apôtres se sont répandus dans les campagnes, prêchant la croisade comme autant de Pierre l'Hermite, avec cette différence qu'au manteau et au bâton du pèlerin marchant pieds nus, ces victimes de la civilisation moderne ont préféré les moyens de transport plus confortables qu'elle mettait à leur disposition...

Messieurs, c'est le bon sens, toujours le bon sens français, qui a fait justice de ces exagérations et de ces déclamations passionnées. Quand on a vu ces soi-disant victimes parler si haut, voyager si loin, attaquer le Gouvernement avec un déchaînement de paroles sans exemple, on leur a répondu que, semblables au philosophe antique qui voulant démontrer le mouvement se mit à marcher, elles avaient démontré la liberté en en poussant l'exercice et l'abus au delà de toutes les limites...

Il est permis de parler avec quelque légèreté des formes de cette propagande, mais c'est avec toute la gravité qu'un pareil sujet comporte qu'il faut à cette calomnieuse accusation répondre par le démenti le plus énergique et le plus indigné.

Non, il n'est pas vrai, Messieurs, que la religion soit persécutée. Je cherche l'église que nous aurions fermée et je vois que, partout, il s'en construit de plus spacieuses et de plus belles. Ce n'est pas ici qu'on me démentira, et, quant aux représentants réguliers et accrédités du culte, nous nous en sommes occupés, il est vrai, mais pour augmenter leur modeste traitement.

Non, Messieurs, le Gouvernement n'a aucune animosité contre cette Église française, qui, il y a deux siècles, par la voix de ses évêques, condamnait si hautement ces doctrines ultramontaines et anti-nationales sous lesquelles on veut aujourd'hui la courber. Nous voulons un clergé national, plus près encore du pays, participant à sa vie, partageant toutes ses émotions, et nous voulons surtout le soustraire à un envahissement progressif, à une influence politique, qui ne tend à rien moins qu'à le détourner de l'apostolat religieux pour l'enrôler dans l'armée de la contre-révolution!

Les républicains à peine arrivés au pouvoir, nous avons pu voir s'avançant de toutes parts, nous pressant déjà de ses avant-postes, une armée internationale, recrutée dans tous les pays, irrégulière, de tous ordres et de toutes couleurs, se vantant d'avoir l'univers pour patrie, Rome pour capitale et la France pour campement.

Il y avait là un péril sur lequel il n'était pas possible, à ceux qui sont devenus les dépositaires des destinées du pays, de fermer les yeux.

Cependant, qu'avons-nous fait? Nous avons dit à ces hommes : il y a des lois qui s'imposent au respect de tous, il n'y a pas de liberté en dehors de la loi et contre la loi; c'est la loi, et la loi seule, que nous vous demandons de respecter.

Publiez vos statuts, soumettez-les à l'autorisation gouvernementale... On nous a répondu en criant à la persécution!

A ce compte, Messieurs, je demande qui de nous n'est pas persécuté. Il y a quelques semaines, nous avons fondé une Société d'agriculture; qu'avons-nous fait?... Nous en avons arrêté les statuts, puis nous les avons soumis à M. le Préfet, et comme ils ne contenaient rien que de licite, nous avons immédiatement été autorisés... Eh bien! ce que nous venons de faire, c'est ce que le Gouvernement veut que les congrégations fassent. C'est le dernier mot de sa tyrannie et de sa persécution.

Messieurs, j'arrête ici cet entretien déjà trop long.

Dans le scrutin du 1er août, il y a quelque chose de plus que la reconnaissance de ce passé de tranquillité et de sagesse dont je vous parlais : il y a la manifestation intelligible, haute, d'une volonté qui veut être obéie. Ce pays n'est pas le pays épris de changements et amoureux de nouveautés que nos adversaires prétendent; il a montré qu'il est surtout le pays du travail, où l'activité incessante répare tous les désastres, ouvre chaque jour de nouvelles sources d'abondance et de richesses nationales. Mais le travail veut une protection, la seule efficace que je connaisse, la sécurité politique qui permet aux efforts industriels de se produire librement.

Eh bien! le pays en a assez des luttes stériles, des agitations entretenues par des oppositions bien près d'être factieuses du moment qu'elles sont sans espoir; assez des conspirations de salons, assez des périls et des menaces : il veut vivre et travailler en paix! Cette volonté, Messieurs, sera-t-elle obéie de tous les partis? Je ne sais, mais elle nous a servi et nous servira toujours de règle de conduite. C'est parce que nous voulons l'harmonie dans le pays que nous avons voulu et que nous voulons l'unité dans le gouvernement, et, chez tous ceux qui sont dépositaires d'une parcelle d'autorité, le respect et le dévouement aux institutions qu'ils ont la grande mission de rendre bienfaisantes et fécondes.

Messieurs, je bois à l'instrument de cette sécurité et de cette paix indispensables, à l'agent de tous les progrès et de toutes les réformes pacifiques : AU SUFFRAGE UNIVERSEL !

LA RÉFORME JUDICIAIRE

CHAMBRE DES DÉPUTÉS. — *Séances des 13 et 20 novembre 1880.*
— Au mois de janvier 1880, M. Cazot, ministre de la Justice, déposa un projet de loi sur la réforme de la magistrature, réforme vivement réclamée par le pays, surtout depuis les scandales judiciaires qui s'étaient produits durant la période du 16 mai. La Chambre nomma une Commission qui élut M. Floquet comme président et M. Waldeck-Rousseau comme rapporteur. La Commission et le Gouvernement se mirent d'accord sur ces deux points importants : suspension temporaire de l'inamovibilité des magistrats, suppression des petits tribunaux. Une discussion préparatoire sur le projet eut lieu, le 25 mai, à la réunion tenue par la gauche républicaine : M. Waldeck-Rousseau, en expliquant à quelles préoccupations avait obéi la Commission, s'imposa à l'attention de tous ses collègues. Ce succès, qui lui valut les félicitations d'une foule de députés, ne l'en laissait pas moins très effrayé de l'épreuve qu'il aurait à subir en abordant la tribune pour la première fois [1]. Ce fut le 13 novembre qu'il y monta pour défendre le projet dont il était rapporteur contre les attaques de M. Ribot. Son discours provoqua une sensation considérable, autant par la force de l'argumentation que par le talent de l'orateur. La Chambre, étonnée et conquise, l'écoutait avec une admiration dont Gambetta, qui présidait la séance, donnait des signes manifestes [2]. Lorsqu'il descendit de cette tribune qu'il redoutait tant, il en était l'un des maîtres. Quand il y reparut, huit jours après, pour répondre cette fois à Mgr Freppel, son succès ne fit que s'affirmer.

Le projet de loi fut voté par 294 voix contre 169.

1. Lettres inédites de Waldeck-Rousseau à son père.
2. Voir les journaux de l'époque.

Messieurs,

Parmi les critiques que l'honorable M. Ribot a enveloppées dans un admirable langage, il en est une à laquelle je désire tout d'abord répondre : c'est cette critique qui nous accuse d'être des théoriciens et des doctrinaires.

C'est précisément parce que nous ne sommes ni des théoriciens, ni des doctrinaires, qu'il me faudra demander à la Chambre la permission de la ramener des sphères très idéales où l'élévation du talent de mon contradicteur l'a emportée, dans celles de la réalité où nous a maintenus et où nous retient le sentiment des exigences les plus élémentaires de tout gouvernement durable. (*Très bien !* à *gauche.*)

Il y a eu d'ailleurs, Messieurs, dans le discours de M. Ribot, toute une série d'observations qui mettent en question quelque chose de plus que le projet que nous soumettons à votre approbation ; il y a, dirai-je volontiers, tout un système de gouvernement : avec quelque attention, on y découvrirait même tous les éléments nécessaires ou utiles d'une interpellation sur l'application des décrets; de sorte que, à vrai dire, si je m'engageais à sa suite, c'est d'une théorie gouvernementale qu'il faudrait s'occuper; et le débat s'établirait naturellement, non pas même entre l'école de M. Guizot, qui assurément, aujourd'hui, paraîtrait à M. Ribot excessive, mais entre cette école politique plus modeste dont la politique ne se croit modérée qu'à la condition d'être inactive, et celle dont s'est inspiré le projet actuel, et qui voudrait que chaque jour, sans précipitation, avec quelque fermeté, on s'efforçât de faire passer enfin la République du domaine des abstractions dans le domaine des réalités. (*Applaudissements à gauche.*)

Il y a, Messieurs, dans cette argumentation, une première erreur que je voudrais immédiatement signaler à la Chambre; et M. Ribot est un adversaire trop loyal pour qu'il puisse être soupçonné d'habileté stratégique. La logique inflexible de son système le condamne à couvrir d'une protection indistincte tous les magistrats. Il est arrivé, par les besoins de sa discussion, à prêter des sentiments non moins absolus à ses adversaires dans une doctrine contraire. C'est, à l'entendre, l'institution de la justice à laquelle nous voulons nous en prendre, c'est toute la magistrature, ce sont tous les magistrats que nous voulons frapper.

Eh bien! il reconnaîtra lui-même que ce sont là des entraînements de discussion qui conduisent à des inexactitudes. Et, certes, c'est une bonne fortune pour moi que de répondre à un orateur auquel je puis dire : vous ne doutez pas que, par des moyens dont vous critiquez le mérite, nous voulions, nous aussi, une magistrature haute, honorée et indépendante.

Et j'ajoute que, si nous voulons cette institution aussi respectable et aussi respectée qu'elle puisse l'être, nous n'avons pas davantage une pensée d'animosité absolue contre tous les magistrats sans distinction; ce serait bien ingrat et bien injuste.

Oui, il y a eu des magistrats, il faut qu'on le dise au début de cette discussion, qui, malgré toutes les suggestions et malgré toutes les pressions, — et nous savons de quel côté elles sont venues, — se sont renfermés dans le sentiment de leur devoir. Eh bien! à ces magistrats nous n'avons pas de comptes à demander, et permettez-moi de dire que ce ne sont pas ceux-là qu'inquiète le projet de loi actuel. Ils savent bien que, pour eux, l'heure de la justice ne pourrait être que l'heure de la réparation. (*Très bien! très bien! à gauche et au centre.*)

Mais il s'en est trouvé un beaucoup plus grand nombre qui, dans la réalité, seront défendus non par l honorable M. Ribot, mais par ceux qui sont leurs alliés naturels, nécessaires et indispensables.

Ce sont ceux qui, par l'ardeur avec laquelle ils se sont jetés dans la lutte, ont commis ce que l'honorable M. Goblet appelait un crime, ceux qui ont compromis la justice. (*Très bien! très bien!*) Ce sont ceux qui sont descendus dans l'arène revêtus de cette cuirasse inviolable de l'inamovibilité en faisant ce calcul, qui ouvre un aperçu sur le fond de la question, à savoir : que si ce que les uns ont appelé une entreprise, les autres une aventure, réussissait, ils auraient droit à tous les avancements, et que, si, au contraire, elle échouait, ils étaient inviolables et demeuraient impunis. (*Applaudissements à gauche et au centre.*)

En résumé, il y a des magistrats pour lesquels la loi actuelle sera un soulagement, et il y a ceux contre lesquels nous vous demandons de la voter.

Cela dit sur cette distinction qui était nécessaire, arrivons à un second reproche de l'honorable M. Ribot. Il y a un point sur lequel nous sommes d'accord, un des rares points où nous puissions nous rencontrer. Il a eu raison de dire à la Chambre qu'elle était en présence d'un mal profond et qui demandait une solution immédiate, qu'il n'y avait pas une heure à perdre. Mais tout en acceptant cette appréciation très juste et très vraie, qu'il me soit permis d'établir ici ce que j'appellerai le compte des responsabilités. Si la situation est si grave, si nous sommes condamnés, presque à la dernière heure de la législature, à vous demander de voter un projet restreint, un projet circonscrit, mon honorable collègue me permettra de le lui rappeler, c'est que son impatience de réformes est restée dix ans sans rien faire, sans rien produire. (*Applaudissements à gauche.*) C'est que lorsqu'on cherche, dans les archives des projets législatifs, ceux qui ont pu émaner de ces considérations si hautes et si élevées qu'il développait tout à l'heure, on trouve un projet que M. Ribot n'a pas cru devoir rappeler, dont je ne dirai que quelques mots, car je ne pense pas qu'on puisse y voir une de ces conceptions assez graves pour porter en elles-mêmes la solution du différend.

C'est un projet de loi présenté, en 1876, par l'honorable M. Dufaure, et je me refuse pour ma part, et par admiration pour l'esprit si élevé de M. Dufaure dont le nom apparaît sur le projet, à lui en reconnaître la paternité. Cette combinaison si utile qui devait tout sauvegarder, qui devait sauver l'indépendance de la magistrature, quelle était-elle ? C'était celle-ci : au lieu d'instituer directement des juges dans les chefs-lieux d'arrondissement, on les instituait dans les chefs-lieux de département. On en instituait un plus grand nombre au chef-lieu du département, et de là on les détachait dans les arrondissements. Il y avait des juges détachés du tribunal central. Croyez-vous qu'on arrivait au juge unique, et que ce fût une réforme? Pas du tout : Le projet semble avoir pris en compassion ces magistrats isolés, il leur adjoignait deux juges suppléants, dont on a dit avec vérité que c'étaient des magistrats de compagnie. (*Rires à gauche.*)

Quant aux solutions auxquelles nous aurions dû nous attacher, et qui nous auraient sauvegardés des responsabilités dont on nous menace, l'affirmation la plus hardie était celle-ci :

« Lorsque le nombre des affaires jugées n'atteint pas un certain chiffre, lorsque les audiences ne demandent aux magistrats que peu de jours dans la semaine et peu d'heures dans la journée, on peut affirmer que le tribunal est inoccupé... » (*Rires bruyants à gauche.*)

Eh bien! Messieurs, nous avons cru que, sans trop préjuger de la dose d'énergie de ce pays, sans trop forcer la dose de réformes qu'il peut supporter, on pouvait peut-être lui proposer une politique et des réformes plus substantielles. (*Applaudissements et rires approbatifs à gauche et au centre.*)

Il y a d'ailleurs, Messieurs, dans l'argumentation de M. Ribot, cet avantage, considérable pour moi, que M. Ribot a merveilleusement distingué ce qui était l'objet de nos études de ce que nous avons dû, à notre grand regret, rejeter vers l'avenir.

Il nous reproche tout, et les réformes que nous nous proposons de faire, et celles que nous avons omises. Il pose ainsi admirablement la question; car, dans ce qu'on est convenu d'appeler la question de la magistrature, il y a deux problèmes très distincts. Il y en a un qui tient particulièrement à cœur à l'honorable M. Ribot, et le premier acte de sa politique et de sa discussion aurait dû être de nous dire : voilà la solution que je crois propre à résoudre le problème; je vous l'apporte; vous êtes bien coupable de n'en pas user.

C'est ce problème qui touche non pas au caractère du juge, non pas aux conditions de personnes dans lesquelles se rend la justice, mais à son organisation intime, aux rouages si multiples, si compliqués, de cet organisme. Ce problème est celui d'une refonte générale, dans toutes ses parties, de l'édifice le plus compliqué peut-être qui existe dans notre législation.

Eh bien! cette œuvre a été entreprise, et nous avions sous les yeux quelques exemples qui nous conviaient à la prudence et à la modération.

Ce fut, Messieurs, l'œuvre tentée par l'Assemblée nationale, alors qu'elle avait de longues années devant elle. Les projets de réforme s'accumulèrent, les systèmes vinrent se juxtaposer. J'avais le devoir, et je l'ai rempli, de lire tout ce qui a été proposé dans ce sens, et j'ai pu constater, ce que la plupart d'entre vous savent à merveille, qu'il n'y avait peut-être pas d'œuvre, qu'il n'y avait pas d'ordre d'idées, dans lesquels plus de contradictions, et de contradictions fondamentales, se soient entassées.

Bref, on se mit à l'œuvre. Il faudrait un très long temps pour donner seulement la nomenclature des projets qui ont été successivement déposés, du sort que leur fit la discussion, des rapports supplémentaires, des troisièmes rapports qu'on imposa à l'honorable M. Bidard. En 1875, enfin, on s'avisa de faire l'inventaire du travail accompli et on trouva qu'on avait voté quatre articles, parfaitement insignifiants d'ailleurs. Un membre de l'Assemblée eut la pensée de demander qu'on lui accordât le bénéfice de la seconde lecture. Sa proposition fut repoussée, et, de cette longue élaboration, il ne reste qu'un échec et, passez-moi l'expression, qu'un avortement.

Eh bien! ce que l'Assemblée nationale n'avait pas pu faire en beaucoup d'années, est-ce que nous pouvions, nous, commission nommée presque à la veille du terme de nos travaux, avoir la témérité de penser que nous serions assez heureux pour l'accomplir?

Mais, à peine la commission était-elle nommée, que des divergences d'opinions s'affirmaient devant nous par des propositions toutes très étudiées, contenant des indications fort précieuses, qui peuvent être les matériaux d'une réforme à venir, mais attestant que, dans l'opinion républicaine elle-même, sur le mode de recrutement des magistrats, sur la façon dont on les ferait avancer, sur les lois de gravitation nécessaires qu'il fallait observer, il y avait le désaccord le plus complet et le plus absolu.

Voilà ce qu'était le premier problème, et voilà pourquoi nous avons cru qu'il n'était peut-être pas très urgent de l'aborder. J'ajoute qu'il ne passionnait nullement le pays; que pour ceux qui, à tort ou à raison, ont quelque respect pour l'œuvre patiente qui a constitué cet organisme, il y avait à tenir compte de cette considération que nous n'étions point, comme en 89, au lendemain d'une brusque révolution; nous nous trouvions en présence d'un fonctionnement qui pouvait continuer pendant quelques années sans qu'aucun inconvénient très sensible en résultât, si cette œuvre était compliquée et devait empêcher toute autre réforme d'aboutir. Il est trop clair qu'on ne pouvait pas les souder ensemble et condamner une réforme urgente, dont M. Ribot a dit qu'il n'y avait pas une heure à perdre pour l'accomplir, à subir les lenteurs inévitables que devait entraîner tout autre système. (*Applaudissements à gauche et au centre.*)

Voilà pourquoi nous n'avons pas voulu vous proposer cette œuvre, qui ne pourra être réalisée que par étapes, par des lois distinctes et particulières, si je puis ainsi parler, cette œuvre d'une refonte de l'organisme judiciaire. (*Très bien! à gauche et au centre.*)

Mais, à côté de ce problème, dont j'ai dit qu'il ne passionnait pas l'opinion publique et qu'il ne renfermait en lui-même aucun danger présent, il y avait une autre question, qui, celle-là, n'était pas la préoccupation de quelques théoriciens ou de quelques doctrinaires, mais la préoccupation du pays tout entier, du pays qui ne commence pas aujourd'hui à rechercher s'il a devant lui une justice qui soit une protection, ou si parfois il n'a pas rencontré une justice qui était une menace. (*Très bien! et applaudissements à gauche.*)

Vous avez fait, Messieurs, l'expérience de la justice rendue sous l'Empire, et, après l'Empire, par les magistrats qu'il avait investis.

Vous savez cette circonstance particulière que la question se posait devant nous avec un bilan de trois mille condamnations, ce bilan d'années de prison infligées aux républicains pendant le 16 mai, de peines si rigoureuses que M. Goblet dénonçait à toute l'indignation de la Chambre, la première fois qu'après cet épisode il reprit sa place dans l'Assemblée.

Pouvions-nous rester inactifs? Le mal que M. Ribot a signalé, ne devait-on pas chercher si c'était un mal réel, si la suspicion est légitime ou non? Ne devait-on pas se demander s'il ne s'imposait pas à l'attention immédiate, et si l'examen de cette question ne devait pas passer avant tout débat plus platonique et plus élevé, mais qui ne serait pas aussi utile?

Ce sont ces considérations qui me paraissent justifier la commission du reproche que lui a adressé M. Ribot, d'avoir omis les réformes qui étaient à faire et d'avoir entrepris, au contraire, celles qui devaient être omises. (*Très bien! à gauche.*)

J'arrive à une seconde critique de M. Ribot. Si, aujourd'hui, l'inquiétude est partout, si l'opinion publique est profondément impressionnée de certains événements, à l'entendre c'est la faute de la Chambre, c'est la faute des esprits inquiets qui ne se condamnent pas d'avance à jeter un voile sur tout spectacle qui pourrait leur être douloureux; en un mot, M. Ribot s'étonne — et il nous en accuse — de voir à l'heure actuelle la question de la magistrature dominer toutes les autres préoccupations du pays.

Eh bien! Messieurs, je prétends, et c'est ma conviction intime, que, cette question, ce n'est pas nous qui l'avons fait naître, ce ne sont pas les événements qui l'ont fait naître, c'est la magistrature elle-même ! (*Applaudissements à gauche et au centre.*)

C'est une question qui est bien vieille. L'agitation dont on parle ne date pas d'aujourd'hui. Sous l'Empire, des voix éloquentes, dont on rappelait le souvenir, avaient signalé à la nation tous les périls qu'elle courait.

Vous avez parlé de l'autorité de Berryer, la plus grande que, vous et moi, nous puissions invoquer. Mais vous avez oublié que, lorsque Berryer prenait la parole à cette tribune, c'était pour signaler comment on jouait devant le pays la comédie de l'inamovibilité. (*Applaudissements à gauche et au centre.*) Il montrait que, par mille ressorts cachés, par des promesses, par des détours familiers à la politique de cette époque, on avait fait un néant de ces garanties indiscutables que vous mettez au-dessus de tout et auxquelles nous vous paraissons téméraires de vouloir toucher.

Mais Berryer n'était pas le seul à parler ainsi de la magistrature de l'Empire. M. Ernest Picard disait, en 1869 :

« Lorsque l'Empire est inquiet sur sa politique, il n'a qu'à consulter la sixième chambre. »

M. Thiers, dans une forme plus sévère, disait à l'Empire : « Le tribunal est dans vos mains. »

Et M. Eugène Pelletan : « Je suis bien rassuré sur les conflits possibles entre le pouvoir exécutif et le pouvoir judiciaire ; je sais que tout article poursuivi sera un article condamné. »

Les choses en étaient venues à ce point... Messieurs, ce sont des détails sur lesquels j'espérais pouvoir passer ; mais, enfin, il faut bien montrer que la question n'est pas d'aujourd'hui et qu'elle n'est si irritante que parce que personne n'a rien fait pour la résoudre avant nous. (*Très bien ! très bien ! à gauche et au centre.*)

En 1872, M. Odilon Barrot, parlant de la confiance qu'on pouvait encore accorder à la justice, s'exprimait ainsi : « La foi publique dans la garantie qu'offre notre organisation judiciaire, si elle n'est pas entièrement détruite, est profondément altérée. »

Messieurs, faites la part des ménagements qu'un auteur doit garder quand il écrit un livre grave, dans lequel il veut éviter toute expression qui pourrait sembler excessive, et vous reconnaîtrez que, en définitive, Odilon Barrot tenait le langage que la Commission vous tient à son tour

Direz-vous qu'Odilon Barrot était un téméraire et que son langage tenait à un état d'esprit particulier ?

En 1870, on déposa sur le bureau du Corps législatif de l'Empire une proposition de loi qui portait la signature de M. Martel... (*Rumeurs à droite.*)

Dans l'exposé même des motifs, on lisait un extrait d'un livre, devenu fort rare, peut-être parce qu'il était fort sévère, dont l'auteur était M. Poitou, conseiller à la cour d'Angers.

Voici ce passage :

« On ne peut nier que beaucoup de faits soient venus autoriser contre la magistrature des soupçons de faiblesse ou de complaisance envers le pouvoir ; on ne peut nier que, plus d'une fois, ses arrêts ont eu le malheur de ressembler à des services. »

Eh bien ! Messieurs, si M. Martel a pu dire cela dans l'enceinte du Corps législatif de 1870, si M. Odilon Barrot, en 1872, montrait la confiance publique dans la justice profondément ébranlée, il ne me reste qu'une autre question à poser à mon honorable contradicteur : Est-ce qu'il pense que la défiance s'est affaiblie pendant le 24 et le 16 mai ? (*Applaudissements à gauche et au centre.*)

Pendant le 24 mai se forma cette jurisprudence qu'en pleine République on pouvait impunément, étant magistrat, proférer dans un théâtre le cri : « A bas la République ! » Et même cette jurisprudence parut sévère, car, pendant la période du 16 mai, le magistrat auquel je fais allusion, qui n'était que juge suppléant, devint substitut, si je ne me trompe.

Au 16 mai, les scrupules s'évanouissent ; c'est la période décisive de l'action ; de chaque côté, les efforts redoublent ; alors les masques tombent, et ces magistrats, que la fatalité de leur origine condamnait à être des instruments trop dociles, se jettent dans la mêlée. Ils deviennent des auxiliaires forcés, pour lesquels il n'y a plus aucun ménagement à garder.

Je ne veux pas, Messieurs, retracer ici cette période de notre histoire ; les hasards de cette discussion sont assez grands pour que l'occasion de le faire puisse m'être offerte plus tard ; en ce moment, je ne veux que rappeler, à tous ceux qui siégent dans cette Assemblée depuis le 14 octobre 1877, en quels termes indignés deux honorables orateurs, MM. Goblet et Madier de Montjau, pouvaient rappeler les condamnations qui, pendant cette période du 16 mai, s'étaient abattues sur les républicains. Ils pouvaient dire, et le pays avait compris, que, cette garantie de l'inamovibilité, il y a des jours où elle est un danger ; et, lorsque nous serrerons de plus près le débat, lorsque nous verrons si elle protège véritablement la magistrature contre l'influence du pouvoir, je vous montrerai des magistrats qui ont refusé des services parce qu'ils étaient debout, et qui les ont rendus le jour où on les a assis. (*Rires approbatifs et applaudissements à gauche.*)

Sans rappeler ici le témoignage rendu par les deux orateurs dont j'ai prononcé les noms, qu'il me soit permis d'emprunter à M. Dufaure les termes dans lesquels, le 20 janvier 1879, il constatait lui-même ce qu'avait été, pendant cet essai de guerre civile, — l'expression est tombée de sa bouche, sévère mais juste, — l'attitude de la magistrature. Certes, nul ne reprochera à M. Dufaure d'avoir poussé au delà des limites, et même peut-être jusqu'aux limites nécessaires, la sévérité dont on doit, à de certaines heures, user même à l'égard d'un grand corps de l'Etat. Le 20 janvier 1879, M. Dufaure prononçait les paroles suivantes :

« Je vous demande la permission de vous dire en deux mots sous quels principes nous avons agi. Nous sommes entrés au pouvoir après une lutte violente qui avait constitué dans le pays une sorte de guerre civile à l'occasion des élections... Nous avons bien compris que, sous les ordres d'un gouvernement actif et résolu, beaucoup de

3.

magistrats avaient oublié les règles qui leur avaient été prescrites et étaient devenus des hommes de parti dans l'exercice de leurs fonctions. J'en ai vu qui avaient été les instruments dociles et passifs du ministère ; j'en ai vu qui avaient été animés du même esprit belliqueux que lui, et j'en ai vu qui avaient résisté à ses ordres. »

Voilà un tableau qu'on n'accusera pas d'être trop chargé.

Permettez-moi, en passant, une remarque d'où découlera une conclusion pratique : c'est que le langage de l'honorable procureur général, qui était mis sous les yeux de la Chambre par M. Ribot, est en quelque sorte calqué sur le langage qui était tenu par M. Dufaure le 20 janvier 1879 ; c'est qu'en effet cet état de choses n'est pas d'aujourd'hui, ni d'hier, et c'est aussi que, jusqu'à présent, on s'est borné à gémir sur ce qu'il présentait de fâcheux et pouvait contenir de péril, sans aller résolûment à l'obstacle et sans se demander — ce qui sera le fond même du débat que je m'efforcerai de parcourir rapidement — si le Gouvernement actuel, dans les conditions actuelles, est obligé de conserver à des magistrats dont nous étudierons l'origine les fonctions dont ils sont revêtus.

Je n'insiste pas plus longtemps sur la question historique, sur la question au moins de savoir ce qu'ont été les magistrats dans ces diverses périodes. Je voudrais constater un fait qui n'est pas niable, que M. Ribot ne pourra nier, c'est qu'il ne faut pas demander à un pays, encore meurtri des blessures qu'il vient de recevoir, de chercher si, dans cette foule de magistrats qui ont rendu les décisions que tout le monde connaît, il y en a qui ont été coupables, d'autres qui ont été modérés, d'autres excessifs. Et savez-vous, dans ma conviction, et, je crois, dans la vôtre, ce qu'il y a de plus grave dans l'état actuel ? c'est que le soupçon s'est généralisé, c'est que la suspicion s'est étendue au magistrat intègre, comme à celui qui ne l'était pas. (*Très bien !* à gauche.)

Eh bien ! à ce mal quel remède proposez-vous ? Vous dites : Il faut continuer de les confondre dans une même indulgence ! Mais cette indulgence serait, pour les uns, un outrage, et, pour les autres, une faiblesse! (*Approbation à gauche.*)

Nous, nous proposons de donner au Gouvernement le droit de distinguer entre ceux qui ont fait leur devoir et ceux qui l'ont méconnu. (*Rumeurs à droite. — Très bien! très bien! à gauche.*)

Je voudrais réduire cette question à ses véritables proportions.

M. Ribot, qui n'est point cependant un doctrinaire, a donné à la thèse de l'inamovibilité une étendue et une ampleur que ne me semblent pas comporter les limites très précises du projet de loi que nous vous avons soumis. M. Ribot réédite ce principe, devant lequel il s'incline sans plus ample examen, que l'inamovibilité est nécessaire, et que, sans elle, il n'y a pas d'indépendance ; et il n'est pas embarrassé de se trouver en contradiction avec lui-même, lorsque, plus tard, il reconnaît que beaucoup de magistrats ont manqué de cette indépendance que l'inamovibilité devait leur conférer. (*Sourires approbatifs à gauche.*)

Est-ce qu'il s'agit, à l'heure actuelle, de savoir si les magistrats nommés par un gouvernement peuvent être révoqués par lui, ou si, au contraire, ils ne peuvent pas être révoqués par ce gouvernement?

Il s'agit de savoir si la République, succédant à un régime différent... — je me trompe... contraire, — doit nécessairement hériter de la magistrature à laquelle le gouvernement précédent avait donné sa confiance; ce qui semblerait indiquer qu'elle peut difficilement mériter celle du gouvernement qui a renversé le précédent. En d'autres termes, plus juridiques, je le dis au risque de trahir quelques habitudes de palais, le débat consiste à savoir si la République est l'héritière nécessaire de l'Empire (*Très bien! à gauche.*), si, succédant, non seulement à ses dettes, ce qui ne serait qu'onéreux, mais à sa clientèle, elle est obligée d'accepter, par une loi supérieure que je ne peux saisir, tous ceux que l'Empire aurait investis non seulement du droit de rendre la justice pendant qu'il existait encore, mais du droit de rendre la justice quand il n'existerait plus. (*Nouvelle approbation à gauche.*)

Cette thèse, M. Ribot ne l'a pas abordée en face. J'ose dire qu'il a présenté, sur la thèse générale de l'inamovibilité, des considérations plus absolues qu'aucun de ceux qui l'avaient précédé. La question qui s'est agitée dans toutes les Chambres, devant tous les Parlements, n'a pas été de savoir si une investiture avait un caractère tellement définitif qu'elle ne pût être brisée ou révoquée par la chute d'un gouvernement : ce qu'on demandait à la Restauration, ce que certains hommes de la Restauration refusaient, c'était de donner à des magistrats qui serviraient un gouvernement nouveau une investiture nouvelle. Il y a eu à cette époque des débats qu'on a rappelés et qui ne peuvent laisser aucune espèce de doute sur la portée de la discussion qui s'était engagée et sur la solution qui lui fut donnée.

Aujourd'hui, Messieurs, la question n'est pas autre : il s'agit pour vous de décider si nous sommes dans les liens d'un contrat perpétuel, contrat qui n'a pas été souscrit par nous, et si nous devons respecter des engagements qui ont été pris par un gouvernement que vous avez voulu détruire et dont vous avez prononcé la déchéance. (*Marques d'approbation à gauche et au centre.*)

Réduite à ces propositions, la thèse que je défends pourrait se fortifier de beaucoup d'autorités, mais que je ne veux pas multiplier à raison de l'heure avancée. (*Parlez ! parlez !*)

Permettez-moi de me borner à en indiquer une, puisque nous sommes dans la discussion générale. C'est un passage d'un discours qui fut prononcé au Corps législatif, le 9 juillet 1870, et, si je choisis cette citation, c'est qu'elle se recommande d'un nom qui appartient assurément à l'école libérale, et au libéralisme duquel l'honorable M. Ribot n'oserait certainement pas disputer la palme : c'est M. Jules Simon. (*Sourires à gauche.*)

Voici ce que disait M. Jules Simon :

« En 1848, le ministre de la justice, mon ami M. Crémieux, et ses collègues du gouvernement provisoire n'ont pas fait une Saint-Barthélemy de magistrats. Beaucoup de personnes les en louent, quelques autres le leur reprochent; pour moi, j'ai bien de la peine à croire qu'une révolution survenant les mêmes magistrats puissent impunément passer d'un régime à l'autre en conservant leurs fonctions.

« Je n'aurais pas eu cette mansuétude, je l'avoue franchement. »

Voilà l'opinion que j'oppose à celle de l'honorable M. Ribot. (*Très bien! à gauche.*)

Le dogme de l'inamovibilité, si on peut employer le mot de dogme pour l'appliquer à quelque chose dont on reconnaît généralement que ce n'est pas un principe absolu, le dogme de l'inamovibilité peut, en effet, être une thèse discutable, quand on se demande si un gouvernement ne doit pas confier à ses agents, lorsqu'ils sont magistrats, le droit de rendre la justice pendant toute sa durée, mais la thèse devient difficilement soutenable quand il s'agit de rechercher si un gouvernement choisi, affermi par la volonté du pays, doit conserver une magistrature qui a reçu l'investiture d'un gouvernement précédent, et, comme on l'a dit, d'un gouvernement contraire.

On invoque souvent l'autorité de M. Royer-Collard comme étant un de ceux qui ont mis au-dessus de tout débat la question de savoir si un gouvernement peut toucher à l'inamovibilité ou si, au contraire, il doit n'y pas porter atteinte. Eh bien! Messieurs, voici le langage que, sous la Restauration, l'honorable M. Royer-Collard, parlant de ce qu'il appelait les lois nécessaires d'une monarchie, prêtait au gouvernement qui va investir le magistrat et au magistrat qui va recevoir l'investiture. Il fait dire au magistrat : Vous me demandez d'être impassible, de ne pas connaître la crainte, d'être inaccessible à toute séduction; alors, rendez-moi inamovible.

Le gouvernement répond : Soit! — Et il lui accorde le privilège de l'inamovibilité.

Mais est-ce que l'honorable M. Royer-Collard a jamais supposé un gouvernement tenant ce langage véritablement énorme, monstrueux, et conférant au magistrat, lors de l'investiture, le droit de rendre la justice non seulement au nom du gouvernement établi, mais encore au nom des gouvernements futurs?

Et M. Royer-Collard, qui estimait que la Restauration devait donner l'inamovibilité à ses magistrats, a-t-il jamais enseigné que la Restauration pouvait leur conférer le droit de rendre la justice au nom de la monarchie d'Orléans, du roi Louis-Philippe?

On voit ce que la thèse aurait d'excessif et d'inacceptable.

J'arrive à une objection qui a paru fondamentale, à l'objection de ceux qui viennent dire : Prenez garde! ne touchez pas à l'inamovibilité, parce qu'elle est à la fois la garantie de la justice et du justiciable. Cette objection revient à dire que, du moment qu'on suppose un juge qui n'est pas inamovible, la pensée d'une justice acquise, d'une justice certaine, s'affaiblit, disparaît même, et qu'ainsi l'on effraie à la fois la justice et le justiciable. C'est là une objection très connue, contre laquelle il y a des arguments auxquels je ne crois pas qu'on ait jamais répondu d'une façon bien satisfaisante. Quand M. Ribot vient dire au Gouvernement et à la Commission : Prenez garde, vous allez épouvanter le pays, vous allez lui donner des magistrats qui n'auront pas sa confiance, je lui réponds qu'il met en suspicion les 3.000 tribunaux de justice de paix dont il a parlé (*Très bien!*), les tribunaux et cours des colonies et notre justice administrative sans restriction.

M. LANGLOIS. — Et les tribunaux de commerce?

M. LE RAPPORTEUR. — Et les tribunaux consulaires, pourrait-on ajouter, bien qu'ils procèdent d'un mode d'élection quelque peu différent.

Je crois que c'est un mauvais système et une mauvaise politique que d'effrayer la plupart de nos justiciables sous prétexte de les rassurer (*Très bien!*).

De ces juridictions, j'en voudrais retenir une, parce que M. Ribot semble penser qu'il peut y avoir des catégories de justices, comme il y a des catégories de justiciables.

Les justices de paix, il disait tout à l'heure, et à bon

droit, qu'on devrait s'efforcer de leur donner plus d'importance. A l'heure actuelle les juges de paix rendent plus de 400.000 jugements, et, ces jugements, ils les rendent à mon sens sur les intérêts les plus graves qui soient, parce que ce sont les intérêts les plus humbles. (*Très bien! Très bien! sur plusieurs bancs à gauche.*)

Les juges de paix connaissent de toutes les questions de la petite propriété qui naît, de la possession qui se défend, du travail qui loue ses bras ; ils sont, en un mot, les premiers tribunaux dans l'ordre social, puisqu'ils sont ceux auxquels on doit demander justice, dès qu'on fait un pas dans l'avancement et dans le progrès.

Et vous venez dire, si votre thèse est exacte, à tous les justiciables, qu'ils ont une justice qui ne présente aucune espèce de garantie ! Car les juges de paix ne sont pas inamovibles, ils dépendent du pouvoir, et, s'il n'est pas possible de concevoir la notion d'un magistrat honnête en dehors de l'inamovibilité, vous leur avez dit qu'ils sont jugés par des magistrats qui ne le sont pas. (*Applaudissements à gauche et au centre.*)

Mais à côté, Messieurs, des tribunaux de justice de paix, il y a toute une catégorie de cours et tribunaux auxquels vous n'avez pas pensé.

Ceux de nos compatriotes qui sont allés dans nos colonies porter nos mœurs et notre drapeau, ont-ils droit à moins d'intérêt que ceux qui sont restés sous la protection du pouvoir central ?

Eh bien ! les tribunaux des colonies sont composés de juges amovibles, non pas de magistrats soumis à un pouvoir capricieux peut-être, mais sans cesse contrôlé, questionné, interpellé, de magistrats qui dépendent du bon plaisir d'un gouverneur.

Et, à côté des tribunaux des colonies, je ne fais que vous rappeler, Messieurs, les conseils de préfecture et le Conseil d'Etat. Les conseils de préfecture ne statuent pas seulement sur des questions de contributions, ils connaissent de tous les conflits entre les intérêts privés, la commune, le département et l'Etat.

Le Conseil d'État ne connaît pas seulement de l'appel des questions que je viens d'indiquer tout à l'heure, mais des mêmes conflits, des mêmes intérêts contradictoires. L'honorable M. Ribot est un jurisconsulte trop profondément versé dans cette science pour me contredire, lorsque je lui dirai que la jurisprudence du Conseil d'État sur les questions de travaux publics est dix fois moins favorable à l'État que celle de la Cour de cassation. (*C'est vrai!* à *gauche.*)

Si nous passons des questions d'intérêt privé aux questions d'intérêt public, il me suffirait de rappeler certains incidents du dernier règne pour montrer que l'indépendance la plus haute n'a pas toujours été non plus à la Cour de cassation.

Si j'ai cité ces exemples, ce n'est pas pour nous seulement, mais pour ceux qu'on essaye d'effrayer, pour tous ceux qu'à mon sens on abuse; ils sont le contrôle matériel, tangible, des assertions que l'on propage afin de faire naître la défiance, et d'indiquer que les tribunaux que la République aura institués seront moins indépendants que ceux que l'Empire, par exemple, avait formés.

En un mot, ce ne sont pas des raisonnements susceptibles de contradiction, pouvant être rétorqués, ce sont des faits matériels qu'il n'était pas mauvais d'introduire dans une discussion de cette importance. (*Très bien! très bien!*)

M. Ribot ne se borne pas à objecter : « Vous touchez à l'inamovibilité, par conséquent vous détruisez l'indépendance de la magistrature. » Il a prévu que nous prierions la Chambre de ne pas confondre la thèse générale de l'inamovibilité, en principe, avec la thèse particulière qu'un gouvernement n'est pas forcé d'hériter du personnel et des fonctionnaires du gouvernement qui l'a précédé.

Et alors, se plaçant cette fois dans une sphère absolument idéale et concevant les origines du magistrat comme procédant de faits qui ne se sont jamais produits, il vous montre la justice comme une émanation de la nation, perpétuelle, par conséquent, comme le pouvoir populaire, supérieure aux événements, ne pouvant ni disparaître avec un régime, ni être ébranlée par l'avènement d'un gouvernement nouveau; c'est, en un mot, dans sa pensée, et dans la pensée de quelques théoriciens, une sorte d'arbitrage institué par le peuple entre le pouvoir, c'est-à-dire la force publique, et l'intérêt privé, c'est-à-dire quelquefois la liberté.

S'il en était ainsi, et si nous avions une magistrature nommée directement par le peuple, je crois très sincèrement que M. Ribot ni moi n'imposerions à la Chambre la fatigue de suivre cette discussion.

Il faut se placer en face des faits et se tenir dans le domaine de la réalité; qu'y trouverez-vous? Vous y trouverez que ce soi-disant contrat d'indépendance n'a jamais été formé, que jamais gouvernement n'a tenu à la magistrature le langage si élevé que Royer-Collard mettait dans la bouche de la Restauration, et que tous les gouvernements se sont efforcés de pétrir la magistrature à leur image, de la frapper à leur effigie!

Fouillez les archives, vous y trouverez circulaires sur circulaires, se succédant mois par mois sous la Restauration, sous le gouvernement de 1830, sous l'Empire, prescrivant aux procureurs généraux, quoi? de ne présenter que des hommes qui fourniraient, au point de vue dynastique, toutes les garanties; circulaires très laconiques, pour ne pas dire muettes, sur les garanties supérieures qu'il aurait peut être convenu d'assurer aux justiciables.

Et sous le premier Empire? M. Ribot vous a rappelé ce qu'avait été le sénatus-consulte du 12 octobre 1807.

Est-ce à cette époque qu'on a tenu le langage d'où est sorti le contrat d'indépendance et d'inamovibilité? On a dit aux magistrats : « Je vous prends à l'essai. Cet essai durera cinq ans. » Il est vrai que le sénatus-consulte ajoutait que c'était pour qu'ils pussent faire leurs preuves de capacité, mais M. Abel Flourens, dans son livre si instructif, nous dit que c'étaient des preuves de docilité qu'on leur demandait.

Voilà comment l'Empire comprit la création de ce pouvoir

supérieur aux événements, interposé entre la nation et le Gouvernement comme un arbitre souverain.

Et, à côté du sénatus-consulte, s'il fallait faire le procès de la magistrature à cette époque, qu'est-ce que vous verriez? Vous verriez que, vainement, on imposait au candidat la nécessité de faire un stage de cinq ans; on se défiait encore de lui à un tel degré qu'à côté des tribunaux ordinaires, on créait successivement les cours spéciales extraordinaires, les cours prévôtales, toutes les juridictions combinées qui peuvent être imaginées par un pouvoir, pour que, à une heure donnée, il soit en mesure d'enlever au jury lui-même la connaissance des délits et des crimes.

L'on rencontre encore quelque chose de plus quand on se met à la recherche de ce contrat d'indépendance : c'est un article du Code de 1810, qui y est comme une tache et une souillure, article qui porte que « Sa Majesté se réserve de donner des marques honorables de sa satisfaction aux jurés qui auront montré un zèle louable. » (*Applaudissements et rires à gauche.*)

A côté des textes, les faits. Et, Messieurs, je n'en veux mentionner qu'un seul, rapporté dans des mémoires fort récents, publiés par un des membres de l'autre Chambre.

« Le grand-juge s'était témérairement engagé vis-à-vis du premier consul à la condamnation à mort de Moreau. Il le chassa de sa présence en l'appelant juge prévaricateur, et peu après il le destitua. »

Voilà comment le contrat d'indépendance se formait à cette époque et comment il était tenu.

Passons à la Restauration. La Restauration fonde l'inamovibilité, disait-on d'un côté de cette Chambre? Elle la fonda dans les termes que voici : « Toute justice émane du roi. Les juges nommés par le roi sont inamovibles. »

Et comme cela ne parut pas assez clair à certains casuistes, on donna de la Charte du 4 juin 1814 un commentaire : ce fut l'ordonnance du 18 février 1815, qui porte : « L'inamovibilité est le privilège des seuls magistrats auxquels le roi confère l'institution royale. »

Voilà le commentaire de la Charte.

Voulez-vous maintenant le commentaire de l'ordonnance ?

C'est le tableau des victimes; 29 membres de la cour de Paris remplacés, 15 premiers présidents, 40 présidents, 198 conseillers et 400 membres des tribunaux. (*Applaudissements à gauche.*)

Ce n'est rien. La Restauration, à son début, subit une éclipse; l'Empire revient, et que fait-il? il balaie la magistrature que la Restauration vient d'instituer. Et puis, l'Empire disparaît à son tour; la Restauration revient : que fait-elle? Elle balaie, pour la seconde fois, les magistrats que l'Empire avait rétablis. (*Vifs applaudissements à gauche.*)

Voilà votre école de respect pour la magistrature! (*Applaudissements à gauche.*)

Voici un document pour la Restauration, comme j'en ai apporté un pour l'Empire; il faut être juste pour tous les régimes..

Il s'agit d'une lettre que beaucoup de nos collègues connaissent sans doute; il s'est fait, autour de cette question de la magistrature, beaucoup de bruit et par là même beaucoup de lumière.

C'est une lettre du sous-préfet de Châtellerault au préfet de la Vienne; elle est relative au procès du général Berton et est ainsi conçue :

« 24 août. — Je reçois à l'instant votre lettre confidentielle relative au choix des jurés, et la commission que vous me donnez de traiter directement avec chacun d'eux pour obtenir la promesse positive de répondre à l'honneur que vous leur faites. » (*Rires à gauche.*)

Ce sont là des façons de comprendre le respect et le contrat d'indépendance qui ne sont pas de nature à fortifier l'argumentation de mon honorable contradicteur M. Ribot.

Arrivons à la monarchie de Juillet.

Oh! celle-là, a-t-on dit, a salué l'inamovibilité : elle ne s'est pas reconnu le droit d'y porter atteinte!

Ce qui est plus vrai, c'est que la monarchie de Juillet délibéra, pendant longtemps, pour savoir si elle ne procéderait pas comme la Restauration, et, d'après les débats de cette époque que j'ai pu lire, il semblait que les chances tournassent au profit d'une suspension de l'inamovibilité, quand on s'avisa d'un expédient qui était plus dans les traditions d'une monarchie constitutionnelle et temperée. (*Sourires.*)

On ne dit pas aux magistrats : Je vous expulse! Mais, réfléchissant que la Restauration avait si bien fait les choses qu'il n'avait pas échappé à son triage un magistrat qui ne fût compromis dans les événements de la Restauration ou même dans ceux de la première Révolution, on compta sur l'honneur de ces magistrats, et on ne fut pas trompé.

A tous les magistrats que la Restauration avait institués, on tint ce langage : La démission ou l'honneur, c'est-à-dire le serment!

Je n'ai pas pu recueillir de renseignements complets sur le nombre de retraites que ce procédé de monarchie constitutionnelle amena, mais voici, pour une seule cour, le résultat du dilemme qui était posé aux magistrats.

Il s'agit de la cour de Rennes, — il faut la nommer, — et c'est à l'honneur des magistrats dont j'ai ici les noms. Sur vingt-neuf magistrats qui composaient la cour de Rennes, il y en eut vingt-trois qui donnèrent leur démission.

M. DE LA ROCHEFOUCAULD, DUC DE BISACCIA. — C'est à leur honneur!

M. LE RAPPORTEUR. — Vous dites que c'est à leur honneur? je suis de votre avis, et j'exprime un regret, c'est que vous ne soyez pas d'accord avec les magistrats de certains régimes qui, eux, n'ont pas partagé cette appréciation, et ont cru plus digne de conserver leurs sièges. (*Applaudissements et rires approbatifs à gauche.*)

Je crains de fatiguer l'attention de la Chambre... (*Non! non! — Parlez! parlez!*) Je cherche toujours ce contrat d'indépendance, cette investiture étrangère à la marque, à l'empreinte de chacun des régimes, et j'arrive au second Empire.

Le second Empire établit le serment politique ; il l'établit dans des circonstances, il l'entoura de procédés qui démontrent victorieusement son efficacité. (*Sourires à gauche.*)

En effet, Messieurs, en dehors du décret sur la limite d'âge, du mois de mars 1852, décret dont je vous signalerai tout à l'heure les effets, on exigea des magistrats qu'ils prêtassent le serment de fidélité personnelle à l'empereur, et deux décrets se succédèrent pour rendre la formule aussi absolue, aussi complète, aussi dénuée de réserves que l'on peut l'imaginer.

Je dis que la formule fut heureuse, et je ne me trompe pas ; lorsqu'on recherche dans l'histoire de M. Taxile Delord quels furent les résultats de ces décrets, on trouve que la plupart des magistrats de la haute cour de justice, que l'Empire avait pris au collet et dont il avait fait lacérer les registres par la main des gendarmes, se pressaient à l'Elysée pour prêter le serment qui leur était demandé. (*Rires à gauche.*)

Sont-ce là des procédés qui élèvent le caractère des magistrats, qui le mettent au-dessus du soupçon, et qui permettent à l'honorable M. Ribot de dire : vous avez devant vous une magistrature qui est non pas le résultat d'un caprice du pouvoir, mais l'émanation du pays !

On rappelait, tout à l'heure, que l'Empire ne s'était pas borné là. Il se trouvait des magistrats que le décret de 1852 n'atteignait pas, bien que la limite d'âge eût été soigneusement étudiée ; on en déporta quatre, au moins ; je n'ai pas la liste complète, mais je suis certain des noms de MM. Delord, Clerc-Lassalle, Bellot et Célérier.

Voilà les procédés dont on usait alors.

Tout le monde connaît cet extrait d'une correspondance qui fut trouvée, si je ne me trompe, dans les papiers de M. Conti :

« Monsieur le conseiller d'Etat, j'ai l'espoir d'être présenté, aujourd'hui ou demain, à l'empereur, pour une présidence de chambre à Paris. Vous m'avez vu à l'œuvre dans les commissions militaires, et vous connaissez mon dévouement...

« Un petit mot favorable, s'il vous plaît, à celui duquel dépendent nos destinées. »

Eh bien! sont-ce là les garanties d'indépendance que M. Ribot veut nous offrir? (*Applaudissements à gauche et au centre.*)

Ceci est un langage isolé; voulez-vous un langage collectif? L'Empire créa une chambre supplémentaire dans un tribunal de province; le tribunal en fut profondément touché, et, à la rentrée, le 9 novembre 1867, le président de ce tribunal s'exprimait ainsi — il s'adressait à ses juges :

« Que votre reconnaissance ne se formule pas seulement en paroles ; qu'elle se traduise nettement en suffrages énergiques le jour où le gouvernement fera appel à votre confiance. N'oublions pas que nous avons une grande dette à acquitter, et, au jour de l'épreuve » (lisez : au jour du vote) « agissons sous l'empire de ce souvenir. »

Pour arriver à ce résultat, on ne négligeait rien. Faut-il citer les circulaires envoyées aux commissaires de police et leur ordonnant de surveiller les magistrats les plus inamovibles? Faut-il montrer, avec les rares papiers trouvés aux Tuileries, que cette surveillance n'était pas seulement exercée par les commissaires de police, mais en quelque sorte par le sous-chef de l'Etat, — si l'expression peut être employée? Je fais allusion à une pièce très connue; c'est un mémoire adressé à l'empereur par l'honorable M. Rouher, et dans lequel il passe en revue les plus hauts fonctionnaires de l'Empire. Il déclare que le président de la Cour des comptes est absolument dévoué, et parle de M. Devienne en disant qu'il est d'une certaine austérité de caractère. (*Applaudissements et rires ironiques à gauche.*)

Donc, négligeant, la Chambre le comprend à merveille, un très grand nombre de documents, j'arrive à des circulaires plus récentes. Elles datent du mois d'avril 1870 et émanent de M. Emile Ollivier. Voilà où nous allons prendre sur le fait l'indépendance des magistrats. M. Emile Ollivier était quelque chose comme le petit-fils de M. Guizot (*Rumeurs à droite.* — *Rires à gauche.*)... eh bien! il prend la plume à ceux qui le précèdent... et il écrit, dans un télégramme qui est adresse par M. le ministre de la Justice aux procureurs généraux : « Dites à tous les juges de paix que je les verrais avec plaisir dans les comités plébiscitaires. »

Le 26 avril, il étend la permission qu'il donne aux juges de paix à toute la magistrature : « On me demande si les magistrats peuvent entrer dans les comités plébiscitaires; je n'y vois que des avantages. » (*Hilarité à gauche et au centre.*)

Je n'insiste pas plus longuement. Je ne crois pas que, sous le second Empire plus que sous les autres gouvernements précédents, nous rencontrions le contrat qu'on nous somme de respecter ; et, sans y mettre aucune espèce d'intention amère, je dis qu'on rencontre au contraire, et à grand regret, la preuve de ces préoccupations exclusives qui firent qu'aucun magistrat qui n'était pas dévoué, sans arrière-pensée, au gouvernement, ne put jamais pénétrer dans la magistrature.

Je ne crois donc pas qu'il soit possible de soutenir avec M. Ribot que la magistrature procède d'un pouvoir qui n'a pas eu d'intermittences, d'un pouvoir qui est perpétuel comme il est souverain, et qu'on puisse sans témérité affirmer que la magistrature, contre laquelle nous vous demandons s'il y a des mesures à prendre, soit le produit de ce contrat d'indépendance et non le résultat d'une recherche dans laquelle on a tenu un compte trop large de la docilité.

Un dernier ordre d'idées, et j'aurai fini, en abrégeant autant qu'il est possible de le faire.

M. Ribot a dit : Ah! si nous étions encore en 1870, au lendemain d'une révolution, et si le peuple n'avait pas encore été consulté sur la question de savoir si le gouvernement répond ou ne répond pas à ses vœux, à ses désirs, à ses volontés, ah! alors, vous auriez une libre carrière, vous pourriez frapper les magistrats, vous pourriez n'avoir pas plus de mansuétude que l'honorable orateur dont je citais tout à l'heure le nom. Mais nous avons vécu dix ans au milieu de conflits qu'il suffit de rappeler pour prouver l'importance de l'épreuve; le pays ne s'est pas lassé de vouloir le gouvernement actuel, il l'a voulu patiemment, irrésistiblement, et lorsque, pour la première fois, il arrive sérieusement à le posséder, après dix ans d'épreuve on nous dit : vous êtes un gouvernement improvisé, vous êtes un gouvernement voulu, impuissant, dès lors, à réformer la magistrature en détruisant le principe d'inamovibilité qui la couvre.

Je ne crois pas, Messieurs, que ce soit là une logique de nature à entraîner le sentiment de la Chambre.

J'ajoute qu'elle n'est pas exacte et qu'elle n'est pas juste, — j'entends qu'elle n'est pas équitable.

L'honorable M. Ribot oublie trop la situation qui a été faite à la République pendant ces longues années où le pouvoir fut détenu par ses adversaires.

Alors nous étions parmi ceux qui calmaient les impatients, en leur disant que vous n'aviez du pouvoir que la forme, mais que c'était votre honneur d'avoir conservé en tête de nos lois la formule républicaine. Etiez-vous libres? Direz-vous que vous pouviez agir? Et, quand certains ministères étaient en captivité forcée, direz-vous qu'ils étaient en captivité volontaire? (*Applaudissements à gauche.*)

Ce qui est vrai, c'est que, pendant dix ans, toutes les forces du pays se sont concentrées sur cette invraisemblable gageure que l'on a, tour à tour, appelé l'essai loyal de la République, puis la République sans les républicains, et dont le véritable nom était la République contre les républicains. (*Nouveaux applaudissements à gauche.*)

Pendant dix ans, on a débattu ce problème de savoir si l'esprit républicain, sa tradition vainement interrompue, avait revécu dans les cœurs, s'il avait assez de force pour qu'on pût livrer toutes les fonctions à ses pires ennemis. Et c'est après toutes ces épreuves, c'est au nom d'un état de choses disparu devant la volonté nationale, nettement et à plusieurs reprises exprimée, que vous venez dire : Il y a prescription! Il est trop tard!

Mais, Messieurs, qui donc aurait prescrit, et qui, à l'heure actuelle, plaide la prescription, si ce n'est ceux qui ont tout fait pour y parvenir, et qui espèrent en être couverts? Et vous venez nous dire cela, « il est trop tard », avant d'avoir établi que, à un moment quelconque, nous ayons eu les mains libres! (*Très bien! très bien! à gauche!*)

Je crois que la question d'investiture, ce que j'appellerai volontiers la querelle des investitures... (*On rit.*), peut être digne d'exercer une certaine logique ou une rhétorique très subtile; mais je ne comprends pas, — et, en cela, je crois exprimer le sentiment du pays, — je ne comprends pas comment un gouvernement nouveau aurait le droit de révoquer des fonctionnaires qui auraient servi l'Empire sous l'Empire, et devrait respecter des juges qui, sous la République, ont servi tous les régimes! (*Très bien! très bien! à gauche et au centre.*)

Donc, Messieurs, je ne crois pas que l'objection que j'avais entrepris d'aborder soit de nature à détruire la conviction qui anime cette Chambre, et qui, partant d'un fait incontestable, l'existence d'un mal certain, la conduira à l'application du remède qui est nécessaire.

Je termine, pour ne pas prolonger votre fatigue, d'autant plus que plusieurs articles nécessiteront des discussions spéciales qui me permettront de citer d'autres faits et d'aborder d'autres considérations.

En résumé, voici ce qui me rend léger le sentiment des responsabilités qu'on entasse sur vos têtes. Vous voulez, dites-vous, une magistrature indépendante, inaccessible aux influences extérieures, nous aussi.

Il y a un mot plus simple, plus élémentaire, pour résumer tout cela : Vous voulez un magistrat honnête homme. Eh bien! je ne sache pas qu'il puisse y avoir une honnêteté variable et une logique contradictoire; je ne puis pas concevoir cette idée offensante, permettez-moi de le dire, à l'égard des magistrats, que ces magistrats, pour accomplir simplement leurs devoirs, pour ne pas porter atteinte à la personne, ni au patrimoine d'autrui, doivent être revêtus de garanties spéciales et extraordinaires; pour moi, les magistrats trouvent leur indépendance en eux-mêmes, et non pas dans des investitures extérieures; je crois qu'ils la trouvent dans les traditions de leur éducation, et dans les exemples précieux de leurs familles; et si vous admettez un homme pétri d'un tel limon que, pour rester honnête, il lui faille des garanties spéciales, vos garanties n'y suffiront pas.

Je crois donc qu'on peut, sans être écrasé sous le poids des responsabilités, recommander avec confiance au vote de la Chambre l'ensemble du projet de loi qui lui est soumis. (*Applaudissements répétés à gauche et au centre. — L'orateur en retournant à son banc reçoit les félicitations de ses collègues.*)

M. WALDECK-ROUSSEAU, *rapporteur*[1]. — Messieurs, l'honorable orateur auquel je viens répondre très brièvement a indiqué à la Chambre quel avait été le programme d'un discours plus étendu que nous aurions pu entendre si la discussion générale n'avait été close avant qu'il pût prendre la parole. Je crois, sur ce point, qu'aucun des orateurs qui ont pris ou prendront part à ce débat n'a de regrets à manifester. Ce n'est pas seulement l'article 2 qui permettait de venir porter à la tribune la thèse de l'inamovibilité comme principe absolu; c'est encore l'article 8, c'est l'article 9, et par conséquent il ne pourra pas être dit — et cela n'a pas été dit d'ailleurs — qu'aucune parole ait été étouffée et qu'aucune contradiction ait été supprimée. (*Très bien! très bien!*)

Je ne veux pas, bien entendu, suivre l'honorable orateur qui m'a précédé à cette tribune dans les développements que comporterait l'énumération des propositions qu'il y a apportées, en les affirmant, comme il l'a avoué lui-même, plutôt qu'il n'a tenté de les démontrer.

M. FREPPEL. — De les développer!

M. LE RAPPORTEUR. — Il a bien voulu reconnaître — et c'est une déclaration qui au point de vue des anxiétés de

---

1. Réponse à M. Freppel, séance du 20 novembre 1880.

certains esprits timides n'est pas sans importance — qu'il ne fallait pas ajouter le dogme de l'inamovibilité aux autres dogmes déjà menacés. (*Rires à gauche.*)

M. Freppel. — Ils ne sont pas menacés du tout.

M. le Rapporteur. — L'inamovibilité — il le reconnaît — n'est pas un dogme supérieur, préexistant.

M. Freppel. — C'est un principe !

M. le Rapporteur. — Mais il affirme, avec l'énergie d'une conviction que je respecte entièrement, que l'inamovibilité est une de ces conditions essentielles en dehors desquelles on ne comprend pas le pouvoir régulier...

M. Freppel. — Dans l'état présent des choses.

M. le Rapporteur... et que, surtout à l'état de République, on en a besoin, parce que la République est un gouvernement de formes variables et diverses, et qu'il est bon qu'une magistrature perpétue, sous un gouvernement d'opinions qui se seraient modifiées, des traditions avec lesquelles le pays aurait définitivement rompu. (*Très bien ! très bien ! et applaudissements à gauche.*)

M. Freppel. — Je n'ai pas dit cela !

M. de la Bassetière. — Un gouvernement ne saurait s'honorer de rompre avec la justice !

M. le Président. — Il ne s'agit pas de la justice, monsieur ; je regrette de dire que vous ne paraissez pas avoir bien saisi la parole de M. le rapporteur.

M. le Rapporteur. — Je ne veux relever, dans ces assertions qui m'ont paru téméraires, que quelques erreurs considérables et qu'il ne faudrait pas laisser s'accréditer avec l'autorité que comporte la parole qui les apportait à la tribune.

C'est ainsi que mon honorable contradicteur est venu affirmer que l'inamovibilité avait été fondée par Louis XI, et que, depuis qu'elle avait été fondée par Louis XI, elle avait été invariablement respectée par toutes les monarchies.

M. Freppel. — Je n'ai rien dit de cela ! Voulez-vous me permettre un mot ?

M. le Rapporteur. — Parfaitement !

M. Freppel. — C'est précisément... (*Exclamations à gauche.*) Messieurs, l'orateur me permet de l'interrompre.

M. le Président, *s'adressant à la gauche*. — Messieurs, je vous invite à imiter la tolérance de M. le rapporteur, qui consent à être interrompu.

M. Freppel. — C'est précisément parce que cette inamovibilité, décrétée par la déclaration de Louis XI le 21 octobre 1467, avait été trop souvent méconnue dans la pratique, que les cahiers des états généraux ont demandé qu'on la respectât pour l'avenir. Voilà toute la question.

M. le comte de Douville-Maillefeu. — Ils demandaient l'élection !

M. Freppel. — C'est une autre question !

M. le Président. — Maintenant je fais appel à la tolérance de l'Assemblée et surtout à l'esprit de tolérance des interrupteurs, je leur demande de vouloir bien laisser l'orateur développer sa pensée.

M. le Rapporteur. — J'avais peut-être mal compris dans une certaine mesure ce qu'a dit mon honorable contradicteur ; mais enfin il a donné le titre de fondateur de l'inamovibilité au roi Louis XI, et c'est sur ce que je considère comme une grosse erreur historique que je lui demande la permission de le rectifier.

Le roi Louis XI, après certains faits politiques que mon honorable contradicteur connaît à merveille, pensa qu'il était peut-être bon que les juges fussent élus à demeure. Cette déclaration était à peine faite qu'il se produisit un procès criminel qui fit quelque bruit dans son temps : le duc de Nemours fut poursuivi ; Louis XI demanda sa tête. Trois conseillers la lui refusèrent. Les trois conseillers furent immédiatement révoqués par le fondateur de l'inamovibilité. (*Rires et applaudissements à gauche.*)

M. Paul de Cassagnac. — Ils n'étaient pas présidés par M. Cazot.

M. le Rapporteur. — J'ajoute que je remercie l'honorable M. Freppel d'avoir ainsi porté l'examen sur ce qu'était l'état de l'ancien régime, parce que, l'autre jour, sans vouloir remonter trop loin, au déluge, j'avais dit un mot de ce qu'il pouvait être sans le préciser. Nous trouverions dans la pratique constitutionnelle de l'ancien régime les arguments les plus forts à l'appui de la thèse que nous soutenons aujourd'hui, thèse qui ne s'était pas encore élevée à la hauteur de l'inamovibilité dégagée de toutes circonstances de fait; nous y verrions que, même alors que la déclaration de Louis XI persistait, au moins comme texte, on trouvait si exorbitant que, même sous une monarchie de droit divin, les magistrats choisis par une personne survécussent à cette personne qu'invariablement chaque fois que le roi venait à mourir, en dépit de la maxime connue de tout le monde : « Le roi est mort ! Vive le roi ! » il fallait que des lettres de cachet fussent données aux magistrats en fonctions. Et ces lettres de cachet, vous en trouverez, mon honorable contradicteur, jusqu'à Louis XVI, jusqu'au 10 mai 1774.

Voilà ce que faisait la monarchie. Eh bien ! si un gouvernement de tradition fixe, se perpétuant, qui n'était pas un gouvernement d'opinions, qui prétendait procéder de je ne sais quelle révélation supérieure... (*Très bien ! à gauche.*)

M. FREPPEL. — Allons donc ! C'est du droit et de la volonté nationale qu'il procédait !

M. LE RAPPORTEUR... pensait cependant qu'il ne pouvait conserver à aucun de ses représentants des pouvoirs qui survécussent à l'existence de celui qui les avait conférés, j'avoue que je ne peux me résigner à croire qu'un gouvernement républicain, un gouvernement essentiellement différent de ceux qui l'ont précédé, n'ait pas le droit de faire ce qu'on faisait sous l'ancienne monarchie et sous tous les précédents gouvernements. (*Très bien ! très bien !*)

M. CUNÉO D'ORNANO. — Il ne diffère pas des autres, alors !

M. LE RAPPORTEUR. — Un mot maintenant de cet argument absolu que l'inamovibilité est tellement dépendante de la justice, tellement liée à la justice, que l'on ne peut pas comprendre de justice sans l'inamovibilité.

Pour répondre à cette affirmation par une contradiction suffisante, il est facile d'opposer les autorités les plus imposantes à ce que j'appellerais volontiers les théologiens de l'inamovibilité. Parmi les écrivains ou les hommes politiques qui se sont préoccupés, et à bon droit, de cette thèse : « Est-il vrai, est-il faux que l'inamovibilité soit un principe essentiel ? » je ne veux pas en citer que vous pourriez traiter d'esprits aventureux, j'en prends qui, par les régimes auxquels ils étaient attachés, par la pondération de leurs idées, doivent avoir toutes vos sympathies.

Le premier en ordre de date, c'est le rapporteur de la loi de 1815.

M. Ribot. — C'est M. de Bonald !

M. le Rapporteur. — Voici ce qu'il dit : « Cette inamovibilité légale n'ajoute rien aux connaissances, à l'intégrité du juge capable et fidèle à ses devoirs; elle assure aux juges corrompus une longue et scandaleuse impunité. » (*Très bien! très bien! et applaudissements à gauche.*)

M. Ribot. — Voilà M. Waldeck-Rousseau qui admire M. de Bonald et le cite à la tribune. (*Exclamations.*)

M. le Président. — M. Ribot a tort d'interrompre; si cette interruption en suscite de nouvelles, où nous arrêterons-nous ?

M. de Bonald n'est pas en question; tout le monde a le droit de le citer ici, en réservant son opinion.

M. Ribot. — J'en prends acte !

M. le Rapporteur. — Que M. Ribot me permette de lui dire que son interruption n'est pas de la discussion.

Je suis en présence de cette assertion que les esprits indépendants, ceux qui ne sont pas entachés d'un républicanisme exagéré... (*C'est cela! à gauche*), ont toujours considéré que l'inamovibilité était un principe nécessaire.

Permettez-moi de citer même M. de Bonald...

A gauche. — Surtout !

M. le Rapporteur... qui, en somme, n'était certes pas le premier venu; permettez-moi de rendre hommage, sinon à l'autorité de ses opinions, contre lesquelles vous protestez avec vivacité, au moins à celle de son talent.

M. de Bonald ne se contentait pas de dire cela; il ajoutait quelque chose que voici :

« Le juge en est plus fort ; mais, s'il est bon, il n'en est pas meilleur, et, s'il est mauvais, il en est pire. » (*Rires et applaudissements à gauche.*)

Voici encore, Messieurs, quelques autorités que j'ai d'autant plus le droit de citer, que ces témoignages empruntent plus de valeur à l'époque à laquelle ils ont été émis.

M. de Chateaubriand, — pas un révolutionnaire, je pense, — l'auteur du *Génie du Christianisme*, écrivait :

« L'inamovibilité, inconnue dans les gouvernements républicains, convient aux monarchies tempérées qui se composent de pouvoirs indépendants ; mais son excellence dépend de la bonté des choix, car, si les choix sont mauvais, l'inamovibilité deviendrait le plus grand des maux. »

M. de Tocqueville s'exprime ainsi : « L'inamovibilité, qui a été créée pour la garantie des justiciables, ne profite qu'aux juges contre les justiciables. » (*Rires et marques d'approbation à gauche.*)

Je ne crois pas qu'on puisse aller plus loin.

Une rectification encore, et j'en aurai fini avec cette thèse abstraite que je n'ai introduite dans ce débat, dont j'aurais voulu la tenir éloignée, qu'en présence des affirmations et des paroles du précédent orateur et qui appelaient une réponse.

On a beaucoup parlé de Royer-Collard, on a dit que Royer-Collard avait prêté à la Restauration le plus admirable langage. Ce n'est pas moi qui contredirai ; mais est-il possible de dire, dans le sens exact du mot, que, ce langage, Royer-Collard l'a prêté à la Restauration, car elle ne l'a jamais tenu, et, d'ailleurs, pourrait-on soutenir que la Restauration a mis en pratique les règles élevées que l'on rappelait tout à l'heure : « Il faut que les juges soient impassibles, et, pour qu'ils le soient, je ne veux pas connaître leurs opinions. » ?

Non, ce conseil n'a pas été suivi par la Restauration, et je prétends que le langage que Royer-Collard a prêté aux monarchies, il ne l'aurait pas prêté à un gouvernement qui aurait été un gouvernement de suffrage universel.

Et, en effet, dans les discours mêmes où vous avez trouvé le passage si éloquent que vous avez cité, se trouve cet autre passage que je vous demande la permission de vous rappeler : « Les offices des tribunaux de la société constituée sont inamovibles, et les officiers indépendants de l'homme-roi. Dans la démocratie, les offices sont amovibles, et les tribunaux ne sont fixes qu'autant qu'il plaît au peuple souverain de ne pas les déplacer. »

Messieurs, cette opinion de Royer-Collard me sert de trait d'union pour arriver à la dernière objection que je veux combattre.

L'honorable orateur disait : Si, sous une monarchie, la thèse est discutable, elle ne l'est pas dans une république; il faut, dans une république, qu'il y ait quelque chose qui ne change pas, quelque chose qui soit au-dessus de tout, même au-dessus de la souveraineté nationale.

Messieurs, le principe vrai, — et je suis convaincu que nous serons facilement d'accord, — a été posé par la Constitution de 1791 qui, à l'heure actuelle, est encore la pierre angulaire ou la base de notre ordre social et de notre droit public, qui dit que toute souveraineté émane du peuple, que la souveraineté qui appartient au peuple est absolument inaliénable.

Eh bien! dans une république, qui est un gouvernement d'opinion, peut-on concevoir... (*Interruptions à droite*), — veuillez, messieurs, ne pas m'interrompre, peut-être me forceriez-vous ainsi à aller au delà des nécessités de ma thèse... — peut-on concevoir, alors que la justice émane du peuple, que l'on vienne soutenir que cette justice deviendra, en quelque circonstance que ce soit, un pouvoir constitué, ayant ses lois propres, restant étranger à tous les mouvements de son temps, et perpétuant, même sous la République, les traditions des gouvernements absolument ennemis qui l'ont précédée?

Voilà les quelques observations que j'avais à faire. Ce débat peut se renouveler encore, et, alors, si de nouvelles considérations se produisent, je m'efforcerai d'y répondre.

Il y a encore, cependant, un autre reproche auquel je veux répondre.

On nous a dit : Voyez comme vous manquez de logique ; on a reproché à tous les gouvernements d'avoir choisi des magistrats qui représentaient leurs traditions, qui, par conséquent, n'introduisaient en eux aucun germe de désordres ; vous avez reproché à la monarchie d'avoir eu une magistrature qui avait des traditions monarchiques, à la monarchie de Juillet d'avoir nommé des magistrats qui personnifiaient ses doctrines, au second Empire des magistrats qui avaient accepté les siennes, et cependant vous allez faire comme eux ! Est-ce que c'est là un raisonnement bien rigoureux ? Savez-vous ce qu'il faut dire en termes très simples, — et cela a été le fond des quelques considérations que j'ai présentées l'autre jour à la Chambre, — il faut dire : c'est parce que la Restauration a pris des magistrats à son image, c'est parce que Louis-Philippe a pris des magistrats à son image, c'est parce que l'Empire a pris des magistrats à son image, qu'il est impossible de concevoir de quel droit, par quelle nécessité nous devrions les conserver. (*Très bien! à gauche.*)

J'ajoute que j'aurais été bien peu logique si j'avais fait un reproche à tous ces régimes d'avoir choisi des magistrats qui fussent dévoués à leurs doctrines. J'ai pu, par un examen historique très rapide, montrer à la Chambre qu'on ne s'était pas contenté, à l'avènement de chaque règne, d'opérer un triage essentiel, d'opérer des éliminations nombreuses ; j'ai montré encore qu'on avait, en outre, en maintes circonstances, pesé sur les magistrats.

Voilà le reproche que j'ai fait.

Mais je reconnais très hautement que s'il y a pour tous es gouvernements des lois et des actes de gouvernement qui, tendant à leur propre conservation, sont par là même des actes nécessaires, il y a cependant une différence à faire : c'est que lorsqu'un gouvernement, — je veux admettre cela comme une hypothèse pour ne froisser personne, — lorsqu'un gouvernement arrive au pouvoir par un coup de force, tous les actes qu'il fait et tente dans l'intérêt de sa conservation ne sont que la continuation de l'acte qu'il a commis, sont entachés du même vice et ne sont pas plus légitimes que le coup de force ou le crime qui l'a mis au pouvoir. (*Applaudissements à gauche.*)

Mais quand il s'agit d'un gouvernement qui est amené au pouvoir par la volonté nationale, qui y est consolidé par la volonté nationale, je dis, Messieurs, qu'alors, demander à la justice d'entrer dans l'esprit de nos institutions, ce n'est plus de l'arbitraire, c'est pour lui une question de probité élémentaire dans l'accomplissement de son mandat. (*Assentiment à gauche.*)

J'ajoute qu'il ne peut y avoir d'arbitraire dans son exercice. Vous me dites que le Gouvernement va faire cette chose grave de juger les magistrats, de leur demander compte de leurs actes. Mais est-ce que le Gouvernement est un tribunal jugeant en dernier ressort, et au-dessus duquel il n'y a plus rien ?

Cela serait vrai, Messieurs, sous une monarchie : aux pieds du souverain expire la dernière responsabilité ; au delà, il n'y a plus rien. Mais dans un gouvernement d'opinion et de suffrage universel, il n'en est pas de même.

Vous m'objectez que le Gouvernement va juger les magistrats. Je réponds que le pays jugera le Gouvernement à son tour. (*Approbation à gauche.*)

Un membre. — Et bientôt, heureusement !

M. LE RAPPORTEUR. — Il ne faut donc pas porter au débat d'affirmations excessives.

Je me résume en disant que je ne crois pas qu'à propos de l'article 2 on ait apporté des considérations qui puissent détourner la Chambre de voter des dispositions qui réservent pour l'avenir les droits éventuels de l'inamovibilité, mais qui, en tout cas, ne toucheraient rien de tellement essentiel que vos volontés dussent s'y arrêter. (*Applaudissements prolongés à gauche.*)

Chambre des députés. — *Séances des 26 et 28 janvier 1883.* — Le projet voté par la Chambre en 1880 avait été tellement modifié par la Commission du Sénat que le ministère Gambetta s'était empressé de le retirer. La Chambre, en juin et juillet 1882, en discuta un nouveau, qui, après plusieurs séances, fut renvoyé à la Commission [1]. Celle-ci, l'ayant rédigé sur de nouvelles bases, le présenta à la Chambre en janvier 1883. Le fond de la réforme était l'élection des juges au suffrage à deux degrés. M. Waldeck-Rousseau attaqua le projet défendu par M. Clemenceau. A deux reprises, il répondit au *leader* du parti radical d'une façon si victorieuse que l'article 1er du projet fut repoussé, et l'ensemble rejeté [2]. (La réforme judiciaire fut accomplie sous le ministère Jules Ferry, par M. Martin-Feuillée, garde des Sceaux, et la loi votée le 1er août 1883.)

Messieurs,

Dans les déclarations de l'honorable M. Gerville-Réache, il en est une qui m'a profondément frappé. Il a dit avec une extrême bonne foi : si je croyais que la proposition d'élire les juges dût porter une atteinte quelconque à l'unité nationale, malgré mes discours, malgré ce que j'ai pu professer, je me rangerais du côté de ceux qui la combattent, parce que je ne voudrais pas défaire, détruire ce qui est peut-être la plus grande force de notre pays.

Si je ne craignais d'être téméraire, je professe avec tant de conviction cette opinion que l'élection des juges n'est, dans la réalité des choses, qu'un solécisme constitutionnel, qu'elle va directement contre tout ce qu'a voulu la Révolution, qu'elle n'en est pas le développement, mais la contradiction certaine, que j'oserais espérer de ramener à une autre doctrine jusqu'à l'honorable contradicteur qui descend de cette tribune.

---

1. Au cours de cette discussion, la Chambre avait voté la suppression de l'inamovibilité et l'élection des juges.
2. Le projet fut également combattu par MM. Naquet, Jules Roche, Granet, etc..., et défendu par MM. Lepère, Gerville-Réache, etc.

On a beaucoup parlé des principes dans cette discussion. L'honorable M. Clemenceau, qui repousse cependant les théories absolues, a résumé le débat en ces termes : ceux qui voteront l'élection seront respectueux des principes républicains ; ceux qui ne la voteront pas auront méconnu les leçons les plus élémentaires de cette période de notre histoire qui s'appelle la Révolution.

Messieurs, les principes ne sont le monopole de personne. (*Très bien! très bien! sur divers bancs à gauche et au centre.*)

Nul ne peut prétendre à s'en constituer une sorte d'apanage ; et j'affirme que, si je considérais l'élection directe des juges comme une conséquence nécessaire du suffrage universel, je rechercherais comment on peut l'organiser, parce que je ne crois pas qu'un principe absolument vrai puisse produire des conséquences absolument fausses. Mais j'ai, Messieurs, une opinion toute différente, et c'est cette opinion que je voudrais faire partager à la Chambre.

Nous sommes à un point de la discussion où il faut négliger tout ce qui est secondaire, et, sans prétendre diminuer l'importance de l'œuvre de la Commission, je demande à n'en dire que quelques mots. Lorsque, pour la première fois, on a discuté la thèse de l'élection, on le prenait de très haut, on disait qu'il s'agissait de restituer au suffrage universel, au peuple, l'exercice d'un droit primordial.

C'est sur ces graves paroles que la Commission s'est retirée. Elle rapporte le projet que vous connaissez. Le suffrage universel est reconnu apte, tout juste, à nommer des hommes d'affaires qui exerceront pour lui cette fonction primordiale. C'est un peu plus libéral que le régime de Louis-Philippe ; c'est plus dangereux que la nomination par le pouvoir. (*Dénégations sur divers bancs.*)

Messieurs, c'est mon opinion, et vous ne pouvez pas m'empêcher de l'exprimer.

J'ajoute que je crois exactement résumer l'économie de ce projet, en disant que c'est le pouvoir judiciaire remis aux mains de ce qu'on appelait en 1827 : « les capacités ».

Je n'insisterai pas non plus longuement sur le côté purement historique de la question, non pas que je pense qu'il faille dédaigner les enseignements de l'histoire ; il ne faut pas en ramasser les miettes. (*Marques d'approbation.*)

Quant au discours de M. Clemenceau, il se divise en deux parties : dans la première, il a instruit le procès de M. Jules Roche avec une grande ardeur, avec une ardeur qui montre peut-être qu'une investiture purement électorale et politique n'est pas le berceau naturel de l'impartialité. (*Rires approbatifs au centre.*)

Dans la seconde partie, il m'a paru que, trop absorbé peut-être par le travail auquel il s'est livré en quatre jours, la lecture de toute l'histoire de la Révolution, trop préoccupé de rechercher ce qui pouvait manquer dans les citations de M. Jules Roche, de points ou de virgules... (*Rumeurs sur plusieurs bancs*), il a peut-être perdu de vue ce qui, à mon sens, constitue les lignes essentielles, les assises fondamentales de la doctrine révolutionnaire.

Si je vote contre le projet de la Commission, ce n'est pas, comme l'indiquait l'honorable M. Gerville-Réache, par amour des expédients ou par empirisme, c'est parce que, à mon sens, on vous demande de détruire deux choses : ce qui a été le principe essentiel et fondamental de la Révolution : la souveraineté nationale, et ce qui a été son œuvre capitale : l'unification territoriale et l'unification constitutionnelle. (*Marques d'assentiment à gauche et au centre. — Exclamations à l'extrême gauche.*)

Vous êtes, mes chers collègues, bien impatients ; je n'ai pas encore trouvé le moyen de faire un discours étendu en quelques minutes, ni de répondre, en un quart d'heure, à toutes les interruptions qu'une partie de cette Chambre adresse aux orateurs qui ne sont pas partisans de l'élection des juges.

Vous dites que le suffrage universel sera merveilleusement calme, qu'il ne connaîtra aucune de ces agitations qui faussent le jugement. Eh bien ! vous lui devez un exemple, le spectacle d'auditeurs habitués à la contradiction et qui la supportent. (*Très bien ! et rires sur divers bancs à gauche et au centre.*)

Deux observations me paraissent dominer tout le débat, ce sont des constatations de fait. L'honorable M. Granet les a touchées l'une et l'autre ; mais elles sont tellement graves, tellement décisives, que je vous demanderai la permission de ramener votre attention sur ces deux points.

C'est, d'abord, une constatation historique. On a dépouillé les rayons des bibliothèques pour examiner quels avaient été les discours tenus. Vous avez entendu parler Barnave, Duport, Cazalès, Maury ; et M. Clemenceau en est arrivé, après avoir dépouillé les dossiers de la discussion de 1791, à vous dire : Votre situation n'est pas autre que n'était celle des constituants. Vous avez à rendre le même jugement qu'ils ont rendu : la question se pose pour vous comme elle s'est posée en 1791.

Messieurs, est-ce qu'une chose ne vous frappe pas, à savoir qu'en 1791 on n'était pas absolument en présence d'un pouvoir exécutif semblable au pouvoir d'aujourd'hui ? Est-ce que les constituants dont vous parlez étaient appelés à rechercher le domaine naturel et libre d'un pouvoir exécutif issu de la volonté du peuple, ou bien, au contraire, à disputer des prérogatives à un pouvoir d'essence monarchique et tyrannique, au moins dans son principe ? (*Très bien! sur divers bancs. — Exclamations à droite.*)

Nous avons pour le pouvoir exécutif une sorte d'aversion originelle, nous traînons après nous comme un legs de servitude, tout un cortège de préjugés et de préventions contre lui. Nous avons été pendant si longtemps ses adversaires, nous avons pendant si longtemps vécu dans l'opposition, qu'il semble que nous ne nous soyons pas aperçus de ce fait, qui a sa valeur pourtant, que, en 1791, le pouvoir exécutif s'appelait Louis XVI, et qu'il s'appelle aujourd'hui le Président de la République. (*Marques d'approbation sur divers bancs.*)

La seule conclusion que je veuille tirer de cette observation, c'est qu'on ne peut pas poser la question dans les termes où M. Clemenceau l'a posée, et qu'avant de savoir si l'on viole un principe tiré de la doctrine du suffrage universel, il faudra se résoudre à faire cet examen ; que

M. Granet a fait avec une merveilleuse vigueur, et rechercher ce que présente le pouvoir exécutif à l'heure où nous vivons.

Et, prenez-y garde, si vous allez partout disant que le pouvoir exécutif n'est qu'arbitraire et tyrannie, vous aurez en même temps proclamé que vous n'avez pas fait votre devoir, parce que c'est vous que le peuple, lorsqu'il vous a investis, a chargés de constituer un pouvoir exécutif qui le représente fidèlement ; parce que, si vous l'aviez faussé dès l'origine, ou si vous ne le rameniez pas à l'observation scrupuleuse des pouvoirs qu'il tient de vous, vous n'auriez pas rempli votre mission, vous n'auriez pas accompli votre mandat !

Donc, Messieurs, n'acceptons pas sans restrictions ce qu'on appelle généralement la doctrine historique, parce que des éléments bien différents et bien divers entrent naturellement dans une discussion qui s'agite en présence non de ce régime hybride qui s'appelle la monarchie constitutionnelle, mais d'une constitution républicaine.

La seconde observation que je demande la permission de présenter est celle-ci : on a beaucoup argumenté, par analogie, de la façon dont le peuple doit déléguer le pouvoir judiciaire et de la façon dont il délègue le mandat législatif. Ce n'est pas un terrain absolument neuf. M. Granet y a déjà mis le pied ; j'y reviens parce que c'est là une considération décisive.

Et je dis que rien ne ressemblera moins à la façon dont le peuple délègue le pouvoir exécutif que la manière dont vous allez lui faire déléguer, s'il le délègue, le pouvoir judiciaire.

Il est advenu chez nous ce qui advient chez tout peuple qui se développe ; il arrive un instant où on ne peut réunir toute la nation dans le même forum ; alors, on la sectionne, il y a des départements et même des circonscriptions.

Mais est-ce qu'il y a une seule circonscription qui, même en s'associant un certain nombre de circonscriptions voisines, puisse constituer à son usage soit un pouvoir exécutif, soit un pouvoir législatif, soit un pouvoir judiciaire ? (*Marques d'assentiment à gauche et au centre.*)

Que se passe-t-il pour l'élection des députés? Lorsqu'on a réuni même un département, à plus forte raison une circonscription, lorsque cette cellule, si je puis m'exprimer ainsi, a choisi son délégué, est-ce que vous croyez qu'elle lui a remis une portion ou une parcelle de la souveraineté nationale? Non; ce délégué peut être député de nom; il n'est législateur, dépositaire du pouvoir législatif, que lorsqu'il est ici, c'est-à-dire lorsque tous les délégués de tous les pays s'étant réunis, lorsque tous ces affluents d'un fleuve unique s'étant, en quelque sorte, confondus, ayant pris leur niveau exact, on a constitué quelque chose qui est, dans son ensemble, la représentation exacte et la physionomie vraie du pays. (*Très bien! très bien!*)

Voilà ce qu'est le pouvoir législatif.

Un membre. — Personne n'a nié cela!

M. WALDECK-ROUSSEAU. — Comment! on ne le nie pas?... Mais, pour le pouvoir judiciaire, on vous demande de faire précisément le contraire

En effet, vous ne dites pas que chaque arrondissement ou chaque circonscription judiciaire ayant élu un ou plusieurs représentants, un ou plusieurs dépositaires du pouvoir, tous ces dépositaires viendront, comme font ceux du pouvoir législatif, s'assembler et se confondre... Vous demandez que chaque ressort judiciaire demeure maître de son pouvoir judiciaire et vous allez faire ainsi autant de pouvoirs judiciaires distincts, autonomes, que vous aurez de circonscriptions! (*Applaudissements à gauche et au centre.*)

M. CLEMENCEAU — Les tribunaux ne font pas la loi!

M. FREPPEL. — Le Code civil est le même pour toute la France!

M. WALDECK-ROUSSEAU. — M. Clemenceau et M. Freppel me disent que le pouvoir judiciaire ne fait pas la loi; je le sais, mais ce que je sais aussi, c'est qu'il l'applique! c'est que, lorsqu'un corps judiciaire a été formé dans de certaines conditions et qu'il porte une certaine empreinte, l'application de la loi arrive à soulever ces réclamations, ces clameurs, qui ont fait naître la question de la réforme judiciaire!

Je reviendrai à cette objection, à moins que vous ne désiriez que je la discute immédiatement. (*Non! non!*)

L'autre jour, vous demandiez un jurisconsulte éminent pour démontrer cette proposition : que le juge, en statuant sur le fait, peut détruire l'unité de la loi. C'est un luxe bien inutile! Si vous entendez par là que, vainement aurait-on rendu 50 ou 60 mauvais jugements, la loi resterait intacte, qu'elle subsisterait dans nos Codes telle qu'elle était avant, vous avez raison ; mais, si vous entendez soutenir que par l'appréciation du fait on ne peut pas éluder et fausser la loi, ce n'est pas un jurisconsulte éminent qu'il faut demander ; vous pouvez vous adresser au moindre des hommes des affaires, des clercs d'avoué, qui vous dira...

M. CLEMENCEAU. — Que cela se fait tous les jours.

M. WALDECK-ROUSSEAU. — Vous me dites que cela se fait tous les jours. C'est une autre objection à laquelle je ne puis répondre en même temps.

Mais pour ce qui est de la première, je vous répète que, dans une certaine mesure, le juge, c'est la loi, non pas la loi écrite, mais la loi effective, la loi vivante, non pas la loi que vous faites, mais la loi qu'on subit!

Ces deux observations présentées, il ne me reste que peu d'efforts à faire pour achever la démonstration que demandait l'honorable M. Gerville-Réache, qui non seulement a sur certains des partisans de la même doctrine cette supériorité de formuler ses opinions à la tribune, mais encore cette autre de ne pas interrompre ses adversaires quand ils lui répondent. (*On rit.*)

M. Gerville-Réache disait : Mais l'unité nationale est un patrimoine qui nous est commun, que nul de nous ne veut détruire, et, si je la voyais menacée, je serais à vos côtés pour la défendre !

Qu'est-ce donc que l'unité nationale?

L'unité nationale, c'est le résultat, c'est l'effet d'un principe, d'une loi fondamentale qui a été formulée dès le début de la Révolution, qu'on retrouve dans toute son histoire affirmée, appliquée — je parle de la pratique — avec une inflexible et parfois une impitoyable rigueur; c'est la résultante de ce que j'appelle résolument un dogme... (*Interruptions à droite.*) Oui! le suffrage universel est un dogme; c'est la résultante de ce dogme de la souveraineté nationale, nationale, entendez bien le mot, et non pas provinciale ou départementale!

Est-ce que c'est une expression vague? Est-ce que c'est un mot sonore? Est-ce que c'est un de ces verbes d'apparat que toute doctrine peut emprunter? Mais c'est toute une thèse ou, plus exactement, c'est toute une doctrine, et c'est une doctrine que les mêmes constitutions ont pris le soin de souligner, de formuler, de détailler en quelque sorte, en inscrivant à côté du principe de la souveraineté du peuple cet autre principe que la souveraineté est une et indivisible.

Qu'est-ce que c'est donc que l'indivisibilité de la souveraineté? C'est cette loi que je signalais tout à l'heure et qui, pour la Convention, a été une loi de salut public dans le vrai sens du mot. C'est cette donnée qu'il ne peut pas appartenir à un groupe de citoyens de détenir ou de communiquer une fraction quelconque du pouvoir, dont l'ensemble seul est dépositaire. Voilà ce que c'est dans la théorie.

Maintenant voulez-vous que je vous dise ce que c'est dans la pratique? C'est le droit, pour un pays où il existe encore des partis, je pense, c'est le droit de mettre en ligne, en face des quelques cent mille électeurs qui peuvent résister encore aux progrès de l'idée républicaine, les millions de voix des électeurs républicains. C'est le droit pour vous de faire passer, d'un bout du territoire à l'autre, sur toutes les résistances isolées, ce que je pourrais appeler le niveau tout-puissant de la volonté nationale. (*Applaudissements à gauche.*)

Et, pour une certaine portion du pays, pour ce qu'on est convenu d'appeler, — ce qui montre bien à quel point ces idées, qui ne sont pas si abstraites, sont cependant peu familières à tout le monde, — pour ce qu'on est convenu d'appeler les minorités républicaines, c'est le droit d'obtenir, là où le sort les a placées, entre deux ruisseaux ou entre deux collines, c'est, dis-je, le droit d'obtenir la même somme de justice et de liberté... C'est le droit de se réclamer de la communion républicaine à laquelle elles appartiennent, dont elles font partie intégrante, bien qu'elles en soient séparées par une de ces divisions administratives qui n'ont pas sans doute pour but de les retrancher du peuple républicain.

Voilà ce qu'est, dans la théorie et dans la pratique, l'indivisibilité de la souveraineté nationale.

Cette indivisibilité puissante, féconde, victorieuse, allez-vous la compromettre, la supprimer?...

Je ne crois pas qu'on puisse se faire illusion sur les résultats immédiats, inévitables, de ce fractionnement qu'on vous demande d'opérer.

Vous n'aurez pas, je le répète, un collège unique de grands juges, ainsi que le disait M. Granet; vous aurez un certain nombre de ressorts judiciaires, très différents de mœurs, d'usages, d'opinions, et pourvoyant chacun avec une pleine souveraineté, dans leurs propres frontières, à la conception et au fonctionnement d'un pouvoir judiciaire, et, quand la Constitution de 1792, commentant ce mot « indivisible », ajoutait qu'aucune section du peuple ne peut exercer la souveraineté ou la conférer, je vous demande si je ne suis pas absolument dans le vrai, en disant que si une circonscription judiciaire peut nommer ses juges, ce n'est pas au peuple que vous aurez restitué le pouvoir judiciaire, c'est à une section du peuple que vous l'aurez conféré! (*Réclamations à droite. — Applaudissements à gauche.*)

J'ajoute que cette section du peuple qui aura constitué, en apparence, pour son usage personnel un pouvoir judiciaire distinct, cette section du peuple obligera tout le reste du peuple de comparaître devant ses mandataires.

Qu'on discute la question de savoir si certains fonctionnaires de l'ordre administratif doivent être élus, cette controverse peut se concevoir, parce qu'on admet qu'ils n'auront à administrer, à gérer, que les intérêts de la circonscription qui les aura nommés. Mais, s'agissant de l'administration de la justice, que devient cette hypothèse?

Mais entendez donc bien qu'il n'y a pas un membre de cette Assemblée qui puisse être certain de ne pas être obligé de comparaître devant un de ces pouvoirs judiciaires autonomes, issus non du peuple, mais de la volonté ou du caprice d'un collège. (*Réclamations à l'extrême gauche.*)

De sorte, Messieurs, qu'en morcelant le pouvoir judiciaire, à mon avis, — et il ne me paraissait pas devoir soulever de si bruyantes réclamations, — non seulement vous arriverez à constituer au profit d'une section du peuple une souveraineté distincte, mais à lui reconnaître le droit de faire passer devant les juges qu'elle aurait choisis tout citoyen qui aurait à suivre, dans la même région, un procès, ou un intérêt à défendre.

Quand on songe, Messieurs, quand on sait comme nous que, même dans les procès qui ne sont ni correctionnels ni criminels, très souvent les plaideurs défendent non seulement leur patrimoine, mais leur honneur, je me demande si nous n'avons pas quelque droit de nous préoccuper des résultats possibles d'un pareil morcellement de l'administration de la justice.

J'ai hâte de sortir des abstractions et de ne pas prolonger outre mesure la fatigue que l'Assemblée éprouve certainement après une discussion aussi étendue... (*Non! Non! parlez!*)

Je n'insiste pas plus longtemps sur une démonstration à laquelle l'honorable M. Gerville-Réache n'a pas répondu, bien que le discours de M. Granet lui en fournît l'occasion; j'arrive à répéter ce qui a été déjà dit bien des fois, ce qui est dans les prévisions de tous ceux qui ont pesé les conséquences de cette mutilation de la souveraineté nationale.

On a donné la vraie formule des résultats qui, à mon avis, sont à craindre, qui sont même certains. On a dit : Ce que vous allez reconstituer sous prétexte de faire une œuvre révolutionnaire, ce sont les provinces; et nous pouvons ajouter : ce que vous allez rétablir sous couleur de réforme judiciaire, ce sont les parlements.

Les provinces!... Mais est-ce que cela est contestable? Elles ne se retrouveront peut-être pas exactement restituées dans leurs anciennes frontières. Mais qui est-ce qui pourrait nier que des circonscriptions judiciaires, venant à se reformer dans ce pays, où on peut encore sur une carte dessiner des zones d'opinion, donneraient des résultats les plus divers et les plus discordants ?

Comment contester que ce qu'on va faire, c'est l'autonomie des circonscriptions judiciaires ? Et l'autonomie, que je sache, n'est pas l'égal ou le semblable de l'unité !

Est-ce une bonne chose ? Pourquoi donc la Révolution avait-elle supprimé les provinces ? Etait-ce, purement et simplement, pour donner à la France une division administrative plus logique, plus pratique, plus facile ?

Messieurs, je n'ai pas relu l'histoire de la Révolution en quatre jours... mais je crois que j'ai conservé sur ce point des notions assez exactes.

Quand la Révolution put mesurer l'immensité de l'œuvre qu'elle avait à accomplir, elle vit un pays profondément divisé de mœurs, de langage même ; elle vit, au nord, par exemple, des populations plus attachées à certains privilèges qu'à certains droits ; elle vit la Bretagne, la Vendée, toute une partie du Midi, qui semblaient se replier, se reprendre, se soustraire à l'immense courant d'opinion qui devait se créer et qui allait emporter tant d'hommes et de choses, et vous savez bien ce qu'elle fit ! Elle voulut refondre le vieil édifice national ébranlé pour en construire un autre aisément pénétrable, accessible aux doctrines que partout elle allait répandre, défendre, propager ! C'est à ce prix, seulement, qu'elle put faire triompher sa vérité fondamentale : l'unité de la souveraineté nationale, et assurer partout à ceux qui venaient à elle, qui luttaient pour elle, la même somme des mêmes droits, et la même liberté.

La situation n'est sans doute plus la même. Je sais bien qu'il ne faudrait pas comparer la France d'aujourd'hui à celle de 1789, mais on ne peut nier que, suivant qu'on envisage un point ou un autre du territoire, on y rencontre des foyers d'opinions divergentes, belligérantes, qu'il y a encore des territoires gardés par la réaction !

Pensez-vous que trois dynasties passant successivement, en moins d'un siècle, sur notre pays, n'y ont pas jeté quelques racines?

Et vous dites : Partout où il pourra se trouver ici ou là, dans un accident de terrain, une opinion divergente par rapport à l'ensemble du pays, il faut lui reconnaître le droit de constituer une magistrature, un pouvoir judiciaire à son image!

Alors, Messieurs, nous aurons une magistrature provinciale, en attendant que, de conquête en conquête, nous rétablissions les vrais parlements! (*Applaudissements sur divers bancs à gauche et au centre.*)

Une dernière observation relativement à la nature du pouvoir que l'on va créer. M. Gerville-Réache est de ceux qui sont peut-être, à l'heure actuelle, un peu effrayés de leur création.

M. GERVILLE-RÉACHE. — Mais non!

M. WALDECK-ROUSSEAU. — Voici en quel sens, mon cher collègue.

Il a parfaitement compris quel péril pouvait faire courir cette division, cette autonomie de la justice, et, dans son discours, il vous disait : Nous avons trouvé le remède; nous ferons une Cour de cassation constituée dans telles et telles conditions; elle sera chargée de ramener à l'exécution des lois, à leur respect, tous les tribunaux fédéraux — car il faut appeler les choses par leur nom — qui auraient pu s'en écarter.

Eh bien! Messieurs, reconnaître tout d'abord qu'il y a tant de diversité possible dans la constitution de vos nouveaux corps judiciaires, tant de chances de conflit, qu'immédiatement, et avant de les avoir vus à l'œuvre, vous vous épuisez en précautions pour les ramener à l'unité n'est-ce pas donner raison et absolument raison à ceux qu pensent qu'il est inutile de commencer par créer tout d'abord un mal, sauf à en chercher ensuite le remède? (*Sourires approbatifs à gauche.*)

Mais ce qu'il faut aussi qu'on aperçoive bien, ce qu'il ne faut pas laisser le moins du monde dans l'ombre, c'est le pouvoir sans précédent des assemblées judiciaires de la nature de celles que vous voulez constituer. Je sais que parler de certaines théories de la Révolution, c'est s'attacher, semble-t-il, à une méthode bien vieille.

Pour moi, je suis de ceux qui croient que le développement de notre société démocratique est absolument subordonné au respect de ses traditions et de ses idées...(*Très bien !*) et s'il y avait, à cette époque, un principe pour lequel tout le monde combattit et luttât, c'était qu'il ne fallait pas créer, pas plus à côté du pouvoir législatif qu'à côté du pouvoir exécutif, un instrument non pas d'ordre, non pas de modération, mais un instrument dont on ne pourrait même pas calculer la force et qui serait un instrument de conflit, s'il n'était pas un instrument de domination.

Et c'est, en effet, à partir de cette époque qu'on a commencé de contester le plus énergiquement ce qu'on appelle la théorie du troisième pouvoir. C'est à cette époque qu'on proclama cette théorie qu'il n'y a qu'un pouvoir qui réside dans le peuple, qui peut se déléguer sous une forme ou sous une autre, et que de ce pouvoir émanent seulement des fonctions (*Très bien ! très bien ! au centre et à gauche.*)

Or, voici ce qu'on vous demande de faire : c'est de créer, dans les conditions que vous connaissez, des groupes de juges, qui constitueront, chacun dans la circonscription qui les aura nommés, un pouvoir souverain, distinct et illimité.

L'honorable M. Clemenceau disait : « La justice doit être le rempart des citoyens contre le pouvoir exécutif. » Mais ce que M. Clemenceau n'oserait certainement pas dire, c'est que ce pouvoir pût sans danger devenir supérieur aux autres pouvoirs, et qu'au lieu d'être leur égal, au lieu de fonctionner à côté d'eux si ce fonctionnement était possible, il fût non seulement plus fort qu'eux, mais qu'il les jugeât ! Or, j'affirme, Messieurs, que vous ne ferez pas un pouvoir judiciaire ayant une origine distincte et propre, sans créer par là même un pouvoir qui vous jugera demain.

Il y en a une raison que vous m'avez fournie vous-mêmes. Prétendez-vous enchaîner dans des règles de compétence un tribunal qui aura été élu dans les conditions que vous proclamez comme primordiales? Pourrez-vous assigner des limites à l'exécution d'un mandat qui doit être, suivant vous, directement obtenu du peuple? Et, quand vous aurez commencé par dire aux circonscriptions judiciaires que chacune d'elles doit nommer directement ses juges, conférer le pouvoir judiciaire, — c'est la thèse absolue de l'élection, — comment pourrez-vous lui démontrer qu'un autre pouvoir peut en limiter l'expansion et lui dire : Tu as bien le droit de choisir la personne que tu voudras, de l'investir, sans le concours du reste de la nation, des droits qui t'appartiennent, mais je vais limiter le droit que tu lui as conféré, comme si on pouvait limiter une puissance après l'avoir reconnue puissance souveraine! (*Mouvements divers.*)

Et alors il arrivera, je le crains fort, que, loin de trouver dans le pouvoir judiciaire ainsi constitué une garantie contre les excès du pouvoir, par une réaction qui pourrait dépasser la mesure, on pourra en venir à chercher dans le pouvoir une garantie contre les excès des juges. (*Très bien! très bien!*)

On a beaucoup argumenté de ce qui se passe dans certaine catégorie de la nation, celle des commerçants. Eh bien! il est un fait dont tout le monde a pu se rendre compte : c'est que les élections consulaires, elles-mêmes, ne sont pas soustraites aux préoccupations politiques; la politique est partout, et, s'il a été possible, à une certaine époque, de faire un livre sur l'indifférence en matière de religion, je crois qu'il serait impossible d'en faire un, aujourd'hui, sur l'indifférence en matière politique.

Plusieurs membres à gauche. — Tant mieux, tant mieux!

M. WALDECK-ROUSSEAU. — Je m'en applaudis avec vous, à une condition : c'est que vous ne fassiez pas de l'application d'une vérité reconnue un usage qui me paraîtrait essentiellement contraire au but que vous poursuivez; à la condition que vous ne demandiez pas la création d'un pouvoir impartial, indépendant, détaché des passions politiques, des passions qui animent nos luttes électorales.

De sorte que je ne crois pas aller trop loin en disant qu'en constituant un pouvoir judiciaire dans les conditions où on vous propose de le constituer, c'est un troisième pouvoir, supérieur aux deux autres, qu'on vous demande d'instituer, un pouvoir qui ne tarderait pas à juger les deux autres. (*Très bien! très bien! au centre et à gauche. — Interruptions à l'extrême gauche et à droite.*)

Il me serait facile de donner des exemples qui me paraissent de nature à frapper. Sans remonter bien loin dans notre histoire, est-ce que vous n'avez pas vu, à certaines heures, l'application de la loi, je ne dirai pas empêchée, mais singulièrement menacée par le pouvoir judiciaire? Faut-il rappeler ce conflit qui s'est élevé pour l'application de certaines décisions de la volonté nationale, de l'assemblée qui la représente, entre le pouvoir exécutif et les tribunaux auxquels on est venu, de toutes parts, en appeler de vos décisions?

Et quand vous aurez proclamé que, dans un département, le corps judiciaire, procédant librement du suffrage universel, dispose du droit de statuer sur tous les intérêts et de résoudre tous les conflits, croyez-vous que vous aurez le moyen d'y maintenir des fonctionnaires émanés du pouvoir exécutif? Trouverez-vous des administrateurs républicains pour aller dans certains pays, dans ce qu'une adresse, lue tout à l'heure, appelait des foyers de la réaction, où la sécurité, où, en tout cas, l'intégrité du pouvoir pourrait être compromise? (*Très bien! très bien! à gauche et au centre. — Rumeurs à droite.*)

Si vous le croyez, pour ma part, je ne souhaite pas qu'on ait à en faire l'expérience.

L'honorable M. Gerville-Réache, dans son discours du mois de juin, disait que l'élection des juges par le peuple est le seul mode d'investiture compatible avec les règles d'une démocratie. Je lui fais cette simple réponse : si l'on entend que, conformément aux constitutions républicaines, conformément à la Constitution de 1791, toute souveraineté émane du peuple; si l'on entend, par là, que l'on ne peut recevoir le pouvoir judiciaire que du peuple, nous sommes absolument d'accord ; mais, si l'on prétend que, à l'heure où je parle, avec notre mécanisme constitutionnel, les magistrats qui sont investis par le pouvoir exécutif ne puisent pas cette investiture dans la souveraineté du peuple... (*Interruptions à l'extrême gauche*), je répète avec M. Granet que l'on fait le procès du gouvernement représentatif et l'éloge du gouvernement direct!

C'est une thèse qui peut être discutée. Mais vous voyez bien qu'alors la question qui s'agite n'est plus de savoir si le juge doit émaner du peuple, mais bien de savoir s'il doit en émaner directement!

Il vous faut donc bien reconnaître que lorsque nous demandons, nous, que les magistrats procèdent d'un pouvoir qui, lui-même, émane du peuple, si nous sommes en désaccord avec vous, ce n'est pas sur une question de principe, mais sur une question d'aptitude.

Et la preuve que c'est une question d'aptitude, la Commission nous l'a fournie. Pourquoi la Commission, favorable à l'élection des juges, vous propose-t-elle de faire nommer les magistrats par le second degré? C'est qu'il lui semble que les cent délégués choisis par dix mille autres seront plus aptes que la masse entière à faire les choix auxquels ils sont conviés. Et alors, si le second degré est plus compétent que le premier, on pourrait se demander si la proposition ne pourrait pas être poussée plus loin et ce qu'il faut penser du troisième degré. (*Applaudissements à gauche et au centre. — Exclamations diverses.*)

J'ai dit le troisième degré ; c'est une formule qui peut paraître hardie, mais qui répond absolument à ce qui se passe, à ce qui existe actuellement dans la loi écrite.

Quand vous aurez changé la loi, mon raisonnement tombera ; jusque-là, il demeure. Aujourd'hui, le peuple est dépositaire de tous les pouvoirs ; qu'en fait-il? Il n'en exerce aucun directement. Ce n'est pas seulement le pouvoir judiciaire qui émane de lui, ce sont tous les pouvoirs. Que fait-il pour le pouvoir législatif? Il vous le délègue. Mais il fait plus, il vous délègue encore le pouvoir d'instituer en son nom, en vous inspirant de ses volontés, le pouvoir exécutif. Si vous avez rempli fidèlement votre mandat, le pouvoir exécutif n'est lui-même qu'un mandataire du peuple, et, quand vous faites le procès de ce pouvoir exécutif, vous faites la censure de votre propre administration et de votre propre contrôle. (*Très bien! très bien! à gauche et au centre. — Mouvements divers.*)

Vous me parlez de la fragilité des institutions judiciaires à venir. Vous dites que chaque régime nouveau devra changer les juges. Cette question a été agitée plusieurs fois dans cette Chambre; pour ma part, je me suis expliqué à ce sujet. J'ai montré que si nous sommes aujourd'hui dans l'obligation de modifier le personnel judiciaire, c'est parce que jamais, sous aucun régime monarchique, l'inamovibilité n'a existé; parce que, vous-mêmes, vous avez empoisonné toutes les sources de cette soi-disant indépendance, et qu'il n'y a jamais eu un gouvernement, monarchie ou empire, qui n'ait fait une magistrature à son image. Oui, j'ai nié que les magistrats de l'Empire pussent se réclamer d'une inamovibilité que l'Empire avait violée dans la personne des magistrats de la Restauration. (*Interruption.*)

Répondant à l'objection pressante tirée de la création d'un troisième pouvoir, objection qui tendait à prouver qu'on affaiblirait considérablement le pouvoir exécutif, l'honorable rapporteur de la Commission a dit qu'à son sens c'était un bien; et aggravant — à mon point de vue — cette proposition, il a ajouté que si deux fois nous avons vu disparaître la République, c'est à l'exagération des forces du pouvoir exécutif qu'il faut s'en prendre.

C'est là une proposition qu'il me paraît impossible de laisser sans réponse.

Si M. le rapporteur entend que, deux fois, des mains violentes et usurpatrices ont pu, dans ce pays, porter à la liberté, je ne dirai pas de mortelles atteintes, mais des blessures douloureuses, quoique passagères, nous sommes d'accord; mais, s'il entend qu'on ne puisse être un républicain respectueux des libertés du peuple, gardien prévoyant de ses institutions, qu'à la condition de perpétuer contre le pouvoir, qui en est le gardien, la guerre que nous avons faite à ceux qui en étaient les adversaires, qu'on doive en poursuivre la diminution en attendant qu'on en opère la déchéance, eh bien! c'est là une doctrine contre laquelle je m'élève.

Multipliez les moyens de contrôle, et, si vous pensez que le pouvoir se meuve avec trop de liberté, que votre surveillance ne soit pas efficace, imaginez de nouvelles précautions! Mais, quand vous avez devant vous un pouvoir qui est votre œuvre, quand il y a, entre 1791 et 1883, cette différence énorme d'un monarque à un mandataire, ne nous demandez pas de nous comporter vis-à-vis du pouvoir exécutif comme avait pu le faire la Constituante. (*Très bien! très bien!*)

Et, quant à cette autre question de savoir si une démocratie comme la nôtre, progressive, puissante, expansive, doit être représentée par un pouvoir débile, suspect, sans cesse menacé, que le pays nous juge! (*Applaudissements répétés au centre et à gauche.*)

J'en ai, Messieurs, fini avec cette question. Je ne suis pas de ceux qui croient détenir le monopole de la vérité ni de la prévoyance. Nous apportons à la défense des institutions républicaines, à la discussion des intérêts de la démocratie, un même zèle, une même sincérité. Il n'y a qu'une chose qui nous sépare : parmi nous, il en est qui me paraissent trop oublier qu'hier encore ils étaient en pleine lutte, pour lesquels il semble que certaines expériences soient comme une lettre morte et qu'ils en aient perdu le souvenir.

Et il en est d'autres qui croient, comme je le crois aussi, que le combat n'est pas terminé, qu'il y a encore des luttes à soutenir et qu'on ne peut rien abandonner, sans être téméraires, de cette conception de 1792: la souveraineté, entendue, appliquée, non pas comme un instrument de dictature, mais comme un instrument de liberté. (*Réclamations à droite. — Marques d'approbation à gauche et au centre.*)

Oui, je crois que nos institutions ont fait leurs preuves contre les assauts répétés des adversaires de la République, mais je crois aussi qu'on ne saurait les garder et les défendre avec trop de vigilance et avec trop de fermeté! (*Applaudissements prolongés à gauche et au centre. L'orateur reçoit les félicitations d'un grand nombre de ses collègues.*)

Messieurs[1],

Je voudrais répondre par quelques très simples paroles à la demande d'explications formulée par l'honorable M. Clemenceau dans les termes les plus courtois.

M. Clemenceau me demande si je ne confonds pas la République avec l'Empire. Il n'aperçoit pas que, dans les idées que j'ai développées l'autre jour à la tribune, et qui ne me sont point exclusivement personnelles, il y ait quoi que ce soit qui puisse différencier le régime actuel de celui que nous avons combattu dans la personne de l'Empire.

Eh bien! si M. Clemenceau paraît avoir été ému des théories que j'ai apportées à cette tribune, qu'il me permette de dire qu'on a le droit d'être plus ému encore des observations qu'il vient de formuler. (*Très bien! Très bien! sur plusieurs bancs à gauche.*)

Je me demande, en effet, ce qui resterait au Gouvernement républicain de respect et de considération, si on devait prendre au pied de la lettre les affirmations absolues que l'honorable M. Clemenceau a formulées tout à l'heure, et d'où il résulterait qu'aucune différence n'existant entre le pouvoir exécutif de la République et celui de l'Empire, aucune différence de conduite ne s'impose aux républicains.

Non seulement il n'aperçoit pas que le moindre progrès ait été accompli, mais il s'alarme et il trouve que la situation se serait considérablement aggravée, puisque le suffrage universel n'avait alors qu'un maître et qu'il en aurait 700 aujourd'hui. Il oublie que ce maître unique était

1. Séance du 28 janvier 1883.

l'adversaire du suffrage universel... (*Non! Non! à droite*), et que les 700 prétendus tyrans dont il parle en sont les serviteurs! Que nos collègues de la droite abondent dans votre sens et acceptent vos doctrines, je le conçois : vos théories les servent à merveille! Mais je ne désespère pas de vous en voir reconnaître l'erreur.

Je trouve pour ma part quelque différence entre la façon dont ces 700 députés sont appelés à exercer leurs pouvoirs et la violence par laquelle un homme a pu mettre la main sur le pouvoir le 18 brumaire ou le 2 décembre.

Il y a quelque différence aussi, pour moi, entre la liberté avec laquelle les élections ont été faites le 21 août 1881, et la manière dont elles se faisaient sous l'Empire.

Mais, s'il y a quelque différence entre la manière dont les mandats législatifs... (*Bruit à droite.*)

Je ne recherche pas les occasions de monter à la tribune : on me demande des explications, on me fait, en quelque sorte, un devoir de prendre la parole : il me semble que vous-mêmes, Messieurs, pourriez m'écouter. (*Parlez! Parlez!*)

Je ne dis rien qui soit de nature à soulever des rumeurs.

Ce que je viens de dire se résume très simplement. Quand je me place en face d'une Constitution qui n'est pas une Constitution dans l'espace, pour ainsi dire, mais qui est un fait, qui existe, que nous devons tous respecter tant qu'elle n'a pas été modifiée, qu'est-ce que je vois? Je vois à la source, à l'origine de tous les pouvoirs, la souveraineté nationale ; je vois, comme principe supérieur et dominant de toute évolution, de toute action gouvernementale, que cette volonté nationale, formulée dans les conditions que la Constitution prévoit, est déléguée dans des conditions que la Constitution fixe également.

C'est ce que j'ai appelé le dogme fondamental du suffrage universel; il ne faut pas, parce que j'ai prononcé ce mot dogme, en conclure que j'apporte ici je ne sais quelles idées dogmatiques, et que je me rallie à je ne sais quel système suranné. Je crois n'avoir rien dit que de vrai en affirmant que le principe fondamental d'une démocratie peut être considéré comme les religions considéraient leur principe, comme un dogme.

Eh bien! ce dogme ne se met pas en mouvement tout seul; il lui faut tout un organisme : il le trouve dans les élections qui en dégagent et le sens et les applications, dans l'investiture et les instructions données par la nation à ses représentants.

Ces représentants sont ensuite appelés à venir délibérer en commun sur quoi? Sur la façon dont ils doivent assurer l'exécution de cette volonté souveraine, de la volonté populaire, et comme ils ne peuvent pas, — étant une collectivité, et une collectivité nombreuse, — délibérer, d'une part sur les satisfactions législatives à donner au peuple, et assurer, d'autre part, l'exécution de ses décisions, de ses volontés, la même Assemblée délègue le pouvoir exécutif à des mandataires constamment responsables qui agissent, qui prennent des résolutions sous les yeux du Parlement, et qui ne peuvent méconnaître aucun devoir de leur charge, ni excéder leur mandat, sans immédiatement encourir votre censure. (*Applaudissements au centre et à gauche.*)

Voilà à grands traits toute notre Constitution, tout notre mécanisme constitutionnel!

Et, si vous venez dire que tout cela est extrêmement imparfait, qu'on peut concevoir un système meilleur, je répondrai qu'il ne suffit pas d'apporter toujours des critiques à la tribune, qu'il faudrait enfin se résoudre à nous apporter des solutions. (*Vive approbation à gauche et au centre.*)

Il faut apporter un système complet, réfléchi.

Ce que je vous reproche, ce n'est pas de prendre pour des principes les opérations de votre esprit : nullement! C'est de ne pas appliquer suffisamment les opérations de votre esprit à l'étude des principes; c'est de vous payer trop souvent de formules toutes faites et d'arriver ainsi presque toujours avec des blâmes et jamais avec des propositions! Car enfin, messieurs, si l'honorable M. Clemenceau considère qu'un député ne peut, sans trahir les intérêts de la liberté, monter à cette tribune et réclamer pour le pouvoir exécutif, constitué par l'Assemblée, surveillé, contrôlé par l'Assemblée, la liberté d'action nécessaire pour assurer aux volontés émises par ce Parlement leur exécution, il faut savoir quel est le système qu'il propose, et, après avoir dit au suffrage universel : « On te berce d'illusions, et on ne te rend la liberté qu'un jour, tous les quatre ans, » il faut qu'il dise et qu'on sache comment il entend, lui, assurer l'exercice de cette souveraineté. (*Applaudissements à gauche et au centre.*)

Les critiques de M. Clemenceau ne sont pas nouvelles; elles font partie d'une théorie que nous connaissons très bien, que je ne condamne pas plus *a priori* que les autres.

Il y a des gens qui vous disent : « Le pouvoir exécutif ne peut se déléguer sans abdication, » et ils veulent que le peuple fasse directement ses lois, pourvoie directement à leur exécution. M. Clemenceau condamne ce système et il le condamne comme impossible dans l'exécution; c'est une conception irréalisable, mais enfin c'est un système, bien qu'il soit impraticable.

D'autres soutiennent que les lois faites par la Chambre ne doivent devenir définitives qu'après avoir été ratifiées par le peuple. Je remarque que, pour ce qui est de ce système plébiscitaire, comme pour ce qui est de l'élection des juges, le pays où l'on peut chercher des précédents est un pays fédéral et que, si la théorie de M. Clemenceau sur l'élection des juges a été soutenue, le plus ardent peut-être de ses partisans ne l'a soutenue que parce que, logique avec lui-même et poussant les théories jusqu'au bout, il admet que l'état fédéral est le meilleur, et il n'est alors nullement embarrassé de concilier l'élection des juges avec la constitution qu'il préconise; le morcellement du pouvoir judiciaire va de soi avec le morcellement de la souveraineté; c'est encore là un système...

M. CLEMENCEAU. — Vous ne soutiendrez pas que la Convention était fédéraliste! Le tribunal révolutionnaire a été fait contre les fédéralistes.

M. WALDECK-ROUSSEAU. — Mon cher collègue, votre promptitude d'esprit fait que vous avez beaucoup de peine à attendre que vos contradicteurs aient le temps de s'expliquer. Vous voulez renouveler la discussion historique qui s'est déjà produite et vous me dites : « Vous êtes obligé de vous expliquer sur ce qui s'est passé à la Constituante ». Si la Chambre le désire, j'y répondrai tout à l'heure, mais je ne voudrais pas perdre de vue ce qui est le point culminant de cette discussion, la question de savoir si notre régime représentatif est vraiment tyrannique, parce qu'on ne peut pas laisser le pays sous l'impression des graves paroles qu'a prononcées M. Clemenceau.

Vous avez dit : « Il y a ici sept cents maîtres du peuple ». Je vous réponds : « Il y a ici sept cents serviteurs de la nation ! » (*Applaudissements prolongés à gauche.*)

Et c'est ce qui fait que l'attitude que vous prenez vis-à-vis du pouvoir exécutif ne me paraît nullement justifiée.

Vous m'avez demandé si je considérais le pouvoir exécutif comme une chose tellement variable qu'elle se modifie suivant les personnes qui l'occupent. Eh bien ! je réponds sans hésiter : « Oui, à une condition essentielle, mais décisive, à savoir que les institutions aient changé, et non pas seulement les personnes ! »

Et ce qui me fait dire que le pouvoir exécutif n'est pas actuellement ce qu'il était lors de la Constituante et avant 1870, c'est que les institutions que nous avons ne sont pas les mêmes. Aussi quand vous dites : « Mais l'Empire avait cette force exécutive dont vous parlez, et, par conséquent, si vous revendiquez les mêmes privilèges pour le pouvoir exécutif d'aujourd'hui, vous faites œuvre monarchique, » je réponds que je ne revendique pas pour le Gouvernement républicain — je ne dirai pas les privilèges — mais les usurpations des régimes antérieurs, et que, si je réclame pour le pouvoir exécutif actuel le droit d'assurer partout le respect des volontés nationales, c'est parce qu'il procède de cette souveraineté, parce qu'il la représente au lieu d'en être l'antagoniste !... (*Très bien ! très bien ! à gauche.*)

J'arrive à répondre à M. Clemenceau sur un point particulier, d'une assez minime importance, il est vrai, qui se rattache au même ordre d'idées.

J'ai prononcé, paraît-il, une phrase terrible qui aurait rempli d'alarmes les amis de la liberté... J'ai, Messieurs, la prétention d'apporter à cette tribune autant de respect et d'amour de la liberté que qui que ce soit. (*Applaudissements à gauche.*)

Mais, définissant ce qu'est l'unité nationale dans ses résultats et dans la pratique, j'ai dit que c'était le niveau de la volonté nationale passant sur tout le pays et s'imposant à tous : entendez-vous la confondre avec la tyrannie?

Messieurs, dans certaines conférences, on argumente sur les mots et on se les jette à la tête. Ce n'est point un mode de discussion parlementaire, ni digne d'une Chambre, et je ne crois véritablement pas que personne ait pu se méprendre sur la portée de la pensée que j'ai formulée.

Parler de faire passer sur tout le territoire le niveau de la volonté nationale, cela veut dire que, s'il faut admettre l'absolue liberté pour l'élaboration de ce qui sera la loi, pour la manifestation des opinions et des doctrines; si j'ai demandé et voté la liberté de discussion sous toutes ses formes; si je veux qu'il n'y ait pas une minorité, pas un citoyen, sur un point quelconque du pays, qui puisse être entravé dans la manifestation personnelle de sa volonté; lorsque le pays, juge de ces conflits d'opinions, a clos ce grand débat, quand il a, par un verdict rendu par le suffrage universel, jugé les opinions et les doctrines, ce verdict, ce jugement doit être respecté, et c'est au pouvoir d'imposer ce respect! La garantie de la liberté, c'est que nulle part une majorité apparente, factice, ne puisse faire prévaloir l'arbitraire. S'il en était autrement, vainement on dirait : « Le suffrage universel, c'est la volonté nationale. » Cette volonté, l'unité nationale elle-même, seraient méconnues! (*Applaudissements à gauche.*)

Voilà le sens exact de mes paroles; vous voyez qu'elles n'ont rien qui puisse inquiéter les amis sincères de la liberté, et que ce n'est, rien de plus et rien de moins, que la formule du respect dû aux volontés du pays quand une fois elles sont passées dans la loi et qu'elles doivent, en outre, passer dans la pratique.

Messieurs, permettez-moi une dernière observation. J'ai parlé, l'autre jour, dans cet ordre d'idées, de ce qu'on appelle les minorités républicaines; j'ai dit que le respect de la loi commune était surtout le patrimoine des minorités républicaines. Et, quand vous me demandez si je me préoccupe des garanties dues aux citoyens, je réponds : « Je me préoccupe des garanties dues aux citoyens en recherchant les moyens d'empêcher que, sur aucun point de la France, une oligarchie quelconque puisse substituer sa volonté ou ses fantaisies à la volonté exprimée par la nation. » (*Très bien! à gauche et au centre.*)

Mais il y a cette différence, entre M. Clemenceau et moi, que je crois qu'un juge dispose dans une large mesure du pouvoir exécutif. Je sais, étant plus familier avec ces choses que M. Clemenceau, qu'un juge d'instruction peut faire arrêter un citoyen...

M. CLEMENCEAU. — J'ai sur vous l'avantage de le savoir par expérience!

M. WALDECK-ROUSSEAU. — Mon cher collègue, je le regrette profondément; mais vous disiez tout à l'heure que, à la différence d'un maire, un juge ne dispose d'aucune parcelle du pouvoir exécutif; cela m'a surpris et je vous montre combien votre affirmation est erronée, et je ne suis pas aussi rassuré que vous sur les conséquences qui pourraient résulter pour les soi-disant minorités républicaines, d'un système qui remettrait à chaque province ou à chaque section du territoire l'autonomie du pouvoir judiciaire, et à chaque magistrat, dans cette portion du territoire, une fraction de ce pouvoir.

M. CLEMENCEAU. — Je n'ai pas demandé cela. Vous me réfutez à trop bon compte, en me prêtant des opinions que je n'ai pas exprimées.

M. WALDECK-ROUSSEAU. — Vous pouvez ne pas le croire, mais c'est précisément à ce résultat que vous arrivez!

Ceci m'amènerait à rentrer — contrairement à mon intention — dans un sujet qui a fait l'objet de toute ma discussion d'avant-hier. Si je n'ai pas démontré, dans le temps assez long que la Chambre a bien voulu m'accorder, que le résultat de l'élection, telle qu'on la propose, serait de constituer dans chaque ressort judiciaire une autonomie judiciaire, j'ai échoué dans mes efforts de démonstration et de logique; mais certainement je ne reprendrai pas, aujourd'hui, cette démonstration dans son intégrité.

Il y a dans le discours de M. Clemenceau beaucoup de choses; je dirais volontiers — et ce n'est nullement de ma part une critique — que tout s'y mêle, parce que, avec la vivacité de son esprit, il aperçoit immédiatement des relations entre toutes choses, et, s'il me fallait le suivre et m'expliquer sur tous les points qu'il a touchés, et cela d'une façon complète, autrement que par des affirmations, ce qui est sa méthode ordinaire... (*Sourires au centre et à gauche*), je me verrais entraîné, par exemple, jusqu'à discuter la séparation de l'Église et de l'État.

M. Clemenceau nous dit, en effet : La preuve que, en votant contre l'élection des juges, vous faites un acte contraire à la liberté, c'est que vous êtes précisément les mêmes qui voterez plus tard contre la séparation de l'Église et de l'État. Est-ce vraiment un argument, une raison?

M. Clemenceau. — J'ai dit que vous gardiez toutes les institutions de l'Empire, moins l'Empire.

M. Waldeck-Rousseau. — Je ne puis pourtant pas empêcher que l'Empire ne se soit prétendu un régime de suffrage universel, ou, du moins, qu'il n'ait mis le suffrage universel dans sa loi écrite.

Je ne pense pas que vous entendiez contester même à un gouvernement républicain le droit d'avoir certains éléments essentiels, certains éléments organiques qui sont la loi nécessaire de tous les gouvernements, entendez-le bien, comme il y a des lois communes à tous les individus.

Je répète ce que j'ai déjà répondu, — et vraiment je crains de l'avoir fait trop longuement, — je répète que ce qui fait que l'argumentation de M. Clemenceau ne porte pas, c'est qu'il commence par faire abstraction d'une chose : le libre jeu des libertés dans le pays !

Vous oubliez que, aujourd'hui comme avant que les

Chambres soient nommées, toutes les questions sont étudiées et discutées librement par le pays, et, lorsque, par cette étude préparatoire, par cet examen préliminaire, chacun des citoyens a pu librement travailler à faire partager sa conviction, on passe au vote ; la majorité prononce, et alors la loi de la majorité s'impose : loi nationale, républicaine et libre, puisqu'elle a été formulée, dans sa pleine liberté, par l'universalité de la nation.

Voilà ce que je réponds, et j'ai le droit de dire à M. Clemenceau, qui insiste sur les dangers que nous ferions courir à la liberté, que j'y suis aussi attaché que qui que ce soit. (*Exclamations à droite.*)

Je le crois, Messieurs !

M. PAUL DE CASSAGNAC. — Mais nous ne le croyons pas !

M. WALDECK-ROUSSEAU. Je ne doute pas, mon honorable collègue, qu'à cet égard vous ne m'ayez donné de merveilleux exemples, mais avec une discrétion qui fait qu'ils m'auront échappé.

Je réponds à M. Clemenceau, qui disait : « Seriez-vous comme les hommes de l'empire ? Pensez-vous que le despotisme puisse être une des formes de la République ? »

Non ! je crois qu'il faut aux citoyens, au peuple, sous une république, toutes les libertés que nous avons si longtemps revendiquées, et, pour ma part, je cherche celles que j'aurais méconnues.

Et quand, sous prétexte que l'autorité est inconciliable avec les libertés, M. Clemenceau fait le procès à l'administration et dit : « Vous avez eu, sous vos ordres, des préfets et des sous-préfets républicains, vous avez cru que c'était avec cela qu'on pouvait fonder un gouvernement fort et une France libre ; vous vous êtes trompé », je lui réponds que, parmi les fonctionnaires dont il a parlé, j'ai vu des hommes qui servaient avec dévouement, avec clairvoyance, les idées que nous partageons, que la préoccupation du Gouvernement doit être, tout en ne portant que des jugements éclairés sur les hommes, de faire qu'à chaque poste de la République il y ait un homme qui la serve et la défende. Mais je ne conçois pas le respect de la loi, si le Gouvernement n'a pas des agents respectés là où elle doit être appliquée, là où elle peut être menacée !

Je n'insiste pas.

Cette discussion s'est étendue au delà peut-être de la mesure qui était désirable. Si je suis remonté à la tribune, c'est parce que j'y avais été appelé, et je crois avoir montré à la Chambre que, dans la théorie que j'ai exposée l'autre jour, il n'y avait rien en somme qui ne fût conforme et à la tradition révolutionnaire, et à la tradition républicaine. (*Applaudissements répétés à gauche et au centre.*)

INDEMNITÉS ACCORDÉES

AUX VICTIMES

DU COUP D'ÉTAT DU 2 DÉCEMBRE 1851

Chambre des Députés. — *Séance du 31 mars 1881.* — Une Commission avait été chargée par la Chambre d'examiner une proposition de loi tendant à accorder une indemnité aux victimes du coup d'Etat de 1851. M. Waldeck-Rousseau, nommé rapporteur, se déclara entièrement favorable à cette proposition. Il estimait que, si le pays ne pouvait être rendu responsable des désastres causés par les auteurs du coup d'Etat, il n'en avait pas moins contracté une dette de reconnaissance vis-à-vis des défenseurs de la Constitution de 1848 comme ayant été les véritables soldats de la loi. Il demandait donc qu'on leur accordât une indemnité à titre de récompense nationale. La Chambre vota un crédit de 6 millions destinés à servir des pensions viagères aux victimes du 2 Décembre.
(Le rapport de M. Waldeck-Rousseau fait ressortir qu'il n'a été tenu en 1851 aucun état digne de ce nom de ceux qui tombèrent sous la fusillade, ni des exécutions sinistres qui suivirent la bataille des rues. Par contre, on tint une sorte de comptabilité des opérations des trop fameuses Commissions mixtes : ces tribunaux d'exception jugèrent 26.764 citoyens dont plus de 13.000 furent déportés ou internés).

M. Waldeck-Rousseau, *rapporteur*. — Vous comprenez à merveille, Messieurs, que le rapporteur de la Commission ne monte pas à la tribune pour répondre aux deux orateurs qui l'ont précédé sur le principe même du projet que j'ai eu la mission de défendre. Nous avons, en effet, fait cet immense progrès, qu'aujourd'hui, à la différence de ce qui se passait en 1872, ce principe n'est attaqué par personne. Je faisais ce rapprochement quand j'entendais l'honorable M. Marcou indiquer qu'à une époque antérieure on avait fait à une certaine famille ce qu'on avait appelé une restitution.

Pour que les rôles soient bien établis, et que chacun, dans cette Assemblée, ait la part qui lui revient, je dois rappeler que, le jour même où cette indemnité, où cette restitution de 40 et quelques millions fut votée par l'Assemblée nationale, une proposition d'indemnité aux victimes du 2 décembre, qui émanait de l'initiative de M. Dréo, avait été repoussée.

C'est, par conséquent, sur l'œuvre de l'Assemblée nationale que nous vous demandons de revenir, en vous priant de faire une justice aussi égale, aussi parfaite qu'on peut la faire dans des circonstances qui, par elles-mêmes, entraînent certaines difficultés. Ce sont ces difficultés qui seraient l'excuse de la Commission, si son œuvre n'était pas irréprochable ; c'est précisément sur la mise en action de cette pensée de réparation dans laquelle nous sommes unis qu'un désaccord est survenu entre nous ; et je vous demande la permission de bien préciser en quoi nous étions séparés des auteurs des différents amendements déposés, et particulièrement des auteurs du contre-projet.

On a d'abord, Messieurs, critiqué l'expression « récompense nationale », à laquelle nous avons donné place dans l'article 1er. On nous a dit que cette expression n'était pas juste ; mais elle nous paraît, au contraire, se justifier très exactement par un texte de la Constitution de 1848.

En effet, dans son article 7, la Constitution de 1848 porte ceci : « Les citoyens devront aimer la patrie, servir la République, la défendre au prix de leur vie. »

Il nous a paru incontestable, Messieurs, que ceux qui, en 1851, avaient subi la déportation ou une autre peine quelconque parce qu'ils avaient pris les armes pour défendre la Constitution, avaient été les véritables soldats et les volontaires, en quelque sorte, de l'ordre, de la sécurité publique et nationale (*Très bien! très bien! et applaudissements à gauche.*)

Je n'insiste pas davantage sur cette qualification; et nous maintenons, ou plutôt nous demandons à la Chambre de maintenir ces expressions qui nous ont paru les seules justes. Et j'arrive immédiatement à l'examen de la seconde critique. Ces expressions, disais-je, nous ont paru les seules justes, et voici pourquoi : Il ne pouvait pas être question, malheureusement, d'accorder aux victimes du 2 décembre des réparations proprement dites, — j'entends par là des dommages-intérêts. Ce n'est pas 5 millions de rente qu'il aurait fallu vous demander. Lorsqu'on a, comme nous l'avons fait, opéré le dépouillement des correspondances qui montrent, mieux que les grandes histoires et sous une forme plus personnelle et plus poignante aussi, la vérité des faits, lorsqu'on a pu apprécier toutes les ruines dont notre territoire a été semé, on demeure convaincu que ce serait des sommes énormes qu'il faudrait demander au pays, s'il lui appartenait toutefois, à lui qui, à d'autres points de vue et sous d'autres formes, a tant souffert des mêmes événements, de réparer un préjudice qu'il n'a point causé.

Donc, des « dommages-intérêts » n'étaient pas une expression exacte, et, par conséquent, il paraissait naturel d'assimiler ceux qui, dans notre pensée, et dans la vérité des faits, avaient été les défenseurs volontaires de la loi à ceux qui en sont les défenseurs obligés et en quelque sorte requis, et d'accorder une récompense nationale, une pension, à des citoyens qui avaient fait leur devoir. Il nous a paru que cette expression plus juste donnait en même temps satisfaction au sentiment de dignité que nous avons rencontré chez tous les proscrits. (*Très bien! très bien! à gauche.*)

Une autre objection a été soulevée contre le projet. Vous avez pu voir par les observations de l'honorable M. Deluns-Montaud que nous avons rencontré, non pas des adversaires, mais des collaborateurs animés du même esprit que nous. Nous avons dû rechercher quel serait le critérium des récompenses, en d'autres termes, des pensions, et nous demander quelle serait la base des pensions que la Chambre allait être sollicitée de voter, et alors, puisqu'on devait écarter le préjudice subi, qui aurait dû se traduire par des dommages-intérêts, que restait-il? A première vue, il restait la peine prononcée, et j'en indique d'un mot la raison. Evidemment, les peines prononcées par les Commissions mixtes, dont on a fait l'historique, ont frappé plus ou moins sévèrement en 1851 les citoyens, suivant qu'elles les considéraient comme plus ou moins coupables, c'est-à-dire suivant, en réalité, qu'ils avaient fait plus ou moins largement leur devoir. (*Très bien! très bien! à gauche.*) De sorte que les condamnations, si elles avaient été toujours exécutées, donnaient certainement le critérium le plus exact du droit qui pouvait exister à des indemnités. C'est pour cela que nous avions fait trois catégories, indiquées dans l'article 2 du projet, attribuant à chaque catégorie dans laquelle figuraient des condamnés d'un genre particulier une indemnité proportionnelle.

On nous a fait remarquer, dans la Commission où nous avons entendu avec plaisir M. Deluns-Montaud, qu'il y avait quelque chose d'arbitraire dans cette distribution; en effet, si toutes les peines prononcées avaient été exactement subies, notre système eût échappé à la critique; mais il est arrivé souvent que telle condamnation, la déportation par exemple, dont on trouverait la trace dans les dossiers, n'a été exécutée qu'en partie, ou même pas du tout; de telle sorte que tel individu qui a été condamné à la déportation et qui, d'après notre système, aurait eu droit à 1.200 francs de rente, aurait cependant, en réalité, moins souffert que tel autre n'ayant été condamné qu'à l'internement ou au bannissement, mais qui, pendant de longues années, aurait subi sa peine, inférieure en apparence, mais qui lui aurait fait éprouver cependant un préjudice beaucoup plus considérable.

Devant ces explications, notre devoir — et je suis convaincu que la Chambre l'appréciera comme moi — était tout tracé. Il consistait à accepter ce qu'il y avait de juste, de nécessaire, dans les explications fournies. De ce chef, nous accepterons l'article 3, non du contre-projet primitif, mais tel qu'il a été formulé par M. Deluns-Montaud lui-même, qui propose, tout en indiquant aux Commissions d'avoir à répartir les indemnités suivant la gravité des peines souffertes, de ne pas faire de catégories inflexibles dans lesquelles les Commissions seraient enfermées. Mais, si nous avons fait très volontiers cette concession, nous n'avons pas pu en faire une autre qui était demandée par le contre-projet primitif. Ce contre-projet, se faisant l'écho de certaines réclamations venues des départements, disait : Pas de catégories du tout, une indemnité invariable, la même pour tous. De telle sorte que l'homme qui aurait été arraché à sa famille, comme cela est arrivé cent fois, laissant une industrie prospère désormais ruinée, et qui serait resté en exil pendant de longues années, n'aurait pas été plus favorablement traité que celui qui aurait subi une peine correctionnelle et un internement de quelques mois. C'est dire que ce système, sous l'apparence d'une mesure unique et équitable, aboutissait à des résultats qui ne pouvaient pas être acceptés.

Il était beaucoup plus équitable qu'avec une certaine latitude d'appréciation, mais en s'inspirant des motifs dont nous nous étions inspirés nous-mêmes sur les principes de la Commission, les Commissions départementales tinssent exactement compte de la quantité des peines subies, de leur durée et du dommage qu'elles auraient causé. Voilà pourquoi, acceptant l'amendement de M. Deluns-Montaud, nous n'acceptons pas l'article 3 du contre-projet qu'il avait signé avec un certain nombre de ses collègues.

Il y a une troisième critique, sur laquelle je m'expliquerai d'autant plus aisément que nous lui donnons satisfaction. On a fait observer, et c'est là un fait historiquement établi, que parmi les gens qui pourraient se présenter avec un dossier de condamnation, beaucoup étaient indignes de tout intérêt. Il y a eu, en 1851, des agents provocateurs que l'on a couverts de la protection d'une persécution apparente, et qui sont rentrés en France toucher le salaire qu'ils avaient si légitimement gagné. (*Rires ironiques à gauche.*)

Ceux-là, évidemment, n'ont rien de commun avec ceux auxquels nous vous proposons d'accorder une réparation qui n'a que trop tardé. Il fallait donc que les Commissions eussent un certain pouvoir d'appréciation, et c'est pour mener cette œuvre à bien que nous n'avons pas voulu nous contenter des personnes qui étaient indiquées à l'avance par leur caractère et leur titre; nous avons adjoint aux conseillers généraux trois délégués choisis par les proscrits eux-mêmes, parce qu'ils sauront à quoi s'en tenir, parce que leur enquête sera toute faite; de sorte que ces Commissions fonctionneront comme un véritable jury, en pleine connaissance des faits, et avec toute la latitude des pouvoirs que j'ai précédemment indiqués. (*Très bien! très bien! à gauche.*)

Le contre-projet propose encore de donner la faculté d'appeler de ces décisions des Commissions départementales devant une Commission supérieure composée de membres du Parlement. Eh bien! cette proposition, nous ne l'avons pas accueillie, et en voici les motifs :

Il nous a paru, précisément par les raisons que je viens de donner, que ce classement des ayants droit demandait surtout des connaissances locales, une connaissance exacte des personnes et des faits; par conséquent, une juridiction supérieure à laquelle on déférerait les décisions de ce tribunal intime, de famille en quelque sorte, aurait beaucoup moins de compétence que le tribunal inférieur pour se prononcer. (*Nouvelles marques d'approbation à gauche.*)

M. Gatineau. — C'est très juste.

M. le Rapporteur. — Il faut que cette Commission, qui est un véritable jury, se prononce avec l'entière responsabilité qui lui incombe et que ses décisions ne soient pas infirmées par d'autres Commissions qui n'auraient pas la même compétence.

Encore un mot, et j'aurai fini avec le contre-projet. Nous avions pensé que la personne qui aurait obtenu une rente ou une pension ne devait pas bénéficier de l'article 5 du projet lui permettant d'être appelée à remplir certains emplois, et nous avions inséré, dans l'article 5, que cet emploi ne pourrait pas se cumuler avec la rente viagère.

Mais on nous a fait remarquer que, lorsque l'Etat donne un emploi, il est vrai que le traitement qui y est attaché n'est que la rémunération des services rendus, de sorte qu'il n'y a pas de cumul à proprement parler. Un citoyen, en 1851, a perdu son industrie, son commerce ; vous lui accordez une réparation due aux désastres qu'il a subis, et si, en dehors de cela, il rend des services à l'Etat, il doit recevoir une rémunération qui n'est que le prix de ses services. (*Très bien! très bien! à gauche.*)

Ici nous nous sommes inclinés et nous avons accueilli très volontiers la rectification présentée par nos honorables collègues; et, si je ne me trompe, après ces explications données, les honorables auteurs du contre-projet doivent reconnaître que, dans la rédaction des articles, nous avons donné pleine satisfaction à leur demande.

La Chambre verra les modifications que nous avons introduites nous-mêmes dans le texte primitif; dans ces conditions, je ne crois pas qu'il y ait un intérêt véritable à ce que les auteurs du contre-projet persistent à demander que la Chambre statue sur leur proposition.

M. CADUC. — Acceptez-vous l'extension aux victimes de la loi de sûreté générale?

M. LE RAPPORTEUR. — Parfaitement, M. Caduc, un des auteurs du contre-projet, me demande si nous acceptons l'extension du bénéfice de la loi aux victimes de la loi de sûreté générale de 1858; dans la Commission, cela avait été décidé; c'était un oubli de ma part et je répare cette omission. La plupart des victimes de la loi de sûreté générale de 1858 étaient d'ailleurs d'anciens proscrits de 1851, vis-à-vis desquels l'Empire ne se considérait pas comme entièrement quitte! (*Très bien! très bien! à gauche.*)

LA SÉPARATION ANTICIPÉE

DES CHAMBRES

La Chambre, sur la proposition de M. Bardoux, puissamment appuyée par Gambetta, avait voté le scrutin de liste en mai 1881. Dès les premiers jours du mois de juin suivant, le Sénat, par haine contre Gambetta, rejeta la loi à une forte majorité. Un conflit naissait entre les deux Chambres. Entre autres propositions émanées des Gauches dans ces circonstances, on retint celle de séparer les Chambres par anticipation et de procéder de suite aux élections législatives qui étaient fixées à l'automne suivant. Le pays se serait prononcé sur la question : sa réponse contre le Sénat n'était pas douteuse.

Les Groupes de la Chambre se prononcèrent contre la séparation anticipée. M. Waldeck-Rousseau se déclara partisan de cette mesure, à la réunion que tient l'Union républicaine, le 12 juin 1881.

Messieurs,

La proposition tendant à une séparation anticipée de la Chambre n'est en aucune façon la revanche des partisans du scrutin de liste. La cause vraie de l'agitation parlementaire qui s'est produite est plus grave : elle est dans la rupture du Sénat avec la politique de conciliation, de concessions réciproques, que nous avions adoptée comme un *modus vivendi* qui pouvait nous conduire jusqu'aux élections législatives et sénatoriales sans incident, sans conflit.

Or, l'incident s'est produit; le conflit existe. Et cet événement survient à la veille des élections, c'est-à-dire au moment où chacun de nous est le moins disposé à sacrifier ce qu'il représente d'idées ou de préférences. Déjà, à l'occasion de discussions graves, telles que celles sur la presse et le droit de réunion, on avait pu remarquer que l'union, l'esprit de concession, dans la majorité, s'étaient altérés. Après le vote du Sénat, avec les élections en perspective, il faut un véritable aveuglement pour penser que chaque fraction du parti républicain continuera à observer cette trêve, cette loi de sacrifices actuels qui a été la raison de notre existence, de notre durée et de la validité de tout ministère.

Qu'on le regrette ou qu'on s'en réjouisse, nous touchons à un changement de politique. Or, en deux ou trois mois, je vois bien qu'on peut perdre le bénéfice de la politique suivie depuis plusieurs années ; on ne peut improviser tout d'une pièce une politique nouvelle, une majorité compacte.

Où serait la majorité avec cette nouvelle politique ? Où seront ses ministres ? C'est une période d'instabilité qu'on vous demande d'ouvrir, et c'est là un spectacle qu'on ne doit jamais donner au pays. Du jour où, dans une Assemblée, un même lien, une même entente n'existeraient pas, c'est l'instabilité à l'état permanent, aigu. Qu'un ministère se porte plus à gauche, il sera renversé par la rencontre des voix de droite et de celles du centre ; que son successeur revienne vers le centre, et c'est l'Union dont la rencontre avec la droite produira les mêmes résultats.

Il a fallu à la politique ministérielle des ménagements inouïs pour acquérir la durée. Qu'adviendra-t-il dans des circonstances bien moins favorables ? S'il s'agit vraiment d'inaugurer une politique différente de celle que nous avons suivie, c'est un motif impérieux pour consulter au plus vite le pays.

A ces considérations, il faut ajouter que nous arrivons à la discussion du budget. Si on l'aborde avec ces dispositions nouvelles, c'est un champ de bataille où vont se réveiller toutes les querelles. Il n'est pas douteux qu'une Chambre nouvelle puisse avec plus de calme et d'autorité résoudre les problèmes qui restent à résoudre. Et si on dit que la séparation n'est pas sans inconvénients, je réponds que la question est de savoir s'il y a plus d'inconvénients à avancer les élections qu'à les faire précéder de toutes les difficultés qu'on ne peut qu'entrevoir.

LA RÉVOLUTION FRANÇAISE

Les républicains de Rennes invitèrent M. Waldeck-Rousseau, le 14 juillet 1881, à un grand banquet organisé en l'honneur de la Fête nationale, qui avait été instituée l'année précédente. Il y fit entendre un éloge complet des hommes et des choses de la Révolution. Ensuite, il adressa certaines critiques au Sénat dont de récents votes avaient mis en échec des réformes importantes, notamment celle de l'enseignement et celle de l'établissement du scrutin de liste.

Mes chers Concitoyens,

Permettez-moi de vous dire les sentiments intimes qu'éveille en moi cette réunion. Il m'est particulièrement doux de célébrer notre fête nationale dans cette ville de Rennes dont la tradition républicaine remonte à 1789. Nous pouvons rappeler avec quelque orgueil que notre ville envoyait alors aux Etats-Généraux un délégué qui s'appelait Le Chapelier, qui, le premier, proposa aux États de se constituer en Assemblée nationale, provoqua le serment du Jeu de paume et rédigea de sa main le décret du 4 août qui anéantissait tous les privilèges.

Je m'applaudis qu'entre tant de dates glorieuses on ait choisi celle du 14 juillet, parce qu'il n'en est aucune qui représente mieux l'un des aspects les plus généreux et les plus humains de la Révolution.

Sans doute elle avait été préparée par le mouvement intellectuel du XVIIe et du XVIIIe siècles. Tous ces esprits puissants, Jean-Jacques, Voltaire, Diderot, d'Alembert, en avaient commencé l'œuvre. Mais à une époque où toutes les tyrannies se donnaient la main, où l'instruction elle-même était un privilège, les idées philosophiques ne pouvaient pénétrer qu'une sorte d'aristocratie des esprits ; aussi, Messieurs, ce ne fut pas seulement au nom de la raison méconnue et défiée par des institutions surannées, que le peuple se souleva, ce fut surtout au nom de l'humanité opprimée et bafouée depuis des siècles.

Ce fut une immense pitié pour toutes les souffrances dont il était témoin qui le porta tout d'abord sur cette vieille citadelle, témoin séculaire des abus de l'ancien régime, et qui en personnifiait tous les souvenirs les plus odieux et les pratiques les plus féroces.

La Révolution était commencée, elle allait poursuivre son œuvre.

C'est vainement qu'on a tenté de calomnier cette date. Le peuple entier en a gardé le souvenir comme de l'époque à partir de laquelle il a véritablement commencé de vivre, de prendre la libre direction de soi-même, d'avoir le sentiment de ce qu'il est, de ce qu'il peut et de ce qu'il vaut.

Oui, sans doute, la Révolution menacée sans cesse, à l'intérieur par les factions, à la frontière par la coalition européenne, eut ses convulsions et ses crises; oui, ce fut en pleine tempête qu'elle improvisa ce merveilleux édifice de nos libertés modernes, mais à chacune de ces crises une liberté surgit, une servitude s'écroule, une haine se brise, et à chaque éclair qui déchire ce ciel chargé d'orages, c'est une vérité nouvelle qui descend sur le monde.

On a suffisamment vengé cette grande époque en rappelant qu'en dépit de tous les complots et de toutes les armées, elle conserva à la France cette chère et glorieuse frontière d'Alsace, et que, dans le domaine des idées, elle nous a laissé cet exemple des peuples qui s'appelle la Déclaration des Droits de l'homme et du citoyen.

Il y eut sur les ruines de l'ancien régime une merveilleuse floraison d'hommes et d'idées. Cherchez dans les sciences, dans les lettres, dans la politique ou dans la morale, le nom du plus illustre, et vous trouverez toujours des hommes de la Révolution !

Quand on contemple à la distance d'un siècle l'œuvre de ces sept années, on demeure confondu en présence d'une puissance d'expansion si prodigieuse, si complète, qu'il n'est pas une des vérités pour lesquelles nous combattons que les hommes d'alors n'aient pressentie et dont ils ne nous aient légué le principe.

Aujourd'hui, Messieurs, après un siècle d'écrasement et de léthargie, nous nous sommes enfin réveillés, retrouvés, et s'il est impossible de contempler de tels ancêtres sans avoir le sentiment de notre infériorité, nous pouvons du moins le faire sans rougir, car nous avons repris leur œuvre et reconquis cette liberté pour laquelle ils avaient tant souffert.

Certes, nous n'avons pas réalisé tout ce qu'ils avaient entrepris et projeté, mais nous avons, après dix années de luttes et de patience, fait cette grande chose que la République est aujourd'hui définitivement, irrévocablement fondée.

Et ce n'est pas seulement une formule de gouvernement que nous avons conquise, nous avons en outre fondé une politique qui a déjà fait ses preuves, cette politique vraiment progressive qui consiste à n'avancer qu'avec sagesse, mais à ne reculer jamais ; à réaliser toutes les réformes qui sont entrées dans l'esprit de la nation, à y faire pénétrer toutes celles qui ne sont pas mûres encore.

De la période de résistance, nous passons maintenant à celle de l'action.

M. Vieille nous exprimait tout à l'heure le regret que lui avait inspiré le rejet du scrutin de liste. Nul ne souhaitait plus passionnément que moi cette réforme électorale, parce que nul n'était plus convaincu de sa nécessité pour l'œuvre des réformes qu'il faut résolument aborder. A Rennes, quelques amis me disaient : mais vous avez tout à perdre au scrutin de liste ! Je répondais : je ne doute pas plus du département que je ne doute de Rennes. On ajoutait : il faut que l'électeur connaisse son député. Je répondais : j'aimerais mieux que l'électeur connût moins son député et connût mieux ses principes.

L'avenir dira, Messieurs, si nous nous étions trompés.

Je n'ai pas, Messieurs, à faire ici le programme des travaux qui s'imposeront à la Chambre prochaine. Il est cependant une préoccupation trop présente à tous les esprits pour que je puisse n'en pas parler. C'est précisément parce que nous travaillons à assurer l'avenir que nous nous sommes passionnément attachés à la question de l'enseignement, de l'éducation nationale.

Nous qui avons eu cette rude tâche de faire la République avec des générations élevées par la monarchie et par l'Empire, nous avons contracté vis-à-vis de ceux qui nous remplaceront le devoir impérieux de leur léguer une France élevée dans la foi républicaine.

Eh bien! cette grande œuvre a été mise en échec par le Sénat. Il faut que force reste à la volonté nationale.

Je disais tout à l'heure qu'il ne fallait point tenter de mettre dans la loi une réforme qui ne fût appelée par le sentiment public.

Ce n'est pas ici qu'on me contredira, si j'affirme que le mode de recrutement du Sénat, que l'inamovibilité sénatoriale, dans ce pays de suffrage universel, sont dès à présent condamnés.

Tout le monde comprend aujourd'hui qu'il est inadmissible que, pour l'élection d'un sénateur, les 100.000 habitants de cette commune et les 300 habitants de telle autre aient la même part de pouvoir.

Tout le monde comprend, et où le comprendrait-on mieux que dans notre département? qu'un mandat de neuf années, c'est l'abdication déguisée de l'électeur, l'irresponsabilité déguisée de l'élu.

Tout le monde comprend que l'inamovibilité pour un représentant de la nation, c'est l'irresponsabilité élevée à la hauteur d'un principe, c'est la négation tout à la fois de la faiblesse et de la dignité humaine.

Je ne veux pas terminer sans associer à cette fête tous ceux qui, dans notre armée, sont unis à nous de pensée et de cœur.

En arrivant ici, j'apprenais qu'il y a quelques jours on

demandait au 41e de ligne 200 hommes pour compléter un bataillon destiné à l'Algérie : ce sont les deux bataillons qui, animés du même esprit que nos pères de 1792, ont demandé à partir.

Je vous demande de porter un toast au passé, au présent, à l'avenir de la République. Je bois, Messieurs, à la mémoire des grands hommes de la première Révolution !

LE CLERGÉ ET LES ÉLECTIONS

Chambre des Députés. — *Séance du 24 novembre 1881.* — Les élections générales du 21 août 1881 avaient révélé l'ingérence très active du clergé dans la bataille des partis. La Chambre dut prononcer plusieurs invalidations de députés élus grâce à l'appui déclaré de l'Eglise. Mgr Freppel affirma à la tribune que le clergé avait le droit de donner aux fidèles, du haut de la chaire, des conseils au sujet des élections et de les engager à voter selon leurs devoirs de chrétiens et de catholiques. M. Waldeck-Rousseau, ministre de l'Intérieur depuis quelques jours (le cabinet Gambetta avait été formé le 14 novembre), releva cette théorie en quelques mots énergiques.

M. Waldeck-Rousseau, *ministre de l'Intérieur.* — Je n'ai pas besoin de dire à la Chambre que ce n'est pas l'élection particulière dont il est question qui m'amène à la tribune.

Le Gouvernement s'impose en ces matières une neutralité absolue; mais il ne peut pas demeurer indifférent en présence des théories qui ont été apportées par deux fois à cette tribune par l'orateur auquel je succède. (*Très bien! très bien!*)

En effet, sous prétexte d'enseignement de la morale sociale, sous prétexte d'ouvrir aux membres du clergé le champ infini des dissertations philosophiques appliquées à la politique contemporaine, ce n'est rien moins que l'immixtion du clergé dans toutes les élections que l'on prêche... (*Applaudissements prolongés à gauche et au centre*), et je ne veux pas perdre de vue qu'un semblable appel — je ne dis pas seulement un semblable encouragement — nécessite immédiatement une protestation aussi brève qu'énergique.

M. Bizarelli. — Et des mesures !

M. le Ministre de l'Intérieur. — Nous entendons que le clergé se renferme absolument dans le rôle qui lui a été tracé par les lois que l'on rappelait tout à l'heure. (*Très bien! Très bien!*)

Nous entendons aussi mettre au service du respect de cette partie de notre législation, comme de toutes les autres, toutes les ressources que la loi met à notre disposition. (*Nouveaux applaudissements à gauche et au centre.*)

Quant à savoir quelles sont les mesures particulières à prendre pour assurer l'exécution d'une partie d'un programme que nous saurons fermement exécuter, M. Lockroy comprend à merveille que ce n'est pas le moment d'entrer dans ces détails. Il verra comment nous entendons cette pratique. (*Très bien.*)

Ce qu'il me paraissait indispensable de faire, c'était de renouveler ici une déclaration qui y a déjà été apportée : nous demandons au clergé, comme à tout le monde, et nous entendons obtenir de lui le respect absolu des lois et de la Constitution. (*Très bien! très bien ! — Applaudissements répétés sur un grand nombre de bancs.*)

UN PROGRAMME DE GOUVERNEMENT

Le 8 mai 1882, à la reprise des travaux parlementaires, le groupe l'*Union républicaine* élut M. Waldeck-Rousseau président.

La situation politique alors était très troublée. La chute du ministère Gambetta [1], tombé sous une coalition née des passions les plus singulières et les plus disparates, avait créé dans le parti républicain des divisions ardentes, profondes : il semblait avoir renoncé à son idéal de justice, de progrès, pour s'abandonner aux questions mesquines de rivalités, d'inimitiés personnelles, et, déjà, ces députés muets et trembleurs que le grand tribun avait désignés au mépris public en les qualifiant de « sous-vétérinaires », n'agissaient et ne votaient plus qu'en vue d'assurer leur réélection. Un ministère à leur image, présidé par M. de Freycinet, laissait le pouvoir aller à la dérive, compromettant aussi bien l'avenir de la République à l'intérieur que la dignité de la France à l'extérieur : ne point agir était tout son principe. Les adversaires de la République exploitèrent aussitôt cet abaissement, cette pusillanimité : en avril, où eurent lieu des élections municipales complémentaires, ils firent perdre aux républicains près de 400 municipalités.

C'est dans ces circonstances que M. Waldeck-Rousseau fut appelé à parler, à l'installation du nouveau bureau de l'Union républicaine. Il ne se livra point — son caractère le lui défendait — à des récriminations qui eussent cependant été justifiées. Il opposa tranquillement un programme de réformes et d'action à cette triste politique d'abdication qu'inaugurait M. de Freycinet, et qui devait, hélas ! après le cabinet Jules Ferry, diriger à peu près tous les ministères dits de concentration républicaine que l'on vit piétiner sur place pendant dix ans.

1. 26 janvier 1882.

Mes chers Collègues,

Vous m'avez donné, en réunissant vos suffrages sur mon nom, un témoignage qui m'est précieux à bien des titres.

En me désignant pour la présidence de cette importante réunion, vous avez constaté que mes sentiments ne différaient pas des vôtres, et des événements auxquels j'ai pu être mêlé je n'ai rapporté d'autre ambition que celle de soutenir avec vous, et parmi vous, cette politique progressiste qu'on ne saurait, sans péril, ni répudier ni ajourner.

Les impressions que, tous, nous avons recueillies dans les départements, nous ont montré combien, dans l'appréciation de nos devoirs, nous étions d'accord avec le pays.

Il ne comprendrait pas que, au lieu de grouper dans une action féconde tous ceux qui représentent les vraies forces du parti républicain, on fît appel à une stérile alliance d'éléments dissemblables, impuissants à rien fonder. (*Applaudissements.*)

Le devoir que nous avons à remplir me semble clairement tracé : uniquement préoccupés de la façon dont le pouvoir s'exerce, nous demeurerons détachés de toute animosité personnelle.

Notre concours ne dépendra que des satisfactions données aux réclamations pressantes et légitimes de la démocratie.

Les manifestations successives du suffrage universel, dans son immense majorité, se sont rencontrées sur deux points principaux ; c'est d'abord la nécessité d'une action gouvernementale vigilante, indispensable pour donner enfin à notre pays l'unité politique qui lui manque.

Il ne suffirait pas de faire des lois de réformation si l'on n'était certain d'en pouvoir assurer partout le respect, et l'on ne saurait impunément désarmer devant des adversaires qui tiennent toujours la campagne. (*Vifs applaudissements.*)

C'est à cette condition seulement que le pays peut obtenir la seconde satisfaction qu'il réclame : une œuvre de réforme qui mette l'esprit et les institutions de la démocratie partout où subsistent les traditions et les errements de l'ancien régime.

J'estime, quant à moi, que dans un pays dont tout l'organisme politique, économique, social, avait été créé par des pouvoirs monarchiques, où des oligarchies puissantes se sont fortement établies, on ne transporterait pas sans danger dans le Gouvernement la politique du laisser-faire et laisser-passer. (*Assentiment unanime.*)

Notre programme de réformes se différencie moins par les questions auxquelles il touche que par les solutions qu'il propose.

Tout le monde veut réformer la magistrature, réorganiser le service militaire, développer l'esprit d'association, encourager la prévoyance, venir en aide à notre commerce, à notre industrie, à notre agriculture.

Mais sur tous ces points, ce sont des solutions fermes, précises et pleinement démocratiques que vous avez manifesté la volonté de poursuivre.

Nous voulons une organisation judiciaire qui garantisse aux citoyens une justice prompte et éclairée, à l'État républicain la loyauté du juge.

Nous considérons la faculté de s'associer comme un droit naturel, lorsqu'elle a pour but le développement des forces individuelles, non quand elle les absorbe; quand elle grandit le citoyen, non quand elle le supprime.

L'égalité et la proportionnalité des charges doivent être la règle du service militaire comme de l'impôt.

Nous ne croyons point qu'on puisse développer l'esprit de prévoyance en maintenant toutes les tutelles et toutes les entraves créées par les législations antérieures.

Nous n'avons pas l'illusion de croire qu'on puisse exonérer le travail national sous toutes les formes : agriculture, commerce, industrie, de la dîme que prélèvent sur lui des intérêts parasites, sans irriter certains monopoles et sans provoquer des coalitions toujours redoutables.

Nous ne renoncerons pas sans une nécessité évidente à diminuer les charges mêmes de l'impôt, si cette manière d'envisager les principaux problèmes soumis à notre examen concorde, comme je le crois, avec les volontés du pays.

Il est un moyen de sortir d'un état d'indécision qui ne saurait se prolonger : ce n'est pas de refaire sans cesse le procès du passé, mais de se montrer plus préoccupés d'exécuter les volontés du pays que d'y exciter l'esprit de division et de défiance.

On a dit que le malaise dont nous souffrons tenait à ce que le cabinet actuel s'était formé au lendemain d'un vote qui n'avait pas clairement indiqué les volontés de la Chambre; mais s'il en était ainsi, s'il était vrai qu'il n'y eut pas de majorité au 26 janvier, il y a, Messieurs, une majorité puissante et forte : celle qu'avaient constituée les élections du 21 août. (*Approbation unanime.*)

En dehors d'elle, rien ne peut être entrepris d'utile et de durable.

Elle se retrouvera le jour où il sera certain que le but de la politique n'est pas la vaine possession du pouvoir, mais l'accomplissement, par un effort commun, des volontés du suffrage universel, la consolidation et le progrès du gouvernement républicain. (*Applaudissements.*)

Notre concours est acquis à tous ceux, quels qu'ils soient, qui entreprendront cette œuvre.

Mes chers collègues, je répondrais mal à votre pensée si je n'adressais en votre nom tous vos remerciements au bureau qui nous a précédé, à son président, inébranlable défenseur des principes qui sont les nôtres.

Au nom du bureau que vous avez élu, je puis, mes chers collègues, vous donner l'assurance que vous pouvez compter sur toute notre bonne volonté et sur notre dévouement. (*Vifs applaudissements.*)

DÉFENSE

DE LA POLITIQUE DU MINISTÈRE GAMBETTA

Les ennemis de Gambetta l'accusaient d'avoir visé à la tyrannie. Ils prétendaient n'avoir renversé le ministère du 14 novembre 1881 que parce qu'il menaçait la liberté. Depuis leur victoire du 26 janvier, ce reproche faisait le fonds de leurs discours, de leurs diatribes. C'était le plus sérieux argument de toute cette presse, intransigeante ou officieuse, qui prenait le mot d'ordre soit au cabinet de M. de Freycinet, soit à l'Elysée, où M. Jules Grévy ne cessait d'entretenir de sournoises et perfides intrigues contre Gambetta et son parti. Naturellement, pour donner quelque consistance à leur polémique, les journaux en revenaient toujours à la célèbre circulaire sur les faveurs administratives adressée aux préfets par M. Waldeck-Rousseau[1].

L'ancien ministre de l'Intérieur, invité au banquet qui eut lieu à Rennes, le 14 Juillet 1882, s'expliqua sans réticence sur ce qu'on appelait l'autoritarisme du ministère Gambetta,

Mes chers Concitoyens,

En me retrouvant aujourd'hui parmi vous, ma pensée se reportait tout à l'heure à la même date, à la même solennité de l'année dernière ; je mesurais le temps écoulé, l'œuvre accomplie, et je me demandais, non sans anxiété, quel jugement il convient de porter sur l'heure présente.

On peut dire qu'il sied mal aux vaincus de raisonner des causes et des résultats de leur défaite. Mais, quand nous

---

1. Voir le texte de cette circulaire dans le volume intitulé : Politique française et étrangère, page 70.

nous réunissons comme aujourd'hui pour fêter la Révolution, comment ne pas nous demander ce que nous avons fait pour continuer son œuvre? Appelés, après les élections du 21 août, à la direction des affaires, avons-nous été fidèles à ses doctrines, avons-nous fidèlement tenu nos promesses? (*Oui! Oui! Applaudissements répétés.*)

Il serait puéril de contester, Messieurs, que nous traversons une crise. Il s'est produit, comme on le disait tout à l'heure, un temps d'arrêt dans notre mouvement en avant. Il y a, dans le parti républicain, de l'inquiétude, de l'incertitude, un peu de cette confusion qu'éprouverait une armée qui, après avoir marché de victoire en victoire, se heurtant tout à coup à un obstacle imprévu, perdrait son ordre de marche, hésiterait et reviendrait sur elle-même.

Messieurs, les démocraties naissantes comme la nôtre sont exposées à un double danger: elles peuvent, comme nous l'avons vu au 24 et au 16 mai, être violemment assaillies, menacées par toutes les forces de la réaction; et, quand elles sont sorties victorieuses de cette première épreuve, la seconde, la plus difficile et la plus périlleuse, commence.

C'est contre elles-mêmes qu'elles ont à se défendre et non pas surtout, comme on le dit, contre les entraînements de la victoire, mais contre un mal inhérent aux épreuves même qu'elles ont traversées, qui a plus fait contre la première République que toute la coalition européenne, qui a plus fait contre la seconde que toutes les conspirations bonapartistes: l'esprit de division et de défiance, le soupçon qui arme les républicains les uns contre les autres. (*Vive approbation.*)

Et si vous voulez rechercher les causes de la crise que nous traversons, sans vous arrêter à la surface, sans vous arrêter à l'action apparente de ceux qui en ont été les premières victimes, c'est cet esprit de défiance que vous rencontrerez, c'est le soupçon habilement semé, patiemment entretenu et surexcité par des intérêts trop vigilants pour n'avoir pas compris que l'application du programme du 24 août dont nous avions fait le nôtre, c'était quelque chose de plus qu'une révolution dans la forme du Gouvernement, c'était une transaction, progressive mais certaine, d'un ordre de choses incompatible avec les besoins les plus légitimes de la démocratie. (*Applaudissements.*)

Alors, aucune accusation n'a paru trop monstrueuse : l'on a été jusqu'à dire, à faire croire pour un instant, que des hommes dont toute la vie publique s'était passée à combattre le pouvoir personnel rêvaient de reconstituer je ne sais quelle tyrannie.

La lumière commence à se faire. Chaque jour emporte un des derniers lambeaux de cette ridicule et odieuse légende. On réfléchit et l'on voit qu'il n'est pas un des projets soumis aux Chambres, et marquant un progrès dans la voie de l'émancipation sociale, qui ne porte la signature d'un de ces aspirants à la tyrannie. (*Applaudissements prolongés.*)

Quelle est donc la liberté que nous ayons entravée ou même menacée ?

Ce qui est vrai, Messieurs, c'est qu'on ne nous a si bruyamment accusés de menacer la liberté que parce que nous menacions beaucoup de privilèges.

C'est après trois quarts de siècle d'interrègne que nous avons renoué la chaîne brisée des traditions, des tendances et des mœurs de la Révolution, et, durant ce long espace de temps, que de terrain repris par les abus, que d'oligarchies, je pourrais dire que de féodalités reconstituées !

Oligarchies des grands monopoles, auxquels notre commerce, notre industrie, notre agriculture payent encore la dîme, dont on ne sait pas assez de quels poids ils pèsent sur la production nationale, assez puissants pour qu'on ait pu se demander si c'est l'Etat qui rachètera les grandes compagnies ou si ce sont les grandes compagnies qui rachèteront l'Etat. (*Très bien ! Applaudissements.*)

Oligarchie de la finance, assez puissante pour avoir mis le crédit public en ferme, pour prétendre mesurer le crédit de l'Etat, lui permettre les emprunts ou les lui interdire et traiter avec lui non de puissance à puissance, mais de suzerain à vassal. (*Applaudissements.*)

Oligarchie d'intérêts égoïstes, qui, dans l'édifice actuel de notre société, se sont fait une place commode, une cellule confortable, et qui n'ont pas assez d'aversion pour les novateurs téméraires qui prétendent qu'il faut remanier, qu'il faut modifier, qu'il faut reconstruire. Et je ne parle pas de tous ceux qu'il faut ramener à l'égalité des droits et à l'égalité des charges, depuis l'égalité devant l'impôt jusqu'à l'égalité devant le service.

Eh bien! Messieurs, nous avons cru qu'il fallait, à peine de méconnaître les volontés si fermement exprimées par le pays, engager hardiment la lutte. Nous avons dit qu'il faudrait que ces coalitions puissantes acceptassent les conditions dictées par l'intérêt public ou qu'elles disparussent, que nous voulions l'égalité pour tous dans le service militaire, le remaniement de notre système d'impôts : que devant cette puissance légitime, le capital, il fallait élever cette autre puissance nécessaire, l'association. (*Applaudissements répétés.*) C'est à cette œuvre que nous avons succombé, quoi qu'on en dise, car on commence à s'apercevoir que le cabinet du 14 novembre n'est peut-être pas tombé pour n'avoir voulu que la revision partielle, puisque ceux-là mêmes qui l'ont renversé s'accommodent merveilleusement de n'avoir pas de revision du tout.

Et cette œuvre était sans doute quelque peu difficile, car je ne m'aperçois pas que personne l'ait reprise.

Oh! je sais bien qu'on a fort habilement tenté de donner le change : nous étions des autoritaires!! Ce qui est vrai, Messieurs, c'est que, responsables des destinées d'un pays où les partis monarchiques tiennent encore la campagne, où 27 conseils généraux leur appartiennent, où il suffirait pour perdre la majorité de déplacer 16 voix par commune, nous avons refusé de désarmer le Gouvernement et de confier à des ennemis le soin d'achever la victoire et de consolider la République. (*Applaudissements.*)

Il y a, Messieurs, une théorie de la liberté qui veut qu'on assure à ses adversaires et à ses ennemis le droit de parler, d'écrire, de se réunir, d'agir sur l'opinion, de chercher ainsi à parvenir au Gouvernement. Cette théorie, nous l'avons pratiquée sans restriction et sans réserve. On a pu tout dire, tout écrire, tout publier. Quelle est donc la réunion que nous ayons dissoute ? Ou la manifestation d'une opinion ou d'une doctrine par la parole ou par la presse que nous ayons empêchée ?

Cependant, nous sommes des autoritaires, et il faut dire pourquoi, non pour la satisfaction de nous disculper, mais parce qu'à mon avis il y va de l'avenir.

Nous sommes des autoritaires parce que, fidèles aux traditions de la démocratie, nous avons dit à la Chambre que le procédé électoral par lequel elle se recrute, ne donnait au député ni assez d'autorité ni assez d'indépendance ; parce que nous avons dit que cette première réforme était le préliminaire et la condition de toutes les autres. (*Applaudissements vifs.*) Six mois se sont écoulés... puisse l'avenir ne pas continuer de nous donner raison !

Nous avons été autoritaires parce que nous avons dit que l'heure était venue où les républicains du Parlement doivent assurer leur crédit, non plus en apostillant des demandes et des requêtes, mais en se consacrant à l'étude des problèmes si complexes qui sont encore à résoudre et en leur donnant une solution conforme aux vœux de la démocratie ; parce que nous avons dit qu'un système de Gouvernement qui reposerait sur cette idée que l'avis d'un préfet n'est rien et que la recommandation d'un député est tout, serait un régime funeste à l'indépendance de l'électeur, du député et des ministres et, qu'en déconsidérant les agents du pouvoir, c'est le pouvoir lui-même qu'on affaiblit et qu'on discrédite. (*Applaudissements.*) Mais, en ce moment même, je m'expose au reproche d'autoritarisme, car, enseigner que l'autorité des fonctionnaires républicains ne doit pas être affaiblie ni démembrée, c'est encore être autoritaire...

Nous sommes, en effet, en présence d'une doctrine qui estime qu'on peut impunément remettre à des délégations locales toute une partie de cette justice distributive qui s'appelle l'administration, de telle sorte que, dans tous les départements réactionnaires, ce seront des adversaires dynastiques qui administreront dans une certaine mesure les républicains, et cela dans un pays conquis d'hier. Eh bien ! Messieurs, s'il faut en venir là pour être appelé libéral, j'aime mieux me résigner à être traité d'autoritaire.

Je termine, Messieurs. Je crois sincèrement que tout en tirant parti des leçons du passé, nous pouvons regarder l'avenir avec confiance. De l'expérience que nous faisons, retenons, mes chers concitoyens, que l'ère des luttes ne fait que de s'ouvrir; apprenons en même temps à nous mettre en garde contre la politique de discrédit, de défiance et de soupçon, et sachons bien, surtout, qu'aucune œuvre de réforme ne sera possible que par le ferme concours de toutes les volontés et par l'union durable de tous les républicains. (*Applaudissements prolongés.*)

DE L AUTORITÉ

Au discours qu'il prononça, le 22 septembre 1882, au comice du canton de Saint-Brice, M. Waldeck-Rousseau fit appel à l'union des républicains. Il les invita à revenir aux traditions de leur parti. L'union, selon lui, devait se réaliser facilement si, au lieu de faire de la haine d'un homme (Gambetta) une méthode de Gouvernement, on ne recherchait qu'à appliquer les volontés du pays. Lorsque la nation s'était exprimée, il fallait lui obéir, le Gouvernement devait assurer l'exécution de sa volonté, et c'est alors que commençait le rôle de l'autorité, qui n'était plus dès lors que « la force légale mise au service des jugements d'un peuple libre ».

Messieurs,

Si je n'avais pour notre excellent président une amitié qui ne saurait varier, je devrais lui en vouloir de me contraindre ainsi à prendre la parole.

En venant à ce comice, j'avais seulement voulu y retrouver, y saluer avec vous, dans le canton qu'il représente au conseil général, l'homme politique dont le nom est inséparable des premières luttes et des premières victoires de la République dans notre département : j'ai nommé M. Roger-Marvaise. (*Applaudissements.*)

N'oublions jamais les services rendus : la reconnaissance, pour les démocraties, n'est pas seulement une vertu nécessaire; elle est peut-être une sauvegarde, et je crois, Messieurs, que notre parti se serait épargné bien des déceptions et des crises si, quand il s'agit de consolider et de développer les institutions républicaines, on avait tenu plus de compte des exemples, des services et de l'autorité de ceux qui l'ont fondée. (*Très bien! très bien!*)

Certes, il n'y a pas, Messieurs, d'hommes indispensables ; il ne saurait y avoir de solidarité indissoluble entre les institutions démocratiques et les personnes, entre ce qui est contingent et périssable et ce qui est d'ordre supérieur et primordial ; mais je crois aussi que dans un pays de conquête si récente encore pour nous, où l'opinion a été, pendant de longues années, troublée et pervertie par les régimes absolus, un parti comme le nôtre ne rompt pas impunément avec les traditions et les méthodes dont il avait fait l'heureuse et décisive expérience. (*Applaudissements*.)

Ç'avait été l'honneur de ces républicains de l'Assemblée nationale, dont M. Roger-Marvaise faisait partie, d'avoir compris que rien de durable ne pouvait être fondé que par l'union de toutes les forces républicaines, de rompre avec les traditions déclamatoires, de considérer qu'on ne transforme pas un pays avec des mots et des phrases, que c'est là surtout une œuvre d'éducation, qu'avant de réaliser un progrès ou une réforme il faut les faire accepter par l'opinion, et que pour trouver confiance dans le pays il faut lui donner l'exemple de la sagesse et de l'entente.

Les résultats de cette politique, vous les avez sous les yeux : le parti républicain, dont on pouvait dire jadis, dans une certaine mesure, qu'il n'était qu'une avant-garde, est devenu une armée ; il n'est plus un parti, il est une nation ; et dans notre département il s'étend de M. le comte de Lariboisière jusqu'au plus humble cultivateur. (*Applaudissements prolongés*.)

Cependant, on s'est lassé de cette méthode, on l'a condamnée d'un mot que M. Courtois rappelait tout à l'heure : opportunisme !... Le mot étonna ; il jeta, paraît-il, le plus grand trouble dans certains esprits : il ne pouvait abriter qu'une doctrine suspecte, et n'est-ce pas, en effet, un système bien perfide que celui qui consiste à faire chaque chose à son heure, progressivement, opportunément ?

On a donc rompu avec cette méthode : nous étions des timides, nous n'avions pas une confiance suffisante dans les forces de la démocratie, nous voulions la conduire à petites journées, en train omnibus. Eh bien ! Messieurs, je demande où est, aujourd'hui, le train express, le rapide qui devait brûler toutes les étapes?... Il est resté en détresse avant d'avoir atteint la première station, et non sans accident, car on s'aperçut qu'il avait commencé par passer sur le corps de trois cent maires républicains. (*C'est vrai ! Très bien !*)

Personne ne s'entendait plus; tout le monde se regardait avec défiance, on était arrivé à cet état qui a donné de si vives alarmes : l'anarchie parlementaire et l'obstruction.

C'est qu'on ne fait pas de la politique, Messieurs, avec des ambitions et des rancunes; c'est qu'on ne peut rompre avec un système politique qu'à la condition d'en avoir conçu un autre; c'est que la haine d'un homme ne constitue pas une méthode de Gouvernement. (*Vifs applaudissements.*)

Si je parle, Messieurs, avec cette liberté, avec cette sincérité, de la crise que nous venons de traverser, c'est qu'il ne sert de rien de se dissimuler ses fautes; c'est aussi parce que nous pouvons considérer l'avenir avec une entière confiance.

Je sais bien les inquiétudes qui sont nées : on montre dans la Chambre le parti républicain fractionné, divisé en écoles, je pourrais dire en églises, les systèmes et les doctrines les plus exclusives se rencontrant et se heurtant sans cesse, et l'on se dit : Comment l'union peut-elle se faire ?

Eh bien ! Messieurs, et le pays ?... qu'en fait-on ?

Est-ce qu'il est possible d'admettre qu'il n'ait pas une volonté, certaine, réfléchie ? Croit-on que dans son immense majorité il se passionne pour cette politique de préséance, de compétitions, de rivalités ? Si l'on veut ne consulter du suffrage universel que certaines manifestations les plus bruyantes, on pourra retrouver dans certains collèges les mêmes dissensions, la même discordance.

Mais il faut perdre l'habitude de considérer que le suffrage universel commence et finit dans certaines enceintes de quelques villes ou de quelques réunions; c'est le pays entier, tout ce qui pense, tout ce qui travaille; et si l'on veut bien consulter, non pas seulement la surface, plus impressionnable, plus agitée, mais les couches profondes de ce suffrage universel, on discernera aisément quelles sont ses hésitations, mais quelles sont ses volontés, quelles sont les solutions qu'il réclame et quelles sont celles qu'il ajourne. (*Applaudissements prolongés.*)

En d'autres termes, s'il peut être facile de concevoir quelles concessions peut faire l'esprit de particularisme, il est au contraire aisé de s'entendre sur ce que le pays veut dans son universalité, dans sa véritable majorité.

Mais, pour cela, Messieurs, il faut rentrer dans la vérité parlementaire ; il faut que chacun de nous se persuade bien qu'une fois élu il n'est pas le fondé de pouvoir d'un groupe, mais le mandataire du pays entier ; que c'est la volonté du pays qu'il doit servir, et qu'il n'est pas, comme on dit aujourd'hui, le député de Lyon ou de Rennes, mais qu'il est, comme on le disait en 1848, après l'avoir dit en 1792, le représentant du peuple ! (*Très bien ! très bien !*)

Notre président a fait allusion à un mot qui, comme l'opportunisme, a eu quelque influence sur nos destinées, et qui n'est ni moins incorrect ni plus concluant : l'autoritarisme. Je ne crains pas de m'en expliquer. Je crois être et avoir été un serviteur fidèle de la liberté. Je considère que la règle fondamentale d'une démocratie, c'est la manifestation la plus libre des opinions, l'exercice sans entrave de l'activité individuelle, sans autre limite que la loi, souveraine parce qu'elle émane du peuple souverain.

Il faut qu'on puisse librement écrire, parler, se réunir ; que les opinions les plus excessives, et même les plus folles, puissent se faire jour. Ainsi, par cette polémique, par cette guerre des idées, chacun cherche à faire de ses principes et de ses doctrines les principes et les idées du pays. Mais après ces débats, cette discussion, cette propagande, le pays juge ; il prononce, et sa volonté manifestée doit être obéie, obéie par tous... (*Très bien ! Applaudissements.*)

Et c'est ici que le rôle de l'autorité commence ; c'est pour cela qu'il faut un pouvoir respecté qui, par ses agents, sur tous les points du territoire, assure l'exécution de cette volonté souveraine. Ainsi envisagée, qu'est-ce donc que l'autorité, sinon la force légale mise au service des jugements d'un peuple libre? (*Applaudissements.*)

On parle souvent du droit des minorités; mais pense-t-on aussi souvent à ce que j'appellerai les minorités républicaines? Il y a tel département où nous avons, Messieurs, des frères républicains qui, depuis longtemps, luttent avec un merveilleux courage, mais qui n'ont pu encore déplacer la majorité de l'opinion. Minorité dans leur département, ils sont pourtant majorité dans le pays.

Qu'adviendra-t-il si l'autorité, si le pouvoir central n'impose pas, jusque dans ces retranchements de la réaction, les décisions de la majorité du pays? Il adviendra qu'en pleine République des républicains seront administrés, gouvernés, comme si nous étions en pleine monarchie. (*C'est vrai! Très bien!*)

Eh bien! Messieurs, si c'est être autoritaire que de vouloir passionnément pour notre pays la garantie de cette unité politique, j'en conviens, je suis autoritaire. (*Vifs applaudissements.*)

Je porte, Messieurs, après tant d'autres, un toast à l'union des républicains, à l'union par l'étude, l'intelligence et le respect de la volonté nationale! (*Applaudissements prolongés.*)

LOI D'EXPULSION

Dans la nuit du 15 au 16 janvier 1883, le prince Jérôme-Napoléon fit afficher à Paris un manifeste contre la République. Le Gouvernement le fit immédiatement arrêter.

Cet incident produisit dans les milieux parlementaires un véritable affolement. On voulut imposer au Gouvernement toutes sortes de mesures contre les membres des familles ayant régné en France. C'est ainsi que M. Floquet demanda leur expulsion sans retard. Cette proposition fut discutée, le 19 janvier 1883, au groupe de l'Union républicaine. M. Waldeck-Rousseau y prit la parole en ces termes :

Nous sommes tous d'accord que la République ne peut tolérer ni les conspirations, ni les complots dirigés contre la sûreté de l'État. Ce n'est pas sur cette question qu'aucune division pourrait se produire.

Mais si on tombe d'accord qu'il faut obtenir du Gouvernement une action énergique, comment doit-on tendre à l'obtenir ? Doit-on, notamment, avant même que le projet du Gouvernement soit connu, s'arrêter à une solution immédiate ?

Je considérerais cette méthode comme absolument contraire au but poursuivi. La mesure dont il s'agit, est, entre toutes, de celles qu'il incombe au pouvoir exécutif, dans la plénitude de ses renseignements, de délibérer et de proposer aux Chambres.

Quand nous la connaîtrons, nous l'examinerons, nous l'accepterons ou nous la modifierons.

Mais quand il s'agit de donner à des ministres l'autorité nécessaire pour accomplir un acte de cette importance, je ne vois rien de plus mauvais que de tenir des conseils de Gouvernement à leurs lieu et place, d'étudier les mesures qu'il convient de leur dicter.

L'incident qui s'est produit n'a rien révélé selon moi à ceux qui observent l'état du pays, qui n'ont pas oublié qu'il existe encore des partis en France ; mais il a produit une transformation si subite que ceux-là même qui voulaient réduire l'action gouvernementale à son minimum le plus strict, s'étonnent, s'impatientent, et sont surpris que le pouvoir n'ait pas accompli avec plus de vigueur un acte d'autorité.

Je pense qu'il aurait pu faire conduire l'auteur du manifeste, non à la Conciergerie, mais à la frontière ; cela était dans son droit de défense de haute police. Mais comment s'étonner qu'il ne l'ait pas fait, quand, dans des ordres de faits bien moins graves, après les théories qui ont été accueillies avec une faveur passagère, il faut une énergie peu commune pour accomplir le moindre acte d'autorité ?

Un courant différent se dessine, soit ; mais le moyen de rendre au Gouvernement son activité, l'énergie qui lui est nécessaire, ce n'est pas de délibérer à l'avance sur ce qu'il doit faire.

La pratique du régime actuel consiste à juger les propositions qu'il aura faites.

A mon sens, en entrant dans cette voie qui consiste à élaborer des textes de loi pour autoriser des actes de défense de haute police, on affaiblit ce droit de haute police tel qu'il a été pratiqué en 1852, tel qu'il a été sanctionné par l'assemblée de cette époque et reconnu par le Conseil d'État, sur la plainte même du prince Napoléon.

C'est, à mon avis, un premier embarras qu'on a créé au Gouvernement en venant à son secours avec une impétuosité dangereuse pour la solidité qu'on veut lui conférer. Ne l'augmentons pas en prenant une décision qui ne peut qu'accroître cet embarras déjà grave. Le Gouvernement doit faire connaître sa pensée ; je demande que la réunion décide de ne se prononcer qu'après avoir pu connaître exactement et juger sainement ses propositions.

LA LOI MUNICIPALE

CHAMBRE DES DÉPUTÉS. — *Séance du 27 février 1883.* — La Chambre aborda, en février 1883, l'examen de la réforme municipale. Sur ces entrefaites, une crise ministérielle ayant éclaté, le cabinet Jules Ferry se constitua le 21 février. Et, le 27, M. Waldeck-Rousseau, redevenu ministre de l'intérieur, dut intervenir une première fois dans la discussion de la réforme municipale au sujet de la révocation des gardes champêtres.

MESSIEURS,

Je ne veux faire, à l'occasion de cet article et des controverses qu'il vient de soulever, que de très brèves observations.

Je désire d'abord répéter à la Chambre ce que j'ai déjà indiqué dans la Commission : quel que soit le système auquel on se range, la combinaison la plus fâcheuse peut-être serait celle que M. Gatineau vient de reprendre à la tribune et qui consiste à maintenir le droit de révocation tout à la fois au préfet et au maire.

Lorsqu'il s'agit de décider ce qui doit être attribué au maire et ce qui doit être réservé au préfet, il y a un critérium très simple dont je dirai un mot tout à l'heure : il faut d'abord rechercher quelles sont les fonctions de l'agent dont il s'agit. Mais, en thèse générale, je crois traduire le sentiment de tous en disant que, s'il y a quelque chose dont il faille se garder en matière de législation, c'est l'organisation de pouvoirs rivaux et contraires; c'est, au lieu de rechercher un bon fonctionnement qui n'entraine ni secousses, ni tiraillements, d'organiser le conflit.

Il nous paraissait impossible qu'un fonctionnaire quelconque eût, en même temps, deux chefs hiérarchiques différents et que chacun d'eux fût investi d'un droit égal. (*Très bien! au centre.*)

Cela n'existe pour aucun fonctionnaire, quel qu'il soit, et, par conséquent, cela ne pouvait pas être admis pour le garde champêtre.

Cela dit, Messieurs, quelles sont les considérations qui peuvent déterminer en cette matière? L'honorable M. Gatineau a cru pouvoir apporter ici cette affirmation qu'un projet de loi emprunté à la législation de 1837 et qui, jusqu'à présent, ne soulevait aucune espèce de récrimination, n'était rien moins que la formule de la centralisation à outrance. (*Interruptions à gauche.*)

Messieurs, quand il faudra s'expliquer d'une façon générale sur les inexprimables confusions que l'on répand en matières d'idées administratives et de centralisation, la Chambre peut être assurée que je le ferai en toute liberté et en toute franchise. Mais que l'on me permette de dire que, lorsqu'il s'agit de savoir comment un garde champêtre peut être nommé et comment il peut être révoqué, il y a des considérations aussi décisives que simples à mettre en première ligne, et ce sont celles-là que je soumets immédiatement aux réflexions de la Chambre.

S'il s'agissait, quand on nomme un garde champêtre, de confier à un agent de la commune la défense d'intérêts purement communaux, la controverse pourrait s'établir; mais quand il s'agit du garde champêtre, il y a une considération élémentaire qui frappe tout le monde : c'est qu'il n'est pas seulement un fonctionnaire municipal, mais encore un officier de la force publique et qui, remarquez-le bien, s'il n'a qu'une compétence territoriale restreinte, est investi, au point de vue de la police, de toutes les attributions qui étaient rappelées tout à l'heure par l'honorable M. Dreyfus.

De tout cela, que résulte-t-il? Il en résulte que, le garde champêtre n'étant pas seulement un gardien des intérêts communaux, on ne peut pas admettre que le représentant de l'autorité municipale ait, vis-à-vis de ce garde champêtre qui va être un préposé de la force publique, un pouvoir illimité, en quelque sorte, tel qu'on semble le revendiquer pour lui.

Permettez-moi d'ajouter aux considérations qui ont été apportées à cette tribune par l'honorable M. de Douville-Maillefeu — considérations qui n'ont rien de local, qui sont d'une application générale et pour ainsi dire universelle, — que le garde champêtre est appelé à exercer son pouvoir non seulement sur les habitants de la commune, mais encore sur les conseillers municipaux, qui ne sont nullement soustraits à la surveillance que ce fonctionnaire est chargé d'exercer.

Eh bien! si le garde champêtre, après avoir été nommé par le maire, sous la condition d'être agréé par le préfet ou par le sous-préfet, peut être révoqué par le maire, je demande quelle indépendance ce fonctionnaire pourra conserver dans l'exercice de ses fonctions, si les pouvoirs qu'il tient et exerce sont ainsi subordonnés à tant d'influences et à tant d'intérêts, qui peuvent être chaque jour lésés par l'exercice même de ses fonctions. (*Très bien! à gauche.*)

C'est ce qui fait que, cherchant à concilier tout ce qui peut être concilié, on a dit : puisque le garde champêtre est, dans une certaine mesure, un représentant des intérêts communaux, il n'est pas possible de ne pas donner à l'autorité municipale, dans le choix de ce fonctionnaire, la plus large part, et le projet de loi qui nous est présenté propose une disposition qui est évidemment pour l'autorité municipale une sauvegarde, en même temps qu'elle rend impossible tout arbitraire administratif, et qui consiste en ce qu'aucun garde champêtre ne peut être agréé par le préfet, s'il n'a, au préalable, été nommé par le maire. Mais, lorsqu'il aura reçu cette investiture, je crois qu'on ne pourrait pas, sans de très graves inconvénients, en faire un fonctionnaire révocable à merci par des autorités qui peuvent comprendre d'une manière très différente les devoirs qu'elles ont à accomplir et à exercer.

Et, sur ce point, je suis très heureux que l'honorable

comte de Douville-Maillefeu ait apporté un témoignage qui pourrait être fourni par beaucoup d'entre nous.

Je n'ai pas à insister sur cet ordre de considérations. Mais, en vérité, quand il s'agit de l'indépendance des citoyens, de la manière dont un détenteur de la force publique en usera, je dis que, s'il y a des précautions à prendre, ce ne sont peut-être pas exclusivement des précautions contre les dépositaires de l'autorité centrale, contre les représentants du Gouvernement, et, pour ma part, je considérerais comme infiniment grave qu'un garde champêtre chargé de verbaliser dans des conditions qui peuvent être très pénibles pour un administré, et même pour un élu de la commune, fût entièrement à la merci de l'autorité municipale, et que d'avoir dressé tel procès-verbal il pût lui en coûter d'être immédiatement révoqué. (*Très bien! très bien! sur divers bancs.*)

Sénat. — *Séances des 3 et 28 mars 1884.* — Devant le Sénat, la réforme municipale donna lieu à une grande et longue discussion. La Haute Assemblée se montrait opposée aux innovations introduites dans la loi par la Chambre des Députés. C'est ainsi qu'elle ne voulait pas admettre la publicité des séances des conseils municipaux. Elle la repoussa d'abord en première délibération. A la seconde, elle finit par l'accepter, mais à quelques voix seulement de majorité. Encore M. Waldeck-Rousseau dut-il intervenir par deux fois à la tribune dans les séances des 3 et 28 mars 1884.

Messieurs,

L'argumentation si complète apportée à cette tribune par l'honorable M. Labiche ne rencontrant pas de contradicteur, le Sénat comprend à merveille que je ne dois entrer dans aucune espèce de développement; je tiens seulement à dire que le Gouvernement était d'accord avec la Commission de la Chambre des députés pour que le principe de la publicité des séances des conseils municipaux fût sanctionné par la loi.

Il n'a pas changé d'opinion, et je considère comme l'honorable M. Labiche, comme la très grande majorité de la Chambre, et, je l'espère, comme la majorité du Sénat, que la publicité des séances des conseils municipaux ne peut produire aucune espèce de danger, aucun inconvénient, et qu'on en peut espérer, au contraire, quelque avantage et le développement si nécessaire de notre éducation politique.

Il n'est qu'un point sur lequel je serai en contradiction avec l'honorable M. Labiche. Il disait tout à l'heure que nous prenons aisément de nous-mêmes une opinion excellente. Eh bien! je pense différemment : je pense que nous sommes plutôt portés à nous juger avec trop de sévérité, avec trop de défiance. Quand je vois des peuples qui n'ont pas donné les exemples de sagesse et d'ordre que nous avons montrés... (*Exclamations à droite*), se trouver bien de certaines institutions dont vous affectez de prendre je ne sais quelle épouvante, je dis que nous manquons de justice pour le caractère de notre grand pays.

De plus, et sans entrer dans le moindre détail, je voudrais indiquer au Sénat la considération qui nous paraît décisive pour sanctionner le principe de la publicité de la discussion de nos conseils municipaux.

Si, après que nous nous sommes donné des institutions libres, nous souffrons encore d'un véritable malaise; s'il plane parfois tant d'incertitude sur les volontés du pays, c'est que nous manquons de l'habitude de la vie publique, c'est que, à mon sens, on ne fait pas assez de politique en France. (*Rires ironiques à droite.*)

Oui, Messieurs, j'entends par là qu'il n'y a qu'un trop petit nombre de citoyens qui se préoccupent de la politique en France. (*Très bien! très bien! à gauche.*) J'entends par là, que si nous avons placé le suffrage universel à la base de toutes nos institutions, il ne demeure pas d'une façon assez constante mêlé à l'étude, à l'examen des questions qui le concernent. (*Vive approbation à gauche. — Murmures à droite.*)

En effet, que se passe-t-il?

Je m'étonne véritablement de ces contradictions. A des intervalles réguliers, on convoque le suffrage universel; tous les quatre ans, par exemple, on le réunit. Toutes les idées, toutes les controverses, toutes les passions se le disputent. Une sorte de fièvre passagère le secoue. Il se recueille et il choisit des représentants éclairés, sages dans leur majorité, comme il est sage, lui-même, dans sa majorité.

Puis cela fait, il retourne à ses affaires et l'on n'entend plus parler de lui.

Je me trompe. On entend beaucoup parler de lui : mais ce n'est pas toujours par lui. (*Assentiment à gauche.*) Sur la scène qu'il a laissée vide, il reste quelques habitués, permettez-moi cette expression, qui se sont décerné à eux-mêmes le soin de faire l'intérim de l'opinion publique.. (*Rires et applaudissements sur les mêmes bancs*) — et qui, dans cette fonction, n'apportent ni le même esprit de justice, ni la même modération. C'est là, Messieurs, ce qui nous explique l'immense différence qui se manifeste entre les jugements du pays lorsqu'on le consulte, et les opérations toutes professionnelles dont l'écho nous arrive par les journaux ou par les réunions publiques.

Quand vous aurez habitué le pays, qui choisit librement ses représentants, à ne pas perdre de vue ceux qu'il a nommés, à conserver son regard fixé du côté de leurs délibérations, à ne pas s'en désintéresser; quand vous l'aurez amené à prendre quelque intérêt aux débats qui s'agitent, même dans ces humbles assemblées des conseils municipaux des campagnes, j'estime que vous aurez fait faire à l'éducation politique en France un progrès décisif. (*Très bien! à gauche.*)

Voilà pourquoi, loin de voir dans la publicité des conseils municipaux le moindre inconvénient, j'y vois un gage d'avenir et de progrès ; voilà pourquoi je demande au Sénat de ne pas se laisser arrêter par des considérations secondaires auxquelles, du reste, l'honorable M. Labiche a, selon moi, victorieusement répondu. (*Vive approbation et applaudissements à gauche.*)

Messieurs [1],

Je n'insisterai pas longuement sur la question qui est de nouveau soulevée par l'honorable M. Bérenger. Le Sénat l'a résolue.

A droite. — Non ! Non !

M. LE MINISTRE. — Le Sénat l'a résolue...

Plusieurs sénateurs à droite. — Par surprise ! A une voix !

M. LE COMTE DE TRÉVENEUC. — Abusivement ! (*Exclamations à gauche.*)

M. LE MINISTRE. — Je ne m'attendais pas, Messieurs, à soulever des réclamations, en appuyant mon argumentation sur un vote qu'une assemblée, trop réfléchie pour qu'on puisse la surprendre, a émis après deux délibérations et de la façon la plus libre.

M. LE COMTE DE TRÉVENEUC. — Enfin, vous avez vu les réclamations !... (*Vives interruptions à gauche.*)

M. LE MINISTRE. — Je pense que dans une assemblée soumise à la loi de la majorité (*Nouvelles interruptions à droite*), il n'est ni convenable ni prudent de contester un vote acquis ou d'en discuter l'autorité.

Je n'entends nullement contester au Sénat le droit de rouvrir un nouveau débat, j'exprime seulement cette opinion qu'il s'agit d'une disposition déjà étudiée à maintes reprises, et j'estime qu'en pareille circonstance le devoir du ministre est de suivre l'exemple qu'a donné l'honorable M. Bérenger, c'est-à-dire d'être tout à fait bref.

Cependant, si connue que soit cette question, j'ose dire que de toutes celles que le Sénat a résolues, au point de vue de l'avenir de la loi il n'en est pas de plus importante ; je considérerais... (*Bruit à droite.*)

Messieurs, je suis monté à cette tribune pour dire toute ma pensée et je la dirai tout entière. (*Très bien !* à *gauche.* — *Parlez !*)

Je considérerais comme extrêmement fâcheux, comme extrêmement regrettable qu'après avoir voté, en adoptant

---

[1]. Séance du 28 mars 1884.

le principe de la publicité des séances des conseils municipaux, une mesure de liberté et de confiance, après avoir marqué la ferme volonté de susciter dans la plus large mesure la vie municipale, le Sénat vint aujourd'hui, par un vote différent du dernier vote qu'il a émis, déclarer que les conseils municipaux demeureront, à l'inverse de toutes les autres assemblées, des assemblées fermées; que le public n'y pénétrera pas, et que les délibérations de ces corps municipaux demeureront soumises à des lois différentes de celles qui ont été jugées bienfaisantes et nécessaires pour tous les autres corps élus.

L'honorable M. Bérenger n'a pas sérieusement entrepris de réfuter une considération décisive, formulée dans vos précédents débats et tirée d'une expérience de plus de dix années, de ce qui se passe dans les conseils généraux.

J'ai relu, quand, pour la première fois, nous nous sommes occupés de la publicité des séances des conseils municipaux, ce qui a été dit et ce qui a été écrit à l'époque où, pour la première fois, on a proposé la réforme qu'il combat.

Il s'agissait de savoir si on devait admettre les électeurs aux délibérations de leurs mandataires, des conseillers généraux; j'affirme qu'on a fait à cette époque, à propos de la publicité des séances des conseils généraux, toutes les objections que l'on formule aujourd'hui contre la publicité des séances des conseils municipaux. (*C'est vrai! à gauche!*)

On alléguait que, jusqu'alors, ces assemblées avaient opéré dans la tranquillité et dans le demi-jour d'une publicité restreinte; on prêtait aux conseillers généraux, comme on le fait aujourd'hui pour les conseillers municipaux, je ne sais quelle timidité, je ne sais quel embarras à s'exprimer devant un public qui viendrait assister à leurs débats; on disait, en outre, qu'il s'agissait dans ces assemblées d'administration beaucoup plus que de politique, et, comme aujourd'hui, on tombait dans cette singulière contradiction : à savoir qu'il est tout naturel, qu'il est sans inconvénient d'ouvrir, à deux battants, les portes d'une assemblée où l'on s'occupe de questions politiques et par cela même irritantes, tandis qu'il est extrêmement périlleux d'ouvrir au même public les portes d'une assemblée qui ne traite que d'affaires administratives et toutes pacifiques !

Messieurs, que répondait-on à toutes ces craintes, à toutes ces appréhensions ?

Quand je vois l'émotion que paraît soulever sur certains bancs de cette Assemblée la perspective de la publicité des séances des conseils municipaux, je me demande si c'est là une de ces idées véritablement étranges qui ne peuvent venir qu'à des imprudents et à des téméraires, et que les républicains de l'école à laquelle nous appartenons auraient seuls le funeste privilège de concevoir.

Eh bien! on n'a jamais défendu la thèse de la publicité en termes aussi absolus, aussi formels, que ne l'a fait un honorable membre de cette Assemblée, dont on a déjà invoqué le témoignage. Voici comment s'exprimait, sur cette question de principe, il ne faut pas le méconnaître, l'honorable M. Waddington parlant du droit à la publicité :

« Sans publicité, il n'y a ni responsabilité efficace, ni émulation féconde dans les assemblées ; si elle a l'inconvénient réel de pousser aux longs discours et à la recherche de la popularité, cet inconvénient, qui est commun à toutes les assemblées, est inséparable de tout régime de liberté, et largement compensé par les bienfaits qui en découlent. »

C'est là, Messieurs, une autorité à l'abri de laquelle il m'est permis de me placer pour rassurer les esprits timorés. (*Rumeurs ironiques à droite.*)

Eh bien! ces pronostics ont-ils été trompés? Beaucoup d'entre vous, Messieurs, appartiennent aux Conseils généraux; je fais appel à leur témoignage et je leur demande si ce public français que l'on semble avide de représenter comme tumultueux et porté au désordre, a, dans une circonstance quelconque, troublé les délibérations des assemblées départementales? Non! il s'est produit, dans les Conseils généraux, ce qui se produira chaque fois que vous associerez des citoyens à l'exercice d'un droit sérieux, d'un droit important; en venant assister aux séances du Conseil général, ils ont compris qu'ils ne venaient pas là comme à une réunion publique, où même à une réunion privée ; ils ont compris qu'ils étaient là au siège du pouvoir départemental, qu'ils devaient écouter avec attention et respect les délibérations qui s'y poursuivaient; et, je le répète, aucun fait, aucun désordre survenu n'autorise à dire qu'on a été imprudent ou téméraire, en se confiant à l'esprit d'ordre, à la dignité même du public.

Eh bien! si cette expérience a été bonne pour les Conseils généraux, quelles raisons, tirées des faits et de la réalité des choses, pouvez-vous invoquer aujourd'hui pour défendre l'accès du Conseil municipal aux habitants de la commune, pour priver du droit d'assister aux délibérations des citoyens qu'ils ont choisis, ceux-là mêmes qui ont nommé ces conseillers municipaux?

Je suis, en effet, frappé d'une seconde contradiction que je rencontre dans le système développé par l'honorable M. Bérenger.

Nous vivons sous l'empire du suffrage universel. L'honorable M. Bérenger souhaite, comme nous, qu'il fonctionne non seulement en liberté, mais avec compétence. Il reconnaît sans doute, que, sans éducation politique ou administrative préalable, les citoyens d'une commune devront continuer de choisir leurs représentants. Il souhaite bien évidemment qu'ils arrivent à exercer ce droit avec la plus grande compétence. Ils vont donc se réunir, ils nommeront 10, 15, 20 conseillers municipaux ou davantage; mais alors, selon l'honorable M. Bérenger, leur droit sera épuisé; et quand ils viennent dire : Nous réclamons non seulement le droit de nommer nos conseillers municipaux, mais le droit de voir de nos yeux ce que font nos mandataires, le droit d'assister à leurs délibérations et d'entendre de nos oreilles ce qui s'y passe, vous leur répondez : Vous n'avez ni assez de maturité, ni assez de sagesse! Vous avez choisi des conseillers municipaux, mais ils ne peuvent délibérer avec sécurité qu'à la condition que le public reste à la porte; il leur faut le silence d'un huis-clos, qui ne sera trahi que par le procès-verbal des délibérations, et, s'il fallait à ces conseillers élus parler, se résoudre, prendre des déterminations sous les yeux de ceux qui les ont choisis, l'ordre, la tranquillité, l'indépendance des délibérations seraient compromis!

Je crois, Messieurs, qu'il y a là une conception erronée; je dirais volontiers qu'on arriverait, par cette méthode, à créer deux degrés dans le suffrage universel, et voici en quel sens :

Le public, le gros public, aura le droit de nommer des conseillers municipaux, de constituer ainsi une sorte d'élite; les mandataires élus seront les produits d'une véritable sélection. Mais une fois choisis, investis, ils pourront s'isoler des électeurs qui les auront nommés; on évitera tout contact entre le représentant et le représenté. Le représentant ne délibérera bien, n'agira sagement, ne jouira de son indépendance qu'à la condition de tenir ses commettants à distance.

Rien, en vérité, n'est moins conforme aux tendances démocratiques de notre pays!

Messieurs, il faut avoir le courage de ses doctrines, surtout quand les doctrines sont vraies; il faut avoir le courage de son système, surtout quand le système est juste, et je maintiens, pour ma part, que le choix qui sera fait par les électeurs municipaux deviendra de plus en plus éclairé au fur et à mesure que le suffrage universel, au lieu de se borner à cette opération rudimentaire qui consiste à choisir des candidats, s'habituera davantage à suivre les délibérations de ceux qu'il aura choisis... (*Murmures ironiques à droite*), et se tiendra plus exactement au courant des affaires de la commune. (*Très bien! à gauche.*)

J'avoue, en effet, que je ne connais pas beaucoup d'autres moyens, pour les électeurs de la campagne et même pour ceux des villes, de se former à la vie politique que de suivre les discussions qui portent sur leurs affaires. (*Murmures et exclamations à droite.*) Je n'estime pas qu'il y ait d'autre méthode efficace, pratique, et, s'il en est une que vous ayez su découvrir, vous l'indiquerez sans doute. Je ne crois pas, dis-je, qu'il y ait un autre moyen pour les citoyens d'arriver à une expérience relative des affaires que d'y prendre la plus large part possible.

Aussi, quand je vois que, laissant aux électeurs le soin de nommer leurs conseillers, on leur dispute avec tant d'énergie le droit d'assister à leurs délibérations, je me demande si l'on ne tend pas à restreindre la somme de leurs droits politiques.

Je n'entends rien exagérer, mais il est bien certain qu'on ne peut, sans témoigner d'une certaine défiance pour le corps électoral, soutenir que les délibérations des conseils municipaux ne seront pas publiques.

Messieurs, c'est surtout l'intérêt des petites communes qui a frappé l'honorable M. Bérenger.

« Dans les communes, dit-il, il y a trop de familiarité pour qu'on puisse accepter la publicité. Comment admettez-vous que ces gens qui, tout à l'heure étaient ensemble au cabaret, puissent passer par la même porte et entrer dans la même salle de délibérations ? » Ainsi, parce qu'on se connaît, parce qu'on se tutoie, comme l'a dit M. Bérenger, l'honorable sénateur craint que les délibérations ne deviennent particulièrement difficiles et même dangereuses !

Messieurs, pour borner mes recherches à l'horizon que l'honorable M. Bérenger lui-même a tracé, je répondrai que si l'on envisage ce qui se passera dans ces petites communes, on reconnaîtra que la publicité y est d'autant moins à craindre, d'une part, qu'il y a des relations plus suivies entre le représentant et celui qui l'a choisi, et que, d'autre part, il n'y a véritablement aucun péril (*Interruptions à droite*), — Messieurs, je ne peux pas comprendre ces terreurs, vous ne me les ferez pas partager, — il n'y a, dis-je, aucun danger à déclarer que, dans nos communes rurales, les paysans, les cultivateurs, ceux dont les intérêts se débattent au conseil municipal, pourront entrer dans la salle du conseil et voir comment leurs intérêts sont défendus. Est-ce parce que les habitants connaissent davantage les conseillers qu'ils ont élus, que vous jugerez plus nécessaire de les tenir à l'écart ?

Dans les grandes villes, d'après l'honorable M. Bérenger, ce serait un autre péril qu'on aurait à craindre.

Je n'ai qu'une courte réponse à faire : c'est précisément dans les grandes villes que l'expérience de la publicité s'est faite.

On n'arrivera pas à me démontrer que le public qui assistera aux séances du conseil municipal dans les grandes villes sera d'une autre essence que le public qui assiste aux délibérations du conseil général; et c'est une preuve de plus de ce fait que j'ai avancé et que j'énonce de nouveau : que ces électeurs qui, pendant la période électorale, ont pu délibérer tumultueusement, savent à merveille, quand ils entrent dans l'enceinte d'une assemblée délibérante, ce qu'ils doivent de respect à un pouvoir public et à eux-mêmes. Aussi n'est-il jamais arrivé, je le répète encore, que ce public, que l'on représente comme extrêmement menaçant pour la sécurité des assemblées municipales, ait apporté à la tranquillité, à la liberté, à la sécurité des délibérations des conseils généraux la moindre entrave, la plus légère atteinte.

Enfin, Messieurs, il est une dernière considération qui a paru à l'honorable M. Bérenger de nature à impressionner tout particulièrement le Sénat et qui consiste à dire : Quand vous aurez donné la publicité à toutes les communes de France, la refuserez-vous au conseil municipal de Paris? Puisque j'ai à formuler mon opinion personnelle sur ce point, je réponds : non! Je ne refuserai pas au conseil municipal de Paris la publicité des séances (*Exclamations à droite*), parce que, s'il est, suivant moi, un conseil municipal dont il soit à désirer que les séances soient publiques, c'est celui-là! (*Vive approbation à gauche. Rumeurs à droite.*)

Je n'ai point à formuler, ici, des appréciations, à juger les actes ni les hommes; je ne veux apprécier ni l'attitude, ni les décisions prises par une assemblée délibérante quelconque. Je me place en face de pures hypothèses et je dis de deux choses l'une : ou bien l'assemblée municipale d'une grande ville apporte à l'examen de toutes les questions qui lui sont soumises l'esprit de sagesse et de justice que lui commande son mandat, elle fait abstraction des inspiration de la passion personnelle, souvent aveugle, toujours étroite, elle s'inspire constamment de l'intérêt général; et alors, je me demande quel inconvénient il peut y avoir à ce que ses séances soient publiques; ou bien, au contraire, ses débats manqueront d'ampleur, d'élévation, d'impartialité, de convenance, un esprit de parti l'emportera. Eh bien! Messieurs, c'est précisément alors, c'est en vue de pareils abus que j'appelle, en confiance, la publicité des séances comme un moyen puissant de contrôle que ne remplace pas suffisamment l'écho affaibli d'un compte rendu plus ou moins développé, comme la garantie la plus sûre des jugements à venir de l'opinion. (*Très bien! très bien! à gauche.*)

Alors ceux qui délibèrent comprendront mieux ce qu'ils doivent à ceux qui les écoutent; et quant à ceux qui, dans les délibérations de ces assemblées, ont le devoir, parfois difficile, parfois pénible, de défendre ou le droit, ou la justice, quelquefois même le bon sens, ils trouveront dans la présence même d'un public plus impartial l'appui moral, l'assentiment tacite qui leur sera nécessaire, l'assurance que l'opinion plus éclairée, mise à même de juger les hommes et les choses, saura, dans un avenir prochain, rendre à chacun la justice qu'il mérite! (*Très bien! à gauche.*)

Quoi qu'il en soit, la question que le Sénat va résoudre est celle-ci : on a reconnu à tout électeur le droit de choisir ses représentants; reconnaîtra-t-on à tout mandant le droit d'assister aux délibérations de ses mandataires?

Il n'y a pas d'autre question que celle-là.

Si vous prétendez que le mandataire ne délibèrera pas librement, je crois que vous avez de son caractère une idée qui n'est pas assez favorable. Si vous prétendez que, plus on isolera l'élu de celui qui l'a choisi, meilleures seront les délibérations, meilleures seront les décisions, je vous réponds que c'est le procès du suffrage universel que vous faites. (*Très bien! très bien! à gauche.*)

Il faut, Messieurs, prendre parti, et hardiment parti, entre les deux résolutions que voici : ou bien travailler à restreindre le plus possible la vie communale; ou bien, au contraire, travailler à l'étendre et à la développer. C'est dans ce sens que le Sénat s'est déjà prononcé une première fois, et c'est dans ce sens que je lui demande de se prononcer de nouveau. (*Très bien! très bien! et applaudissements prolongés à gauche.*)

Sénat. — *Séance du 6 mars 1884.* — Les dispositions de la loi municipale sur les pouvoirs de police du maire transformaient le chef élu de la commune en « agent du pouvoir central ». Il était dit, dans l'article 99, que les préfets auraient le droit de se substituer aux maires en matière de mesures de police. Cette disposition fut vivement attaquée au Sénat comme attentatoire aux libertés municipales. M. Waldeck-Rousseau s'attacha à démontrer qu'elle était indispensable parce qu'il est des circonstances où le pouvoir a besoin d'être armé dans l'intérêt général aussi bien que communal. Le Sénat se rangea à son avis.

Messieurs,

Je demande au Sénat de vouloir bien m'accorder encore quelques minutes d'attention, parce qu'il me paraît que jamais question plus simple n'a été l'objet de discussions plus complexes, et, si je ne me fais illusion, la plupart des considérations qui ont été mises en avant par les adversaires des articles que je viens soutenir, — considérations empruntées plutôt à des textes anciens qu'aux textes actuels eux-mêmes, — me semblent de nature à disparaître devant un examen très simple, très impartial, de la loi que nous vous demandons de voter.

L'honorable M. Oudet d'abord, l'honorable M. Lenoël ensuite, ont présenté contre les articles 95, 97 et 99 un très grand nombre d'objections qui sont loin d'être de même nature. Suivant l'honorable M. Oudet, il faut faire disparaître dans la plus large mesure l'autorité préfectorale ; le préfet, c'est l'ennemi. (*Rires à gauche.*)

Suivant l'honorable M. Lenoël, au contraire, l'autorité du préfet est indispensable, et il est trop nourri des principes qui ont été ceux de la Révolution, il se déclare trop hautement attaché aux idées de 1789 pour avoir pu perdre de vue que le texte que nous demandons au Sénat de voter n'est autre chose que la consécration de droits qui trouvent leur origine précisément dans nos lois révolutionnaires les plus essentielles, les plus fondamentales, les lois de décembre 1789, d'août 1790, de 1791 sur notre organisation administrative.

La thèse que je vous demande la permission de développer aussi succinctement que possible est celle-ci : il faut donner aux communes toute la somme d'initiative, toute la somme de liberté que comportent les attributions municipales ; il faut même faire quelque chose de plus que cette législation de la Révolution a fait ; on peut et on doit remettre au maire de la commune certaines des attributions qui constituent une délégation de la puissance publique.

Je ne fais que répéter ce qui a été dit maintes fois à cette tribune, dans cette même discussion, en affirmant que si l'on veut consulter l'ensemble des pouvoirs dévolus au maire par la loi municipale actuelle, on reconnaît que le maire exercera, d'abord, comme chef de cette communauté qui s'appelle la commune, certaines attributions purement municipales, d'un intérêt local ; et qu'ensuite, comme délégué de l'autorité centrale, comme ayant reçu une sorte de mandat du pouvoir central, il exercera des attributions qui ne sont pas d'intérêt communal, mais d'intérêt général.

Sur cette double dévolution de pouvoirs, pas de contestation, ni aujourd'hui, ni autrefois. Elle est inscrite dans tous les textes de loi qui, dictés par des principes contraires souvent, mais homogènes en ce point, ont eu à régler quelles seraient les fonctions des maires et de quelle nature seraient les attributions à eux confiées.

S'il est vrai que, dans la loi de 1837, comme dans la loi

qui s'appellera la loi de 1884, les maires sont envisagés, tout à la fois, comme représentant aussi, dans une certaine proportion, cette bien plus grande association qui s'appelle l'Etat, quels seront les droits et les devoirs de l'Etat vis-à-vis des maires ? Où commencera, où s'arrêtera la tutelle ?

C'est ici, Messieurs, que chacun à l'envi a pris corps à corps une doctrine qui n'est ni celle de la Commission, ni celle du Gouvernement, et c'est pour rectifier cette erreur que j'ai demandé au Sénat, malgré la longueur de ce débat, la permission de me faire entendre.

Que vient-on vous dire, Messieurs? On vous dit : le projet de loi actuel propose de permettre au préfet, représentant de l'Etat, de se substituer au maire dans l'exercice de fonctions purement municipales, qu'il tient de sa qualité de chef de la communauté, tandis que ma prétention est que le texte de l'article 99, copié fort heureusement sur ces lois mêmes qu'on promet de respecter, ne permet, au contraire, au préfet de prendre un arrêté qui serait exécutoire dans les communes du département qu'autant qu'il s'agit de la sûreté, de la salubrité ou de la tranquillité publique. (*Très bien ! à gauche.*)

Messieurs, il faut constater avec soin une différence très considérable entre le texte de l'article 99 que le Sénat a rejeté en première délibération, et le texte qui est aujourd'hui proposé à ses délibérations et pour lequel je lui demande instamment sa haute sanction.

Que disait l'ancien article 99, qui jouit de cette faveur fâcheuse de rester l'objet de la discussion, alors cependant qu'il a disparu et contre lequel se sont tournés tous les arguments de nos adversaires ? Il disait ceci :

« Art. 99. — Si le maire refuse ou néglige de prendre les mesures exigées par une bonne police municipale ou rurale, le préfet, après une mise en demeure restée sans résultats, y pourvoit, selon les circonstances, soit par des arrêtés individuels, soit par des règlements applicables à toutes les communes du département ou à plusieurs de ces communes. »

Si la pensée très certaine de la Commission et de la Chambre n'était pas différente de celle que je viens défendre, il n'en est pas moins vrai que, prenant le texte de cet article, on pouvait en induire cette proposition qui a été mise en évidence lors de votre première délibération, que « les pouvoirs confiés au préfet lui donnent le droit de prendre, dans l'intérieur d'un département, des arrêtés touchant à la police municipale et à la police rurale, de se substituer, en un mot, au maire lui-même, pour prendre des arrêtés relatifs à la police locale ».

Eh bien ! Messieurs, j'ai comparé le texte de cet article 99 à celui des lois de 1789 et 1790, auxquelles je faisais tout à l'heure allusion ; et j'ai reconnu, la Commission a constaté, qu'il y avait une très grande différence entre cet article 99 et la disposition fondamentale consacrée par les lois de la Révolution qui définissait les pouvoirs des préfets au point de vue de la police.

Aux termes de ces lois, qui étaient des lois organiques, établissant les relations diverses entre les différents corps administratifs, les autorités départementales ne peuvent prendre de dispositions qu'en ce qui touche les mesures relatives au maintien de la sûreté, de la tranquillité et de la salubrité publique.

Tous les commentaires qui ont été donnés de ce texte, comme tous les arrêtés de la Cour de cassation dont l'honorable M. Lenoël a cité quelques exemples, ont toujours pris comme critérium, comme ligne de démarcation, le point de savoir si la mesure émanée de l'autorité départementale, si l'arrêté du préfet était d'une utilité locale, d'une utilité restreinte à l'agglomération communale, ou si, au contraire, c'était une mesure prise dans un intérêt de sécurité générale, de salubrité publique.

Pourquoi, Messieurs, cette différence est-elle capitale ? Par une excellente raison, celle qui nous a ramenés à cette disposition fondamentale que j'énonçais tout à l'heure ; si l'on peut admettre qu'une commune, qu'une petite agglomération peut avoir des intérêts distincts de ceux de l'État tout entier, — et c'est une proposition qu'il ne faut formuler qu'avec une certaine réserve, — il est tout au moins quelque chose de certain, quelque chose de constant, c'est que, sur le territoire, dans le périmètre infiniment restreint de cette commune, il peut se produire tel fait dont l'importance ne soit pas locale, communale, et qui puisse rejaillir, réfléchir non seulement sur les communes voisines, mais peut-être aussi sur les départements voisins. (*Marques d'approbation à gauche.*)

En d'autres termes, il faut, avec le législateur de 1789, avec celui de 1790, avec celui de 1791, avec celui de 1837, reconnaître que la commune n'est pas — passez-moi cette expression — comme une cellule murée ayant une vie et des intérêts absolument distincts de la vie et des intérêts de l'Etat, et qu'il y a telle circonstance où ce qui se passe dans la commune arrive à intéresser si directement l'ensemble du pays, la chose publique tout entière, qu'il n'est pas possible qu'au-dessus du maire investi d'une délégation particulière, il n'y ait pas une autorité supérieure chargée de prendre les mesures commandées par l'intérêt général. (*Très bien ! très bien ! à gauche.*)

C'est là, en effet, comme je le disais tout à l'heure, le corollaire essentiel, inéluctable, d'une mesure de décentralisation contre laquelle je suis bien loin de m'élever, et qui ne consiste pas seulement à dire qu'on chargera le maire d'administrer les immeubles propres de la commune, d'être, en quelque sorte, le caissier, le gérant du patrimoine privé d'une commune de France, mais qui veut encore, pour associer le peuple même à la vie publique, que l'Etat remette aux mains des chefs des municipalités une partie de ses pouvoirs, qu'il leur délègue une partie de ses droits.

Eh bien ! Messieurs, prenez garde, si vous arrivez à déclarer que la volonté du maire est en toute matière souveraine, sans qu'il puisse jamais y avoir lieu à recours, la conclusion logique et inéluctable également, ce serait qu'on ne doit conférer aux maires qu'un pouvoir strictement restreint, étroitement localisé dans le cercle des intérêts purement locaux, et qu'à aucune espèce de point de vue on ne doit leur donner une délégation de ce qui constitue la puissance publique. (*Approbation sur les mêmes bancs.*)

J'ai entendu les deux orateurs qui ont combattu l'article 99 faire l'éloge de la loi de 1837. Je ne voudrais pas que, tout en rendant justice à la loi de 1837, on fût moins juste pour la loi que nous faisons aujourd'hui.

Et, lorsque l'on entend dire, comme sous l'influence d'un besoin de persécution, par des orateurs qui semblent rechercher, et rechercher avec une avidité singulière, des sujets d'épouvante, que la loi de 1884 marque un pas en arrière de la loi de 1837, le Sénat ne peut pas trouver mauvais qu'un membre du Gouvernement proteste contre une assertion qui est la négation de l'esprit et de la lettre de la loi de 1884. (*Très bien! très bien! à gauche.*)

Je dis de son esprit et de sa lettre, oui : car ce qui était autrefois un domaine précaire pour l'autorité municipale est devenu, aujourd'hui, si je puis employer cette expression, une propriété reconnue. Tandis qu'autrefois toutes les résolutions, toutes les délibérations communales ne pouvaient être exécutoires qu'après l'approbation de l'autorité supérieure, ce qui était l'exception est devenu la règle. Autrefois on énumérait ce qui était permis. La loi actuelle n'énumère — et l'énumération n'est pas longue — que ce qui est sujet à approbation.

De même en ce qui concerne les attributions des maires, si vous prenez la loi de 1837 et si vous en faites le récolement avec la loi de 1884, vous verrez qu'on n'a pas suivi une autre méthode; et s'il y avait des divergences à signaler, elles seraient tout à fait dans le sens de l'extension du pouvoir municipal et pas le moins du monde d'une reprise par l'Etat d'un pouvoir de centralisation qu'il ne revendique pas.

Il y a deux chapitres qui ont été l'objet, de la part de M. Oudet, de critiques très vives. L'honorable M. Lenoël a renouvelé en partie ces critiques avec beaucoup de modération, et avec un sentiment plus juste de la véritable portée.

Il y a un premier chapitre dans lequel on énumère quelles sont les attributions du maire, comme chef de la commune, comme chargé de la gestion des intérêts communaux. Il contient deux articles. Vous avez entendu M. Oudet dire et répéter que le projet de loi actuel a pour but d'enlever au maire la police municipale et la police rurale et qu'on avait, d'un trait de plume, biffé cette prérogative essentielle à l'administrateur d'une commune, qui consiste à lui permettre de faire lui-même les règlements de police applicables dans l'intérieur de ses frontières.

Je réponds à cet argument, comme je répondrai à quelques autres, par le texte incriminé lui-même. Ainsi, en ce qui concerne les attributions que nous avons données au maire comme préposé à la gestion des intérêts communaux, dans ce chapitre 2 il y a un article 91 qui est ainsi conçu : « Le maire est chargé, sous la surveillance de l'administration supérieure... » — sous cette surveillance qui n'éveille aucune susceptibilité de l'honorable M. Oudet, — « de la police municipale et rurale et de l'exécution des actes de l'autorité supérieure qui y sont relatifs. » De sorte que c'est bien dans le chapitre 2 relatif aux attributions du maire comme préposé à la gestion des intérêts communaux, que l'on traite de la police municipale.

Et l'on déclare, par le texte le plus clair et le plus formel qui puisse être conçu, que cette police rentre précisément dans les attributions que le maire tient de sa nomination par les électeurs, et du soin qu'il doit avoir des intérêts communaux.

On arrive ensuite à un autre chapitre, qui est le chapitre 3, et qui énumère les attributions du maire comme agent du pouvoir central. Et l'on s'indigne ! La loi de 1837, sur ce point, serait l'idéal ; la loi de 1884, c'est l'inadmissible ! Eh bien ! vous pouvez prendre le texte de l'article 10 de la loi de 1837, le mettre à côté de l'article 92 de la loi de 1884 et vous verrez ceci : l'article 92 de la loi actuelle porte : « Le maire est chargé, sous l'autorité de l'administration supérieure : 1° de la publication et de l'exécution des lois et règlements ; 2° de l'exécution des mesures de sûreté générale ; 3° des fonctions spéciales qui lui sont attribuées par les lois. »

Il n'y a entre la loi de 1837, qui mérite tous les éloges, et la loi actuelle, qui mérite toutes les réprobations, qu'une différence : c'est que le numéro 2 de la loi de 1884 est porté comme numéro 3 dans la loi de 1837. Les deux paragraphes sont identiques, copiés l'un sur l'autre.

La loi de 1837 mettait dans les attributions du maire, comme délégué du pouvoir central, tout ce que la loi de 1884 propose de lui donner. Par conséquent, si vous prenez les articles 90, 91, d'une part, et l'article 92, d'autre part, vous ne trouverez pas que la loi actuelle ait changé quoi que ce soit à des dispositions contre lesquelles aucune critique n'a été soulevée.

Où donc commence le péril? Il est arrivé qu'à la suite de l'énumération, d'ailleurs fort courte, des attributions données au maire comme chef de la commune et comme délégué du pouvoir central, il a fallu que la Commission, traitant beaucoup d'autres questions, après avoir parlé de la police municipale dans un chapitre, de la sûreté générale dans un autre chapitre, il a fallu que la Commission, qui a entrepris — et c'est une pensée qu'on ne doit jamais perdre de vue — un œuvre de codification... (*Approbation à gauche*)... et qui, par cela même, s'est trouvé appelée à reprendre, dans un chapitre unique, tout ce qui était épars jusqu'ici, reproduisît un article de la loi de 1790, qui s'occupait non de distinguer la police locale de la police générale, mais d'énumérer tous les objets rentrant dans la police sans épithète, dans la police de quelque nature qu'elle soit. Et, pour s'en convaincre, il suffit, Messieurs, de lire l'énonciation d'ailleurs fort longue de l'article 97.

Vous trouvez, en effet, dans cet article 97, bien des choses qui sont de la police municipale, au premier chef; vous en trouverez, au contraire, d'autres qui intéressent également, au premier chef, la sûreté et la salubrité publiques. Je prends par exemple le paragraphe 2 de l'article 97 et j'y lis ceci :

« 2° Le soin de réprimer les atteintes à la tranquillité publique, telles que les rixes et disputes accompagnées d'ameutements dans les rues, le tumulte excité dans les lieux d'assemblée publique, les attroupements et tous actes de nature à compromettre la tranquillité publique ; »

Au paragraphe 3 :

« 3° Le maintien du bon ordre dans les endroits où il se fait de grands rassemblements d'hommes, tels que les foires, marchés, réjouissances et cérémonies publiques, spectacles, jeux, cafés, églises et autres lieux publics ; »

Et au paragraphe 6 :

« 6° Le soin de prévenir, par des précautions convenables, et celui de faire cesser, par la distribution des secours nécessaires, les accidents et les fléaux calamiteux, tels que les incendies, les inondations, les maladies épidémiques ou contagieuses, les épizooties, en provoquant, s'il y a lieu, l'intervention de l'administration supérieure. »

Eh bien ! j'en appelle à l'esprit très juridique aussi bien qu'à l'esprit politique de l'honorable M. Lenoël lui-même, ce n'est pas lui qui soutiendra jamais que ces trois ordres de faits prévus par la loi de 1884 n'intéressent pas au plus haut degré la sûreté et la tranquillité publiques.

Au contraire, cette thèse deviendrait extrêmement facile à soutenir si, ne parlant plus des véritables dangers et des véritables périls publics, on envisageait, dans certains autres paragraphes du même article 97, telle autre énumération, par exemple ce qui intéresse la commodité du passage dans les rues, ce qui est relatif aux encombrements, ce qui est relatif au mode de transport des personnes décédées, à l'inspection sur la fidélité du débit des denrées ; et cet amalgame — qu'on me passe l'expression — est d'autant plus naturel que l'article 97 de la loi actuelle n'est pas autre chose, je le répète, que la reproduction, mots pour mots, lettres par lettres, pour ainsi dire, d'un des articles de la loi de 1790 (*Nouvelles marques d'approbation à gauche*), qui, n'ayant pas à s'occuper, étant donné son objet, de savoir ce qui serait attribué au maire comme représentant de la commune ou comme représentant de l'État, énumérait, dans un même corps de doctrines, dans un seul et même article, tous les objets qui peuvent être des objets de police. Il ne peut pas y avoir de doute.

Quand vous avez un article 91 qui dit : Le maire est chargé de la police de sa commune, de toutes les mesures qui intéressent la police locale, la police municipale, et quand, plus tard, vous trouvez une énumération dont l'origine est suffisamment connue et qui parle de tous les objets quelconques qui peuvent constituer la police, il est bien certain, que, dans cet article 97, il y a tout à la fois des objets de police de la compétence particulière du maire, telle que le chapitre 2 l'a faite, et des objets de police de cette autre compétence du maire, telle que le chapitre 3 l'établit.

Cela ressort avec évidence des autres articles qui se trouvent entre l'article 92 et l'article 97.

En voici un, par exemple; c'est l'article 95 :

« Les arrêtés pris par le maire sont immédiatement adressés au sous-préfet ou, dans l'arrondissement du chef-lieu du département, au préfet. »

Est-ce que vous pensez que cette prescription ne se rapporte qu'aux arrêtés que le maire aurait pris sous la surveillance de l'autorité? Ne sont-ce pas là des mesures uniformément applicables à tous les arrêtés qu'un maire peut prendre?

Le même article continue :

« Ceux de ces arrêtés qui portent règlement permanent ne sont exécutoires qu'un mois après la remise de l'ampliation constatée.. » Est-ce que cette prescription n'est applicable qu'à l'une des catégories d'arrêtés prévues par un des chapitres que je viens de rappeler? Pas le moins du monde : ce sont des règles générales applicables aux décisions qui peuvent résulter d'arrêtés pris par les maires, en quelque qualité que ces maires aient agi ; cela apparaît d'une façon plus évidente encore, s'il est possible, dans l'article 96 qui porte :

« Les arrêtés des maires ne sont obligatoires qu'après avoir été portés à la connaissance des intéressés par voie de publications et d'affiches... »

Donc, ces trois articles qui précèdent l'article 97, sont, comme lui, des articles contenant des dispositions générales. Il ne peut pas y avoir de doute sur ce point ; on ne saurait trouver dans l'énumération de l'article 97 la preuve que tous les objets de police municipale peuvent être réglés par arrêté du préfet.

J'aurais très bien compris l'insistance des objections qu'on a faites à cet article 97, si on avait eu recours à la méthode qui consiste à se référer à des articles précédents. Je m'explique. Si, dans l'article 99, on avait proposé de dire que les préfets pourraient prendre des arrêtés sur les objets énumérés, soit dans le chapitre 2, soit dans le chapitre 3, il est très clair que les pouvoirs du préfet devenaient plus considérables ou, au contraire, étaient plus restreints, suivant que vous auriez placé certaines attributions dans un chapitre ou dans un autre.

Par exemple, si, dans l'article 99, vous aviez mis que le préfet pourra, aux lieu et place du maire, prendre des arrêtés pour toutes les matières contenues dans l'énumération de l'article 97, vous seriez arrivés, par voie indirecte, à permettre au préfet de prendre des arrêtés sur des objets de police locale, et alors que ces objets n'auraient en rien intéressé la sûreté et la salubrité publiques. Mais, encore une fois, l'article 99 actuel, celui sur lequel vous allez voter, n'emploie pas cette méthode. Il reproduit les prescriptions de la législation de 1789 et 1790, et il déclare que le préfet pourra bien prendre des arrêtés applicables dans les communes, mais à quelle condition? A la condition qu'il s'agisse, non pas d'un intérêt communal, non pas d'un intérêt purement local, mais d'un intérêt de sûreté, de salubrité publique. C'est donc dire, de la façon la plus claire et la plus formelle, qu'il n'y a rien de changé à cet état de législation, à cet état de jurisprudence dont l'honorable M. Lenoël a fait le tableau.

Plusieurs sénateurs à droite. Alors, pourquoi l'article 99?

M. LE MINISTRE. — On demande pourquoi? Mais par cette raison, que je suis obligé de répéter après l'honorable rapporteur et que M. de Marcère a rappelée lui-même : quand on fait une loi, il y a deux partis à prendre : ou bien on se borne à édicter ce qui constitue une innovation, et, alors, on fait une de ces lois qui laissent derrière elles 50, 60 textes; ou bien, au contraire, on entreprend de faire un code de législation municipale, et, alors, le devoir est évidemment d'y mettre tout ce qui intéresse la matière, afin que les fonctionnaires, qui, dans l'exercice de leurs fonctions, éprouvent tant d'hésitations, rencontrent tant d'obscurité, aient sous la main, — et ce sera, suivant moi, le bienfait considérable de la loi actuelle, — l'ensemble des dispositions qui les concernent et qu'ils sont appelés à appliquer. (*Très bien! très bien! à gauche.*)

Je répète donc — cela est décisif — que l'article 99 n'innove pas plus en matière de tutelle que les articles 90 et 92 n'ont innové en matière d'attributions.

Même distinction entre les fonctions que le maire exerce comme maire et les fonctions qu'il exerce comme délégué de l'autorité centrale; même énumération de tous les objets de police, à quelque nature de fonctions qu'ils puissent se référer, et même injonction aux administrateurs qui représentent le pouvoir central, de ne prendre des arrêtés intéressant les communes qu'autant qu'il s'agit d'un objet de sûreté publique, autant, en un mot, que, sur le territoire d'une commune, il s'est passé un fait dont l'intérêt dépasse de beaucoup ses limites, et qui concerne le bien, la salubrité et même la sûreté générale.

De sorte que cet article 99 tant attaqué n'est pas autre chose que l'application des lois de 1789 et 1790, et la consécration des règles qui en ont été la suite.

J'avais mis, en effet, à mon dossier — mais l'honorable M. Lenoël a rendu cette précaution inutile — de très nombreux extraits de la jurisprudence qui a été appelée, à plus d'une reprise, à statuer sur la régularité des arrêtés pris par les préfets.

La jurisprudence s'est toujours demandé ceci: Voilà une mesure qui a été prise à l'occasion d'un fait qui s'est produit dans une commune. Ce fait n'intéressait-il que la commune? Le préfet n'avait pas le droit de prendre l'arrêté.

Intéressait-il, au contraire, la sûreté, la salubrité publique? Le préfet avait le droit et le devoir de prendre l'arrêté; c'est ce qui ressort clairement de l'opposition qui existe entre les arrêts de la Cour de cassation et les décisions du Conseil d'État qui ont annulé les arrêtés de préfets, et ceux, au contraire, qui ont déclaré que ces arrêtés avaient été pris régulièrement.

Messieurs, ce qu'a fait la loi de 1789, et qu'il est inutile de demander au Sénat de ne pas défaire, ça été d'établir dans quelle mesure la liberté communale peut vivre, peut coexister avec la liberté de l'État, dans quelle mesure les intérêts, les franchises municipales peuvent coexister avec les intérêts si nombreux, si graves, si essentiels, dont l'État n'est que la raison sociale.

A la commune, à celui qui la représente, au corps délibérant qu'elle a choisi, le soin d'élaborer, de décider tout ce qui peut être d'un intérêt local. Quelque chose de plus est même donné à ces autorités par une délégation : elles pourront prendre des mesures d'intérêt général ; elle pourront exercer, dans une certaine portion, ce qui était, à l'origine, le pouvoir retenu, ce qui est l'apanage du pouvoir central. Mais, quand on aura ainsi institué de pareils délégués, est-ce que l'État pourra se désintéresser d'une façon absolue? est-ce qu'on pourra admettre, est-ce qu'on pourra soutenir que, si le maire n'agit pas, alors même que la sûreté publique est en jeu, le pouvoir devra se trouver désarmé? Cela, Messieurs, n'a jamais été soutenu.

Et, en vérité, quand j'entends, au nom des principes de liberté, certains orateurs demander qu'on détruise ce qui a été la pensée fondamentale de notre première Révolution, je me demande si on ne lui tourne pas purement et simplement le dos. (*Très bien ! très bien ! à gauche.*)

En 1789, comme en 1791, on a voulu donner aux communes la plus grande vitalité, la plus grande somme d'activité possible, le plus de liberté qu'on pourrait; mais on n'a jamais entendu, et vous ne pouvez pas admettre, qu'alors qu'une délégation aura été ainsi consentie au profit du maire, si ce maire ne remplit pas son devoir l'État sera dans l'impuissance de pourvoir à sa propre sûreté. Ce serait substituer à la doctrine fondamentale de notre droit public, de notre droit constitutionnel, qui consiste dans une grande liberté des communes conciliée avec l'unité de l'État, un système d'autonomie poussé à ses dernières limites.

Des discussions récentes ont appelé l'attention sur ce point : Quel est le rôle de la commune? Quel est le rôle de l'État? On a reconnu qu'il y avait bien peu d'intérêts communaux qui dussent être considérés comme absolument distincts des intérêts de l'État, et c'est précisément parce qu'il n'y a pas entre eux de ligne de séparation absolue, a-t-on dit — ce sont des autonomistes qui ont proclamé cette vérité — que la répartition est plus délicate à faire entre celui qui sera le représentant de la commune et celui qui sera le gardien des intérêts publics.

Eh bien ! il faut tracer cette ligne de séparation de telle façon qu'on mette du côté de la liberté le plus de terrain possible, qu'on donne aux communes le plus de liberté d'action qu'on pourra, mais à une condition toutefois, c'est qu'après avoir dit aux maires : vous serez non seulement les représentants de la commune, mais encore, et dans certaines questions, les représentants de l'Etat, on ne désarme pas l'Etat quand il s'agira de mesures qui l'intéresseront au premier chef.

Dans ces conditions, je crois avoir justifié l'article 99, et je demande avec confiance au Sénat de vouloir bien l'adopter. (*Très bien! très bien! et applaudissements à gauche.*)

CHAMBRE DES DÉPUTÉS. — *Séances des 8 et 10 novembre 1883.*
— Lorsque le projet de loi municipale revint devant la Chambre en deuxième délibération, ce fut sur l'organisation municipale de Paris que s'éleva le débat le plus important. M. Sigismond Lacroi~ ~osait pour la capitale l'autonomie communale complète ~c~ projet fut repoussé à une forte majorité. M. Anatole de la Forge demanda alors le rétablissement de la mairie centrale. M. Waldeck-Rousseau combattit

cette proposition en termes énergiques, et, comme MM. Floquet et Spuller insistaient pour que la question fût renvoyée à la Commission, il fit un second discours qui aboutit au rejet par 277 voix contre 201.

MESSIEURS,

Je tiens tout d'abord à rassurer l'honorable M. Anatole de la Forge : il n'est nullement dans mes intentions de l'exécuter, ainsi qu'il l'a dit; ce serait un procédé bien inexcusable vis-à-vis d'un membre de la majorité qui a rendu compte de son mandat avec tant d'exactitude, non seulement dans l'assemblée de ses électeurs, mais même dans l'enceinte de cette Chambre.

Je ne ferai à l'honorable M. Anatole de la Forge, au point de vue de la méthode qu'il a suivie, qu'un seul reproche ; avec une très grande bonne humeur, et une véritable fleur d'esprit, il a donné au Gouvernement dont j'ai l'honneur de faire partie d'excellents conseils, il a passé en revue beaucoup des événements qui comptent déjà dans notre existence ministérielle. Peut-être aurez-vous trouvé qu'il a un peu négligé de développer les considérations qui peuvent militer en faveur de son amendement, ou de répondre à un certain nombre d'objections souvent formulées contre la théorie dont il s'est fait le champion. J'ai donc la mauvaise fortune d'apporter des réponses à des considérations qui n'ont pas encore été produites.

J'essaierai d'être aussi complet, et, en même temps, aussi succinct que possible.

La question qui vous est soumise, Messieurs, n'est pas neuve; elle s'est posée plus d'une fois; on l'a presque toujours éludée : nous vous demandons de la résoudre. Il faut, en effet, dire avec une très grande sincérité si nous croyons que le régime édicté pour la généralité des communes peut être appliqué à Paris et si la solution proposée à la Chambre peut être adoptée.

Cette question, Messieurs, pour n'être pas nouvelle, est singulièrement grave; grave en ce qui concerne Paris envisagé en lui-même, une agglomération de plus de deux millions d'habitants, payant un impôt de plus de 260 millions ; grave aussi pour le pays. On parle, — et c'est ce qu'a fait M. Anatole de La Forge, — on parle de cette commune unique comme d'une commune ordinaire ; il semble que cette ville de Paris soit une ville comme les autres villes, et l'on perd trop de vue peut-être qu'en même temps qu'elle est une commune, qu'en même temps qu'elle est une ville, elle est une capitale, qu'elle a dans notre organisme une place à part, et que si elle n'en est qu'une partie, cette partie est le centre de l'activité et de la sensibilité nationale. (*Très bien! très bien!*)

L'honorable M. Sigismond Lacroix, qui est simpliste — c'est une méthode que je ne critique point en elle-même — disait : Il n'y a qu'une alternative : Paris est à la France ou bien Paris est aux Parisiens. Ce n'est jamais de cette alternative que se sont inspirés ceux qui, sans aucune défiance pour Paris, mais avec quelque prévoyance peut-être, ont refusé ce qu'on appelle la mairie centrale ; et, à ces deux termes, dont aucun ne me semble absolument exact, nous opposons une affirmation différente, à savoir que Paris est tout à la fois et aux Parisiens et à la France. (*Très bien! très bien!*)

S'il est vrai, en thèse générale, — et je le montrerai, tout à l'heure, avec l'autorité même de M. Sigismond Lacroix, — s'il est vrai qu'il n'y ait pas un intérêt communal qui, dans une certaine mesure, ne soit un intérêt d'Etat, cette proposition évidente, puisqu'elle est confessée par les partisans de l'autonomie eux-mêmes, prend une évidence encore bien plus souveraine quand il s'agit de la corrélation étroite, nécessaire, indispensable, pour ainsi dire fatale, qui existera entre les intérêts dits communaux d'une capitale et ceux du pays dont elle est le centre et dont elle renferme tous les pouvoirs publics.

La question se pose, d'ailleurs, aujourd'hui très franchement.

Il y a eu, Messieurs, à une époque encore peu éloignée, une phase passagère et riante dans les relations entre le pouvoir et les représentants de l'autonomie communale.

La question de la mairie centrale avait dépouillé une partie de ses attributs naturels; on disait alors au Gouvernement : nous ne venons pas vous demander un véritable maire de Paris, ayant les attributions naturelles d'un maire ; il nous suffit qu'il en ait le titre ; quant aux fonctions, nous en faisons bon marché. Et l'honorable M. Songeon qui était, je crois, l'inventeur de cet expédient, disait dans la Commission, qui, depuis, l'a répété par l'organe de son rapporteur : « Paris est surtout la ville des belles créations, des grandes fictions, des cérémonies pompeuses ; nous ne venons pas vous demander d'y créer une sorte de souverain, régnant constitutionnellement sur deux millions d'habitants. Vous nous refuseriez l'édifice de la mairie centrale ; nous vous demandons seulement de nous en donner la façade ».

Cette théorie procédait, à coup sûr, d'une entière bonne foi. Mais, si elle avait été admise, pensez-vous qu'une fois ce maire idéal et purement décoratif institué... (*Sourires*), on aurait pu maintenir cette création dans les bornes originaires qu'on lui aurait assignées ? et ne croyez-vous pas que, de proche en proche, il serait arrivé à conquérir tout ce qui était la conséquence logique de sa propre institution ? (*Très bien ! très bien !*)

C'est qu'en effet dans une ville qui s'appelle Paris, quand vous aurez constitué un organisme quel qu'il soit, mais qui sera distinct de l'organisme national, vous aurez créé une force dont vous ne pourrez plus modérer l'expansion.

L'honorable M. Sigismond Lacroix, bien plus logique que M. Anatole de La Forge, est venu dire : « Il ne faut pas qu'à Paris un maire puisse être révoqué, il ne faut pas qu'une délibération du Conseil municipal puisse être annulée ». Il avait raison en ce sens que, le jour où il y aura un Conseil municipal ordinaire, ce que l'on est convenu d'appeler, dans cette discussion, un Conseil municipal de droit commun, un maire comparable en droit — je montrerai qu'en fait il ne le serait pas — aux autres maires de France, vous aurez donné l'essor à une puissance qui se fera à elle-même sa place, à laquelle vous n'assignerez pas de frontières. Envisagez cette hypothèse d'un maire de Paris assisté d'un Conseil municipal qui serait presque un parlement, avec un conseil des ministres, — on nous le disait tout à l'heure. Prétendre qu'on annulerait les arrêts de ce parlement, qu'on suspendrait ce maire, c'est aller contre l'évidence et la certitude des faits. (*Très bien! très bien.*)

L'amendement de M. Anatole de La Forge est ainsi conçu — j'en place le texte sous vos yeux, et je montrerai quels en sont les développements naturels :

« Ajouter au 1ᵉʳ paragraphe de l'article 73 les mots suivants :

« Les dispositions de ce premier paragraphe sont applicables à Paris, comme à toute autre commune de France. »

Rien de plus simple en apparence. Tout, dans notre organisation communale, devient symétrique. A droite, les communes rurales d'un nombre d'habitants plus ou moins considérable, ayant un organisme qui résulte de la présente loi; à gauche, une autre commune, Paris. Et que demande-t-on en son nom ? Une chose bien simple, le droit commun !

Mais il faut se demander si cette apparente égalité n'aboutirait pas à l'inégalité la plus flagrante, et si, étant donnée l'application de cet amendement, il y aurait une similitude quelconque entre les communes dont on revendique le sort et la législation, et la ville de Paris, la capitale, si elle arrivait à n'avoir que les mêmes règles et à être régie par les mêmes dispositions.

Un maire de Paris, un maire de droit commun, — je ne parle pas de ce chef de pouvoir exécutif, entouré d'un conseil d'adjoints, comme le proposait M. Sigismond Lacroix, non, — un maire de Paris réduit à cette simple expression de maire de droit commun aurait derrière lui, non pas comme la plupart des maires des communes de France, quelques centaines ou quelques milliers d'électeurs, mais, d'après les dernières statistiques, 480.000 électeurs ; son action administrative s'exercerait sur une population qui, de par le dernier recensement, est de 2.260.000 âmes. Ce n'est pas tout : ces maires de droit commun, avec lesquels on demande l'assimilation, ont sous leurs ordres un certain nombre d'employés; ils ont, comme agents de la force publique, comme officiers de police judiciaire, le droit de réquisition sur un petit nombre de personnes, sur le garde champêtre dans les communes rurales, sur une police municipale composée de quelques individualités dans les chef-lieux d'arrondissement et dans les chefs-lieux de département. Mais un maire de Paris, ce maire de droit commun, ce maire réduit au minimum, aurait sous ses ordres, à Paris, 11.000 employés, — je ne parle que des employés de bureau, — et comme, de par le droit commun, le maire a une autorité directe, le droit de réquisition sur cette partie de la force publique qui s'appelle la police, de ce chef encore le maire de Paris, si humble, si réduit, aurait sous sa direction 7.000 agents !

Eh bien ! sans insister outre mesure sur les conséquences immédiates que font ressortir ces chiffres, je pose cette question à la Chambre, à tous ceux qui l'envisagent sans parti pris, de quelque côté qu'ils puissent siéger :

Y aurait-il quelque chose de commun entre le maire d'une commune quelconque, que vous pouvez choisir dans vos circonscriptions, et le maire de cette agglomération parisienne? Et, s'il serait permis de dire qu'égaux devant la loi, c'est-à-dire régis par un texte uniforme, ils seraient égaux en fait, il n'y aurait pas, Messieurs, la moindre comparaison à faire entre le magistrat placé à la tête d'une petite commune, n'ayant à sa disposition qu'un personnel de quatre ou cinq agents, et le maire de cette grande capitale, ayant sous ses ordres un personnel de plus de 18.000 employés ou agents.

J'ai cité ces chiffres parce qu'il ne faut pas rester dans le vague et dans l'abstraction ; parce que la théorie de M. Anatole de La Forge, très séduisante en elle-même, et qu'il a rendue plus séduisante encore par les allures de sa discussion, cette théorie demande à être sondée et approfondie ; il faut voir ce qu'il y a derrière cet écran si simple

du droit commun et de l'assimilation. (*Très bien! très bien!
à gauche et au centre.*)

Je ne crois donc pas qu'il y ait d'assimilation possible
entre Paris et les autres communes, soit au point de vue
matériel, soit au point de vue économique, soit au point de
vue politique, et, si je suis assez heureux pour faire cette
démonstration, lorsque j'aurai établi qu'en matière municipale, de l'aveu des esprits les plus hardis, il n'y a que
des questions de temps, des questions de fait, des questions
de mesure, j'aurai, ce me semble, justifié le refus que le
Gouvernement oppose aux propositions et aux appels qui
lui sont adressés par M. Anatole de La Forge.

D'abord, Messieurs, au point de vue matériel, au point
de vue purement administratif, y a-t-il une comparaison
possible entre Paris et n'importe quelle autre commune?
Il y a, Messieurs, dans la division administrative de notre
pays, quelque chose de plus qu'un caprice : il y a une hié-
rarchie et une coordination de certaines forces, il y a une
véritable méthode. C'est ainsi que dans l'État vous trouvez
le département, qui est au-dessus de l'arrondissement ;
l'arrondissement, qui est au-dessus du canton ; le canton,
qui est au-dessus de la commune. La commune, si elle est
l'unité fondamentale, est l'unité la plus restreinte, et
j'ajoute que, dans le système le plus libéral qu'on puisse
concevoir, qui va jusqu'à proclamer l'indépendance la plus
grande de la commune vis-à-vis de l'État, la commune est
non seulement la plus petite parcelle, l'unité la plus faible,
mais encore elle est une unité subordonnée, dans la plupart des décisions qui la concernent et des délibérations
qu'elle peut prendre, tantôt au conseil d'arrondissement,
tantôt au Conseil général. En un mot, Messieurs, par le
fait même d'une communauté d'intérêts indéniables, il y
a là une sorte de collaboration dans laquelle tantôt l'État,
tantôt le département, font prévaloir les intérêts généraux
qu'ils représentent. Cela me paraît être l'évidence et une
simple constatation de fait.

Eh bien! de ce que je viens de dire pour les communes
ordinaires, rapprochez ce qui apparaît pour Paris.

Est-ce qu'ici la commune est subordonnée? Est-elle l'unité la plus faible? Trouve-t-elle, en face d'elle, le contre-poids puissant d'autres intérêts communaux dans le même canton, dans le même arrondissement ou dans le même département? On l'a dit, Messieurs, et je ne fais que répéter une constatation qui ne demande pas de grands efforts, il y a ceci de tout à fait particulier dans la constitution de cette puissance à part, de cette entité *sui generis*, qui s'appelle Paris, que, tandis que nous voyons, ailleurs, des communes renfermées dans des arrondissements et des arrondissements renfermés dans des départements, il y a ici une commune qui renferme un département presque tout entier, qui comprend vingt arrondissements, de telle sorte qu'au lieu d'être l'unité réduite, au lieu d'être le contenu, elle devient véritablement le contenant. (*Très bien! très bien! à gauche et au centre.*)

Eh bien! Messieurs, quelle est la conséquence de cet état de fait? Elle est simple et décisive. Dans un département, supposez une commune rompant avec la loi, cherchant à se placer au-dessus d'elle, et entrant en conflit avec le pouvoir supérieur dont le préfet est le représentant. Ce sera un incident, et comme un épisode dont ni la France, ni le département même ne sauraient s'émouvoir. Pourquoi? Parce que le tumulte sans portée qui aura pu se produire dans cette cellule particulière se perdra dans la tranquillité, dans la sagesse, sinon même dans les protestations des autres unités, des communes voisines, du département dans son ensemble.

Et, lorsque l'autorité centrale sera méconnue dans une commune en la personne de son représentant, cette autorité s'appuiera sur le respect des lois dans toutes les autres. Mais voulez-vous supposer le maire de Paris en conflit avec le préfet, ce maire dont je montrais tout à l'heure la puissance, et voulez-vous me dire où sera le contre-poids et si vous n'aurez pas des pouvoirs égaux ou presque égaux en présence? Je crois donc que, si l'on veut tenir compte des circonstances matérielles, on y rencontre une première raison de dire que l'assimilation n'est pas possible entre la capitale d'un pays comme le nôtre et l'une des 36.000 communes qui le composent. (*Très bien! très bien! à gauche et au centre.*)

Au point de vue économique, la dissemblance et la disproportion sont encore plus certaines. Je ne ferai que répéter ici ce qui a été dit par plus d'un orateur, en rappelant l'intimité forcée, la solidarité étroite d'intérêts, de destinée, qui unit Paris à la France.

On vous disait, tout à l'heure, que dans la vie économique de la France, Paris jouait un rôle prépondérant et décisif. On a épuisé toutes les comparaisons pour rendre plus sensible l'action qu'il exerce, le rôle qu'il joue dans l'économie du corps social tout entier ; on a dit que Paris était le cerveau, le cœur de la France, et toutes ces images ne donnent qu'une idée au-dessous de la réalité. Tout y aboutit, s'y transforme, tout s'y concentre pour se répandre aux extrémités mêmes du pays.

Tout à l'heure, M. Anatole de la Forge rappelait les circonstances tragiques que nous avons traversées, et qui séparèrent, pour un temps, la France de sa capitale ; n'a-t-on pas bien vu, hélas! à cette époque, que le commerce de Paris et son industrie si active étaient des éléments indispensables de la prospérité nationale ? Un trouble, un désastre survenant dans une de vos communes, ce serait évidemment un malheur dont la fortune publique pourrait être atteinte dans une mesure plus ou moins appréciable, mais ce serait un malheur particulier, local. Voulez-vous supposer, — c'est une supposition dont j'écarte la réalisation, — ce trouble, cette gêne, cette angoisse des intérêts se produisant dans la capitale ?... Mais il n'y a pas une souffrance de Paris qui d'emblée, du premier coup, ne devienne une souffrance de la France ! (*Applaudissements sur un grand nombre de bancs à gauche et au centre.*)

C'est pour cela, Messieurs, que dans le système que je soutiens, que je développe de mon mieux, il est indispensable que la nation, par des procédés que nous examinerons, avec des garanties que nous énumérerons, il est indispensable, dis-je, que la France ait quelque action et pèse de quelque poids dans l'administration de sa capitale, dans la direction imprimée à des intérêts qui sont des intérêts communs, des intérêts nationaux dans le sens le plus large et le plus vrai! (*Très bien! très bien! sur divers bancs à gauche et au centre.*)

Du point de vue politique, Messieurs, je n'ai que bien peu de chose à dire. Je parlais, tout à l'heure, d'une crise économique sévissant dans une commune ordinaire; j'ai montré combien les résultats en seront, sinon indifférents, au moins insensibles pour le reste du pays. Il en est absolument de même pour ce qu'on est convenu d'appeler la politique, c'est-à-dire pour cette partie de la vie des nations qui se résout dans la recherche d'un régime, d'une constitution meilleure. Nous avons eu des exemples d'insurrection dans telle province, se mettant en hostilité avec les volontés de la presque unanimité du pays. (*Mouvements divers.*) La Révolution a vu Toulon livré à l'étranger, l'insurrection maîtresse à Lyon, la Vendée soulevée. La marche de la Révolution n'en fut pas retardée d'une minute. Mais recherchez les journées qui ont changé à Paris la forme du Gouvernement, Thermidor, Brumaire, les journées de Juillet, celles de Février, le Deux Décembre, le Quatre Septembre: vous verrez qu'il n'y a jamais eu à Paris une révolution politique sans qu'elle soit devenue une révolution ou une contre-révolution dans toute la France.

Je pars de là, Messieurs, — ayant établi à trop de frais peut-être que l'assimilation ne peut pas supporter l'examen, subir le contrôle des faits, — pour dire que si, en thèse générale, les affaires qui intéressent la commune intéressent également l'État, il faut reconnaître que cette union, cette solidarité, cette identité d'intérêts et de but existent pour la capitale, dans ses relations avec le pays, à un degré infiniment plus élevé et avec une intensité beaucoup plus grande.

C'est là une vérité qui a été proclamée à maintes reprises, et notamment par un homme qui n'a pas trouvé chez quelques-uns de nos collègues le crédit que j'espérais lui voir rencontrer, par Proudhon, dont on parlait tout à l'heure, par Proudhon, le penseur profond, l'ouvrier qui s'était élevé à cette somme de connaissances énormes qui déconcertent l'examen par son propre labeur et par l'infatigable obstination de ses recherches ; eh bien ! Proudhon qui n'était pas, que je sache, un réactionnaire — après cela, on l'est aujourd'hui à si bon marché (*Rires à gauche et au centre.*) — Proudhon, examinant la question des libertés municipales et montrant, comme le rappelait tout à l'heure l'honorable M. Antonin Dubost, quel antagonisme il y a entre l'indépendance absolue de la commune et notre système d'unité, Proudhon se préoccupait de Paris, et voici comment il résumait, dans une page que je vous demande la permission de vous lire et qui est beaucoup plus éloquente que mes propres explications, les conclusions que son esprit lui avait suggérées :

« Paris ne peut jouir à la fois des honneurs de capitale et des prérogatives, si faibles pourtant, laissées aux municipalités. L'un est incompatible avec l'autre ; il faut en prendre son parti.

« Paris est le siège du Gouvernement, des ministères, de la famille impériale, de la Cour, du Sénat, du Corps législatif, du conseil d'Etat et de la Cour de cassation, de l'aristocratie provinciale elle-même et de son innombrable domesticité. C'est là que se rendent les ambassadeurs de toutes les puissances étrangères et qu'affluent les voyageurs, au nombre parfois de 100 et 150.000, spéculateurs, savants et artistes du monde entier. C'est le cœur et la tête de l'Etat, entouré de quinze citadelles et de quarante-cinq kilomètres de remparts, gardé par une garnison qui est le quart de l'armée effective du pays, et qu'il faut défendre et préserver coûte que coûte. Tout cela, évidemment, dépasse de beaucoup les attributions d'une municipalité, et le pays entier se soulèverait si, par le fait d'une constitution municipale, Paris devenait, pour ainsi dire, l'égal de l'Empire ; si l'Hôtel de Ville se posait en rival du Luxembourg, du Palais-Bourbon et des Tuileries, si un arrêté de municipaux pouvait faire échec à un décret impérial...

« ... C'est dans la capitale que se trouvent les académies,

les hautes écoles, même celle des mines, les grands théâtres ; là que les grandes compagnies financières et industrielles ont leur siège, là que le commerce d'exportation a ses principaux établissements. C'est à la Banque et à la Bourse de Paris que se constituent, se discutent, se liquident toutes les grandes entreprises, opérations, emprunts, etc., de la France et du monde. Tout cela, il faut en convenir, n'a rien du tout de municipal.

« Laisser ces choses à la discrétion d'une municipalité, ce serait abdiquer. Entreprendre de séparer les affaires municipales de celles de la capitale, ce serait tenter une division impossible ; en tous cas, créer entre la municipalité et le Gouvernement, entre l'Empire et la capitale, un perpétuel conflit. »

J'avais donc bien raison de dire que mes explications n'étaient que le commentaire affaibli, moins saisissant, du jugement et de l'appréciation que Proudhon avait donnés sur le même point. Il y a, Messieurs, dans cette page, dans cette étude, deux considérations sur lesquelles je vous demande la permission de revenir très brièvement. On y proclame l'impossibilité de distinguer, d'une façon nette et sûre, l'intérêt municipal de Paris et l'intérêt de l'Etat. Eh bien ! si cela est vrai surtout de Paris, cela est également vrai, suivant moi, de l'administration communale en général, dans ses rapports avec les intérêts publics et généraux, et cette déclaration qui pourrait paraître excessive, je m'enhardis à la faire, parce que je l'ai rencontrée même dans la bouche des esprits les plus hardis, les moins timorés.

Dans le discours qu'il a prononcé à cette tribune, l'autre jour, l'honorable M. Sigismond Lacroix s'est élevé avec force contre toute imputation tendant à donner à croire qu'il voulait rompre l'unité nationale. Je rends un hommage absolu à la bonne foi de ses affirmations. Il y a, en effet, dans l'unité nationale quelque chose qui nous intéresse de si près, qui nous tient tellement au cœur, qui est tellement dans nos traditions, que s'il y a des hommes politiques qui tournent le dos à l'unité nationale pour aller au fédéralisme, comme on le disait il y a quelques instants, c'est sans le savoir et sans le vouloir. Notre honorable collègue a donc cherché à concilier l'autonomie et l'unité; il y est parvenu de la façon la plus simple. Il nous dit : « Dans tout pays, il y a des communes, il y a des départements, il y a l'État; ce qui intéresse l'État sera administré par l'État, ce qui intéresse le département sera administré par le département, et la commune aura l'administration de ce qui est communal ».

On ne peut pas pousser plus loin la méthode de simplification des problèmes. (*On rit.*) Rien n'est plus facile, vous le voyez, que de résoudre ce conflit qui a préoccupé tant d'hommes politiques. Il suffit de rendre à chacun ce qui lui appartient. Mais, quand on recherche ce qui est communal, ce qui est départemental, ou ce qui est d'intérêt national, non seulement on arrive, comme moi, à éprouver un doute cruel, mais, comme M. Sigismond Lacroix l'a affirmé, on découvre que l'on ne saurait rencontrer un seul intérêt qui soit absolument communal, absolument départemental ou absolument un intérêt d'État. Et je vous demande la permission, — parce qu'il est extrêmement précis dans ses formules, — de vous citer mon auteur, l'honorable M. Sigismond Lacroix.

Dans le rapport qu'il a fait au Conseil municipal sur la question qui nous occupe, il a écrit, notamment, ceci :

« Il est difficile de préciser la limite qui distingue l'intérêt communal de l'intérêt national. Et cela est difficile, parce qu'il n'y a pas, pour faire cette distinction et ce partage d'attributions, de criterium scientifique absolu. C'est une question... » Et voilà, Messieurs, le passage que je vous recommande : « C'est une question qui ne peut être résolue que pour un temps donné, dans un pays déterminé, eu égard aux mœurs politiques de ce temps et de ce pays, eu égard aux résultats de l'expérience, eu égard aussi à l'état des esprits. » (*Applaudissements et interruptions à l'extrême gauche.*)

Je vois avec la plus grande satisfaction le crédit que rencontre une théorie qui, passant par ma bouche, n'aurait peut-être pas obtenu la même faveur. (*On rit.*) On ne peut pas, en effet, dire plus hautement qu'il y a, dans tous ces intérêts communaux, départementaux ou nationaux, quelque chose de contingent, pour parler le langage de la science ; que ce qui est, aujourd'hui, communal, pourrait, demain, ne plus l'être, et qu'il y a surtout là des questions de temps, de lieux et de mœurs.

Le rapport continue, et je vous demande d'ajouter cette citation à celle que j'ai déjà faite :

« ... Ce qu'il s'agit de décider, ce n'est pas de savoir si telle ou telle affaire est exclusivement communale ou exclusivement nationale, *on n'en trouverait pas de pareilles*, ce qu'il s'agit de décider, c'est de savoir s'il vaut mieux, dans l'intérêt commun de la cité et de l'État, de la commune et de la République, que telle ou telle affaire soit gérée ou par la commune ou par l'État. » (*Très bien! très bien! à l'extrême gauche.*)

De sorte, Messieurs, que, grâce à cette heureuse citation, nous voilà d'accord sur le criterium, non pas qu'il soit scientifique et absolu, mais parce qu'il est parfaitement saisissable. Si, de notre initiative, nous venions dire : il n'y a pas un droit absolu pour une commune ; il n'est pas vrai qu'une commune ait un droit propre ; elle ne fait absolument qu'exercer ses délégations, — elle n'exerce que les pouvoirs que l'État a voulu lui confier... (*Interruptions à l'extrême gauche.*)

On conteste cette proposition? Eh bien! je ne crains pas de dire que les communes n'ont pas de droits absolus, propres, à la différence des individus. Cela paraît surprendre quelques-uns de nos collègues, qui applaudissaient tout à l'heure le passage que j'ai lu. Eh bien! je leur demande comment ils concilient ces deux propositions : l'une qui consiste à dire qu'il s'agit de savoir s'il convient, s'il est plus utile de faire administrer les affaires de la commune par la commune ou par l'État, l'autre qui consiste à soutenir que la commune a des droits propres ; car, si elle a des droits propres, il est bien clair qu'on ne serait pas en présence d'une question d'utilité et qu'il faudrait lui restituer ce qui lui appartient. (*Vifs applaudissements à gauche et au centre.*)

Mais, Messieurs, ce n'est pas, croyez-le bien, pour faire de l'économie politique que j'ai insisté sur ce passage, c'est parce que je tiens à bien préciser la doctrine dont je m'empare.

Et, à l'honorable M. Anatole de La Forge, qui est venu vous dire en termes si pressants : « Donnez à Paris une organisation qui soit calquée sur le modèle, sur les formules appliquées aux autres communes, » qui revendique cela comme un droit nécessaire et absolu, je réponds : Il s'agit de savoir ce qui convient le mieux, ce qui est le plus utile à la fois à la commune et à l'État, s'il est dans l'intérêt bien entendu de l'un et de l'autre qu'il y ait à Paris ce pouvoir formidable que je dépeignais tout à l'heure, ou s'il ne vaut pas mieux avoir, dans l'intérêt commun, une organisation qui donne à la fois à Paris une très grande liberté d'action et au pays une sécurité tout à fait indispensable. (*Très bien! Très bien! et applaudissements à gauche et au centre.*)

C'est donc, Messieurs, une question de fait qui se pose pour vous, et c'est une question que vous devez résoudre dans vos consciences, avec vos propres impressions. Le Gouvernement ne peut faire qu'une chose, c'est de vous dire son opinion très sincèrement et sans aucune espèce d'arrière-pensée. Eh bien! il vous dit qu'il ne conçoit pas de comparaison, d'assimilation possible, entre telle autre commune de France et la commune de Paris ayant un maire investi de tous les droits qu'on concède aux maires des communes ordinaires, avec cette immense différence que, lorsque ces droits se traduisent pour le maire de Nantes ou pour celui d'une autre grande ville par une puissance de 5 ou de 10, ils se traduiraient pour le maire de la commune de Paris par une puissance 100 fois, 1.000 fois plus forte et que, pour ma part, je considère comme incalculable.

Si la Chambre partage cette opinion, elle rejettera la proposition de l'honorable M. Anatole de la Forge. Il est cependant un point sur lequel, malgré l'heure avancée, je demande à dire quelques mots.

M. Sigismond Lacroix a fait, l'autre jour, l'énumération de toutes les grandes choses que Paris a accomplies. Il l'a montré suscitant partout l'instruction, développant partout l'assistance. Il l'a montré animé d'un esprit très novateur, très progressiste. Eh bien! ce n'est pas moi qui contredirai à ces éloges, ni qui retrancherai rien à l'actif de l'administration municipale de Paris de ce qu'elle a fait pour l'enseignement, pour l'assistance. Mais, en écoutant notre honorable collègue développer le programme si vaste que l'administration municipale a parcouru, je me demandais s'il faisait œuvre de bonne logique en même temps qu'il faisait œuvre de justice. J'attendais qu'on nous dît quelle était l'œuvre saine, populaire, nationale, patriotique, que Paris aurait voulu entreprendre et dans laquelle il aurait été entravé par ce pouvoir (*Très bien! très bien! à gauche.*) qu'on s'habitue à représenter comme un pouvoir arbitraire, fantaisiste, et qui n'est pas autre chose, comme le disait dans le Conseil municipal un des orateurs qui ont pris part à la discussion, que le pouvoir national, celui du suffrage universel.

Paris a fait de grandes choses, c'est vrai; mais il ne peut pas venir dire qu'il existe une conception sortie de l'esprit le plus généreux de ses mandataires, de ceux qui le représentent, qui ait échoué, avorté, en présence d'une mauvaise volonté manifestée par l'administration centrale. (*Approbation au centre et à gauche. — Bruit à l'extrême gauche.*)

Pourquoi pouvons-nous, aujourd'hui, parler avec cette assurance et dire que le régime qui a été donné à Paris ne l'a pas empêché d'accomplir les grandes œuvres qu'il a rêvées? C'est par cette raison que le contrôle qui s'exerce sur l'administration parisienne, le contrôle de l'État sur l'initiative communale, n'est pas et ne peut pas être un contrôle arbitraire et capricieux. On ne prend pas assez garde qu'un préfet, même de la Seine, ne peut absolument rien sans encourir des responsabilités : il est responsable devant le ministre et le ministre est responsable devant les Chambres. (*Bruit à l'extrême gauche.*)

Je sais bien qu'on conteste, aujourd'hui, les garanties du régime parlementaire; mais, jusqu'à ce que vous ayez changé ce régime, j'ai le droit, me tenant dans la constitution que le pays s'est donnée, de dire que ce contrôle que vous prétendez tyrannique est identiquement celui que le pays, dans son ensemble, s'est donné à lui-même, et qu'il ne diffère, ni comme mécanisme, ni comme garantie, de celui qui s'applique aux intérêts de l'État tout entier. (*Très bien! très bien!*)

Messieurs, je me résume.

Il ne faut pas appliquer à Paris le droit commun, si Paris n'est pas une ville comme les autres villes. Il ne faut pas faire d'assimilation dans la législation, s'il n'y a pas de similitude dans les faits; et, si le régime des communes peut varier avec les temps, il peut varier aussi du chef-lieu de canton à la capitale.

J'ajoute que Paris n'a pas seulement avec le reste du pays cette intimité, cette liaison étroite, qui font que rien de ce qu'il ressent ne peut être indifférent au reste de la France. Il joue dans cette unité nationale dont tout le monde parle, que tout le monde accepte, un rôle véritablement prépondérant et décisif.

Il n'y a pas pour moi de démonstration meilleure, plus forte, des bienfaits de l'unité nationale, que cette capitale même qu'elle a véritablement formée, qui en est le produit.

M. Antonin Dubost le faisait remarquer avec infiniment de raison, on ne concevrait pas cette ville, puissante, riche, progressive et véritablement sans pareille, si elle ne pouvait pas chaque jour puiser, à pleines mains, à ce trésor commun de toutes les forces vives du pays qui viennent s'y concentrer et dont elle est la merveilleuse synthèse.

Eh bien! Messieurs, le jour où ayant fait à Paris ce qu'on vous demande de faire, on aurait institué une municipalité ayant des volontés qu'elle ferait prévaloir malgré des précautions qui seraient vaines, réalisant, même avec l'amendement de M. Anatole de La Forge, les programmes qui peuvent être rêvés par l'honorable M. Sigismond Lacroix, ayant son système d'impôts, son système de défense, sa méthode d'instruction et d'assistance publique, ce jour-là, on aurait porté à l'unité nationale une atteinte véritablement irrémédiable! (*Très bien! très bien! au centre et à gauche.*) Telle est notre conviction profonde; c'est elle que je traduis, et j'espère qu'elle ne sera pas sans faire quelque impression sur la Chambre.

Dans ce conseil municipal dont je parlais tout à l'heure, un conseiller municipal, montrant qu'il existe en France des communes de 200 habitants, de 25 à 50 électeurs, disait dans l'un de ses discours « que les petites communes ne peuvent pas être administrées exactement comme Paris, qui compte plus de deux millions d'habitants ».

Cette formule, qui paraissait bonne à M. Yves Guyot pour justifier en faveur de Paris un régime privilégié, pour lui conquérir une situation spéciale, j'ai bien le droit de la retourner et de dire qu'une ville qui compte à elle seule plus de 2 millions d'habitants, qui est un département, qui comprend plus de vingt arrondissements, qui dispose de forces incomparables, ne peut pas être administrée comme le premier des villages ou comme la dernière des petites villes. C'est pour toutes ces raisons, Messieurs, que nous vous demandons, avec une entière confiance, de repousser l'amendement de notre honorable collègue. (*Applaudissements prolongés au centre et à gauche.*)

Messieurs [1],

Il m'a paru que les explications de l'honorable M. Floquet et les déclarations de notre collègue M. Spuller appelaient nécessairement, de la part du Gouvernement, quelques très courtes observations.

J'avais eu l'honneur de vous dire, à votre dernière séance, que le Gouvernement estimait que l'heure était

[1]. Séance du 10 novembre 1883.

venue de clore la période des négociations, des temporisations, je pourrais dire, des obscurités; que la question qui vous est soumise se posait en termes tellement clairs et limpides qu'elle devait recevoir une solution immédiate; que vous auriez à vous demander et à dire quel choix vous entendiez faire entre les deux solutions que voici : ou bien, un conseil municipal librement élu, délibérant avec toute la liberté d'allure que l'on peut imaginer, mais n'ayant pas à sa disposition un pouvoir exécutif qui lui fût propre, — c'est dans ses lignes générales, le système qui fonctionne aujourd'hui, — ou bien un conseil municipal choisissant lui-même un pouvoir exécutif, qui, dans une mesure plus ou moins grande, serait, sous sa direction, suivant son orientation, l'instrument nécessaire, naturel, de la mise en œuvre de toutes ses décisions.

Voilà bien les deux termes du problème. L'honorable M. Floquet est venu dire : Il faut étudier, il faut renvoyer à la Commission; et notre collègue M. Spuller, qui se défie — il l'a dit très franchement — de ce qu'il peut y avoir derrière cette idée vague, derrière ce mot de mairie centrale, touché de ce que la Commission serait ainsi appelée à rechercher quel devrait être le dernier mot dans cette question de la mairie de Paris, est venu déclarer à cette tribune que lui, qui eût voté contre l'amendement de M. Anatole de La Forge, ne voyait pas d'inconvénient à ce qu'on renvoyât à la Commission l'examen de cet amendement.

Or, il est bien certain que l'œuvre de la Commission consisterait, si on lui renvoyait cette proposition, non pas à rechercher s'il y aura, oui ou non, une mairie, mais à décider dans quelle mesure, dans quelles conditions, sous quelles garanties fonctionnerait cette mairie centrale, ce que j'appelais, tout à l'heure, le pouvoir exécutif indépendant de la commune de Paris.

Eh bien! Messieurs, c'est ce que le Gouvernement repousse et c'est ce qu'il demande à la Chambre de repousser. (*Rumeurs à l'extrême gauche. — Très bien! très bien! sur divers bancs à gauche et au centre.*)

Cette solution pourra n'être pas celle qui serait souhaitée par tous les membres de cette Chambre. Mais aucun d'eux ne peut assurément en vouloir au Gouvernement de la formuler avec cette netteté et cette précision. (*Vives marques d'approbation.*) Je crois l'avoir justifiée par les observations que la Chambre a bien voulu entendre à la précédente séance, et je ne voudrais pas tomber dans des redites ; qu'il me soit permis d'ajouter seulement quelques mots à ces observations.

Je suis très désireux de voir la Chambre et de voir l'opinion prendre les doctrines du Gouvernement pour ce qu'elles sont et non pour ce qu'on s'efforce de les faire ; or, l'honorable M. Floquet, pour résister aux arguments et aux considérations que j'avais fait valoir, a singulièrement exagéré notre doctrine. Il nous a dit : « Si vous étiez logiques — et cette pensée est certainement dans la conscience de quelques-uns — il faudrait aller plus loin que vous n'allez. Vous refusez à Paris toute apparence d'organisation municipale ; pourquoi ne demandez-vous pas, comme l'Empire, que Paris n'ait pas de conseil municipal ? »

Nous avons pour cela une raison, Messieurs, c'est que la République peut faire des choses que l'Empire ne pouvait pas faire, c'est que nous croyons que la ville de Paris, cette grande commune, doit avoir un conseil municipal n'empruntant son autorité qu'au choix des électeurs ; il n'a jamais été dans notre pensée ou dans notre volonté de limiter en rien la liberté électorale, parce que, suivant nous, là n'est pas le danger, là n'est pas le péril. Ce que nous refusons, c'est un pouvoir exécutif distinct, un pouvoir exécutif indépendant auquel vous demandez, je le vois bien, qu'on donne des lisières, mais qui de son essence serait un pouvoir tellement fort par lui-même, tellement fort par le principe de son institution, que lorsqu'on aurait commencé à lui donner, même pour un moment, pour me servir de vos propres paroles, une certaine latitude, il arriverait bientôt à se procurer le reste. (*Interruptions à l'extrême gauche. — Marques d'approbation sur un grand nombre de bancs à gauche et au centre.*)

Nous demandons à la Chambre, saisie de la question ainsi posée, de se prononcer sur le principe même de cette institution et, en repoussant l'amendement de l'honorable M. Anatole de La Forge, de repousser, en même temps, cette solution moyenne, cette solution mixte, qui est une solution de temporisation et qui a été fournie par l'honorable M. Floquet.

Il disait tout à l'heure : « Mais, enfin, ce que nous réclamons, ce n'est même pas le droit commun, ce n'est qu'une partie du droit commun ; pour nous le refuser, vous avez invoqué la puissance exceptionnelle qu'emprunterait à sa situation et au nombre de la population qu'il représenterait, le maire d'une ville qui est, en même temps, une capitale. Que vous importe, si les conflits qui pourront surgir à Paris sont des conflits beaucoup plus graves, je vous le concède, que ceux qui pourraient surgir dans toute autre ville de province ? Vous avez vis-à-vis de cette autorité, si elle devenait insurrectionnelle, vous avez non seulement les forces du département et l'autorité du préfet de la Seine, mais encore l'autorité du Gouvernement et les forces qu'il peut mettre en mouvement ».

Si je retiens du discours de M. Floquet cette observation, c'est qu'à mon sens il n'y a pas de meilleure preuve que les prévisions que nous avons émises sont justes et exactes. Comment ! vous en êtes réduit à dire que, s'il y avait à Paris deux pouvoirs rivaux, ce n'est pas le préfet de la Seine qui pourrait venir à bout des conflits ! Il faudrait que le Gouvernement s'engageât et mît en mouvement toutes ses forces ! (*Interruptions à l'extrême gauche.*) Ne comprenez-vous pas que le jour où un conflit ne pourrait être résolu qu'à ce prix, il ne faudrait pas être obligé de consulter le pays sur ses destinées et sur le Gouvernement qu'il voudrait conserver ? Vous auriez immédiatement posé la question dans des termes tels que nous pourrions dire, sans aucune exagération, que, du régime de la régularité et de la légalité, nous irions très vite au régime de la force pure.

Je vous demande pardon de ces répétitions, mais est-ce

qu'on peut concevoir un conflit sérieux entre le maire d'une commune ordinaire, ayant un pouvoir propre de décision et d'action, et le Gouvernement? Est-ce que le conflit ne serait pas résolu par l'inégalité même des forces? Mais au contraire, dans une cité qui serait Paris, un conflit entre le maire et le Gouvernement ne prendrait-il pas des proportions toutes différentes?... Véritablement, c'est un sujet sur lequel la Chambre ne me pardonnerait pas d'insister. (*Marques d'approbation à gauche et au centre.*)

M. Floquet a dit : Il y a cependant un moyen de se tirer d'embarras, il y a une solution qu'on pourrait appeler la solution par la division des attributions ; on peut imaginer un maire de Paris chargé d'une portion de l'administration de la commune, et puis un préfet de la Seine retenant l'autre partie de cette administration. Ensuite, M. Floquet a fait allusion à des travaux relatifs à cet objet qui ont été conduits avec beaucoup de soin, de même qu'à une séance antérieure on avait fait allusion à des projets de division dans les attributions qui sont, aujourd'hui, concentrées entre les mains de M. le Préfet de police.

J'élimine tout ce que le discours de M. Floquet contien de polémique, pour n'en retenir que ce qu'il contient d'argumentation.

On abuse beaucoup de ce qui a pu être écrit ou dit. Je puis faire cette observation, en toute liberté, parlant dans une question sur laquelle on ne me reprochera pas d'avoir varié... (*Interruptions et rires à l'extrême gauche et sur plusieurs bancs à gauche.*) Je voudrais rappeler ce qu'ont été les projets dont on parle, et montrer qu'il n'y a pas eu de contradictions aussi singulières qu'on se plaît à le prétendre dans les faits qu'on a relevés.

On a dit, pour la préfecture de police, comme on dit aujourd'hui pour la préfecture de la Seine : il faut diviser les attributions, il faut séparer ce qui est séparable ; et bien des hommes politiques ont ainsi jeté les bases d'un programme qui paraissait éminemment simple et d'une solution qui semblait extrêmement facile.

Or, invariablement, quels qu'eussent été les auteurs de

ces projets, voici ce qui est advenu. J'en parle avec connaissance de cause, m'étant rendu compte des efforts qui ont été tentés. C'est que, lorsqu'il s'est agit non plus de programme, de projets, mais bien de passer à l'exécution matérielle, on a reconnu, par exemple, avec la dernière évidence, pour la préfecture de police, que ces divisions qui, sur le papier, semblaient si faciles, si élémentaires, étaient tout à fait impraticables ; que tous les services, entendez-le bien, se pénétraient d'une façon tellement intime qu'il était matériellement impossible, ou du moins pratiquement impossible, de trouver le point d'intersection auquel on pourrait se placer pour opérer cette division des attributions.

Tout le monde a toujours été désireux, à toutes les époques, de voir opérer des modifications qui paraissaient rationnelles ; mais ces tentatives ont toujours échoué avec l'expérience, devant ce que j'ai appelé et que j'appelle encore une impossibilité matérielle. Ce n'était pas possible pour la préfecture de police ; est-ce possible pour les services purement administratifs ? On a dit qu'on pourrait procéder pour Paris comme on a procédé pour la municipalité de la ville de Lyon. Je ne veux pas faire de citations ; cependant, je pourrais démontrer que, lorsqu'on a demandé à la Chambre, en 1881, de voter une loi relative à la municipalité de Lyon, on a établi avec la plus grande force d'évidence que, si l'on faisait cette proposition, c'est qu'il n'y avait rien de commun, c'est qu'il n'y avait pas d'assimilation possible entre la ville de Lyon et la capitale. C'est une proposition qui a été défendue à cette tribune ; elle avait été insérée dans le rapport, et beaucoup de nos collègues, qui étaient présents à cette discussion, en ont conservé certainement le souvenir. Mais je vais plus loin ; suivant nous, il n'est pas possible, sans qu'il en résulte un désordre matériel ou moral, de se borner à dire que le maire de Paris aura telles ou telles attributions et que le Préfet de la Seine sera chargé de telles ou telles autres ; il ne s'agit pas seulement de comparer la puissance respective de ces deux pouvoirs, il s'agit de savoir comment on assurera leur fonctionnement régulier, et comment, quand le maire de Paris sortira de ses attributions, on pourra résoudre cette difficulté sans trouble, je ne dis pas sans violence, car il n'est pas nécessaire d'envisager les hypothèses extrêmes.

En vérité, Messieurs, est-ce que l'histoire et l'expérience ne sont pas là pour vous dire que le Conseil municipal, que vous montrez comme étant réduit à l'impuissance, a joui d'une liberté de délibérations complète et absolue... (*Exclamations à l'extrême gauche.*)... et que jamais il n'a rencontré de la part de l'administration supérieure de fin de non recevoir, des obstacles matériels contre une réforme qui fût dans dans ses attributions?

Mais, Messieurs, ce Conseil, placé, dites-vous, sous une véritable tyrannie (*Oui! oui! à l'extrême gauche*), a suffisamment manifesté ses désirs et, si on peut ainsi parler, ses instincts d'empiètement; il les a manifestés en dehors précisément de ce cercle d'attributions dont on voudrait envelopper la future mairie centrale.

M. Sigismond Lacroix avait dit, et j'avais oublié de répondre à ce point de son argumentation, que le Gouvernement a le droit d'annuler les délibérations du Conseil municipal. Ceci n'est pas exact. Le Gouvernement peut provoquer l'annulation de certaines délibérations lorsqu'elles ont été rendues en violation de la loi; pour le Conseil municipal de Paris, en particulier, j'ai voulu faire relever la liste des délibérations qui ont été annulées. J'ai la responsabilité d'un certain nombre de ces annulations; voici quelques-unes d'entre elles :

« 18 février 1879, annulation d'une délibération par laquelle le Conseil revendique un droit de contrôle direct sur les services de la préfecture de police. » (*Très bien! très bien! à l'extrême gauche.*)

« Décret du 20 décembre 1879, annulation d'une délibération relative à la séparation de l'Eglise et de l'Etat. » (*Nouvelle approbation sur les mêmes bancs.*)

« Décret du 27 mars 1880, annulation d'une délibération blâmant le préfet de police des mesures prises dans la

journée du 23 mai, en vue du maintien de l'ordre public. »
(*Exclamations à l'extrême gauche.*)

« Décret du 13 novembre 1880, annulation d'une délibération par laquelle le Conseil a voté une série de propositions destinées à servir de base à la loi d'organisation municipale en ce qui concerne la ville de Paris. »

Le Conseil s'était fait son propre législateur.

« Le 12 juin 1882, annulation d'un ordre du jour blâmant les mesures prises par le préfet de police en vue d'assurer la tranquillité publique. »

« 17 février 1883, annulation de deux vœux demandant : le premier, la suppression de la préfecture de police; le second, l'amnistie des condamnés de Montceau-les-Mines. »

Je ne prétends pas le moins du monde que ces délibérations doivent entraîner des exclamations, qu'elles soient marquées au coin d'une énormité qui constitue un véritable égarement intellectuel. (*On rit.*) Nullement, je dis simplement ceci : Vous avez, aujourd'hui, un système qui présente pour l'autorité gouvernementale, pour vous, pour le public et pour le pays, des garanties toutes particulières, et, malgré toutes ces garanties, le Conseil municipal a montré suffisamment qu'il est dans sa vocation, dans ses instincts, dans sa manière d'être, d'en élargir chaque fois le cercle, et que ce n'est certainement pas une loi d'attribution qui l'empêcherait d'en sortir. Voilà ce que je voulais dire pour l'instant. Mais si vous me concédez que le Conseil municipal de Paris pourra sortir de ses attributions, et s'il est vrai qu'avec l'organisation actuelle ce Conseil, n'ayant pas une main pour exécuter ce qu'il a décidé, il ne résulte aucun trouble matériel ou moral de l'inexécution des vœux et des délibérations qu'il aura pris, il ne vous sera pas possible de contester que si ce Conseil municipal, en même temps qu'il peut parler, pouvait agir, si le lendemain il avait pu passer de la délibération à l'exécution, les choses ne se seraient pas terminées aussi simplement. (*Très bien! c'est cela! et applaudissements au centre et à gauche.*)

Ce qui nous divise, Messieurs, ce n'est donc pas l'impossibilité matérielle de rechercher dans nos lois, dans les textes, ce qui peut être attribué sur le papier à un maire de Paris, c'est l'impossibilité complète, suivant moi, une fois ces attributions, quelles qu'elles soient, dévolues à un maire de Paris, et une fois ce maire créé, de résoudre les difficultés et les conflits qui pourraient s'élever sans un trouble qui, celui-là, intéresserait le pays tout entier.

Je ne reviendrai pas, Messieurs, sur ce que j'ai dit du rôle des communes. Je ne pensais pas en affirmant en passant et sans avoir la prétention de porter le débat sur ce point, que les communes n'étaient pas assimilables aux individus, je ne pensais pas, dis-je, m'attirer de si vifs reproches.

C'est une théorie qui, comme l'a dit M. Floquet, appartient plutôt à l'économie politique qu'à la discussion de tribune. Mais il est parti de là pour affirmer, après beaucoup d'autres, que l'esprit que le Gouvernement apporte dans cette discussion est un esprit de résistance, d'oppression et de défiance par rapport aux libertés communales, et que ce qu'il demande aujourd'hui à la Chambre ne serait qu'un premier pas dans une voie où il ne tarderait pas à s'engager, et au bout de laquelle il vous demanderait de reprendre les libertés qui ont été concédées.

Je faisais tout à l'heure allusion à la manière dont se font certaines réputations en fait de doctrines politiques, et l'honorable M. Floquet semblait penser que, plus qu'un autre, le grief qu'il apportait à cette tribune pouvait m'atteindre. Vainement j'ai cherché ce que j'ai dit ou ce que j'ai fait qui permît d'affirmer que je ne voulais pas, et aussi largement que qui que ce fût, le développement des libertés municipales. (*Ah! ah! à l'extrême gauche.*)

La loi qui vous est soumise est sans doute une loi de liberté; on ne lui a pas encore contesté, au moins formellement, ce titre. Elle donne, tout au moins, aux communes un essor, une liberté d'action qu'elles n'avaient pas au même degré jusqu'ici. Le Gouvernement s'y est associé, parce qu'il pense, lui aussi, bien que ne désirant pas que la proposition de M. Anatole de La Forge soit votée, qu'on ne saurait faire un trop pressant appel à l'activité individuelle, et particulièrement à l'activité des communes. J'avais besoin, pour me sentir garanti contre ce reproche, de me rappeler ce que j'avais eu l'honneur de dire, il y a déjà longtemps, au nom du Gouvernement; en donnant aux préfets des instructions j'écrivais ces lignes que je vous demande la permission de vous relire, et qui me semblent être ma justification :

« Dans toutes les communes de France, il s'est produit un admirable mouvement qui les porte à créer, améliorer et multiplier tous ces instruments de civilisation, de progrès et de bien-être : les écoles, les voies de communication, l'enseignement agricole, industriel... Vous devez apporter tous vos soins à entretenir et à seconder cet élan; veiller surtout à ce qu'il ne soit pas entravé par ce que l'on a, bien à tort, appelé les lenteurs administratives, car ces lenteurs ne sont point le fait des lois ou des règlements, mais de la négligence avec laquelle on les applique.

« Je considère comme l'un de vos premiers devoirs d'être en communication constante avec les représentants de vos communes. C'est là que sont les sources de la vie publique, qu'il importe d'empêcher de s'altérer ou de se perdre... » (*Très bien! très bien! et applaudissements au centre et à gauche.*)

Eh bien! Messieurs, je n'ai pas changé d'avis; et, puisque, dans cette dernière partie de la discussion, on a cherché ou l'on a semblé chercher à enlever à la loi que la Chambre a adoptée quelque chose de sa physionomie vraie et de son caractère vraiment libéral, permettez-moi de rappeler en deux mots quelle en est l'économie.

Vous avez voté, Messieurs, des dispositions aux termes desquelles toute une série d'actes d'administration municipale, qui n'étaient accomplis jusqu'à présent par les communes que sous réserve d'approbation ou d'annulation, sont remis à la pleine et libre décision des administrateurs des communes.

Au-dessus des intérêts que l'on a considérés comme plus

particulièrement communaux, la Commission a estimé qu'il existait des questions intéressant le département et l'État, et dont la solution ne pouvait appartenir exclusivement à la commune. Et alors, qu'a-t-elle proposé? Que ces délibérations pussent être annulées; mais alors, et après l'annulation, elle a voulu ouvrir un recours, un recours de droit devant les tribunaux, devant la justice, à tous ceux qui auraient été lésés par les décisions de l'administration supérieure.

Eh bien! Messieurs, ne croyez pas que les communes de France considèreront cette loi comme une loi tyrannique. Elle constitue un progrès marqué et sensible. En est-elle le dernier mot? C'est l'avenir qui résoudra cette question.

Et à cet égard, dans ce que disait tout à l'heure l'honorable M. Floquet, je retiens cette vérité : c'est qu'il faut tenir compte de l'expérience; or, elle a démontré, c'est notre conviction, qu'il n'est pas possible de faire pour Paris ce qu'il demande qu'on fasse; elle a démontré également qu'on pouvait, dans une large mesure, restreindre la tutelle administrative relativement aux petites communes et aux villes ordinaires : la Commission a fait son profit de cette expérience, et la Chambre lui a donné sa sanction.

Il est donc sorti de vos délibérations une loi pleinement libérale, restituant aux communes tout ce qui pouvait leur être utilement restitué, une loi qu'on ne peut, sans injustice, taxer d'arbitraire et de rétrograde.

Dans ces conditions, Messieurs, nous vous demandons, avec une nouvelle insistance, de repousser de la façon la plus nette l'amendement de M. Anatole de La Forge et de ne pas vous associer à la proposition de renvoi à la Commission qui vous a été faite par l'honorable M. Floquet. (*Vifs applaudissements au centre et à gauche. — Murmures à l'extrême gauche.*)

Sénat. — *Séances des 3 et 7 avril 1884*. — L'organisation municipale de Paris échappait à la nouvelle loi applicable à toutes les communes de France. Mais, à la veille des élections municipales du 4 mai 1884, le Gouvernement et les républicains essayèrent de changer le mode du système électoral à Paris : il s'agissait de remplacer le scrutin uninominal de quartier par le scrutin de liste de section. Le Sénat adopta d'abord un contre-projet de M. de Marcère établissant le scrutin de liste *par arrondissement* avec proportionnalité, puis un amendement de M. Labiche fixant à quatre conseillers le nombre des représentants de chaque arrondissement. Finalement, toutes les modifications furent repoussées et le *statu quo* fut maintenu.

M. le Ministre de l'Intérieur. — Messieurs, dans les discussions qui se sont engagées à la Chambre des députés sur cette très importante question du système électoral municipal pour Paris, le Gouvernement a apporté une très grande réserve sur certains points, et, au contraire, il est certaines propositions qu'il a combattues avec beaucoup d'énergie. J'ai, pour ma part, indiqué à la Chambre que, de tous les systèmes qui lui étaient proposés, il n'en était pas qui lui parût plus dangereux et moins conforme à une bonne intelligence, à une sainte entente des intérêts municipaux de Paris, que le système du scrutin de liste par arrondissement, si on entendait entreprendre cette œuvre irréalisable, à mon sens, d'enfermer ce que j'appellerai la proportionnalité dans l'arrondissement.

C'est cette proportionnalité qui, formulée d'abord par M. Lefèvre, reprise ensuite par M. Sigismond Lacroix, a fini par trouver son expression dernière dans un amendement de l'honorable M. Clemenceau.

C'est, en effet, à quelque différence de chiffres près, l'amendement défendu en dernière analyse par l'honorable M. Clemenceau qui est aujourd'hui présenté au Sénat par l'honorable M. de Marcère.

En effet, poussant la logique jusqu'à ses dernières limites, et à la suite d'une interpellation qu'il avait voulu m'adresser, il formula devant la Chambre des députés une proposition qui tendait à ce qu'on instituât à Paris le scrutin de liste par arrondissement en donnant à chaque arrondissement une représentation qu'il qualifiait de proportionnelle; c'est-à-dire que, tandis que certains arrondissements auraient gagné jusqu'à cinq conseillers municipaux de plus, de par ce projet de loi certains autres en auraient perdu un, quand ils n'en auraient pas perdu deux.

Et il arrivait, comme l'honorable M. de Marcère, à ce résultat que je signalais tout d'abord, qu'un arrondissement de Paris qui avait eu jusqu'alors 4 représentants n'en aurait plus que 2, — c'est le XVIe, — et qu'un autre arrondissement, — le XIe, — aurait droit à 9 conseillers.

J'ai dit à la Chambre, et je vais le répéter très brièvement au Sénat, quelles sont les considérations qui, à mon sens, ne me permettent pas d'adopter cette combinaison. Et si je ne craignais pas de fatiguer son attention — je prends l'engagement d'être très bref — il me semble qu'un rapide historique des phases par lesquelles a passé cette question du scrutin municipal à Paris ne serait peut-être pas inutile. (*Parlez! parlez!*)

Lorsque, pour la première fois, la Chambre des députés a eu à discuter la loi municipale, le projet comportait des dispositions dites transitoires, qui établissaient pour Paris un mode de vote en vue des élections municipales, reposant sur l'idée du sectionnement.

La Commission municipale avait à cette époque songé à proposer une division de Paris en cinq sections et elle s'était inspirée pour le faire — chacun le sait — des préoccupations, des idées qui avaient été mises en avant par un homme éminent, fort au courant des besoins de Paris, de ses pensées et de ses aspirations, j'entends parler d'un de vos collègues les plus regrettés, l'honorable M. Hérold.

M. Hérold, en effet, en 1880, avait préparé un projet de sectionnement qui divisait Paris en cinq grandes sections, système que la Commission municipale avait repris et qu'elle soumettait à la Chambre en première lecture.

Consulté sur la question de savoir si ce projet devait être maintenu, je me suis, à cette époque et devant la Commission, l'honorable M. de Marcère peut s'en souvenir, prononcé énergiquement — il s'agit d'un fait qui se passait il y a déjà de longs mois — en faveur du principe d'un sectionnement électoral très large, créant des collèges électoraux très vastes.

En même temps, je soumettais à la Commission des observations desquelles il découlait que les chiffres de la population dans les sectionnements qui avaient été autrefois indiqués par M. Hérold n'étaient plus les mêmes, et que le sectionnement qu'il avait préparé à l'époque où il avait été consulté n'était plus en harmonie avec les changements que la capitale a subis. J'avais indiqué à la Commission, plutôt que je n'avais fait une proposition ferme, qu'à mon sens il y avait lieu de remanier le sectionnement proposé.

La discussion s'engagea à la Chambre en première lecture, et à ce moment il se produisit un fait dont, pour ma part, je suis demeuré très frappé, c'est que le sectionnement de Paris, en dehors de cette base très fixe qu'on puiserait dans l'organisation administrative de l'arrondissement, rencontra des adversaires extrèmements ardents parmi ceux qui pouvaient être considérés comme les interprètes, dans la Chambre, de la pensée de ce qui est aujourd'hui la majorité du conseil municipal de Paris.

A ce moment, je puis le dire, — les documents de l'époque seraient là pour l'attester, ceux de la presse comme ceux du Parlement, — il n'y avait pas, de ce côté de la Chambre, assez de louanges pour le scrutin par arrondissement, et il n'y avait pas assez de défiances manifestées envers le scrutin par grands sectionnements. Il arriva qu'on pensa qu'il vaudrait mieux ajourner jusqu'au moment où l'on discuterait l'organisation de la municipalité parisienne la discussion du mode électoral qui présiderait à un recrutement. Par conséquent, la question fut ajournée à une deuxième lecture. Cette deuxième lecture eut lieu devant la Chambre sans que la question fût résolue, et la discussion n'a repris véritablement que sur le dépôt par la Commission municipale d'une proposition qui était spéciale à Paris et qui proposait le sectionnement en cinq, le même qui avait été, à l'origine de ses travaux, accueilli par elle, c'est-à-dire le sectionnement emprunté aux travaux antérieurs de l'ancien préfet de la Seine. Alors, toujours du même côté de la Chambre, on a proposé le scrutin par arrondissement.

J'ai pour ma part, pendant un certain temps, cherché avec quelque difficulté la raison d'être de cette obstination à demander ce mode de vote et à proposer l'arrondissement comme la base invariable qui servirait à la répartition des électeurs et à la formation des listes.

Je crois, Messieurs, que quelques incidents qui ont accompagné cette discussion n'ont pas été sans jeter une certaine lumière sur la raison d'être de ces préférences.

Il est, en effet, advenu ceci : dès que la Chambre des députés a eu décidé qu'on prendrait l'arrondissement comme unité électorale, qu'on admettrait que l'arrondissement a, dans Paris, une vie propre, des intérêts distincts, qu'il doit avoir, par conséquent, une représentation égale, aussitôt qu'on a eu, par là même, condamné la représentation proportionnelle, il est arrivé que ceux-là qui trouvaient, la veille, l'arrondissement excellent comme commun diviseur, l'ont trouvé détestable le lendemain !

C'est, Messieurs, un résultat beaucoup plus logique qu'on ne pourrait le croire, si, se mettant en présence des chiffres de la population de Paris, et de ceux de la population électorale, on veut examiner quel aurait été le résultat des deux systèmes qui ont été successivement proposés, — il y a eu deux systèmes de proportionnalité proposés dans l'arrondissement : proportionnalité avec un minimum et proportionnalité sans minimum. Dans un des systèmes on disait : chaque arrondissement ne pourra pas avoir moins de quatre conseillers, il pourra en avoir plus ; dans l'autre système on admettait, au contraire, qu'un arrondissement pourrait perdre une partie de sa représentation actuelle. On voit par l'examen des chiffres — et cet examen devient en quelque sorte parlant si l'on se reporte aux résultats des dernières élections municipales et même des élections précédentes, — que les arrondissements qui bénéficieraient de la proportionnalité sont précisément ceux dans lesquels les défenseurs originaires à la Chambre du scrutin d'arrondissement rencontreraient le plus de représentants, et que ceux qui perdraient une partie de leurs représentants seraient ceux, au contraire, dans lesquels des idées à mon sens plus sages, plus rationnelles, plus logiques, ont jusqu'à présent triomphé. Je pense que faisant abstraction de ces circonstances, oubliant, par exemple, que l'arrondissement qui gagnerait neuf conseillers grossirait dans la proportion de cinq la majorité actuelle du conseil municipal, et, ne me plaçant qu'en face des circonstances de droit, si je puis ainsi parler, que des idées générales, j'ose dire qu'il n'y a que deux partis à prendre ; qu'il n'est pas possible, si l'on accepte l'arrondissement comme devant être la base de répartition des électeurs, d'y appliquer la proportionnalité, et que, par conséquent, soit qu'il comporte ou non un maximum, le système de l'arrondissement avec proportionnalité n'est véritablement pas admissible. Pourquoi ?

De deux choses l'une : ou bien, comme je l'indiquais tout à l'heure, on dira : le sectionnement se fera à Paris par arrondissement, parce qu'alors on aura reconnu que l'arrondissement est quelque chose de distinct dans Paris, que chacun des arrondissements peut avoir des intérêts particuliers, qu'en un mot il y a là comme les cellules d'une même maison, cellules dans lesquelles la même somme d'intérêts peut bien ne pas se trouver, mais où chacun des intérêts de toute la famille a nécessairement ses représentants ; et où, par conséquent, il y aura toujours tant au point de vue de travaux généraux, de l'utilité publique, que des conceptions qui peuvent se produire dans une assemblée comme un grand conseil municipal, des intérêts qui éveilleront les mêmes susceptibilités. Eh bien ! s'il en est ainsi, si c'est le sectionnement par arrondissement que vous adoptez, si vous vous l'imposez parce que vous considérez que l'arrondissement a une vie propre, il me paraît tout à fait inadmissible, je le répète, de dire que tel arrondissement aura, dans le conseil municipal, deux représentants, tandis que tel autre en aura huit ; cela reviendrait à proclamer — après avoir admis que cette division administrative correspond à quelque chose, et qu'un arrondissement est, dans Paris, un peu comme un département dans la France, — que, dans le conseil commun où les mêmes intérêts peuvent être agités, il y a tel arrondissement qui ne sera qu'infiniment peu représenté, tandis que tel autre aura une représentation considérable.

Et devant la Chambre des députés je faisais cette hypothèse qui n'est pas sans application possible : Admettez qu'un travail public à exécuter laisse indifférents dix-huit des arrondissements de la Ville de Paris, et qu'il intéresse, au contraire, au plus haut degré les deux autres arrondissements ; supposez que chacun d'eux ait un intérêt différent, il est manifeste que c'est leur représentation qui fera l'équilibre ou qui fera la majorité ; et si l'un de ces arrondissements n'a que quatre ou cinq conseillers, tandis que l'arrondissement voisin en a neuf, il n'est pas douteux que vous aurez sacrifié les intérêts du premier, en constituant une situation privilégiée au second.

Par conséquent, Messieurs, si l'on admettait que, pour des raisons de temps et de circonstances, il n'est pas bon de procéder par grands sectionnements, la conclusion logique à laquelle on serait conduit, celle à laquelle le Gouvernement avait été amené devant la Chambre des députés, ce serait de repousser cette prétendue application de la proportionnalité, et de demander que les arrondissements fussent considérés comme des personnes administratives, égales en droit, et devant être par conséquent égales en représentation. (*Très bien ! très bien !* sur un grand nombre de bancs.)

Messieurs, cette proposition n'a pas reçu la sanction de la Chambre...

Un sénateur. — Tant pis !

M. le Ministre. — ..., par la raison que j'indiquais tout à l'heure, à savoir que, aussitôt que la proportionnalité a été écartée, elle a perdu une partie de ses défenseurs et l'on est venu dire : Mais enfin, si vous nous avez mis en présence d'une injustice possible, résultant de ce que le scrutin d'arrondissement représenterait d'une façon inégale les divers arrondissements de la capitale, nous vous mettons vous-même en présence d'une injustice qui ne nous semble pas moins grande et qui est celle-ci : c'est que par la logique de votre système une population de 5.000 électeurs, par exemple, aurait la même représentation qu'une population électorale double. Et c'est dans ces circonstances — je parle ici de ce qui s'est passé — que la Chambre des députés est arrivée à voter le sectionnement dans les conditions où il nous est proposé par votre Commission.

L'honorable M. de Marcère vous disait tout à l'heure qu'à son sens le sectionnement présentait un très grave défaut, et, si je m'en explique, c'est parce que, si l'on devait admettre cette proposition comme exacte et reposant sur une idée de justice, il ajoutait qu'il était extrêmement difficile à des électeurs nombreux de se concerter et de s'entendre, et que, par conséquent, dire à quatre arrondissements de Paris : Vous allez vous donner une représentation commune, c'était mettre les électeurs aux prises avec des difficultés presque insurmontables et leur donner un devoir à remplir sans leur fournir les moyens de le remplir avec exactitude et d'arriver à faire produire à l'accomplissement de ce devoir les résultats qu'on en peut espérer.

Eh bien ! je dois m'expliquer sur ce point, parce que c'est un élément de discussion qui se retrouve, non pas seulement quand on envisage le système particulier que je discute, mais tous les systèmes électoraux qui peuvent vous être successivement proposés par voie d'amendement.

Tout le monde reconnaît, M. de Marcère le disait tout à l'heure avec infiniment de justesse, que le sectionnement, — tel qu'il existait antérieurement, car il ne faut pas poser la question en disant : sectionnera-t-on Paris ou ne le sectionnera-t-on pas? il a toujours été sectionné, — le sectionnement, avec le vote uninominal par quartier, a été universellement condamné. Pourquoi ? Quand on se reporte à la loi de 1871 qui l'a établi, on est conduit, au moins comme membre du Gouvernement, à se tenir dans une extrême réserve quand il s'agit de parler de l'avenir, car on voit combien les pensées du Gouvernement peuvent être démenties par les événements.

C'est ainsi qu'en 1871 on a établi le scrutin par quartier dans le but d'empêcher que les élections municipales de Paris eussent un caractère politique. (*Approbation à gauche.*) On pensait, en effet, qu'en morcelant à l'infini le suffrage universel, en faisant de tous petits morceaux d'une grande ville, on empêcherait que les élections municipales eussent le caractère d'une démonstration politique, et l'on pensait aussi que les intérêts des quartiers, ces intérêts tout matériels, prendraient évidemment le dessus dans les discussions électorales. Cette pensée des hommes du Gouvernement de l'époque a-t-elle été ratifiée par l'avenir?

Je crois que c'est une question qu'il suffit de poser, en laissant à chacun le soin de la résoudre. (*Sourires approbatifs à gauche.*) Mais, ce qui est incontestable, c'est que l'on n'a pas empêché les élections municipales d'avoir un caractère politique, par cela même qu'on a rétréci jusqu'à l'excès, jusqu'au dernier mot de l'excès, le collège électoral. On est arrivé ainsi à rapetisser l'élection. J'entends par là que, si, prenant l'histoire municipale de Paris depuis 1871, vous cherchez les résultats qui ont été produits par cette combinaison qui consistait à réduire les circonscriptions électorales, il en est un qui s'affirme au-dessus de tous les autres, c'est celui-ci : Il y a une sorte de découragement qui s'empare de la masse électorale, une sorte de désintéressement qui fait que les élections municipales comptent chaque année moins d'électeurs prenant part au vote. Ce résultat est obtenu encore pour une autre cause, c'est qu'au fur et à mesure que l'élection municipale perd en nombre, au point de vue de ceux qui s'y mêlent, il y a aussi un certain éloignement de la part de toutes les personnes qui pourraient être candidats naturels pour représenter une grande ville comme Paris, ses intérêts commerciaux, ses intérêts industriels, ses intérêts artistiques et littéraires. (*Très bien! très bien! à gauche.*)

Et j'exprime ici une pensée qui a été exprimée par d'autres et qui, par conséquent, peut trouver sa place dans la bouche d'un ministre sans qu'elle paraisse suspecte ; c'est qu'à coup sûr le Conseil municipal de Paris, au point de vue des grands intérêts parisiens, n'a peut-être pas gagné en autorité, en force, en notoriété, en prestige, pendant ces dix années du suffrage tel qu'il a été institué par la loi de 1871.

Pour ma part, je n'en suis pas surpris, parce que je dirai au Sénat ce que j'ai dit à la Chambre des députés à propos de cette même question. Je pense qu'en matière électorale, plus on fera le collège électoral vaste, plus on élèvera, par la raison même des choses, par la conséquence fatale des faits, le niveau de ceux qui viendront représenter les électeurs réunis dans un quartier et à plus forte raison dans un îlot; car si on admet que plus on morcelle le suffrage universel, meilleur il est, le quartier ne serait certainement pas à Paris le dernier mot; si on admettait un milieu restreint, enfermé dans une frontière aussi étroite, il serait possible, en exaltant des rancunes s'il y en a, en faisant appel à des convoitises s'il s'en trouve, de se créer une notoriété qui, en raison même des limites étroites dont je viens de parler, s'imposerait facilement à toute une population.

Quand il faut réunir une majorité imposante d'électeurs, quand il faut qu'une élection s'établisse sur le sixième ou le dixième de Paris, il faut quelque chose de plus que les petites manœuvres dont j'ai parlé tout à l'heure; il faut l'autorité du nom ou bien celle des services rendus. (*Très bien! très bien! à gauche.*)

De sorte que, pour ma part, je n'ai jamais reculé devant un mode électoral à large base, et mon premier mot, quand j'ai été appelé à m'expliquer devant la Chambre des députés sur l'ensemble de ces questions, a été pour affirmer que je n'entendais pas le moins du monde donner en ce moment un démenti à ma conduite antérieure.

De toutes les objections qui ont été faites contre le scrutin de liste par sectionnements, il y en a une qui m'a touché.

Cette objection était tirée de ce que nous n'étions pas — au moment où je parlais à la Chambre des députés — séparés de l'époque des élections par une période de trois mois, qu'un mois seulement restait devant nous, et que, par conséquent, il y avait une grosse responsabilité pour le Gouvernement à dire à des électeurs : je viens insister pour que, un peu à l'improviste, en tout cas sans qu'un temps matériel un peu considérable vous soit laissé, on passe du scrutin par quartier au scrutin par grande section.

Et j'ajoute que, dans ma pensée, le scrutin par arrondissement, sans la proportionnalité, bien entendu, — c'est celui que j'ai défendu, — représente un premier progrès sans être cependant l'idéal en matière d'élections municipales, pas plus pour Paris que pour les grandes villes de province.

Eh bien! cette question a été pesée, et l'on a pensé que, avec un mois de délai séparant les élections municipales du vote de la loi, il n'était pas impossible, dans une ville où l'on improvise beaucoup de choses, où l'activité individuelle est très grande, et où surtout les moyens de communication entre les électeurs sont infiniment plus multipliés que partout ailleurs, il n'était pas impossible de proclamer le scrutin de liste par arrondissement comme étant la méthode électorale à appliquer dès le 4 mai prochain.

C'est sur cette question que le Sénat aura à délibérer. Messieurs, je suis monté à la tribune immédiatement après l'honorable M. de Marcère, parce que je tenais à montrer au Sénat que, entre tous les systèmes qui étaient proposés, il en est un qui me paraît être le plus inacceptable, c'est précisément celui que M. de Marcère vous demande d'adopter, c'est le scrutin d'arrondissement avec une représentation dite proportionnelle. Je ne sais, Messieurs, si c'est un besoin exagéré de logique qui est dans mon esprit, mais j'avoue que je ne comprends pas bien la représentation proportionnelle d'un arrondissement.

Un arrondissement est quelque chose ou il n'est rien; si ses intérêts à Paris se confondent avec ceux des autres, il ne faut pas le prendre comme unité électorale; si au contraire il a une valeur, s'il est quelque chose de distinct, s'il a des intérêts propres à défendre, l'équité la plus vulgaire commande de ne pas subordonner ces intérêts à la majorité qui pourrait se former, dans le cas où vous donneriez aux autres arrondissements une représentation infiniment supérieure.

Voilà, Messieurs, les quelques explications que je tenais à présenter tout d'abord au Sénat, et je lui demande de se rallier à la proposition qui lui a été faite. (*Très bien! très bien! à gauche. — Aux voix!*)

Messieurs[1],

Il me paraît que l'honorable M. Labiche, tout en mêlant un très grand nombre de considérations empruntées à la politique à celle de savoir quel mode électoral pourrait en préserver les élections qui se feront à Paris, a, très exactement en un point au moins, précisé la question que vous avez à résoudre.

Il vous disait tout à l'heure : si le Sénat ne pense pas que le grand sectionnement, que le scrutin de liste par quatre sections, puisse être admis, je préfère encore la méthode actuelle, c'est-à-dire le maintien du *statu quo*.

Et, en effet, Messieurs, je crois pouvoir affirmer sans exagération, sans parti pris, que, pour quiconque mesure exactement et froidement aujourd'hui les conséquences du vote que le Sénat est appelé à émettre; pour tous ceux

1. Séance du 7 avril 1884.

qui mesureront les conséquences certaines du rejet du sectionnement, il est évident qu'on se trouve en présence d'une alternative. Il s'agit de savoir si le Sénat adoptera le mode électoral suivant le sectionnement, ou bien si, repoussant cette méthode, il décidera que les prochaines élections municipales devront se faire conformément à la loi de 1871, en d'autres termes si l'on conservera le *statu quo*. Il n'y a pas, chacun le sait, une troisième solution possible.

Il a paru, Messieurs, à un certain moment, qu'une conciliation aurait été possible, conciliation qui eût réuni de ces votes qui se rencontrent parfois, comme le disait tout à l'heure l'honorable M. Labiche : c'eût été le vote au scrutin de liste par arrondissement avec la proportionnalité.

Dans ces termes, il eût été, en effet, possible d'intéresser à la cause du scrutin de liste par arrondissement, et ceux qui sont attachés à l'extrême minorité de droite du conseil municipal, et les partisans de ceux qui constituent aujourd'hui la majorité du conseil municipal.

Mais cette solution qui ne serait autre chose que le *statu quo* avec aggravation, l'honorable M. Labiche a pris soin lui-même de l'écarter.

M. Labiche a pris grand soin de dire que le projet qui vous est aujourd'hui soumis et que la Chambre des députés a voté était l'œuvre, le *desideratum* d'un parti qui professe assurément une politique bien différente de la politique de cette Assemblée. Il semble, à l'entendre, que le scrutin de liste par sectionnement soit l'idéal depuis longtemps poursuivi, et enfin réalisé, d'un parti qui s'appelle lui-même le parti intransigeant. Il semble que ce soit lui qui en ait eu l'initiative et qui en ait été le défenseur.

Et l'honorable M. Labiche, qui est un avocat fort habile, n'a pas omis ce moyen qu'il considère comme important et qui consiste à dire au Sénat : ce que l'on vous demande aujourd'hui, c'est de vous rallier à une proposition qui a conquis, depuis longtemps, toutes les sympathies des intransigeants et des autonomistes du conseil municipal.

Eh bien ! Messieurs, j'ai pour ma part, entre beaucoup

d'autres attaques, été assez vivement combattu de ce chef; on m'a reproché assez vivement d'être partisan du scrutin de liste par grands sectionnements pour que j'aie le droit de rappeler les précédents de la question, et l'insistance que l'honorable sénateur a mise à attribuer au scrutin de liste par sectionnements une paternité toute différente de la paternité vraie me servira d'excuse pour exposer rapidement comment cette question est née : qui a proposé le scrutin de liste par sectionnement, et, surtout, qui l'a combattu ?

Eh bien ! à deux reprises différentes, le scrutin de liste avec grands sectionnements a été porté devant nos assemblées. Il a été porté une première fois devant la Chambre, en 1880, par l'honorable M. Constans, alors ministre de l'Intérieur, parce que, dès cette époque, ce qui est aujourd'hui évident était déjà clair ; parce qu'il était dès lors manifeste que les prévisions de la loi de 1871 avaient été absolument déçues.

A ce moment, l'opinion républicaine s'est, en quelque sorte, fendue en deux courants. Il y a eu des républicains, en grand nombre, qui ont soutenu le projet du Gouvernement, et ces républicains, aussi bien au Parlement que dans la presse, ont été représentés par ceux qui, depuis longtemps, sont attachés à la politique qui est celle de la majorité devant laquelle j'ai l'honneur de parler.

Il y a eu, au contraire, des républicains détracteurs passionnés du scrutin de liste par grands sectionnements, et c'étaient précisément ceux qui, pour avoir dû le voter à la dernière heure, dans des conditions que le Sénat a pu pénétrer, alors qu'ils exprimaient leurs préférences et s'inspiraient de leurs intérêts politiques, avaient toujours demandé, et cela avec ardeur, avec passion, quoi ? le scrutin de liste par arrondissement.

Voici, en effet, ce qui se passait en 1880. Le projet dont je parlais tout à l'heure avait un très grave défaut : il était le projet du Gouvernement, à ce titre suspect. Je crois qu'en dehors d'un certain parti pris dont personne n'est exempt d'avance, beaucoup d'intransigeants sont surtout ombrageux. Le Gouvernement déposait ce projet, donc il était dangereux.

Tout aussitôt la presse qui traduit plus particulièrement leur pensée ouvrait contre le scrutin de liste par grands sectionnements la campagne qu'elle a ouverte en 1883 aussitôt que la Commission municipale de la Chambre, d'accord, en ce point, avec le Gouvernement, proposa en première lecture de donner à Paris, comme mode électoral, une méthode absolument semblable en principe, mais légèrement différente dans son application, à celle qui, en 1880, avait été formulée par le Gouvernement.

Voici quelques extraits qui, sur ce point, me semblent de nature à faire la lumière. Un organe considérable dans la presse, qui représente la majorité du parti républicain, défendit très hautement le principe des grandes sections, — je veux parler du *Temps*; — il disait en propres termes :

« Il est nécessaire que la capitale cesse d'être à la discrétion de quelques petits bourgs-pourris de l'intransigeance... Nous n'avons pas l'intention d'examiner aujourd'hui, d'après les plans et les statistiques, le sectionnement soumis à la Chambre... Nous ne nous occuperons que du système pris en lui-même, de sa valeur, de ses avantages... Ces avantages semblent très réels tant au point de vue politique ou administratif qu'à raison de l'harmonie que cette innovation tend à élever entre la législation électorale de Paris et celle des autres villes de France. »

Cette théorie, manifestée en termes extrêmement mesurés et sages, était aussitôt combattue par des publicistes fort importants et dont la signature accuse assez les opinions.

Voici, Messieurs, comment répondait à l'article dont je viens de donner quelques courts extraits l'honorable M. Sigismond Lacroix :

« *Bourgs-pourris* ne manque pas de franchise. Vous entendez, électeurs de Javel, de Belleville et autres centres démocratiques? Vous avez osé nommer les candidats de l'amnistie : c'est vous qu'on veut frapper; c'est votre influence qu'on veut amoindrir; c'est votre voix qu'on veut éteindre. Vous qui avez osé donner Trinquet comme successeur à M. Quentin, vous n'êtes que des « bourgs-pourris » : on va vous supprimer. »

Et M. Sigismond Lacroix — c'est l'auteur de l'article que je cite — le terminait ainsi :

« Heureusement, ce tripotage sera inutile. Ce ne sont pas les petites combinaisons de M. Herold et de M. Ferry qui empêcheront Paris de faire entendre sa grande voix, la voix de la démocratie. »

Un autre publiciste qui appartient à la même nuance d'opinion, M. Henry Maret, en termes beaucoup plus froids et moins acerbes, dans une étude plus sérieuse, prenait hautement, le 10 décembre 1880, la défense du scrutin d'arrondissement et concluait énergiquement à son établissement. Cela n'est pas pour vous surprendre, si vous voulez bien vous rappeler — fait sur lequel j'insisterai tout à l'heure — que le scrutin par arrondissement de Paris est devenu un des paragraphes de la Charte de la majorité du Conseil municipal et a trouvé place, à côté de l'autonomie communale, dans le projet élaboré par cette assemblée :

« Ce qu'il y aurait de plus pratique pour le moment serait évidemment l'adoption du système proposé dans notre plan d'organisation municipale. »

Enfin, un autre journal qui représente également plutôt la majorité actuelle du Conseil municipal que la partie du Conseil qui partage les opinions de la majorité républicaine, *la Lanterne*, s'exprimait ainsi :

« Le vote par arrondissement empêchera qu'un arrondissement soit sacrifié à un autre. Il assurera une juste répartition, entre tous les quartiers de la ville, des charges et des services publics. A tous les points de vue donc, il est le vote préférable, et il a fallu, vraiment, que le Gouvernement eût l'esprit hanté par on ne sait quelles préoccupations pour songer à créer des circonscriptions de fantaisie, lorsqu'il n'avait qu'à s'en tenir à cette circonscription si naturelle, si adaptée aux conditions de la vie municipale : l'arrondissement. »

Ces extraits correspondent d'une façon extrêmement

exacte à un projet de délibération, auquel il est, d'ailleurs, fait allusion, et qui résume le cahier des vœux émis, à une époque encore assez récente, par la majorité du Conseil municipal de Paris.

Tout à l'heure, répondant à une autre partie du discours de l'honorable M. Labiche, je montrerai comment ce scrutin par quartier, qui devait être, suivant lui, la garantie que les élections seraient municipales et non pas politiques, a fonctionné, sur quelles bases, dans quelles conditions, et sur quel programme les conseillers municipaux ont été élus.

Mais enfin, quand, pour combattre la proposition que la Chambre a votée, l'honorable M. Labiche vient dire que le scrutin de liste par sectionnement est le but poursuivi par le parti intransigeant, et que le scrutin par arrondissement, c'est, au contraire, l'objectif des républicains conservateurs, j'ai le droit, j'ai le devoir de rappeler que, dans une délibération qui a couronné de nombreuses séances où l'on a traité toutes les questions, sauf les questions municipales, le scrutin de liste par arrondissement, ce scrutin de liste conservateur, a été placé au même plan que l'autonomie communale par la majorité du Conseil municipal.

C'est assez dire, Messieurs, que si le scrutin de liste par sectionnement avait été l'œuvre et le projet du Gouvernement en 1880, le projet du scrutin de liste par arrondissement était le but poursuivi par la majorité du Conseil municipal, qui, évidemment, Messieurs, n'avait absolument rien de gouvernemental dans le sens où on veut l'entendre. (*Très bien! à gauche.*)

Ce qui s'était passé en 1880 s'est renouvelé, Messieurs, en 1881, la polémique n'a pas été moins vive. C'était la Commission municipale qui déposait, dans un projet dont l'honorable M. de Marcère était le rapporteur, le principe du scrutin de liste par grand sectionnement, contenu dans un article qui avait reçu le titre de « disposition transitoire ».

J'avais été entendu à cette époque par la Commission. Je

lui avais indiqué que le scrutin de liste par sectionnement était la méthode électorale à laquelle le Gouvernement se ralliait.

Je lui avais fait connaître, au point de vue du sectionnement à faire, que le principe qui avait présidé, non pas au premier projet, mais au deuxième projet de M. Herold, ne se trouvait pas absolument en harmonie avec les déplacements subis par la population parisienne, avec les mouvements de cette grande agglomération.

Eh bien ! à cette époque il s'est produit exactement ce qui s'était passé en 1880 et je voudrais donner, par de [très courtes citations, une idée de la polémique dont la Commission municipale, dont le Gouvernement, et dont le ministre de l'Intérieur particulièrement, ont été l'objet. Dans un journal qui représente les mêmes idées que je montrais tout à l'heure défendues par M. Sigismond Lacroix, M. Henry Maret s'exprimait ainsi :

« Il y avait une division équitable : c'était l'arrondissement. On ne pouvait dire qu'elle eût été créée pour les besoins politiques de tel ou tel parti, de telle ou telle nuance républicaine. On savait, de plus, qu'elle répondrait aux vœux de la population de Paris. Elle était réclamée dans le projet d'autonomie communale, voté, en 1880, par le Conseil municipal. Puisque le Gouvernement paraît tenir au scrutin de liste, quelle objection l'empêche de proposer le scrutin de liste par arrondissement ? »

Voilà pour ce qui est de l'éloge du scrutin par arrondissement.

Voici maintenant ce qui était pour moi :

« A force de mettre son imagination à la torture, le ministre de l'Intérieur a fini par inventer une combinaison à l'aide de laquelle il compte introduire une majorité ministérielle à l'Hôtel de Ville. »

Le même écrivain voulait bien ensuite qualifier cette combinaison d'arbitraire et de saugrenue.

L'honorable M. Labiche a eu raison de dire que quelques membres de l'extrême gauche, après avoir vu échouer la combinaison qui avait leurs préférences, ont voté celle qu'ils qualifiaient d'arbitraire et de saugrenue, notamment, je puis bien le remarquer, des membres de la Chambre des députés qui appartiennent à la direction et à la rédaction du journal auquel j'emprunte cette courte citation. Mais M. Labiche me permettra aussi d'ajouter que l'enthousiasme avec lequel ces honorables députés ont pu voter cette disposition saugrenue et arbitraire me paraît procéder plutôt des nécessités du moment que d'une conviction antérieure et propre; je pense que, s'il est advenu qu'après avoir dit que c'était là un calcul gouvernemental, que le sectionnement répondait à des visées électorales machiavéliques, on a vu ceux-là mêmes qui se montraient si vifs dans l'attaque, je ne dis pas plus, accepter le scrutin de liste par sectionnement alors que le scrutin de liste par arrondissement avec la proportionnalité était rejeté, c'est qu'il repose sur certaines idées qui ne peuvent être impunément méconnues.

Je demande pardon au Sénat de cette digression historique; elle m'a paru toutefois nécessaire pour que la question se présentât devant lui comme elle doit se présenter, afin qu'il l'envisageât comme il doit le faire. L'honorable M. Labiche disait au Sénat qu'il avait un devoir particulier à remplir, qu'il ne fallait pas qu'il se laissât toucher, outre mesure, par le vote émis dans une autre assemblée. Sur ce point, j'ai une opinion que j'exprime très ouvertement: je pense que lorsqu'une Chambre, quelle qu'elle soit, est saisie d'une question, le vote qui a pu être émis précédemment ne peut jamais être indifférent ni à l'une, ni à l'autre; je pense aussi que, saisie dans ces conditions, c'est dans la plénitude de sa liberté, de sa sagesse politique qu'elle doit se déterminer, et les considérations que je me propose de vous soumettre sont de celles qui ne s'adressent pas à un autre sentiment que celui que je viens d'exprimer. (*Très bien! très bien!*)

Je disais, au début de ces observations, qu'à mon sens vous étiez appelés à faire un choix entre deux alternatives : le vote par sectionnement ou le *statu quo*.

Je vous demande maintenant la permission d'examiner

avec vous, en toute sincérité, les résultats qui ont été donnés par le régime qui constituerait le *statu quo*. Il faut non seulement constater que c'est là une méthode qui semble universellement abandonnée et condamnée, mais il faut encore et surtout rechercher et constater pourquoi cette méthode a été condamnée depuis de longues années, et pourquoi et comment elle est, aujourd'hui, condamnée à peu près par tous ceux qui se sont bien pénétrés de l'esprit qui devrait inspirer les élections municipales et que des événements, qui ont près de quatorze ans d'histoire, n'ont pas tardé à éclairer d'une façon définitive.

Je dis que non seulement il faut se mettre en face des résultats donnés par la loi du 14 avril 1871, mais que surtout, après avoir constaté ce qu'ont été ces résultats, il faut se demander comment ils ont pu se produire, en rechercher les causes. Et je ne désespère pas de faire sortir de cet examen seul la démonstration qu'ayant à opter, dans les conditions où cette option se présente à vous, il n'y a pas d'hésitation possible : il n'est pas possible de demander à la population de Paris de faire une nouvelle expérience de la loi qui a été jusqu'ici pratiquée; je crois que le même examen démontrera en outre que dans le scrutin de liste par grands sectionnements, on trouve, autant qu'il est permis de l'espérer, le remède qu'il s'agit de rechercher, pour couper court aux résultats sur lesquels je vous demande la permission d'insister. (*Très bien! très bien! à gauche.*)

Ces résultats sont de plusieurs sortes. Il y en a un premier qui touche à l'esprit qui a présidé aux élections municipales, je ne dirai pas depuis 1871, mais depuis le premier renouvellement du conseil municipal, c'est-à-dire depuis 1874. Ce qu'on voulait en 1871, vous le savez à merveille, non pas que le régime proposé par la loi de 1871 ait été peut-être dans la pensée même de ses auteurs la meilleure des solutions, mais, en 1871, on se trouvait en présence de prétentions plus mauvaises peut-être, plus fâcheuses pour Paris que le scrutin par quartier. Il y a ici trop d'hommes ayant appartenu à nos assemblées politiques depuis de longues années, pour qu'on n'y sache pas très bien qu'à ce moment on avait imaginé, non pas seulelement le scrutin par quartier, mais bien encore des divisions absolues constituant autant de municipalités, par exemple, qu'il y aurait eu d'arrondissements. Si j'en crois notamment un article du journal que je citais tout à l'heure et qui rend pleine justice à la perspicacité politique et aux intentions de l'honorable M. Léon Say, on pensa alors que le scrutin par quartier pouvait être proposé et devait l'être comme constituant le meilleur moyen d'empêcher que l'on adoptât vis-à-vis de Paris un système électoral qui semblait extrêmement mauvais à ceux qui ont eu la responsabilité, et, je n'hésite pas à dire, le mérite de la loi de 1871.

On pensait, en outre, et je disais l'autre jour avec une humilité qui ne coûte à personne, qu'autant il est permis d'être affirmatif quand on juge le présent ou le passé, autant il faut être circonspect quand on parle pour l'avenir; on pensait, en 1871, que le scrutin par quartier aurait le double mérite d'éveiller et, en quelque sorte, de susciter la vie municipale, d'appeler les électeurs à s'occuper des intérêts de ce que j'appellerai la maison agrandie, le quartier surtout de leurs intérêts matériels, de tant de questions qui sont aussi dignes de passionner qu'aucun autre, questions d'hygiène, de travaux publics, d'amélioration de tout ce qui fait la vie de la population de Paris. Puis, on croyait encore empêcher que, dans ces luttes municipales, l'élément des préoccupations politiques, les rivalités de partis et de coteries ne vinssent introduire de véritables ferments de discorde et vicier absolument le critérium qui devrait présider à des élections de cette nature.

Je ne crains pas, Messieurs, d'être contredit par l'honorable M. Léon Say, en disant que la loi de 1871 n'a donné aucun de ces deux résultats. On a fait le collège municipal si étroit que dans ce collège il ne s'est pas trouvé de vie municipale qui pût passionner qui que ce fût.

La vie municipale, les intérêts municipaux, ces grandes questions dont je parlais il n'y a qu'un instant, on ne les a pas trouvés dans le quartier, et il est arrivé, — nous allons le voir, tout à l'heure, par des chiffres saisissants, — que toute une partie de la population parisienne, très soucieuse de ses intérêts économiques, de l'avenir de la capitale, de son développement, s'est écartée des élections municipales.

Ces élections étaient faites tellement en dehors de ces préoccupations en quelque sorte domestiques, municipales, qu'elle s'en est absolument désintéressée. Et, au contraire, tandis que ces préoccupations municipales que vous aviez voulu ne se faisaient pas jour, les préoccupations politiques prenaient, je ne dirai pas le premier rang, mais toute la place.

Tout à l'heure l'honorable M. Labiche vous disait : « Prenez garde ! qu'allez-vous faire ? Vous allez créer des collèges tellement vastes qu'on ne s'occupera pas du tout des questions locales, des questions d'hygiène, des questions de salubrité, de diminution des charges municipales. On va faire de la politique.. »

Eh bien ! voici quelques échantillons des programmes sur lesquels a été élu le Conseil municipal de Paris en 1881, avec la loi de 1871 ; voici par exemple — c'est le premier qui me tombe sous les yeux — le programme sur lequel se sont faites les élections dans le quatrième arrondissement.

L'article 1ᵉʳ est celui-ci : « Autonomie communale ». Ceci a bien quelque chose de municipal (*Sourires.*), bien que l'autonomie communale touche peut-être plus à l'intérêt collectif de l'État qu'à l'organisation propre de cette fraction du territoire ; mais ceci n'est rien.

L'article 2, c'est la « suppression du budget des cultes » ; un autre article, c'est la « revision de la Constitution » ; un autre la « suppression du Sénat et une Chambre unique pour trois ans » ; et, enfin, un autre article, c'est la « réduction de la durée du service militaire ». (*Rires.*)

Messieurs, je pense qu'on pourrait chercher dans les programmes des députés ou des sénateurs et qu'on y trouverait tout aussi bien les éléments de ce que j'appellerai un programme municipal ; mais qu'on n'y trouverait pas à un plus haut degré des préoccupations politiques ; et peut-être, Messieurs, remarquerait-on que ceux qui sont envoyés à la Chambre des députés ou au Sénat n'apportent pas la même hardiesse, la même assurance en tout cas, pour résoudre des problèmes dont la gravité n'échappe à personne. (*Très bien! très bien! à gauche.*)

Voici un autre programme, c'est celui du onzième arrondissement; il ne s'écarte pas sensiblement du premier :

« Revision de la Constitution ». Il y a la suppression de la présidence de la République, qui ne figurait pas dans l'autre programme municipal (*Rires.*); il y a la séparation de l'Eglise et de l'Etat, la suppression du budget des cultes; il y a aussi — c'est encore une innovation, j'étais injuste, — l'élection de la magistrature, la revision des contrats ayant aliéné les propriétés publiques, les mines, les canaux, les chemins de fer et les assurances.

Sans insister davantage, je crois avoir suffisamment montré qu'avec le scrutin tel qu'il a été pratiqué et tel qu'il faudrait le pratiquer aux élections prochaines, si vous ne consacriez pas le système du scrutin de liste par grands sectionnements, car ce qu'il ne faut jamais perdre de vue dans cette discussion ce sont les résultats que le scrutin uninominal a donnés, les revendications dites municipales mais en réalité toutes politiques de 1881 seraient extrêmement pâles auprès de celles qui ne manqueraient pas de se faire jour dans les mêmes collèges électoraux où, depuis longtemps, les préoccupations et les discussions politiques ont fait taire absolument les intérêts municipaux.

Ce résultat pour être le premier n'est peut-être pas le plus grave. On n'a pas écarté la politique de l'élection municipale, c'est très vrai ; mais il y a quelque chose qu'on a écarté, ce sont les candidats. (*Marques d'approbation à gauche.*)

J'entends par là que, lorsque vous voudrez bien prendre — le Sénat comprend à merveille pourquoi je ne fais pas ce travail devant lui — que lorsque vous voudrez bien prendre l'historique des élections municipales par quartier, depuis 1871 jusqu'à nos jours, vous vous expliquerez comment on a pu dire, — c'est une appréciation que j'emprunte à un des hommes les plus autorisés et les plus circonspects, — comment on a pu dire que certains hommes qui avaient fait partie du Conseil municipal n'y avaient pas été remplacés par des contre-valeurs équivalentes. (*Sourires approbatifs à gauche.*)

On a beaucoup parlé, dans cette discussion, du projet préparé par M. Herold. Ce projet était précédé d'un rapport inspiré par un grand esprit de justice. Mais, en même temps, M. Herold, préfet de la Seine, ne pouvait pas dissimuler quelles étaient ses préoccupations. Et, entre toutes les circonstances qui assiégeaient son esprit et lui faisaient craindre de voir, de jour en jour, le Conseil municipal sortir davantage des frontières où il était si désirable et si légal de l'enfermer, il en était une tirée de ce que, plus le temps s'écoulait, plus les élections se multipliaient, et plus la notoriété des candidats allait en raison inverse du temps parcouru.

Voici, Messieurs, ce que l'honorable M. Herold écrivait. C'est une appréciation que je crois de mon devoir de donner au Sénat, parce que M. Herold connaissait bien Paris, et vous savez qu'il n'aurait pas porté un jugement exagéré sur les hommes ou les choses.

M. Herold s'exprimait ainsi :

« Il arrive que certains quartiers sont absolument dépourvus de candidats et que l'élection y appartient à l'audace ou, pour mieux dire, au hasard. Le fait paraît invraisemblable dans une ville comme Paris : il est pourtant certain, et je n'ai pas besoin de citer d'exemples.

« Sans doute, ce sont là des exceptions; mais c'est déjà trop qu'il puisse s'en produire. Ce qui est moins exceptionnel, c'est l'éloignement du Conseil municipal d'hommes qui y rendraient de grands services, mais qui, tandis qu'ils affronteraient la lutte si elle se présentait avec quelque ampleur, reculent devant les accidents qui menacent les candidatures de quartiers, même dans les parties les plus peuplées de la ville. On se plaint que le Conseil municipal de la capitale de la France ne renferme pas un plus grand nombre de citoyens importants ou illustres. Sans méconnaître le mérite et l'honorabilité d'un grand nombre de ses membres, on ne peut nier la vérité du grief. »

Il concluait, vous le savez, au rejet du scrutin de liste par arrondissement et à l'adoption du scrutin de liste par grand sectionnement.

Cette préoccupation ne s'écartait pas très sensiblement d'une autre appréciation que je trouve sous la plume d'un homme politique qui a appartenu au Conseil municipal de Paris et qui parle ainsi, je résumais tout à l'heure son opinion :

« Je n'apprendrai rien à personne et j'espère que je ne choquerai personne, en disant que ceux des conseillers municipaux de Paris qui depuis douze ans ont été remplacés soit à la suite de décès, soit pour toute autre raison, ne l'ont pas généralement été par valeur équivalente. Il y a des exceptions, mais pas beaucoup. »

Eh bien! je crois, Messieurs, qu'on peut prendre ce jugement comme juste, qu'il est suffisamment mesuré; et si, d'un autre côté, de ces appréciations toutes générales vous voulez rapprocher les exemples que votre mémoire peut suggérer à chacun de vous, je crois que vous reconnaîtrez, comme on le proclamait en 1881, qu'en rapetissant le collège électoral, on n'a pas écarté la politique, on n'a pas suscité la vie municipale, mais qu'on a obtenu ce résultat désastreux que beaucoup de ceux qui, par les services rendus, par l'éclat de leur nom, semblaient naturellement désignés pour faire partie du grand Conseil de la ville, de la cité, s'écartent et s'écarteront de plus en plus, au point que le mal de demain sera supérieur au mal d'hier, des luttes électorales dont vous savez les conditions, conditions sur lesquelles, d'ailleurs, je m'expliquerai tout à l'heure. (*Très bien! très bien! à gauche.*)

Si l'on a, Messieurs, écarté les candidats, on est arrivé aussi à cet autre résultat : on a écarté les électeurs parisiens des urnes du scrutin, dans une proportion qui constitue un phénomène singulièrement grave.

Le Conseil municipal est composé d'une façon que chacun de vous connaît, et qui fait que le parti intransigeant, avec l'aide que, dans les grandes circonstances, la droite ne manque jamais de lui prêter... (*Très bien! et rires à gauche.*)

M. BUFFET, *ironiquement*. — Très bien!

M. LE MINISTRE. — ...constitue une majorité importante.

Voici à cet égard, Messieurs, deux chiffres que je livre à vos méditations, que je vous prie de peser parce que, lorsque je les ai eus entre les mains, ils m'ont paru plus éloquents, plus décisifs, que toutes les considérations et que toutes les argumentations. Les conseillers municipaux représentant au Conseil municipal la majorité intransigeante ou autonomiste ont réuni, dans les élections de 1882, 108.000 voix, en chiffres ronds.

Voulez-vous essayer de conjecturer quel a été le chiffre des abstentions? Voilà une majorité qui représentait 108.000 suffrages. Eh bien! Messieurs, dans Paris, il y a eu près de 145.000 abstentions; de sorte que nous voyons une majorité qui ne représente même pas, en totalisant ses voix, une somme égale au chiffre des électeurs qui se sont absolument désintéressés de la lutte. Et je ne parle même pas des autres suffrages exprimés!

Mais ce n'est pas tout : c'est un chiffre en bloc et je vous demande la permission de vous donner quelques détails. Dans les arrondissements composant la première section, par exemple, le chiffre des abstentions a été de 34.361, et, dans le quartier Vivienne, où il y a 2.731 électeurs inscrits, 50 p. 100 seulement des électeurs ont pris part au vote. Le conseiller municipal a été élu par 1.171 voix sur 2.731 électeurs inscrits.

M. BUFFET. — Et à Marseille?

M. LE MINISTRE. — Mais cela n'est rien, monsieur Buffet; il y a des chiffres beaucoup plus élevés.

M. BUFFET. — Je parle de Marseille, où il y a le scrutin de liste.

M. LE MINISTRE. — Dans le quartier Saint-Vincent-de-Paul, il y a 6.849 inscrits : le conseiller municipal de ce quartier, M. Fiaux, a été élu par 1.650 voix sur 6.849 inscrits. Dans la deuxième section, je trouve, par exemple, le quartier Saint-Victor où il y a 5.369 électeurs, et où M. Sauton, conseiller municipal, a été élu par 1.531 voix.

A la Salpêtrière, M. Pichon est élu par 627 voix sur 2.845 inscrits. Enfin, pour abréger, dans le quartier de la Villette, le conseiller municipal, M. Guichard, a été élu par 1.625 voix sur 7.571 inscrits.

M. Buffet. — Ce sera la même chose avec le scrutin de liste.

M. le Ministre. — Eh bien! voici ce que j'affirme ; vous trouverez bien que, dans beaucoup de collèges électoraux, le nombre des abstentionnistes, qu'on se dispute généralement, en se portant d'un côté ou de l'autre aurait pu déplacer la majorité telle que les élections l'ont fait ressortir.

Ce que vous ne trouverez pas, ce qui constitue un phénomène anormal, ce qui indique de la part du suffrage universel, je ne dirai pas un mauvais fonctionnement, mais la cessation même de son fonctionnement, c'est un chiffre d'abstentions tellement considérable qu'il dépasse de plusieurs milliers le nombre de voix qui forme la majorité d'une assemblée aussi importante par les décisions qu'elle rend que le Conseil municipal de la capitale de la France.

Messieurs, je suis entré dans ces détails pour donner à une proposition qui est, d'ailleurs, généralement admise, une assiette plus solide qu'une simple affirmation.

C'est, en effet, un lieu commun de dire que Paris se désintéresse, dans une très large mesure, des élections municipales.

Eh bien! j'ai voulu faire toucher du doigt dans quelle mesure ce désintéressement se produisait, et montrer comment il est possible dans des circonscriptions où il y a 7.000 électeurs de devenir conseiller municipal avec 1.600 suffrages.

Cette situation se résume en deux mots : l'abstention des électeurs résultant de l'abstention des candidats.

Il est incontestable qu'il y a telle circonscription, tel arrondissement, où la présence d'un nom connu, d'un industriel, d'un commerçant, d'un homme représentant les lettres ou les arts, de quelqu'un ayant vécu là, ayant donné des gages, amènera à voter tous ceux parmi lesquels il a su obtenir la considération dont il est entouré; quand ils verront formé un collège électoral où l'éclat des services et des talents sont une garantie de succès, ils s'intéresseront aux résultats d'une élection importante, considérable.

Mais, quand vous leur demanderez d'affronter les ennuis, les difficultés et les périls sans grandeur des luttes électorales actuelles, ils se désintéresseront absolument, et leur désintéressement sera suivi de celui des électeurs eux-mêmes. (*Très bien! très bien! à gauche.*)

Cela s'est produit pour une raison qui me paraît certaine autant que l'examen auquel on se livre sur des faits peut permettre d'apporter des affirmations absolues, c'est qu'étant donné qu'un conseiller municipal, de quelque façon qu'il soit élu, prend place dans cette assemblée qui sera l'assemblée municipale de Paris, étant donnée l'importance considérable de son mandat, on n'a pas attribué assez d'importance à l'élection elle-même; et cette observation, qui est chez moi le résultat d'une conviction très profonde et très réfléchie, me permet de répondre à une objection qui a été faite et qui est tirée de ce que l'élection des conseillers municipaux, avec le scrutin de liste par grands sectionnements, conduirait à leur donner trop d'importance.

Je réponds : qu'un conseiller municipal soit élu par 2.500 voix ou qu'il soit élu par 40.000, ce conseiller municipal aura la même somme de droits, son mandat sera identiquement le même. Seulement, ce qui est vrai, c'est qu'au moment où on le nommera vous n'amènerez pas les électeurs à considérer cette opération électorale comme étant d'une gravité égale à celle qu'ils auraient à remplir, s'il s'agissait, entre arrondissements réunis, de choisir les plus dignes, les plus éclairés, les plus méritants.

Et c'est ainsi qu'il advient que le jour où il s'agit de choisir un conseiller municipal qui représentera un quatre-vingtième de la puissance municipale de Paris, il y a quelquefois les quatre cinquièmes du collège électoral qui vont à leurs plaisirs ou à leurs affaires !

Je crois donc qu'on fait un très faux raisonnement quand on dit : les conseillers municipaux ne seront élus que par le quartier ; un quartier, c'est une parcelle infinitésimale de la capitale ; l'élection n'aura pas de gravité.

C'est là, Messieurs, le raisonnement du public, qui ne mesure pas assez que ce conseiller municipal jouira, dans l'assemblée dont il doit faire partie, d'une somme de droits qui ne sera ni limitée ni mesurée par le nombre des voix qu'il aura obtenues.

Il y a, Messieurs, une seconde cause que je considère comme plus certaine encore. Je vous montrais, tout à l'heure, le langage tenu par un ancien préfet de la Seine, le langage tenu par un publiciste ; je pourrais en appeler au langage du public lui-même.

Je pourrais citer bien des noms qui viennent à l'esprit, dont le choix n'est même pas dicté par l'esprit de parti, qui, depuis de longues années, n'ont pas voulu affronter les luttes électorales et se mettre à la disposition des électeurs.

Comment cela est-il advenu ?

Cela est résulté, Messieurs, des conditions mêmes dans lesquelles doit fatalement s'engager la lutte quand vous faites un collège électoral restreint. Vous avez pensé, vous deviez penser, en 1871, qu'en créant des collèges électoraux extrêmement étroits, on arriverait à en bannir les luttes, les discussions politiques, les controverses violentes, et à faire du quartier, comme je le disais tout à l'heure, une arène exclusivement municipale, où l'on ne parlerait que des intérêts communs et paisibles de la cité, où l'homme qui aurait fourni le plus haut degré d'honnêteté, de probité et d'intelligente administration serait nécessairement élu.

Eh bien ! Messieurs, on est arrivé à un résultat tout contraire : on a fait de l'élection un duel électoral, une arène où on se bat à bout portant, à coups d'exagérations et à coups de promesses, et où il ne faut pas descendre si on n'est pas résolu à mettre, comme tant d'autres, enchère et surenchère sur les théories les plus excessives.

Eh! Messieurs, comment les choses se passent-elles ? Vous le savez à merveille ; il n'est même pas nécessaire d'être du quartier pour être élu : on est nommé conseiller municipal suivant qu'on est pour ou contre la suppression des armées permanentes, par exemple. Comment peut-on arriver à ce résultat? Comment se fait-il que, dans une ville intelligente comme Paris, qui a tant de besoins, tant d'énormes intérêts, on en arrive à se désintéresser de tout ce qui fait travailler et de tout ce qui fait vivre?

Eh bien! je vais vous le dire, et ici j'analyse, je raconte. Quand on a conquis dans le domaine de la politique, dans quelques réunions un peu orageuses, ou dans quelques journaux par des articles plus ou moins exagérés, une sorte de notoriété, un fond commun de connaissances qui sont à la science politique un peu ce que sont à la langue française, qu'on me permette de le dire, les dictionnaires de conversation à l'usage des étrangers (*Rires approbatifs à gauche.*), quand on a, ainsi, fait quelque bruit, on organise dans son quartier quatre ou cinq réunions publiques, et là, dans cette arène si restreinte, dans cette enceinte si étroite, ce n'est pas des grands intérêts de la cité qu'il faudra parler. Ce qu'il faudra faire ?... tenez, un ancien conseiller municipal l'a écrit ; il a résumé avec un peu d'humeur peut-être, mais avec beaucoup de vérité, la substance des programmes qui obtiennent la primauté dans ces duels, dans ces tournois de quartier. Voici le langage d'un candidat :

« Vous me demandez la lune? Ce n'est pas la lune que je vous donnerai ; je tâcherai d'en décrocher deux ; nommez-moi, et vous aurez deux lunes. — Très bien, vous êtes notre homme! » (*Rires.*)

Qui est-ce qui parle ainsi? Messieurs, ce ne sont pas les électeurs du quartier ; ce n'est pas le suffrage universel du quartier : c'est l'élément habitué à se rendre dans ces réunions qui parle ainsi en face des hommes qui ont pu prendre assez sur eux pour avoir le courage d'affronter des épreuves de cette nature.

Eh bien! ici encore, je prends à témoin tous ceux qui entretiennent quelques relations avec la population parisienne, qui compte tant de représentants, tant de défenseurs accrédités et illustres : il y a eu, jusqu'à l'heure actuelle, une répugnance considérable à affronter ces luttes.

Cette répugnance s'est encore accrue ; vous aviez peu de candidats qui eussent ce courage particulier qui permet d'affronter ce que l'honorable M. Herold appelait des accidents. Vous en aviez peu aux élections dernières, vous en aurez encore moins aux élections prochaines, et au fur et à mesure que ces épreuves se renouvelleront, vous verrez ce mal, déjà constaté par le Gouvernement, constaté, d'autre part, par l'opinion publique, croître et s'aggraver jusqu'à un point où il serait peut-être difficile de le guérir.

S'il est vrai que l'abstention des candidats soit pour beaucoup dans les mauvais résultats qu'a donnés le scrutin par quartier, il y a encore un point pour lequel il est difficile d'apporter une démonstration mathématique, mais enfin pour lequel une démonstration expérimentale n'est peut-être pas impossible.

Tenez, après que la Chambre eût voté, pour la première fois, un mode électoral qui permettait de dresser des listes de 20 noms, il s'est produit — ceci ne peut pas être nié — dans une partie de la population jusque-là indifférente un mouvement qui a frappé tout le monde et qui m'a pour ma part tout particulièrement touché.

J'ai vu des industriels, des commerçants, abstraction faite de toute visée politique, venir dire : nous nous sommes tenus, depuis des années, à l'écart de luttes dans lesquelles nous n'avions véritablement pas le courage de descendre. Si le scrutin de liste est maintenu, s'il est possible de ne faire appel ni aux petites haines ni aux petites rancunes de quartier, si l'élection se décide non par ce qu'on aura pu promettre à un groupe, mais par l'exemple qu'on aura donné, pendant quinze ou vingt ans, d'une vie commerciale ou industrielle sans reproche, nous accepterons la candidature et nous nous porterons. (*Très bien!* à gauche. — *Interruptions à droite.*)

Je parle de ce que je sais. Et si l'on me trouve trop affirmatif dans cet ordre d'idées, je demande qu'on vienne ici affirmer que les mêmes personnes, qui accepteraient de prendre place sur une grande liste collective, accepteront de descendre dans l'arène électorale avec le scrutin uninominal. Cette affirmation serait tellement téméraire que j'ose mettre en fait que personne ne l'apportera à cette tribune. (*Nouvelles marques d'approbation à gauche.*)

Mais, Messieurs, c'est qu'il y a une différence du tout au tout, suivant qu'on s'arrête à un système ou suivant qu'on s'arrête à un autre. Je qualifiais, tout à l'heure, le scrutin uninominal de duel à bout portant — cela ne saurait être nié — surtout dans le quartier. Encore une fois, vous aurez beau faire, vous ne pouvez pas, en ce moment, imaginer *in abstracto* de système réalisable à plus ou moins longue échéance. C'est toujours entre le maintien de la situation actuelle, c'est-à-dire entre le mal présent aggravé et l'expérience du scrutin de liste, qu'il faudra choisir.

Messieurs, ces trop longues observations... (*Non! non! à gauche. — Parlez! parlez!*) m'amènent à dire un mot de quelques objections procédant de préoccupations que tout le monde doit envisager, qui ne sont pas des préoccupations de parti.

Je comprends à merveille que certaines fractions, — je ne parle pas de l'opinion républicaine dans ses nuances, dans ses variétés, — je comprends à merveille, dis-je, que certaines fractions, aujourd'hui représentées au Conseil municipal, voient avec infiniment de peine, avec infiniment d'irritation, un système électoral qui ne leur présente pas les mêmes chances d'être représentées dans cette assemblée; c'est peut-être ce qui explique comment, après avoir voté tout ce qui semblait ne pas devoir être accepté, sans réserve, par la gauche du Sénat, l'autre partie de cette assemblée a voté contre l'ensemble de la proposition de loi que vous avez adoptée, lorsque nous nous en sommes occupés pour la dernière fois. (*Très bien! très bien! à gauche.*)

Mais, Messieurs, je laisse de côté des préoccupations égoïstes. Il ne me tombe pas sous le sens qu'il soit absolument indispensable, au point de vue des intérêts de la ville de Paris, qu'une portion intransigeante, nommée par une minorité de la population, fasse la loi à cette capitale, grâce à l'aide qu'elle trouve invariablement dans une minorité plus infime encore qui, dans les votes importants, ne manque jamais de lui apporter son concours. (*Très bien! à gauche.* — *Murmures à droite.*)

Mais il y a des circonstances, des considérations qui s'imposeraient à tout le monde, et c'est de celles-là que je veux dire un mot.

On nous a dit : « Mais s'il est bien évident que demander un système électoral qui représenterait toutes les minorités au Conseil municipal excède peut-être la mesure des justes revendications, que deviendront les modérés de notre parti? que feront-ils dans cette élection au grand scrutin de liste? Ne voyez-vous pas qu'ils vont être éliminés? que tout cet élément, considérable à Paris comme ailleurs, sera absorbé? »

Eh bien! Messieurs, ne sortant pas des deux termes où je me suis renfermé moi-même, ou le *statu quo*, ou l'innovation qui vous est proposée, voici la question que je pose à ceux qui ont cette préoccupation extrêmement naturelle et honorable.

Voulez-vous me dire où le scrutin uninominal vous a permis de vous faire représenter? Voulez-vous me dire dans quel quartier vous irez demander à la population d'oublier ces articles du programme que je lisais tout à l'heure, et de s'inspirer, dans les choix qu'elle va faire, uniquement de la nécessité de représenter toutes les opinions?

Dites-moi, aux élections du 4 mai prochain, quels sont les quartiers où, les républicains pouvant triompher, vous pensez que vous puissiez faire réussir une de ces candidatures qui ont cependant leur place marquée dans le Conseil municipal? Cela n'est pas possible, vous le savez. Ce qui est possible, au contraire, — je ne puis pas me porter fort pour des électeurs, ni même pour ceux qui s'occupent des élections municipales, — ce que je crois pouvoir dire, parce que la conviction qui m'anime est partagée par beaucoup de personnes, c'est que s'il est, au contraire, un mode de scrutin qui se prête à la représentation des différentes fractions d'une opinion, qui permette, se plaçant au point de vue des intérêts supérieurs de la ville, de faire une part, et une large part, à tous les intérêts, c'est précisément le mode de scrutin qu'on vous propose. (*Très bien! très bien! à gauche.*)

Il me semble que le jour où, au lieu de mettre en présence deux champions plus ou moins ardents, enfermés dans les frontières étroites d'un quartier, vous aurez convoqué le suffrage universel, réuni une population électorale qui représentera jusqu'à quatre arrondissements, alors, Messieurs, l'intérêt de chaque parti voudra qu'on forme une liste telle qu'elle rallie tout ce qui peut composer l'armée de la majorité.

Son intérêt voudra surtout qu'on place dans cette liste, qui devra retentir non pas seulement d'une rue à une autre ou d'un îlot à un autre, mais des confins et des frontières d'un arrondissement aux confins extrêmes d'un autre arrondissement, l'intérêt, dis-je, voudra qu'on y place des noms dont la notoriété s'est étendue, des noms sur lesquels chacun se soit formé un jugement, et qui, par là même, rallieront dans l'ensemble de la circonscription électorale le plus grand nombre de suffrages ; c'est là, Messieurs, en tout cas, l'ambition que nous avons tous ; c'est le but que se sont proposé ceux qui soutiennent le scrutin de liste par grands sectionnements. Nous voudrions, je voudrais pour ma part, que, dans cette capitale où tous les intérêts français, tous les intérêts de la production, tous les intérêts du travail, où le commerce, l'industrie, les arts et les lettres sont portés à leur plus haut degré de puissance et de perfection, on trouvât un mode de suffrage qui permît à Paris de se faire représenter enfin par ses grands industriels, par ses grands artistes, par ses grands littérateurs, par ses grands travailleurs. (*Interruptions ironiques à droite.*)

Mais, Messieurs (*M. le Ministre s'adresse à la droite*), je pense que cet objectif n'a rien qui soit pour vous déplaire, à moins que vous ne préfériez — ce dont vos amis ont donné plus d'un exemple — vous rallier à toute méthode qui, ne permettant pas à l'opinion républicaine générale de prévaloir, consiste à donner la préférence à ses extrêmes...

M. LE BARON DE LAREINTY. — De quel droit venez-vous nous accuser ici de le faire? Nous ne l'avons jamais fait. Je demande la parole. Je ne peux pas supporter d'accusations semblables.

Nous n'avons pas dit un mot, et vous venez nous accuser d'une chose indigne.

M. LE MINISTRE. — Je voudrais, disais-je, que la méthode électorale qui sera choisie permît à Paris de se faire représenter par ce qu'il y a de plus considérable dans chacune des branches de travail, dans chacune des branches de production qui tiennent dans son histoire, dans son avenir, une si large place.

Eh bien! je répète — et je ne comprends pas que j'aie pu blesser quelqu'un en le disant — que cet idéal n'est pour choquer personne...

M. LE BARON DE LAREINTY. — Au contraire!

M. LE MINISTRE. — Je n'ai pas dit autre chose; et je me hâte d'ajouter que, sans pouvoir affirmer, ce qui serait téméraire, qu'il en sera nécessairement ainsi, il est, du moins, une proposition qui me semble évidente : c'est que, s'il existe un moyen pour amener ce résultat, c'est le moyen qu'on vous propose. (*Très bien! très bien! à gauche.*)

J'ajoute que, si, une fois de plus, une déception devait se produire, si, à la première consultation que le suffrage parisien rendra avec cette méthode, elle ne donnait pas des résultats aussi satisfaisants qu'on doit le désirer, si Paris ne pouvait parvenir à faire un Conseil municipal à son image, il ne faudrait pas s'en alarmer outre mesure... (*Interruptions à droite.*)

Il ne faudrait pas, dis-je, s'exagérer un mal passager. Nous aurions, du moins, fourni le moyen d'y porter remède, et je crois, pour ma part, que la dernière des servitudes que Paris pourrait accepter, s'il devait jamais la connaître, ce serait celle de l'incapacité.

Aussi ce que le Gouvernement vous demande, Messieurs,

c'est de ne pas laisser les élections prochaines se faire avec la méthode qui a donné de si mauvais résultats; il est fermement convaincu que si un progrès considérable est possible, et s'il est probable, c'est incontestablement avec le système qui vous est proposé.

C'est dans ces conditions et pour ces motifs que nous demandons au Sénat de se rallier à la proposition de loi votée par la Chambre des Députés et d'adopter des conclusions qui sont celles de sa propre Commission. (*Très bien! et vifs applaudissements à auche.*)

PROPOSITIONS D'AMNISTIE

CHAMBRE DES DÉPUTÉS. — *Séances des 19 mars et 9 juillet 1883, et du 12 juillet 1884.* — Des événements graves se passèrent, en 1882 et 1883, sur divers points du pays, notamment à Montceau-les-Mines, Lyon, Paris, à l'occasion de grèves ou de manifestations violentes. Il en résulta des arrestations suivies de condamnations. Trois propositions d'amnistie en faveur des condamnés furent déposées à la Chambre, à des dates diverses, par MM. Henry Maret, Clovis Hugues, Tony Révillon. Elles furent successivement repoussées par M. Waldeck-Rousseau.

MESSIEURS,

Il y a, dans le discours de l'honorable M. Clovis Hugues et dans l'exposé des motifs de l'honorable M. Henry Maret, des passages auxquels je ne veux ni ne dois répondre.

En effet, dans l'improvisation de l'un comme dans les méditations de l'autre, bien des sujets qui constituent des digressions de toute nature ont pris place, et quand on soulève une question aussi importante il ne faut rien introduire dans le débat qui en puisse diminuer la gravité, ou en faire oublier le caractère sérieux.

On a beaucoup parlé, Messieurs, de la sollicitude que l'on devait accorder aux personnes qui sont l'objet de la proposition de loi : j'ai donc le devoir de rechercher si elles la méritent.

La proposition — si l'on ne considère que son titre — est extrêmement large; elle vise tous les délits ou crimes politiques qui auraient pu être commis; mais, si l'on s'attache aux développements qui lui ont été donnés, on voit immédiatement qu'elle a été rédigée en vue de faits particuliers, et je ne crois pas travestir la pensée des honorables auteurs de cette proposition en disant qu'elle a pour objet direct de faire accorder l'amnistie aux condamnés de Montceau-les-Mines et de Lyon. Je dis, en outre, que, de même que les délits politiques considérés dans leur ensemble n'ont pas été l'objet d'une réflexion ou d'une discussion de la part des divers orateurs qui m'ont précédé, de même les condamnés de Montceau-les-Mines ont à peine retenu leur attention pendant quelques instants.

Les condamnés de Montceau-les-Mines sont des hommes obscurs, et on en a parlé pour mémoire. Il appartiendra au Gouvernement de tenir compte de leur passé, de l'infériorité de leur éducation, et de rechercher s'il n'en est pas vis-à-vis desquels on peut se montrer clément. (*Très bien ! très bien ! sur divers bancs.*)

Les condamnés de Lyon, qui ont eu l'heureux privilège d'occuper l'attention toute spéciale des deux collègues auxquels je réponds, se trouvent placés dans une situation bien différente en raison des actes dont ils portent le poids, dont il faut qu'ils portent la responsabilité, et qui appellent une expiation nécessaire.

Tout à l'heure on a présenté les théories dont ils se font les apôtres comme des doctrines inoffensives. Or, j'estime, au contraire, qu'entre les actes des condamnés de Montceau et ces doctrines, il y a la relation qui existe, — on a beaucoup usé de cette expression, — entre la cause et l'effet; et si, à certaines heures, on peut proposer des mesures de clémence pour ces hommes égarés, je ne crois pas que les condamnés de Lyon méritent cette indulgence, ni qu'ils soient des républicains, ni qu'ils soient une avant-garde.

Il semble, en vérité, que devant eux les vétérans du parti républicain doivent se déclarer dépassés, et que nous soyons en présence d'hommes qui, de certaines extrémités les plus excentriques de l'opinion, donneraient des avertissements, sinon des leçons ?

Eh bien ! Messieurs, il n'est pas mauvais de rechercher s'ils appartiennent à une fraction quelconque du parti républicain, s'ils peuvent s'en réclamer, et s'il est même une fraction qui les réclame; s'ils n'ont pas assumé devant le jugement des hommes politiques la responsabilité des événements de Montceau-les-Mines et de tant d'autres événements de même nature. Il s'agit de voir enfin si l'heure est véritablement venue, pour rassurer l'opinion publique et calmer les émotions, d'accorder le bénéfice de l'amnistie à tous ceux qui ont été l'objet de condamnations justifiées, régulières.

On pourrait dire, et ce sont là des raisons d'ordre général, que l'amnistie n'a jamais été accordée qu'après un certain apaisement, alors que le châtiment a été en partie subi. Je pourrais ajouter qu'elle ne doit jamais viser une seule catégorie de personnes et qu'il est tout à fait inadmissible, au lendemain d'une décision judiciaire et d'un verdict de jury... (*Très bien! très bien! à gauche et au centre*), de présenter ce qui ne doit être qu'une mesure politique comme une sorte de revanche, et je dirai volontiers presque une condamnation pour le juge. (*Applaudissements à gauche et au centre.*) Mais je veux me placer à un autre point de vue et faire remarquer à la Chambre que l'amnistie est surtout une mesure politique que l'on prend dans un esprit politique; il faut qu'au lendemain de l'amnistie on puisse entrevoir une réconciliation; c'est là sa raison d'être; ce qui l'explique et la justifie, c'est qu'à de certaines heures, à des moments de trouble, au milieu de discordes civiles qui produisent un effarement durant lequel tout s'obscurcit, on conçoit, je ne dis pas qu'on excuse, certains égarements et même certains crimes; alors il est possible à un parti de pardonner, de faire l'oubli sur les égarements et les défaillances; alors il est permis de ne se souvenir que de certaines douleurs et des mauvais jours qu'on a traversés ensemble. Mais rien de semblable ne peut être allégué aujourd'hui. Je ne sache pas que les écrits, les provocations, les machinations dont les dossiers de ces affaires ne fournissent que trop de preuves, je ne sache pas que tout cela ait été justifié par des persécutions et des douleurs sans nom; et je vous assure que si, sortant de ce qui est le domaine de la politique, lequel ne comporte que des appréciations générales, on entrait dans l'examen des situations particulières, on ne trouverait pas seulement, parmi les condamnés de Lyon, des hommes aux mains calleuses, mais on y rencontrerait surtout cette sorte de travailleurs pour lesquels le bruit, l'émeute, sont une véritable industrie... (*Très bien! très bien! à gauche. — Rumeurs à droite.*)

Il faut le dire, le proclamer : dans nos troubles civils, dans ces désordres qu'on organise, il y a deux catégories de personnes : il y a celles qui en souffrent et il y a celles qui en vivent! (*Vifs applaudissements au centre et à gauche.*)

Je crois, Messieurs, que, par ces seules raisons d'intérêt général et social, il est facile de démontrer que le moment est bien mal choisi pour demander qu'on accorde l'amnistie aux condamnés qui sont directement et spécialement visés dans la proposition dont vous êtes saisis.

Mais, je le sais, on ne se fera pas faute de dire que nous manquons de clémence, et il a échappé à l'honorable M. Henry Maret d'affirmer que c'étaient des dissidents du parti républicain qui avaient été frappés, que c'étaient, en quelque sorte, d'anciens républicains et comme des compagnons d'armes dont nous méconnaissons aujourd'hui les services. Si l'heure n'était pas aussi avancée, et, sans refaire le moins du monde le procès aux personnes, je voudrais montrer ce que pensent et ce qu'enseignent ceux qu'on nous représente comme une avant-garde ou des enfants perdus du parti républicain... (*Interruptions diverses sur quelques bancs à gauche.*)

Dans l'intérêt du parti républicain, il faut que l'on sache... (*Nouvelles interruptions sur divers bancs.*)

Messieurs, j'ai dit que je n'entrerais pas dans des détails particuliers, dans l'examen des actes qu'on pourrait reprocher aux uns ou aux autres, parce que ce n'est pas là ma tâche, mais voulez-vous me permettre de faire passer sous vos yeux quelques extraits d'articles qui montreront les doctrines... les provocations et les excitations incessantes qui ont trouvé place dans différents journaux dont tous les condamnés de Lyon se sont réclamés, dont ils ont pleinement accepté la solidarité, journaux qui, fondés à des époques diverses, ont reçu leurs conseils et publié leurs écrits? (*Parlez! parlez!*)

Je ne veux pas parler — je ne le ferai que si on m'y oblige — de certaines doctrines sur la propriété, de certains conseils donnés aux locataires sur l'art d'incendier les maisons des propriétaires. (*Rires.*)

M. Cunéo d'Ornano. — On n'a pas été poursuivi pour cela !

M. le Ministre. — Je ne veux pas non plus parler des engins dont on recommande la fabrication, dont on préconise l'usage comme absolument légitime ; je veux montrer, — car c'est le côté politique de la tâche qui m'est imposée par la proposition qui nous occupe, — qu'entre les hommes dont on parle et auxquels nous refusons de donner l'amnistie, et les républicains quels qu'ils soient, il ne peut y avoir rien, absolument rien de commun. (*Applaudissements à gauche.*)

Au sommet de leur doctrine ils ont précisément placé le mépris du suffrage universel ; au sommet de leurs doctrines ils ont placé le mépris du pays, l'effacement de l'idée de patrie ! (*Applaudissements sur les mêmes bancs.*)

Je demande, par de très courtes lectures, à justifier ces affirmations ; non seulement pour vous, Messieurs, mais pour tous ceux qui suivent ces débats, auxquels il faut que la vérité parvienne, et auxquels nous devons la raison de la conduite que nous croyons devoir tenir. (*Très bien! très bien! à gauche.*)

Dans un numéro du journal *l'Etendard révolutionnaire*, voici ce que je lis sous le titre : « L'action électorale et l'action révolutionnaire » :

« Plus d'une fois déjà nous avons dit ce que nous pensions du vote et de tous les scrutins ; on sait que nous en sommes les ennemis les plus acharnés, les plus irréconciliables adversaires, et que nous ne sommes partisans que de l'action purement, entièrement, révolutionnaire.

« Dans le suffrage universel, nous ne reconnaissons qu'une odieuse mystification... » (*Interruptions à droite.*)

On trouve dans un document signé d'un certain nombre de prévenus un appel aux électeurs qui débute ainsi :

« Une fois de plus, vous êtes appelés à sanctionner votre asservissement en portant votre bulletin dans l'urne... »

Le reste du placard n'est que le développement de cette pensée.

On trouve, dans un manifeste recueilli, répandu par un journal, distribué par tous les moyens de publicité, cette déclaration de principes :

« Nous écartons tous les moyens légaux parce qu'ils sont la négation même de notre droit; nous repoussons le suffrage dit universel, ne pouvant nous départir de notre souveraineté individuelle et nous rendre d'avance complices de crimes commis par de prétendus mandataires. »

Ceci n'est absolument que la thèse abstraite; restait à définir les voies et moyens, et la même publication les indique. Je demande la permission de mettre sous vos yeux de très courts passages des instructions publiées dans les mêmes organes, dont je ne prendrai que quelques lignes, bien que tout le passage fût à lire. (*Lisez! Lisez!*)

Voici les instructions données par le journal *le Révolté* :

« Distraire et détourner les masses ouvrières de tout ce qui est préoccupation d'ordre purement politique, en posant en principe qu'il n'y a rien à attendre de la politique et des politiciens... »

« S'ingénier surtout à faire partager au plus grand nombre possible d'électeurs la conviction que le suffrage universel n'est que le despotisme du nombre, c'est-à-dire un despotisme que, comme tous les autres, il faut battre en brèche...

« Dénoncer, par suite, tous représentants et mandataires élus comme autant d'ennemis... Honnir et conspuer surtout les députés de l'extrême gauche... » (*Rires bruyants à gauche et au centre.*)

M. LE COMTE DE DOUVILLE-MAILLEFEU. — Nous n'avons pas besoin de protection.

M. CAMILLE PELLETAN. — Cela ne m'inquiète pas !

M. LE MINISTRE. — Messieurs, vous n'êtes pas les seuls

qui soyez recommandés à une attention plus spéciale. (*Interruptions à l'extrême gauche.*)

Je continue :

« Honnir et conspuer surtout les députés de l'extrême gauche, les personnalités marquantes du parti radical, mais plus spécialement, entre tous, les députés ouvriers... »

« Diffamer hommes d'État, ministres, magistrats, y compris jurés des cours d'assises. »

Que la Chambre me permette encore une lecture de quelques lignes, non plus même sur ce sujet du suffrage universel, mais sur un objet plus élémentaire encore et qui s'appelle la patrie.

Dans un numéro de *l'Étendard révolutionnaire*, on lit :

« Les mots patrie et frontières sont les derniers remparts de la tyrannie et du despotisme ; c'est un restant de préjugé qui disparaîtra de nos mœurs exactement comme a disparu la province. » (*Exclamations.*)

Dans un autre écrit, qui se trouve dans le numéro 8 du journal *l'Étendard révolutionnaire*, je trouve ces derniers mots que je recommande à votre attention :

« Nous disons plus haut que les mots patrie et frontières sont deux mots vagues et creux ; effectivement pourquoi ne pas appeler la commune sous le clocher de laquelle on a reçu le jour également sa patrie !...

« Il n'y a pas plus de libertés qu'il n'y a de bons dieux. Il n'existe pas plus de liberté à la sauce française qu'il n'y en a à la sauce allemande. » (*Exclamations nombreuses.*)

Vous comprenez, Messieurs, que je ne fais pas ces lectures pour démontrer ce qui n'est pas à démontrer, que ces propos peuvent tomber sous l'application d'une loi. Je ne fais pas ici un procès de tendance, je ne cherche pas à établir qu'il y a là les éléments d'un délit ou d'une provocation à des crimes ; ce n'est pas à la tribune qu'on recommence les procès qui ont été portés devant la justice. Je fais autre chose, et quand on vient nous dire : Il y a des hommes auxquels il faut accorder aujourd'hui l'amnistie, je recherche s'ils sont véritablement dignes de l'oubli et du pardon, et j'ai le devoir de montrer quelles sont leurs doctrines, si on peut appeler de ce nom un système qui consiste à prendre, dans le Code pénal, tout ce qu'il flétrit, et dans la morale tout ce qu'elle réprouve (*Très bien ! très bien !*), pour en faire je ne sais quel catéchisme social ! (*Applaudissements.*)

Dans ces conditions, nous ne croyons pas qu'il y ait lieu de voter la proposition de l'honorable M. Maret; non pas que nous ayons le moins du monde l'intention de crier au péril social, — la société française n'est pas mise en péril par les anarchistes ; — mais, de ce que la société n'est pas en péril, je ne pense pas qu'il s'ensuive que les lois doivent rester vaines ; et, quand on parle des émotions qui auraient été soulevées par les condamnations de Montceau et de Lyon, je dis, Messieurs, que, s'il y a eu de l'émotion, c'est lorsque, voyant chaque jour des provocations nouvelles, des appels à l'émeute et aux attroupements, on avait pu croire que ces appels resteraient impunis.

Par conséquent, si nous repoussons la demande d'amnistie, ce n'est pas afin de persuader au pays qu'il court à l'heure actuelle des périls : rien de ce qui se passe, en France, ne ressemble à ce qui peut se passer ailleurs en Europe. Dans ce prétendu mouvement anarchiste, vous trouverez un certain nombre d'individualités, une poignée de factieux, quelques malfaiteurs, quelques malades ; vous ne trouverez rien qui, de près ou de loin, puisse représenter un parti dans la nation (*Très bien ! très bien ! à gauche*), et on peut envisager ces faits avec autant de sécurité que d'aversion. Mais, quand il s'agit d'un acte politique, quand il s'agit de savoir si l'on est en présence de personnes qui méritent une mesure de clémence comme l'amnistie, j'affirme qu'il faut se souvenir de ce qu'elles sont, se rappeler ce qu'elles ont dit, et ne pas leur faire dans votre clémence et dans votre pitié une part qu'elles n'ont certes pas encore méritée. (*Vifs applaudissements.*)

Messieurs[1],

J'éprouve à répondre à M. Clovis Hugues un embarras particulier. J'avais annoncé que le Gouvernement combattrait la proposition d'amnistie. Or, il me semble que l'honorable M. Clovis Hugues ne m'a rien laissé à dire... (*Sourires.*) Les considérations qu'il a développées, cette théorie de l'amnistie inopportune, et, qu'il me permette de le dire, certaines parties de son discours qui, peut-être, n'étaient pas en parfaite harmonie avec la gravité que comporte un pareil sujet... (*Très bien ! très bien ! au centre*), me paraissent autant de raisons pour lesquelles il n'existe assurément, à l'heure actuelle, dans l'esprit de la Chambre, aucun doute ni aucune hésitation.

En outre, nos honorables collègues, signataires de la proposition, déclarent eux-mêmes qu'ils ne se font aucune illusion, qu'ils savent qu'elle ne sera pas accueillie. Dans de pareilles conditions, un discours serait certainement déplacé.

Toutefois, je tiens à dire qu'un gouvernement qui serait assez faible, je ne dis pas pour s'associer à une proposition de cette nature, mais pour la laisser passer sans une protestation énergique, serait l'objet dans tout le pays, — et, par le pays, je n'entends pas quelques demi-douzaines de cercles anarchistes, — du blâme le plus sévère et le plus mérité. (*Applaudissements au centre.*)

On faisait tout à l'heure allusion à une demande d'amnistie qui a bien longtemps occupé l'opinion ; on rappelait le discours qui décida de cette mesure. En vérité, Messieurs, est-il besoin de dire qu'entre l'amnistie que vos prédécesseurs ont votée et celle qu'on vous demande, il n'y a rien, il ne peut y avoir rien de commun ?

Une amnistie est une mesure politique que prend un gouvernement dans son propre intérêt ; elle suppose des délits ou des crimes commis dans un moment d'effervescence, de convulsion, dans des circonstances, en un mot,

---

[1]. Séance du 9 juillet 1883.

qui les excusent; elle suppose enfin qu'un mouvement s'est produit dans l'opinion, qu'après une longue expiation le pays a pu oublier certaines erreurs et qu'il veut en effacer jusqu'au souvenir.

Si ce sont là les conditions ordinaires d'une amnistie, qui donc pourrait affirmer qu'il s'en rencontre une seule que l'on puisse invoquer à l'appui de votre proposition de loi? (*Très bien! très bien!*)

Les condamnés, je ne veux pas refaire leur procès, ce n'est pas mon rôle, mais enfin, s'agit-il d'un parti vaincu? ceux dont vous nous parlez sont-ils donc un parti? Est-ce qu'il y a dans le personnel des condamnés de Lyon, de Moulins ou de Paris des victimes politiques? Est-ce dans un moment de troubles, dans une de ces crises politiques où l'on perd la notion des choses, qu'ils ont commis les actes délictueux ou criminels pour lesquels on les a frappés? C'est, Messieurs, en pleine liberté, en pleine paix intérieure, qu'ils ont commis, non des délits de presse ou d'opinion, mais des crimes et des délits de droit commun. L'un a été condamné à Paris pour avoir pillé un magasin; un autre, pour avoir distribué dans les casernes le Manuel du parfait incendiaire, à l'usage des soldats. (*On rit.*)

Voilà ceux qui paraissent captiver tout particulièrement votre intérêt!

M. LE COMTE DE LANJUINAIS. — Vous n'accusez plus aujourd'hui les royalistes d'être les auteurs de ces méfaits.

M. LE MINISTRE DE L'INTÉRIEUR. — Je demande s'il y a quelque chose de commun entre les erreurs tragiques d'une population affolée et ces crimes et délits particuliers commis sans provocation et qui sont sans excuse? (*Très bien! très bien!*) On ne saurait davantage invoquer la suspicion qui s'attache aux jugements rendus par des tribunaux exceptionnels.

Ceux dont l'honorable M. Clovis Hugues s'est fait l'avocat n'ont pas été, que je sache, condamnés par des conseils de guerre, ils ont été condamnés par les tribunaux ordinaires; les plus sévèrement frappés l'ont été par le jury.

Et c'est dans ces conditions qu'on vient dire : « Si vous

voulez l'apaisement, il n'y a qu'une chose à faire : élargissez ces apôtres du progrès par les matières explosibles, ceux qui, dans telle ou telle ville, dans telle ou telle circonstance, ont hautement provoqué au pillage et à l'assassinat! »

Je m'étonne, en vérité, qu'on ne demande pas, pour que l'apaisement soit plus complet, quelque mesure de sévérité contre les juges ou contre le jury ! (*Rires approbatifs à gauche et au centre.*)

M. DE BAUDRY-D'ASSON. — On y viendra !

M. LE MINISTRE. — Je disais qu'aucun mouvement d'opinion ne s'est produit, qu'aucune réclamation de l'opinion publique ne s'est fait jour. Mais des protestations se sont élevées, qui jugent cette méthode d'apaisement et qui dictent absolument notre arrêt.

Voici, par exemple, la délibération qui est prise par un cercle d'Alais :

« Apprenant l'infâme condamnation prononcée contre Louise Michel, Pouget et leurs coaccusés, le groupe l'*Avant-garde d'Alais* cloue au pilori de l'opinion publique les douze bourgeois qui ont frappé des socialistes sincères, et met en demeure nos gouvernants, à l'occasion de la fête du 14 juillet, de faire l'amnistie pleine et entière pour tous les condamnés politiques. »

Un membre à l'extrême gauche. — Très bien !

M. LE MINISTRE. — Voici une autre délibération que je recommande aux sympathies de notre collègue. (*On rit.*)

M. CLOVIS HUGUES. — Elles sont tout acquises.

M. LE MINISTRE. — « Le groupe communiste révolutionnaire de Paris déclare que la condamnation « pour crime de droit commun » prononcée contre Louise Michel, Pouget et leurs coaccusés, par la classe possédante aux mains de laquelle ils sont tombés, qui s'est érigée leurs jurés et juges, « réhabilite entièrement » les voleurs et les assassins, victimes de l'organisation sociale propriétaire actuelle, jugés et condamnés par les mêmes juges, au moyen des mêmes procédés et aux mêmes peines. (*Exclamations.*)

« Le groupe se déclare solidaire des actes de ses amis et continuera leur œuvre de justice. »

Messieurs, je pourrais étaler devant la Chambre un certain nombre de ces citations, qui montrent de quelle nature sont les revendications qui se sont produites et qu'elles ne se sont fait jour que dans les milieux où personne d'entre vous ne devrait pouvoir revendiquer une place... où personne d'entre vous, j'en suis convaincu, ne peut revendiquer une place !

Ce n'est pas, en effet, en prêchant le meurtre, en disant qu'il n'y a qu'un moyen d'amender la société, et que c'est d'employer la nitro-glycérine... — ce n'est pas en donnant comme le dernier effort de son intelligence et de ses veilles des théories incendiaires, ce n'est pas en répandant dans les casernes les abominables écrits qui ont passé sous nos yeux à tous, ce n'est pas avec cela qu'on prépare un sort meilleur au peuple !

Et de même, que l'honorable M. Clovis Hugues me permette de le lui dire, puisqu'il a parlé des efforts qu'il faut faire pour améliorer le sort des prolétaires, je crois qu'il leur viendrait mieux en aide, si au lieu d'apporter ici des demandes d'amnistie de cette nature faisant un plus grand effort, il saisissait la Chambre du plus humble projet de réformes, de la plus petite proposition de loi. (*Vives exclamations à l'extrême gauche. — Très bien ! très bien ! sur d'autres bancs.*)

M. CANTAGREL. — M. Barodet a déposé une proposition de ce genre.

M. PIEYRE. — La commission d'initiative enterre toutes les propositions de cette sorte. C'est le tombeau des réformes !

M. DE BAUDRY D'ASSON. — Le Gouvernement promet toujours et ne donne jamais.

M. LE MINISTRE. — Et quant à cette manière de faire l'apaisement, qui consiste à venir demander l'amnistie au lendemain de menaces de mort proférées contre les jurés, ce n'est pas seulement la plus stérile des démonstrations, c'est la mesure la plus fâcheuse qu'on puisse demander à la Chambre.

Il est, ce me semble, une vérité sur laquelle nous devons être d'accord, c'est que s'il y a un gouvernement qui doive imposer le respect de la loi, le respect des jugements, le respect du verdict d'un jury, c'est un gouvernement républicain comme le nôtre, et ce n'est pas au lendemain de pareils désordres, de pareils excès de langage, de pareilles menaces, qu'on peut sérieusement espérer d'obtenir de la Chambre une amnistie pour des condamnations de la nature de celles qui font l'objet de la proposition qu'a développée l'honorable M. Clovis Hugues. (*Applaudissements sur un grand nombre de bancs.*)

Messieurs [1],

Je serai aussi bref dans ma réponse que l'a été l'honorable M. Tony Révillon dans le développement de la proposition d'amnistie dont la Chambre est saisie. Le Gouvernement repousse cette proposition, il vous demande de la repousser, et c'est en quelques mots seulement que j'ai le désir de justifier son attitude.

L'honorable M. Tony Révillon disait tout à l'heure — je crois bien traduire sa pensée, — que l'amnistie doit être envisagée en dehors du fait même pour lequel une condamnation a pu intervenir. Il rappelait — et ce n'est pas sur ce point que nous sommes en désaccord, — qu'elle est une mesure politique, une mesure de pardon et d'oubli. C'est précisément parce que nous avons la même interprétation sur ce point, c'est parce qu'en effet l'amnistie est une mesure politique, parce qu'elle s'adresse toujours, invariablement, à des hommes qui ont été condamnés pour des délits d'opinion, que nous ne considérons pas que la proposition actuelle puisse être acceptée et que l'amnistie puisse être proclamée. (*Très bien! très bien! sur divers bancs à gauche.*)

Je pense, en effet, Messieurs, que lorsqu'on parle d'amnistie, on suppose par cela même un véritable conflit entre

---

1. Séance du 12 juillet 1881.

des partis politiques. On ne me contredira pas davantage, quand je dirai que l'amnistie implique avant tout des délits d'opinion et des délits politiques. Je sais qu'on a pu prétendre que toute définition en cette matière est périlleuse : il me semble, cependant, qu'il en existe une tellement large que tous les partis peuvent l'accepter, et que je ne serai pas démenti quand je dirai que les délits politiques pour lesquels, à bien des époques, tant d'hommes honnêtes, tant de républicains que nous honorons, ont été frappés, se reconnaissent à ce qu'ils sont essentiellement contingents, variables, subordonnés à la forme du gouvernement, d'une nature telle, en un mot, que s'il advient un changement dans la forme du gouvernement, les condamnés d'aujourd'hui peuvent, en effet, être amnistiés le lendemain. (*Nouvelle approbation sur les mêmes bancs.*) Eh bien! je me suis fait remettre sous les yeux, afin de juger l'intérêt politique et la légitimité politique de la mesure qu'on nous convie à prendre, les dossiers qui concernent ceux que l'honorable M. Tony Révillon présentait, tout à l'heure, comme des victimes de nos dissensions politiques, des victimes de leurs opinions, et voici ce que j'ai trouvé : un certain nombre d'hommes qui ont été condamnés par les juridictions ordinaires, ou par le tribunal correctionnel, ou même par le jury, pour des actes qualifiés, et dans l'accusation, et dans le jugement ou dans le verdict, d'excitation au pillage, à l'incendie, au meurtre; un certain nombre d'entre eux ont même été condamnés, non pas pour des excitations restées inoffensives et non suivies d'effet, mais pour des faits accomplis, pour des actes provoqués par ces doctrines que M. Tony Révillon réprouvait tout à l'heure, et qui sont véritablement meurtrières, en ce sens que, s'adressant à des hommes souvent peu éclairés, elles peuvent les entraîner à tous les excès, et qu'on trouve trop souvent des bras pour mettre en pratique des théories de cette sorte. (*Très bien! très bien! à gauche et au centre.*)

Messieurs, il s'est produit pendant quelque temps une opinion assez généralement acceptée; on pensait que les appels au meurtre, au pillage, à l'incendie, ne devaient être, pour me servir d'une expression vulgaire, traités que par le mépris. Et il est advenu que l'anarchie qui n'était, à l'origine, qu'à l'état de théorie, est passée du domaine de la dissertation dans le domaine des faits, et, dans certaines villes, sur plusieurs points du territoire, une poignée d'hommes est parvenue à faire peser une véritable terreur sur toute une population paisible et laborieuse. (*Interruptions à l'extrême gauche. — Très bien! très bien! à gauche et au centre.*)

Avec l'autorité que donne une telle expérience, nous avons pensé, au contraire, que la loi était faite pour tout le monde, et, si le Gouvernement n'a pas hésité une minute dans la réponse qu'il devait faire à la demande d'amnistie, c'est qu'elle implique que, malgré des lois qui seront l'honneur de ce Parlement, il existe, à l'heure actuelle, des délits d'opinion et des délits politiques.

Ah! je comprends qu'au lendemain de certaines commotions, de certains conflits qui ont mis aux prises des partis politiques également puissants et redoutables, on ait agité des questions de la nature de celle qui est aujourd'hui portée à la tribune, mais est-ce qu'il ne s'est rien passé depuis ce temps? Peut-il exister surtout une assimilation possible entre les condamnés politiques et les proscrits que nous honorons dans cette Assemblée, et des hommes qui, sans péril, avec les procédés perfectionnés qu'on enseignait ouvertement il y a quelques mois, ont pu commettre les attentats que l'on connaît, sans danger pour leurs jours?... (*Très bien! très bien! à gauche et au centre. — Interruptions à l'extrême gauche.*)

M. LAGUERRE. — La proposition d'amnistie ne s'applique pas à ceux-là.

M. LE MINISTRE. — Je parle de condamnés à qui s'appliquerait la mesure générale demandée par M. Tony Révillon; et je la repousse, parce qu'elle suppose qu'il y a, en effet, parmi les personnes pour lesquelles on demande l'amnistie, des condamnés politiques, et parce que je prétends qu'il n'y en a pas un seul qu'un parti quelconque, après une révolution quelconque, pourrait revendiquer comme sien. Et c'est là le critérium que je faisais toucher du doigt par la Chambre en disant quels ont été les délits pour lesquels les condamnations sont intervenues, et comment ils ne peuvent être acceptés par personne comme une manifestation de doctrine.

M. Camille Pelletan. — Même en vertu de la loi sur l'Internationale?

M. le Ministre. — Je vais vous répondre sur ce point. Je parle des condamnés qui sont compris dans la proposition au même titre que ceux dont il a été parlé par M. Tony Révillon.

Je n'ai pas du tout l'intention, ni le droit, comme l'a fait M. Tony Révillon dans un sentiment d'indulgence, — je ne pourrais le faire que dans un sentiment de sévérité, — je n'ai pas l'intention, dis-je, de citer des noms propres, de rechercher et de comparer ce qu'ont fait les personnes, mais, puisqu'on vient de parler de la loi sur l'Internationale, puisqu'on a dit que cette loi devait nécessairement disparaître de la législation d'un peuple qui admet et proclame la liberté d'association, je ne fais aucune espèce de difficulté de répondre que, si j'accepte et si je demande la liberté d'association, je ne comprendrai jamais dans le cercle des libertés qu'il faut revendiquer certaines doctrines qui s'inspirent d'un cosmopolitisme dont chacun a pu mesurer l'esprit, d'un internationalisme qui ne consiste pas dans l'étude des problèmes européens, mais qui repose, comme je crois l'avoir démontré à la tribune, il y a un an, sur la négation même de la patrie, qui oublie notre histoire et qui se tourne indifféremment vers l'étranger pour y chercher des alliés!

Eh bien! je dis que cette doctrine ne sera jamais la nôtre et que nous la repoussons hautement. (*Vifs applaudissements au centre et à gauche. — Interruptions.*)

M. Tony Révillon a fait valoir deux autres considérations; il a déduit la première du fait de la durée et de la nature des condamnations qui ont été prononcées. La deuxième est tirée de la facilité avec laquelle certains condamnés ont pu se laisser entraîner par les excitations qui se sont produites et que M. Tony Révillon a condamnées.

Dans ces deux aperçus il y a quelque chose de vrai.

Je crois qu'une des formes de la justice sociale, c'est l'indulgence. Dès que l'on m'a parlé de cette question, j'ai fait connaître à plusieurs de mes collègues que nous étions d'avis qu'un certain nombre de grâces pourraient être accordées. (*Très bien! très bien! au centre et à gauche.*) J'ajoute, pour qu'il n'y ait pas de malentendu, que lorsqu'on proposera à la signature de M. le Président de la République un décret commuant des peines et mettant en liberté des détenus, ceux qui auront eu le soin d'examiner les dossiers se seront inspirés d'une double considération; les grâces que nous demanderons profiteront bien moins aux illustrations de l'anarchie, à ses célébrités littéraires ou bourgeoises... (*Très bien! très bien! au centre et à gauche.*), qu'aux hommes obscurs, ignorants, plus à la merci de toutes les excitations et de toutes les provocations. (*Vifs applaudissements au centre et à gauche.*)

Nous nous sommes inspirés d'une autre considération encore et, sur ce point, je donne une satisfaction relative à l'honorable M. Tony Révillon ; nous demanderons, en effet, que ces grâces soient proportionnées aux sentiments qui ont été manifestés par ceux qui ont été condamnés à des peines. Nous tiendrons grand compte de la conduite des détenus pendant leur détention. (*Exclamations et interruptions à gauche.*) Nous tiendrons compte des sentiments de repentir qu'ils ont pu manifester. (*Nouvelles exclamations à l'extrême gauche.*)

Quelques membres au centre. Pourquoi pas?

M. LAGUERRE. — Alors, faites signer une renonciation aux doctrines?

M. LE MINISTRE. — Je sais qu'ici je mets le doigt sur la différence essentielle qui existe entre l'amnistie que vous demandez et les grâces que nous proposerons. L'amnistie que vous demandez n'exige point, en effet, de la part de celui qui aurait commis un crime, l'ombre du repentir; la peine a glissé sur lui et la détention a été parfaitement stérile. Vous demandez l'amnistie comme vous demanderiez la réhabilitation.

Eh bien! nous accorderons la grâce, parce que, ainsi que je l'ai dit tout à l'heure, la grâce, dans de certaines conditions, n'est rien autre chose et rien de moins qu'une des formes les plus augustes de la justice sociale.

Je sais, du reste, à merveille qu'une méthode aussi simple, qui s'inspire de principes aussi élémentaires, mais qui, d'un autre côté, donne si peu de satisfactions aux doctrines qui semblent vous animer, n'est point de nature à nous mériter les applaudissements ou les faveurs de ceux qui considèrent les personnes qui ont été régulièrement condamnées, comme méritant un traitement particulier, comme se recommandant spécialement à la bienveillance des hommes politiques.

Nous nous y résignons sans peine.

Il est certain que nous ne désarmerons pas les revendications qui se font jour dans les réunions anarchistes, que nous ne mériterons pas les applaudissements de certains orateurs révolutionnaires; mais je n'éprouve aucun embarras à dire que nous en prenons aisément notre parti et que nous n'avons ni le goût ni le besoin de solliciter cette clientèle. (*Applaudissements prolongés à gauche et au centre.* — *Réclamations à l'extrême gauche.*)

LA LOI SUR LES RÉCIDIVISTES

Chambre des députés. — *Séances des 26 avril et 8 mai 1883.*
M. Waldeck-Rousseau, pendant le ministère Gambetta, avait eu l'intention de déposer un projet de loi sur les récidivistes. La chute si rapide du cabinet ne lui en laissa pas le temps. Mais, à peine redevenu simple député, il le présenta à la Chambre sous forme de proposition, et, en novembre 1882, il fit un rapport au nom de la Commission chargée d'étudier la question. La première délibération sur la loi eut lieu en avril et mai 1883. Remonté au pouvoir avec le cabinet Jules Ferry, M. Waldeck-Rousseau eut à la défendre en qualité de ministre de l'Intérieur.

Messieurs,

Les observations que l'honorable rapporteur de la Commission a produites à la tribune ont soulevé tant de critiques isolées et d'interruptions, qu'il m'aurait été permis d'espérer que quelqu'un de nos honorables collègues en aurait fait un tout et aurait porté à cette tribune un système différent de celui qui vient d'être défendu. Je me serais alors efforcé de faire valoir les raisons qui nous ont paru militer en faveur du projet de loi dont vous êtes saisis.

Bien que nous soyons absolument d'accord sur l'esprit de cette loi, l'honorable rapporteur de la Commission et moi, elle touche à un intérêt si grave que le Gouvernement a le devoir de dire à quel sentiment il a obéi et quelles nécessités lui ont paru dicter les dispositions sur lesquelles vous aurez à vous prononcer.

Je voudrais que les observations que j'ai à vous soumettre pussent échapper à une double équivoque qui me semble avoir pesé quelque peu sur les discussions que vous avez entendues.

Quand nous parlons de la nécessité de prendre vis-à-vis d'une catégorie de personnes tout particulièrement signalées à l'attention publique des précautions spéciales, de faire, en un mot, une loi contre les récidivistes, on nous répond en parlant de la pitié que méritent les coupables, des efforts qu'il faut faire pour amener leur relèvement.

Or, nous n'avons pas eu l'intention de faire une loi en faveur des récidivistes. Nous vous demandons de voter une loi contre les récidivistes; et, entre ceux que l'on peut appeler les coupables et ceux que nous appelons les récidivistes dans le sens propre du mot, dans le sens, tout au moins, que cette loi lui donne, il y a une énorme différence que je voudrais tout d'abord vous faire bien saisir.

Le coupable, c'est l'homme qui a commis une infraction, qui a fait une chute. La société est suffisamment armée contre lui des dispositions pénales dont elle peut attendre quelque efficacité. Il n'y a rien de commun entre les récidivistes pour lesquels nous vous demandons d'édicter la transportation, et les coupables dont je viens de parler. Et ce n'est pas assez dire. Il n'y a même rien de commun entre le récidiviste dont s'occupe notre Code pénal, c'est-à-dire celui qui, après un premier crime ou un premier délit, commet une seconde infraction, et le récidiviste en vue duquel nous vous demandons de légiférer.

Celui-là n'est pas l'homme qui a commis une erreur ou une faute; c'est le malfaiteur d'habitude qui a laborieusement, patiemment démontré que les précautions ordinaires inscrites dans nos Codes sont sans aucune espèce d'efficacité vis-à-vis de lui, et que toutes les peines, l'amende comme la prison, s'émoussent sur sa perversité et se heurtent dans sa personne à ce que j'appellerais volontiers une véritable exception sociale.

Existe-t-il des incorrigibles? C'est la question que pose le projet de loi actuel. A quel moment l'incorrigibilité commence-t-elle? A quels signes pourra-t-on la reconnaître? Ce sont là des points sur lesquels j'appelle moi-même la discussion. On peut se demander si c'est après deux, trois ou quatre crimes, ou après quatre, cinq ou six délits, que l'incorrigibilité est démontrée. Il peut se produire des divergences d'opinions sur l'appréciation de ce mal particulier d'où découle la récidive; mais je maintiens que, s'il est acquis que vis-à-vis de certains individus les peines ordinaires sont impuissantes, qu'il faut avoir recours à des mesures spéciales, il n'en est pas d'efficace en dehors de la transportation.

Ce n'est pas à dire, — je prie la Chambre de bien le croire, — que nous n'ayons pas compris tout ce qu'il y a de grave dans une pareille décision. Il semble, en vérité, Messieurs, que nous ayons édicté la transportation sans avoir même soupçonné la sévérité du châtiment qu'elle impose, des souffrances qu'elle entraîne, tout ce qu'elle a de rigoureux! Mais, Messieurs, il s'agit précisément d'une peine exceptionnelle; il s'agit d'un châtiment qui ne sera pas encouru par accident, et qui ne pourra l'être au contraire qu'à la suite de crimes répétés, de délits multipliés! Par conséquent, à ce point de vue, la sévérité de la mesure qui vous est demandée ne fait que répondre à la gravité des infractions.

Mais j'ajoute immédiatement que si quelque chose pouvait nous prémunir, je ne dirai pas contre l'excès d'une fausse sensibilité, mais contre la défiance bien naturelle qu'on éprouve en demandant à une assemblée de prendre une résolution aussi grave que celle-ci, c'est que la loi actuelle n'est pas le résultat de je ne sais quelle conception abstraite, une création factice, improvisée par des hommes politiques qui viendraient demander à la Chambre d'abord, au pays ensuite, de prendre pour leur propre opinion ce qui ne serait que leur conception particulière. Je mets en fait que jamais, depuis l'immense mouvement qui s'est produit en faveur des lois sur l'instruction, jamais réforme n'a été plus voulue, jamais réforme n'a été plus demandée (*C'est vrai! Très bien! à gauche.*), et jamais mesure n'est sortie avec un cachet plus indiscutable de popularité... (*Réclamations sur quelques bancs. — Oui! Très bien! très bien ! et applaudissements sur un grand nombre de bancs à gauche.*)... des études des moralistes et des criminalistes, et aussi des réclamations pressantes de ces milieux où l'on fait de la science sociale avec son expérience et son bon sens, et encore des programmes de collèges électoraux, — je les citerai tout à l'heure, — qui représentent un niveau assez avancé de l'opinion.

Jamais mesure n'a été demandée avec autant d'unanimité parce qu'il n'en est pas, remarquez-le bien, qui corresponde à un besoin plus intime de ces classes laborieuses au nom desquelles certains de nos collègues parlent souvent, mais que nous avons aussi la prétention de représenter, et dont je m'honore de partager, autant que qui que ce soit, les tendances et les généreuses passions. (*Vifs applaudissements à gauche.*)

Oui, c'est dans ces couches populaires qu'on réclame avec le plus d'ardeur la transportation des récidivistes, parce que c'est là qu'on souffre le plus de cette plaie sociale. Ce ne sont pas les fils de la bourgeoisie, comme le disait M. le rapporteur, qui en souffrent le plus, ce sont les fils des travailleurs, ceux qui vivent dans un contact forcé avec ces parvenus de la police correctionnelle et du crime, et qui souffrent de la flétrissure que leur inflige ce contact odieux. (*Très bien ! très bien !*)

C'est par des faits et par des documents que je montrerai que nous n'avons fait qu'obéir aux indications les plus formelles, aux volontés les plus certaines de l'opinion. (*Très bien ! très bien ! et applaudissements à gauche.*)

Je disais que cette réforme est populaire dans le sens où j'entends ce mot ; et, puisque les réclamations qui se sont produites m'en fournissent l'occasion, voulez-vous me permettre de dire que nul plus que moi ne prétend tenir compte des manifestations vraiment populaires, vraiment profondes de l'opinion. Je crois qu'une réforme est faite quand elle est voulue par ceux qu'elle intéresse. Lorsqu'une agitation véritable, générale, se produit dans ce pays, on peut dire hardiment qu'elle correspond à un besoin vrai, légitime, sérieux : à ce moment, le législateur enregistre, mais d'avance la loi est faite. Et, s'il en est autrement, si l'on est en présence d'une agitation privée, d'une agitation de groupe; s'il s'agit d'idées qui n'ont point été remuées et dispersées dans le pays pour y germer soudainement avec une puissance d'expansion irrésistible, mais qui sont plutôt l'apanage de certains petits cénacles, alors — nous en avons eu des exemples, et des exemples récents[1] — tous les efforts et tous les talents échouent, et l'on n'arrive pas, quoi qu'on fasse, à passionner le pays. (*Rires approbatifs à gauche.*)

M. CLEMENCEAU. — Ce n'est pas fini...

M. LE MINISTRE. — Je le sais.

M. CLEMENCEAU. — Celui qui rira le plus sera peut-être celui qui rira le dernier.

M. LE MINISTRE. — Mon cher collègue...

M. CLEMENCEAU. — Vous n'y avez pas l'air disposé.

M. LE MINISTRE. — Vous me citez cet adage : « Rira bien qui rira le dernier. » Je ne prétends pas, croyez-le, vous empêcher de rire, mais vous me laisserez bien vous dire que vous n'avez peut-être pas ri aussitôt que vous l'eussiez souhaité. (*On rit.*)

J'ai fait allusion à des témoignages empruntés à toutes les catégories de l'opinion. Je disais que ce ne sont pas seulement les jurisconsultes, les moralistes, les criminalistes qui ont demandé cette réforme, qu'elle a été réclamée dans les milieux véritablement populaires : Voulez-vous me permettre, sans faire d'érudition, de placer sous vos yeux quelques documents?

Tout à l'heure un des hommes de cette Assemblée pour lequel j'ai à la fois le plus de respect et d'affection, M. Martin Nadaud, disait : « Citez donc l'opinion de M. de Tocqueville ». Eh bien! je vais citer l'opinion de M. de Tocqueville, puisque notre honorable collègue le demande. Lors même qu'elle me serait contraire, je déférerais à son désir; elle m'est favorable : j'éprouve un double plaisir à lui donner satisfaction. (*Sourires.*)

1. Allusion à l'échec d'une campagne menée dans le pays par les radicaux en faveur de la revision de la Constitution.

Voici comment M. de Tocqueville conclut dans ses observations sur la peine de la transportation :

« Elle est la seule qui, sans être cruelle, délivre la société de la présence des coupables. »

Et à ce témoignage de M. de Tocqueville on peut en ajouter d'autres. — Vous allez voir, Messieurs, que j'emprunte mes citations à toutes les fractions de l'opinion. — M. de La Rochefoucauld disait : « La transportation vaut mieux que toutes les prisons du monde. La réforme pénitentiaire est un non-sens, quand on ne comprend pas, à côté des établissements pénitentiaires, des colonies pour les libérés. »

De plus, un homme dont il paraît qu'il est téméraire d'invoquer aujourd'hui le témoignage, mais dont on peut dire cependant que, quoique poète, il a été un homme d'Etat, et qu'il a eu parfois comme une seconde vue des choses politiques, Lamartine, disait à propos du même sujet :

« Sans la transportation des récidivistes, la loi pénale est une impasse ».

Parlerai-je de l'opinion émise par tous les Gardes des sceaux qui se sont succédé au ministère de la Justice, et qui ont constaté cette marée ascendante de la récidive dont je dirai un mot, même après les explications très complètes de l'honorable M. Gerville-Réache?

Parlerai-je de l'opinion des Cours consultées et qui constatent cette marche constamment progressive de la récidive? Dirai-je que tous ceux qui peuvent, par une observation quotidienne, journalière, suivre le mouvement de la criminalité, ont été frappés, comme je l'ai été moi-même, de cette circonstance qu'alors que la criminalité diminue, qu'alors que la correctionnalité reste presque stationnaire, la récidive augmente sans cesse? Je préfère, Messieurs, rappeler des témoignages plus simples, n'émanant pas d'hommes ayant pâli sur les livres, mais s'étant fait une opinion par l'expérience des faits plutôt qu'avec les recherches de bibliothèque; et c'est dans cet ordre d'idées que je désire citer certains documents d'un intérêt considérable.

Voici d'abord un extrait du programme de l'*Alliance socialiste* de Lyon. Je pense que lorsqu'on s'appelle l'*Alliance socialiste* on doit connaître les besoins sociaux, on doit s'être mis au courant de ce dont souffrent le plus les classes déshéritées. Eh bien ! ce programme comporte : « la transportation des récidivistes après trois condamnations pour crime de droit commun ». Nous n'avons pas été aussi loin que l'*Alliance socialiste* de Lyon.

Le comité de Saint-Étienne, dans son article 9, fait figurer... « la transportation des récidivistes condamnés plusieurs fois à des peines infamantes ».

Voici un vœu du Conseil municipal de Lyon, du 4 novembre 1882, demandant « la prompte élaboration de la loi sur les récidivistes coupables de crimes de droit commun ».

Je puis citer encore un vœu des conseils généraux de la Seine-Inférieure et de Seine-et-Oise; un extrait, ou plutôt un article du programme électoral d'un comité du vingtième arrondissement de Paris, du 21 août 1882, portant ceci : « Nous désirons, dans l'intérêt des mœurs publiques et de leur épuration, que les repris de justice soient envoyés dans une colonie pénitentiaire ».

Enfin, pour reproduire ici un document que j'ai cité à une époque où j'avais l'honneur d'être le rapporteur de la Commission, je veux parler d'une pétition dont l'initiave appartient à une loge maçonnique, la loge « Travail et persévérante amitié », de Paris.

J'en extrais deux paragraphes qui en résument toute la pensée :

« Les soussignés, justement alarmés des périls toujours croissants que font courir à la Société les vagabonds de toute sorte, pour la plupart repris de justice récidivistes, ont l'honneur de soumettre à votre attention les réflexions suivantes... »

Suivent des développements, et j'arrive à la conclusion de la pétition : « Nous demandons à cet effet que tout homme ou femme, condamné pour la troisième fois, y compris les condamnations antérieures pour délit de vagabondage ou de vol, soit expatrié à vie dans une colonie pénitentiaire agricole, outre mer. »

Il y a un renvoi : on n'a pas voulu laisser ce mot de vagabondage sans définition et je lis au renvoi :

« Nous entendons par vagabond tout adulte valide pris par la police, n'ayant aucun moyen d'existence, ne pouvant justifier de l'emploi honorable de son temps pour gagner sa vie et ne pouvant subsister que par l'escroquerie ou des ressources immorales. »

Eh bien! messieurs, cette pétition s'est couverte, je ne dis pas en quelques mois, je dis en quelques semaines, de plus de soixante mille signatures. Nous ne sommes donc pas — je crois avoir le droit de formuler cette conclusion — en présence d'une agitation superficielle, d'une opinion factice, de ce que j'appellerais volontiers une opinion de laboratoire : il y a, au contraire, dans ces manifestations qui se sont succédé, la preuve de quelque chose de voulu, et tant de réclamations, parties de points si divers, montrent suffisamment la portée du mal et l'urgence du remède qui doit y être apporté.

Une chose m'a semblé particulièrement remarquable, c'est la coïncidence absolue qui existe entre les revendications, entre les réclamations presque instinctives de l'opinion et les résultats auxquels conduit la science, l'examen des documents et des chiffres.

Le public n'a pas fait de statistique et cependant il est arrivé à une conclusion absolument identique à celle des hommes d'étude, qui, observant les progrès de la criminalité ou sa décroissance, ont acquis cette conviction qu'entre toutes les causes du délit et du crime, la plus active est une contagion du mal qui appelle des mesures de préservation toutes spéciales.

J'ai dit tout à l'heure que la criminalité diminue. L'honorable rapporteur a cité des chiffres excessivement frappants. C'est ainsi, en effet, que pour parler, non pas seulement des condamnations, mais même des accusations pour crimes, ce qui donne des chiffres un peu plus larges, on voit qu'à partir de 1856 le nombre des accusés en récidive a diminué. De 1856 à 1860 il est de 1.923, de 1861 à 1865 il n'est plus que de 1.728, de 1866 à 1870 il est de 1.866, de 1871 à 1875 de 1.858, et de 1876 à 1880 de 1.656.

Pour ce qui est des délits, il y aurait deux sortes de statistiques à faire. Si l'on compare, en effet, le mouvement des délits, depuis 1826 jusqu'à 1880, on trouve un accroissement véritablement énorme. C'est ainsi, et pour ne signaler qu'un article, un chapitre de ce triste tableau, que les délits de coups et blessures dans la période de 1826 à 1830 étaient de 8,426, et que dans la période de 1876 à 1880 ils étaient de 24,334. Mais cette différence est beaucoup plus apparente que réelle ; elle tient à ce que les constatations étaient moins complètes à l'origine, et, si l'on veut se faire une opinion plus exacte, il faut envisager une période plus récente.

On voit alors, au contraire, que, de 1875 à 1879, la moyenne des délits est sensiblement la même, et, s'il y a une différence, ce serait plutôt dans le sens d'une légère atténuation. Ainsi le total en 1875 était de 67,214, et en 1879 il est de 67,147. On peut donc dire que, pour ce qui est du nombre de délits depuis 1875, il ne s'est pas sensiblement modifié.

Or, pendant que les crimes diminuent, pendant que le nombre des délits reste sensiblement le même, que se produit-il pour la récidive?

Il arrive que le nombre des récidives augmente, et qu'il augmente avec une progression presque mathématique. La récidive a une sorte de marche régulière, fatale, comme serait la marche d'un mal, d'un fléau, dont l'intensité redouble au fur et à mesure qu'il développe des foyers nouveaux ; et, si l'on prend les tableaux fort exacts et fort intéressants annexés aux deux rapports qui vous ont été distribués, voici ce qu'on voit :

En 1850, le nombre des accusés récidivistes était de 28 p. 100 ; de 1856 à 1860, il arrive à 36 p. 100 ; de 1861 à 1865, à 38 p. 100 ; de 1866 à 1870, à 41 p. 100. Je ne vous donne lecture que du tant pour cent, cela suffit. On part de 28 p. 100 pour arriver à la progression qui suit :

41 p. 100, 44 p. 100, 47 p. 100, 48 p. 100 en 1877, 49 p. 100 en 1878, 50 p. 100 en 1879, 51 p. 100 en 1880.

Eh bien! Messieurs, ces chiffres sont graves et ils sont, à mon avis, extrêmement instructifs.

Qu'en résulte-t-il pour ceux qui voient dans ces tableaux autre chose que des chiffres, qui regardent au delà, plus loin, et je dirais volontiers plus bas?

Il en ressort que, si le nombre de ceux qui commettent des délits et des crimes diminue ou demeure stationnaire, le nombre des délits que commettent certaines personnes augmente et s'accroît sans cesse, qu'au fur et à mesure que la civilisation se développe et que la vie sociale prend une intensité plus grande, le bien et le mal semblent acquérir une puissance plus forte. Une ligne de démarcation s'établit sans doute, et, de jour en jour, le nombre augmente de ceux qui comprennent mieux leurs devoirs. Mais on ne peut nier malheureusement qu'il est des natures perverses ou perverties, sur lesquelles les améliorations considérables apportées à la vie matérielle et morale demeurent sans action, qui perpétuent un conflit de plus en plus ardent, et vis-à-vis desquelles de nouvelles lois pénales s'imposent.

C'est, en effet, la seule explication possible de l'opposition qui résulte des chiffres que je viens de citer : un moins grand nombre de délits d'une part, et, de l'autre, plus de récidivistes; d'une part, un plus grand nombre d'hommes amendés, améliorés par des efforts successifs, par une instruction plus complète et par une éducation meilleure; puis, à côté, une sorte de petite armée qui diminue au point de vue du nombre, mais qui semble augmenter d'expérience, d'audace et d'efficacité dans le mal.

Si j'ai insisté sur cette observation, c'est parce qu'elle me fournit une réponse à une objection qui a été faite, notamment par M. Martin-Nadaud.

L'honorable M. Martin-Nadaud nous a dit : « Mais il y a autre chose à faire! Mais la loi des récidivistes ne peut suffire! Mais il y a l'enfant dont il faut s'occuper, il y a le vieillard qu'il faut secourir! »

Je vous dirai, tout à l'heure, que ni le Gouvernement ni la Commission n'ont jamais pensé que la loi sur les récidivistes fût une sorte d'encyclopédie du bien, et qu'après l'avoir votée on dût considérer qu'il ne restera plus rien à faire.

Pour l'instant, ce que je tiens à bien faire comprendre à la Chambre, c'est que, quelles que soient les mesures d'humanité, de prévoyance que l'on édictera, quoi qu'on tente pour rendre l'enfant plus instruit et l'ouvrier plus laborieux, on pourra bien faire que l'homme domine plus facilement ce qu'il peut y avoir en lui de penchants mauvais, qu'il surmonte plus aisément certaines sollicitations intérieures; mais on n'aura pas enrayé les progrès de la récidive, parce qu'il y a des hommes qui échappent, comme fatalement, à l'action de ces mesures, de ces améliorations, en un mot à la marche régulière et croissante du progrès. Aussi, Messieurs, je pense qu'une loi sur les récidivistes n'est qu'un des chapitres du grand-livre que vous avez commencé d'écrire et qu'il vous faudra chaque jour compléter ; je pense également que l'on n'aura rien fait si l'on n'attaque le mal dans sa racine, et qu'une loi sur les récidivistes est la préface essentielle, inévitable, d'une réforme plus étendue et particulièrement d'une réforme pénitentiaire.

On parle d'améliorer les conditions sociales dans lesquelles tant de déshérités doivent vivre, mais il n'est pas une amélioration qui s'impose avec plus d'urgence que l'assainissement des milieux où ils se trouvent, où ils travaillent, où ils souffrent !

L'instinct populaire, qui, je l'ai déjà dit, n'a pas besoin de statistiques, a résumé toutes ses impressions dans une double formule. On dit, dans le public, que le récidiviste est un danger par lui-même, et on ajoute qu'il est surtout un danger par la corruption et la dépravation qu'il développe.

Qu'il soit un danger par lui-même, c'est ce qui est surabondamment démontré. Il suffirait d'ouvrir, au hasard, le casier judiciaire d'un récidiviste pour voir, si l'on n'en était convaincu d'avance, qu'après un certain nombre de condamnations, — nombre discutable, sur lequel on peut argumenter, — tel homme a suffisamment fait la preuve que les peines s'émoussent sur lui, qu'elles deviennent sans efficacité, et que, dès lors, condamner sans cesse pour remettre sans cesse en liberté, élargir un condamné avec la certitude qu'il faudra l'arrêter, une quatrième ou une cinquième fois, le lendemain, ce n'est plus qu'un échange de rigueurs absolument stériles et de délits et de crimes perpétuellement renouvelés. C'est donner le pire de tous les spectacles : l'impuissance en face de la révolte.

On a parlé des hommes qui ont été malheureux ; on a fait justement appel à toute votre sensibilité en faveur de certains êtres déshérités à qui personne, peut-être, n'a jamais tenu un langage moral, indiqué les routes honnêtes et sûres de la vie, sur lesquels la lumière n'est pas descendue. Je m'associe à tous ces généreux sentiments. Mais ce n'est pas de celui qu'une occasion seulement a pu rendre coupable que je vous parle en ce moment; ce n'est pas contre le condamné d'hier, qui peut être l'honnête homme de demain, que s'est produit le soulèvement de l'opinion publique ; c'est contre le véritable récidiviste, contre l'homme sur lequel toutes les peines, toutes les sévérités ont passé sans en faire autre chose qu'un délinquant irréconciliable ; contre celui qui ne sort de la prison que pour retourner à la police correctionnelle, et qui, par une série d'attentats indiquant toute l'inefficacité des mesures édictées jusqu'à présent, a montré qu'il est de ceux qui vivent en dehors de la loi commune, sur lesquels les règles générales sont sans action et sans prise.

On peut dire, en effet, de tel homme qui, après avoir commis un premier crime, commettra quatre ou cinq délits, — non pas des délits légers, des délits d'opinion, comme on a prétendu que nous voulions en punir, — mais des vols, des attentats à la pudeur, on peut dire que si quatre ou cinq épreuves ne l'ont pas corrigé, il est incorrigible. On se trouve, donc, en présence d'un premier danger qui réside dans le récidiviste lui-même ; on peut affirmer, avec toute la certitude que comporte un jugement humain, que toutes les probabilités sont pour que cet homme commette un nouveau crime ou un nouveau délit. (*Très bien ! très bien ! au centre et à gauche.*)

Ce n'est pas là ce qui m'a le plus touché dans cette question. Le danger qui résulte de la perversité, de l'incorrigibilité du récidiviste, serait assez considérable pour justifier à lui seul la loi. Mais, quand on envisage l'influence néfaste qu'il exerce, le rôle corrupteur qu'il joue dans la société, ce premier aspect est pour ainsi dire secondaire. Le mal le plus considérable résulte de l'action qu'il exerce autour de lui, de la dépravation qu'il répand dans la prison et en dehors de la prison.

On a parlé de l'amélioration du régime pénitentiaire. Je vous demande de me faire crédit de quelques minutes encore sur ce point.

Je me borne à dire, pour l'instant, que toute réforme pénitentiaire entraînera, pour son application, de très longs délais, et je doute que, même dans un avenir lointain, on puisse généraliser le système cellulaire au point de le rendre absolu, d'empêcher certains contrats et certaines propagandes.

Vous ne pouvez pas faire qu'il n'y ait pas de préau, pas de rencontre ; que le régime cellulaire soit appliqué à tous, quelle que soit la nature de la condamnation et la durée de la peine.

Vous savez à merveille dans quelles conditions la loi de 1875 a édicté le système cellulaire.

Il faut donc tenir pour certain qu'aujourd'hui, demain, pendant un très long temps, il y aura nécessairement, fatalement, entre les condamnés d'une certaine sorte, des contacts, des conversations, un échange de paroles ; et c'est ici, Messieurs, que l'influence du récidiviste, que son action apparaît comme désastreuse, je ne dis pas seulement à ceux qui, chaque jour, ont pu voir de près les choses, comme vos directeurs, mais à quiconque aura interrogé un prisonnier, visité une prison.

Voilà deux condamnés : l'un, qui était malheureux ou faible, a volé dans un moment de faiblesse, ou frappé dans un mouvement de colère, dans un accès de passion ; il est amené devant des juges, confus, tremblant ; il s'entend condamner à la prison le front bas, avec le sentiment de la déchéance qu'il a encourue, et souvent, Dieu merci, avec le désir du relèvement qu'il pourra mériter.

Est-ce là le récidiviste ? Non, Messieurs, le récidiviste entre à la prison comme il est sorti du tribunal, le front haut, il y est chez lui... (*Sourires.*) sa réputation l'y a précédé, il sait qu'il y exercera d'autant plus de prestige qu'il porte avec plus de cynisme le poids d'un plus grand nombre de condamnations. (*Très bien ! très bien !*)

Là, Messieurs, il aura sa clientèle, sachez-le bien... ceux qu'il effraye et ceux qu'il séduit. On l'entoure, on l'écoute, il raconte ses campagnes... (*On rit.*), il se fait, comme je le disais il y a une minute, une clientèle qui le suivra demain. (*C'est vrai !*)

Il embauche, il recrute, il corrompt ; et, si vous demandez au directeur d'une prison ce que c'est que ce petit groupe qui est là dans le préau et quelles leçons donne cet homme qui parle bas et qu'on écoute, il vous répondra : c'est la bande de demain ! (*Très bien ! très bien !*)

Voilà comment le récidiviste agit dans l'intérieur des prisons, et pourquoi une loi sur les récidivistes se lie intimement avec une réforme du régime pénitentiaire, dont elle n'est qu'une partie. (*Nombreuses marques d'assentiment.*)

Mais ce n'est pas seulement dans la prison que le récidiviste opère, et ce n'est pas là qu'il exerce l'influence la plus dangereuse : c'est au dehors, sur une catégorie de personnes particulièrement dignes d'intérêt et de sollicitude.

L'honorable M. Gerville-Réache a protesté avec une animation très légitime contre une accusation qui ne répondait pas évidemment à la pensée de notre collègue M. Martin-Nadaud. M. Gerville-Réache s'est défendu d'avoir voulu coopérer à une loi qui aurait été dirigée contre les ouvriers.

Certes, sa protestation était fondée, et jamais accusation, si tel était le sens des paroles de notre collègue, n'aurait été plus injuste.

Pour qui donc surtout cette loi est-elle faite? Ce n'est pas, Messieurs, pour vos enfants, pour ceux qui ont le bonheur d'appartenir à des familles qui peuvent les suivre, les surveiller, les protéger. Non! nous travaillons pour ceux qu'un travail quotidien absorbe, dans les rangs desquels le récidiviste fait le plus de victimes. Et si, parmi tant de questions qui ont laissé l'opinion jusqu'ici indifférente, celle-ci a particulièrement passionné les milieux dont j'ai parlé, c'est que là, par une douloureuse expérience, on sait comment les récidivistes recrutent leur armée, choisissant les plus intelligents, choisissant aussi les mieux doués.

Le récidiviste opère dans la rue, dans les lieux publics; non pas dans la rue heureuse où vous passez, mais dans la rue des faubourgs où descend l'enfant, pendant que le père est à l'atelier et que la mère travaille; non pas dans les théâtres où vous pourrez conduire vos femmes et vos filles, mais dans ces spectacles où l'apprenti s'égare. Là il trouve l'enfant des grandes villes, l'enfant parisien, curieux, précoce, hâtif.... dont les yeux et les oreilles, vous le savez bien, ont été frappés de mille spectacles, de mille paroles qui sont épargnés aux vôtres; il y trouve l'apprenti, chez lequel des propos d'atelier ont éveillé je ne sais quelles convoitises, et qui rêve d'un peu de bien-être et beaucoup d'aventures. Comment voulez-vous qu'il ne soit pas séduit, enrôlé, embrigadé par cet homme... (*Vifs applaudissements au centre et à gauche.*) cet homme qui traîne avec lui tant d'insouciance, et d'oisiveté, comment voulez-vous qu'il ne lui demande pas son secret, et s'il le demande?... et s'il l'obtient?... ne voyez-vous pas qu'il est perdu? (*Mouvement.*)

Voilà ce que j'ai vu, ce qui m'a frappé, et c'est pourquoi, lorsque j'ai entendu dire, dès que nous avons eu commencé l'élaboration de ce projet, et surtout après le dépôt sur le bureau de la Chambre, que nous cherchions à faire je ne sais quelle loi politique pour frapper des adversaires politiques, je me suis dit qu'il y a des jours où, pour faire quelque bien, il faut être singulièrement indifférent au mal qu'on peut entendre dire de soi. (*Très bien!*)

Aujourd'hui, c'est une calomnie tombée, usée, et il est clair que, lorsque nous demandons qu'on fasse une loi contre des hommes qui ont quatre fois volé, deux fois assassiné, qui ont commis une série de délits et fait ainsi la preuve de leur incurabilité, nous ne cherchons pas à frapper des adversaires politiques, mais bien des hommes qui ont montré que toutes les peines ne peuvent avoir raison de leur perversité naturelle. (*Marques d'assentiment.*)

Telles sont, Messieurs, les idées générales qui ont inspiré notre projet de loi.

Je ne crois pas que, dans une discussion générale, il convienne d'entrer dans tous les détails et de discuter, par exemple, la question du lieu de transportation, ou de faire justice de certaines exagérations, dans la prévision des dépenses, qui se sont produites au cours du débat.

J'ai cherché, Messieurs, à mettre en évidence, tout au moins en lumière, l'esprit même de la loi, son but social, et je considère que c'était, en effet, le premier besoin et même la seule nécessité d'une discussion qui, je le répète, n'est que la préface d'une autre discussion plus détaillée et qui peut être plus précise.

Je voudrais cependant tenir la promesse que j'ai faite, et indiquer à la Chambre que, si j'ai déclaré que nous ne tenons pas la loi sur les récidivistes comme une loi qui dispense de tout nouvel effort, c'est parce que nous nous sommes préoccupés des différentes réformes qui peuvent être apportées au régime pénitentiaire, réformes qui suivront, et de très près, si la Chambre veut bien nous y aider, le vote de cette loi sur les récidivistes.

Lorsque le projet de loi a été déposé, et même au cours de la discussion, bien des critiques se sont fait jour, et je faisais cette réflexion qu'en politique comme en littérature, c'est un bien doux métier que celui de critique. Tout blâmer et ne rien faire! rester paisiblement assis sur la montagne et de là blâmer et censurer avec hauteur les efforts imparfaits des malheureux qui, dans la plaine, travaillent et combattent!... Mais enfin, lorsqu'on présente un projet de loi, il y a une forme de critique infiniment supérieure à ce que j'appellerai la critique négative, on apporte ses idées propres. (*Très bien! très bien!*)

Je ne disconviens pas, loin de là, de ce qu'il peut y avoir d'imparfait dans nos conceptions; mais j'en serais bien plus convaincu s'il m'était enfin permis de voir quelles œuvres parfaites on peut opposer à nos ébauches. (*Très bien! très bien!*)

Je ne suis pas dans la vie parlementaire depuis si longtemps que je ne puisse trouver des circonstances atténuantes dans ce fait que beaucoup de ceux qui jugent que nous ne faisons pas assez n'ont rien fait du tout!

Parmi les critiques qui ont été faites, voici celles qui me paraissent rentrer dans le cadre des observations qui peuvent être présentées aujourd'hui.

Le régime pénitentiaire, tel qu'il est pratiqué actuellement, appelle sans doute bien des améliorations. En 1875, on a fait une loi très importante sur le régime des prisons, et, puisque je viens d'en rappeler la date, que la Chambre me permette d'indiquer son état d'exécution. C'est à peine si, à l'heure actuelle, quelques départements ont construit des maisons cellulaires. Il ne faut pas en être surpris.

Cette loi ne consiste en rien moins qu'à obliger les départements à transformer leurs maisons de détention en établissements cellulaires. Je me suis fait remettre les documents concernant cette transformation de notre régime pénitentiaire, et j'ai reconnu qu'il s'agissait, pour les départements, d'une dépense de 100 millions. C'est ce qui fait qu'à l'heure actuelle une très petite partie de ce travail a été entreprise ou effectuée.

Un honorable membre du Sénat, dont le nom a été prononcé l'autre jour et accompagné d'éloges auxquels je m'associe, l'honorable M. Bérenger, a proposé à cette Assemblée un projet que vous connaissez et qui consisterait, pour remédier à la lenteur avec laquelle les départements exécuteront nécessairement une transformation de cette importance, à permettre aux départements d'abdiquer la propriété des maisons de détention dont ils sont propriétaires au profit de l'État; mais cela revient à dire que les départements pourront se débarrasser, je ne dis pas au profit de l'État, mais à la charge de l'Etat, de l'énorme dépense que j'indiquais tout à l'heure.

Cet état de choses m'a beaucoup préoccupé; j'ai pensé qu'on pourrait obtenir une transformation moins radicale, mais plus rapide, et j'ai demandé à tous les préfets de me renseigner sur la question de savoir dans quelle mesure les établissements actuellement existants pourraient, en partie, recevoir des constructions ou des modifications qui permettraient de pratiquer le régime cellulaire. Si je ne me trompe, je crois que la plupart de ces établissements sont susceptibles de ces améliorations, et j'espère que, dans un avenir assez bref, on aura réalisé un très grand progrès.

Ce n'est pas tout; il y a une chose qui m'a, tout personnellement, singulièrement blessé : c'est de voir que, dans certaines prisons départementales et dans certaines prisons de chefs-lieux d'arrondissements surtout, la promiscuité existe non pas seulement entre condamnés, mais entre prévenus et condamnés. (*Marques d'approbation.*)

Eh bien! dans un bref délai, parce qu'ici les mesures sont plus faciles à prendre, nous aurons obtenu, je l'espère du moins, — et si l'assistance du Parlement nous était nécessaire, elle ne nous serait pas ménagée, — que comme progrès initial, élémentaire, on fasse dans chaque maison d'arrêt, dans chaque maison de détention, un quartier spécial réservé aux prévenus, afin que l'homme sous le coup de la prison préventive et qui n'est peut-être pas un coupable, ne soit pas exposé à certains contacts qui sont des souillures. (*Applaudissements.*)

En outre, j'étudie, et cette étude touche à sa fin, les moyens d'arriver à créer dans chaque maison, surtout dans les maisons centrales, dans les prisons où l'on fait une longue peine, ce que nous appelons des quartiers, des maisons d'amendement; de telle sorte que les condamnés, après six mois, un an, deux ans de bonne conduite, puissent arriver à un régime meilleur. Je crois que c'est là une préparation indispensable à une autre mesure dont l'initiative appartient à l'administration pénitentiaire du ministère de l'Intérieur, et qui serait la mise en liberté conditionnelle.

Lorsque dans un des établissements de grande importance, surveillés par des hommes dévoués, — et il y en a beaucoup dans nos prisons, — les condamnés pourront, d'étape en étape, entrevoir une époque plus rapprochée pour leur libération définitive, on aura encore, je crois, réalisé un grand et excellent progrès. (*Applaudissements.*)

Voilà ce que j'avais à dire pour l'avenir, ce qui ne dispense pas de songer au présent.

Plus vous aurez instruit la jeunesse, développé les instincts de prévoyance, plus vous aurez rendu précieux ce patrimoine d'honnêteté, de moralité, qui est l'avenir d'un peuple, et plus vous aurez aussi assumé le devoir de faire que cette expérience ne se poursuive pas dans des milieux viciés d'avance, plus étroit sera le devoir de prendre des mesures préventives vis-à-vis de ces éléments extérieurs, de ces agents de corruption qui exercent sur les jeunes générations des classes laborieuses l'influence néfaste et délétère que je vous ai signalée. (*Très bien! très bien! et applaudissements répétés. — M. le ministre, de retour à son banc, reçoit les félicitations d'un grand nombre de députés.*)

Messieurs [1],

Il me semble que les explications qui viennent d'être échangées entre M. le président de la Commission et l'auteur de l'amendement prouvent que j'étais dans le vrai en demandant à la Chambre de laisser à la Commission le soin de rechercher, entre les deux lectures, le soin d'étudier de très près l'amendement et de proposer, au besoin,

1. Séance du 8 mai 1883.

une rédaction donnant satisfaction à un sentiment qui est absolument commun à la Commission et à l'auteur de l'amendement. (*Très bien! très bien!*)

L'honorable M. Gatineau est venu apporter ici l'expression de ses appréhensions. Il craint que le texte de l'article 10, portant que la relégation n'est pas applicable aux crimes ou délits politiques, ne laisse assez d'incertitude pour que des faits politiques tombent, malgré la volonté du législateur, sous l'application des peines qu'il édicte.

Pour moi, Messieurs, je me mets en face de la rédaction de l'amendement, et j'exprime une crainte absolument contraire, qui me paraît bien plus fondée ; c'est la crainte que, si l'on adoptait ce texte, qui n'a peut-être pas été suffisamment étudié, on ne fasse échapper à l'application de la loi, et, par conséquent, du droit commun, des crimes et des délits qui seraient des crimes et des délits de droit commun.

L'amendement porte, en effet, ceci :

« Remplacer l'article 3 par la rédaction suivante :

« Les condamnations pour crimes et délits politiques ou pour faits connexes, quelle qu'en soit la qualification, ne seront comptés, en aucun cas, pour la relégation ».

L'amendement prévoit qu'un prévenu a été renvoyé devant une juridiction quelconque pour un fait qualifié crime ou délit de droit commun.

Cette juridiction, saisie de la question de savoir si elle est en présence d'un crime ou d'un délit de droit commun, condamne le prévenu.

Je demande comment on arrivera à donner satisfaction au principe que M. Gatineau veut introduire dans le texte de la loi ; si la qualification du fait dont la juridiction est saisie ne doit pas être prise en considération, comment arriverez-vous à dire : Voilà une personne qui a été poursuivie pour vol ou pour meurtre ; la qualification est évidemment de droit commun, mais nous considérons que la condamnation est cependant politique, et la transportation ne doit pas être appliquée ? Qui rendra ce nouveau jugement ?

Vous voyez une des difficultés que soulève pour moi votre rédaction. Je dis votre rédaction, parce que je répète ici, aujourd'hui, ce que j'ai dit hier, à savoir que nous ne sommes pas séparés par une idée, qu'il n'y a pas entre nous une controverse de principe, qu'il n'y a pas désaccord entre nos volontés ; mais que, de même que vous ne voulez pas et que nous ne voulons pas que les délits et les crimes politiques puissent être enveloppés dans l'application de la loi, nous ne voulons pas non plus que des délits ou des crimes de droit commun soient soustraits à son application parce qu'on viendrait dire qu'ils sont connexes à un délit politique.

Il y a deux manières de classifier les délits et les crimes. D'abord, ce premier genre de classification qui résulte de la qualification donnée au crime ou au délit. Voici une personne poursuivie devant une juridiction de droit commun, en vertu d'un acte d'accusation, je le suppose, relevant contre elle le crime de vol à main armée, ou le crime de meurtre ; il me paraît évident que, si la juridiction répond affirmativement à la question posée, la condamnation doit entrer, en ligne de compte, parmi celles qui peuvent entraîner la transportation.

Il y a une seconde manière de classifier les crimes et délits, de fixer son jugement : c'est de ne mettre en ligne de compte que les condamnations qui auront été prononcées par des juridictions ordinaires.

On a demandé, à une séance précédente, ce qu'on entendait par « juridiction ordinaire ».

Tout le monde sait que la juridiction ordinaire est celle devant laquelle tout citoyen, en tout temps, peut être amené par le droit commun. C'est assez dire qu'un conseil de guerre n'a jamais été considéré par le législateur, ni par le jurisconsulte, comme un tribunal ordinaire.

Eh bien ! la Commission, en tenant compte de ces deux éléments, a dit, d'une part, qu'on ne pourrait pas faire entrer dans le calcul des condamnations celles qui auraient eu lieu pour crimes ou délits politiques, d'où résulte une première garantie. Elle a dit, d'autre part, que l'on ne

21.

ferait pas, non plus, entrer en ligne de compte les condamnations, quelle que soit la qualification, qui auraient été prononcées par une juridiction qui ne serait pas une juridiction ordinaire, c'est-à-dire, en d'autres termes, par une juridiction spéciale.

J'avoue franchement que je ne vois pas trop, malgré l'exemple cité par l'honorable M. Gatineau, comment, avec cette double précaution, on peut craindre qu'une personne soit cependant atteinte à raison d'une poursuite reposant sur un délit politique dissimulé derrière un délit de droit commun.

Est-ce à dire qu'il ne puisse y avoir une rédaction meilleure à chercher? Je ne demande pas mieux, pour ma part, que de l'étudier et que de donner à des scrupules infiniment honorables, qui me préoccupent tout autant que l'honorable auteur de l'amendement, toutes les satisfactions possibles.

Ce que je veux dire, c'est que votre rédaction, dans les termes où elle est aujourd'hui formulée, peut aboutir à un résultat différent de celui que vous poursuivez vous-mêmes. Je crois qu'étant données les garanties qui se trouvent dans le texte de la loi elle-même, et, permettez-moi de vous le dire, celles qu'offrent les déclarations de la Commission et celles du Gouvernement, la meilleure solution est de renvoyer à la deuxième lecture. Dans le temps qui s'écoulera jusqu'alors, une étude très attentive sera faite de la question de savoir s'il n'y a pas, dans les termes de l'article aujourd'hui en discussion, de l'article relatif aux crimes et délits politiques, une amélioration, un changement de rédaction possible.

Je n'ai qu'une observation à ajouter à propos d'un des exemples donnés par l'honorable M. Gatineau, et qui montre qu'il y aurait un danger à accepter la doctrine ou plutôt la rédaction de son amendement.

M. Gatineau a dit : Est-ce que vous admettez que tout individu étant poursuivi, par exemple, au cours d'une insurrection comme celle de la Commune, et acquitté comme insurgé, mais condamné par une juridiction... par la même juridiction, comme voleur, tombe sous l'application de votre loi?

Je réponds que ce n'est pas là, en effet, ce que nous voulons ; mais il y a autre chose que nous ne voulons pas davantage. L'honorable M. Gatineau a cité, à titre d'exemple, un fait sur lequel je ne veux m'exprimer qu'avec la plus grande réserve attendu qu'il n'est pas encore jugé.

Au cours d'un mouvement dont il ne faut pas exagérer l'importance, un certain nombre d'individus sont entrés dans une boulangerie et l'ont pillée. Si vous me dites qu'aux termes de votre amendement cet acte devrait être assimilé à un fait politique, je vous répondrai que c'est une raison décisive pour moi de déclarer cet amendement inacceptable, au moins dans la rédaction actuelle (*Très bien ! très bien ! au centre.*), parce que je n'admets pas qu'étant données certaines circonstances de temps ou de lieu, et en s'abritant derrière des distinctions tirées de la passion politique, on puisse porter atteinte à la propriété et commettre ce qui, évidemment, pour tout le monde, pour tous les honnêtes gens, constitue un véritable crime et un véritable délit de droit commun.

Dans ces conditions, la solution que je demande à la Chambre d'adopter, c'est de voter l'article qui est en discussion, la Commission ayant dit et le Gouvernement répétant à cette tribune que ce qu'ils demandent l'un et l'autre à la Chambre, c'est de voter le principe beaucoup plus que la rédaction ; dans l'intervalle des deux lectures, nous verrons si l'amendement de M. Gatineau ne présente pas les inconvénients que je signalais tout à l'heure, et s'il n'y a pas lieu d'y apporter des modifications dans l'intérêt de la loi et du principe même qui a dicté cet amendement. (*Très bien ! très bien !*)

CHAMBRE DES DÉPUTÉS. — *Séances des 25 et 28 juin 1883.* — La Chambre discuta la loi en deuxième délibération dans les derniers jours de juin. Elle en adopta l'ensemble par 348 voix contre 80. Mais, auparavant, M. Waldeck-Rousseau dut combattre un amendement de M. Floquet qui supprimait l'obligation de la relégation, et il se rallia à un autre amendement qui, tout en supprimant la surveillance de la haute police, voulait que l'interdiction de séjour à Paris et à Lyon fût prononcée.

MESSIEURS,

Je crois qu'après les explications, d'ailleurs pleines d'intérêt, que la Chambre a entendues, il n'est peut-être pas inutile de replacer vos esprits en face du texte même sur lequel on discute. Il semblerait, en effet, à entendre les orateurs qui ont combattu cette partie du projet du Gouvernement, que nous proposons une loi exorbitante qui permettrait, sans intervention de la justice, sans aucune des garanties auxquelles tout prévenu a droit, si pervers qu'il puisse être, de condamner un homme à la peine de la déportation ou de la relégation perpétuelle.

Que prévoit donc le projet de loi dans cet ordre d'idées ?

Il prévoit qu'un homme a commis une série de crimes ou une série de délits étroitement spécifiés; il repose sur cette idée que, lorsque tous les châtiments actuellement inscrits dans le Code ont été démontrés impuissants, il faut nécessairement que la société recoure à un autre remède, et il propose alors, pour arriver à une répression nécessaire, de laisser au juge et au législateur leur part de responsabilité.

Le juge, c'est M. Camescasse qui le disait tout à l'heure, sera saisi d'une question très précise : l'homme qui, après des condamnations antérieures, comparaît sous le coup d'une accusation nouvelle, a-t-il commis un certain fait matériel, un vol par exemple, ou une escroquerie ? — C'est là le point de fait que le juge doit apprécier. Quelle sera la conséquence légale de la condamnation intervenue ? —

C'est là un autre point, qu'il appartient au législateur de résoudre.

Quand on suppose que c'est à l'occasion d'un fait unique que le magistrat ou le tribunal pourra prononcer la peine de la transportation, on méconnaît, d'ailleurs, l'esprit même, la raison d'être de la loi. La transportation ne doit pas, suivant nous, résulter d'une quatrième ou d'une cinquième condamnation, mais de l'ensemble des condamnations encourues. Le système que je combats conduit, au contraire, à donner au juge non seulement le droit de prononcer ou de ne pas prononcer une peine, mais encore celui de reviser par un jugement, alors qu'il est incertain sur la valeur morale, sur le danger que présente le prévenu, des condamnations intervenues contre un homme qui s'est mis volontairement en face de la justice, avec une série de crimes ou de délits tels que l'on peut, que l'on doit voir en lui un de ces hommes qui sont une menace, et contre lesquels il y a lieu de prendre une mesure décisive. (*Très bien! Très bien!*)

Que parle-t-on de condamnations par catégories!... Voilà le prévenu devant ses juges; il a été condamné trois fois pour vol, par exemple, et il revient pour la quatrième, pour la cinquième fois devant la justice : est-ce qu'il pourra être transporté sans que le tribunal l'ait entendu, jugé, condamné? Non! Et vous le savez si bien que, lors de la première délibération, on usait contre nous d'un argument qui n'est pas plus juste, mais qui est tout à fait contraire. On disait : « Comme il faudra que le prévenu aille nécessairement devant un juge, comme le juge saura fort bien qu'une peine de trois mois d'emprisonnement entraînera forcément la relégation, le juge adoucira peut-être la peine, et, dans la plénitude de son appréciation, ne prononcera qu'une condamnation insuffisante pour amener la transportation ».

Je demande qu'une fois pour toutes on se mette d'accord... (*Interruptions à gauche.*)

M. Charles Floquet. — Nous sommes complètement d'accord sur ce point.

M. LE MINISTRE. — Je demande également qu'on n'interrompe pas toujours de ce côté (*l'extrême gauche*), et que ses orateurs n'aient pas le privilège d'être seuls écoutés par leurs amis...

Je demande, disais-je, qu'on se mette d'accord une bonne fois sur ce qu'est la conscience du magistrat, sur le crédit qu'on peut accorder au jugement qu'il va rendre. Vous ne pouvez pas dire tantôt qu'il ne prononcera pas une peine de trois mois de prison, alors même qu'elle aurait été méritée, et tantôt qu'il aura assez de justice et de courage pour condamner spontanément à la relégation perpétuelle !

Il y aura donc, Messieurs, de la part des tribunaux ordinaires, — tribunaux correctionnels, s'il s'agit d'un délit, cours d'assises, s'il s'agit d'un crime, — il y aura une délibération solennelle, un verdict rendu ; et, par conséquent, lorsqu'on dit que la transportation sera de plein droit, cela ne veut pas dire qu'elle sera arbitraire, cela veut dire qu'à l'avance, et par une présomption légale dont il y a maints exemples dans notre Code pénal, on aura décidé que l'homme qui, par un certain nombre de condamnations encourues, aura prouvé sa perversion incorrigible, devra être transporté. Cette méthode est-elle donc nouvelle ?

On a cité ce qui se passe en vertu de la loi de 1854, qui a proclamé la transportation de plein droit, et qui a fait ses preuves, vous allez le voir. On disait tout à l'heure : « Mais la criminalité diminue ! »

Si vous aviez été jusqu'au fond de cette question, vous auriez vu que la transportation a été inscrite de plein droit dans la loi de 1854, parce que, si jusqu'alors le juge avait la faculté de condamner aux travaux forcés à perpétuité, cette faculté laissée au juge apparaissait comme insuffisante, et c'est alors qu'on a inscrit dans la loi le principe de la transportation encourue de plein droit par le seul fait d'une condamnation à une certaine peine.

Qu'arrive-t-il, depuis lors, en matière criminelle ?

Un individu, poursuivi pour crime pour la première fois, est traduit en justice, amené devant les juges qui délibèrent sur la culpabilité ; la cour statue sur la peine, et, si elle décide que l'individu sera frappé d'une peine de tant d'années de travaux forcés, sans qu'il y ait besoin d'une décision spéciale, sans qu'il soit nécessaire de prononcer un verdict distinct, le condamné, par cela seul, est relégué pour la durée de sa vie dans une colonie. Voilà ce qu'a fait la loi de 1854 ! Il n'en sera pas autrement dans les cas prévus par le projet, et l'on aurait pu procéder par une autre méthode qui, peut-être, nous aurait garantis contre certaines équivoques, car il eût suffi de dire, — c'eût été peut-être un peu sommaire, mais cela fait très bien saisir l'esprit de la loi, — que, de même qu'aux termes de la loi de 1854 ceux qui ont été condamnés pour une seule infraction à huit années de travaux forcés, sont transportés leur vie durant, de même ceux qui auront été condamnés par une série de jugements, à un certain nombre de mois ou d'années de prison, subiront la même peine.

La preuve que cette disposition de la loi de 1854 n'était pas inintelligente, c'est précisément ce fait matériel considérable, — qu'on n'a peut-être pas mis suffisamment en lumière dans ce débat, si long qu'il ait été — que, tandis que la criminalité augmente, la récidive diminue et cette décroissance se manifeste à des dates et dans des proportions que je demande à la Chambre la permission de mettre sous ses yeux.

Dans la période qui va de 1826 à 1855, la progression des récidives criminelles est constante. De 1826 à 1830, il y a 1107 récidivistes criminels ; de 1831 à 1835, il y en a 1386 ; de 1851 à 1855, 2314.

Vous voyez que l'échelle est constamment ascendante.

La loi de 1854 intervient, et voici les résultats que signale la statistique :

De 1856 à 1860, on tombe de 2314 récidivistes à 1923 ;
De 1861 à 1865, de 1923 à 1728 ;
De 1866 à 1870, de 1728 à 1866 ;
De 1871 à 1875, de 1866 à 1858 ;
De 1876 à 1880, de 1858 à 1656 seulement.

Voilà le résultat obtenu par la loi de 1854. Il me semble

que le moment précis où le courant change, où la récidive, au lieu d'augmenter, diminue, est bien significatif, et que les faits donnent singulièrement raison au législateur de 1854 !

Et savez-vous comment cette diminution a été obtenue? Est-ce parce que, dès 1856, on avait transporté une telle quantité de criminels qu'il en restait beaucoup moins sur le territoire français ? Nullement. Ce résultat a été obtenu par l'inscription dans la loi du principe de la transportation à perpétuité, de plein droit, dans le cas où certaines condamnations seraient encourues.

Cette observation a déjà été faite, mais il faut bien la répéter, puisque, d'ailleurs, nos adversaires nous en donnent l'exemple.

Si vous dites au récidiviste, c'est-à-dire à cet homme qui ne croit plus à rien, qui a jeté son mépris sur tout, qui s'est habitué à escompter l'indulgence des tribunaux et qui, avant d'avoir pris conseil d'un avocat, sait à merveille quelle est la meilleure prison et quel est le juge le plus clément, si vous dites à cet homme que, s'il vient à voler une cinquième fois, le juge aura l'alternative ou de le condamner à quelques mois de prison ou de le transporter à perpétuité, il escomptera encore la décision de la justice; vous n'aurez pas diminué le chiffre des délits ou des crimes, mais, en revanche, vous aurez fait au magistrat une situation véritablement insoutenable.

Je comprends très bien, — il y a d'anciens magistrats, dans cette enceinte, qui certainement sont d'accord avec moi sur ce point, — je comprends très bien qu'on dise au juge : vous aurez à voir si le coupable, le délinquant ou le criminel a mérité un mois, deux mois ou une année de prison, et cette condamnation, jointe aux précédentes prononcées par d'autres juges, emportera la transportation; alors, la transportation demeure une peine accessoire, elle est la conséquence des condamnations principales, elle n'a rien qui puisse le troubler; mais dire à ce magistrat : « La peine principale que tu as à prononcer pour tel délit est de trois mois; mais, par une opération de ton initiative, toi, juge, toi, magistrat, dans ton for intérieur, dans ta conscience, tu décideras si à ces trois mois de prison on ne doit pas ajouter, comme aggravation, vingt-cinq ou trente ans de transportation dans une colonie »; lui dire cela, c'est dénaturer la question qu'il doit trancher, c'est lui soumettre un problème tellement grave... (*Interruptions et protestations ironiques à l'extrême gauche.*) qu'il en résultera, dans les décisions qui seront rendues, une diversité qui, en pareille matière, a une tout autre importance que les contradictions qui peuvent se produire sur des points de doctrine ou de jurisprudence; car les décisions qui seront prononcées par certains juges, alors que d'autres, moins éclairés ou moins courageux, se seront montrés moins sévères, acquerront un caractère de gravité suffisant pour faire hésiter l'homme le plus consciencieux et le plus résolu.

Quand on fait une loi de cette nature, il faut se proposer d'atteindre un autre objet que celui qui consisterait, par un procédé ou par un autre, à transporter des coupables : ce qui domine la législation en manière pénale, ce qui fait qu'en 1854 on a voulu que la transportation fût encourue de plein droit, la raison pour laquelle aujourd'hui nous demandons à la Chambre, comme une des conditions les plus essentielles de la loi, que la transportation soit la conséquence nécessaire de certains délits, c'est qu'il faut qu'une loi pénale soit préventive, qu'elle empêche la récidive et qu'il ne suffit pas qu'elle la punisse ! (*Applaudissements sur un grand nombre de bancs.*)

Messieurs [1],

Dans la proposition de loi que j'avais déposée, je demandais à la Chambre l'abrogation de la disposition relative à la surveillance de la haute police, et de l'éloignement de Paris. Cette abrogation a été votée en première

1. Séance du 28 juin 1883.

lecture avec les réserves qui, d'ailleurs, avaient été faites au cours de la même discussion.

A ce moment, j'ai été très touché des considérations qu'on a fait valoir et qui ont été reprises par l'honorable M. Renault. Je ne crois pas que des mesures comme l'éloignement de Paris s'imposent; mais ce qui m'a frappé, c'est cette considération qu'au moment où la loi va entrer en exercice, il y a des ménagements à prendre et qu'il est sage d'observer une certaine prudence.

Ceux qui formulaient ces observations se rattachaient au texte de la loi déposée par mon honorable prédécesseur. M. Fallières, tout en maintenant la suppression de la surveillance de la haute police, demandait, dans le projet de loi renvoyé à la Commission : d'une part, que dans les cas où cette surveillance eût été la conséquence de la condamnation, le jugement emportât l'interdiction de séjour à Paris et à Lyon; de l'autre, qu'on supprimât la disposition relative à l'éloignement de la ville de Paris, par mesure administrative.

Cette distinction a été maintenue dans l'amendement de M. Rodat, justifiée par l'honorable M. Renault, et le Gouvernement s'y rallie.

M. Andrieux demande quelque chose de plus, et, alarmé des conséquences qui pourraient se produire au moment où la loi sera votée et qui viendraient coïncider avec la suppression de toutes les mesures anciennes, il croit tout à fait nécessaire, non seulement de maintenir l'éloignement de la ville de Paris pour ceux qui ont été condamnés à des peines emportant la surveillance, mais encore de maintenir cet éloignement pour toutes les personnes auxquelles on pouvait l'appliquer jusqu'au moment où la loi de 1852 a reçu en quelque sorte une première modification et une première atteinte par le vote de la Chambre en 1880.

Je ne crois pas que cela soit aussi indispensable. D'abord, dans le chiffre des expulsions, des éloignements, je crois savoir que M. Andrieux a mis quelque exagération; c'est à 1.100 au maximum qu'il faut fixer le chiffre exact des mesures qui ont pu être prises à une certaine époque.

M. Andrieux. — Ce n'est pas là le chiffre que m'a indiqué M. le préfet de police il y a un instant.

M. Camescasse. — Je n'ai pas parlé de 4 000 expulsions par an.

M. le Ministre. — Ce que je veux signaler à l'attention de la Chambre, c'est que, parmi les éloignés, il en est très peu qui se recommandent à l'estime de leurs concitoyens par une vie sans tache et sans condamnation, et que, si on pouvait rechercher combien, dans les 1.100 personnes éloignées, il s'en trouve qui étaient déjà des récidivistes et qui, par conséquent, tomberaient sous l'application de la loi, on verrait que c'est certainement le plus grand nombre ; de sorte que, à ce point de vue, l'autorité ne sera pas désarmée, il s'en faut, et dussé-je être accusé de faire quelque sacrifice à l'esprit provincial, je ne cache point que, comme il s'agit non pas d'hommes auxquels un jugement a interdit le séjour de Paris, mais de personnes qu'une mesure administrative a éloignées de la capitale pour les rejeter dans les départements, je suis un peu touché de la plainte des départements, qui viennent dire : Mais si ces hommes sont dangereux à Paris, dans une ville où la police a une organisation excellente, où la surveillance peut être complète...

M. Georges Roche. — La surveillance est plus facile en province.

M. le Ministre. — ...ils vont être plus dangereux encore sur les frontières de ce département. Car c'est ainsi, Messieurs, que la question se pose.

Il ne faut pas croire que les éloignés vont s'en aller à 50 ou 60 lieues de Paris ; non, ils montent la garde autour des frontières qui leur sont interdites et qu'ils traversent sans cesse. Et, si on cherche dans les arrêtés d'expulsion combien de fois le même individu se fait expulser, on voit qu'il y a des habitués de l'éloignement comme il y a des habitués de la police correctionnelle. (*Sourires.*)

Je crois donc qu'on peut sans inconvénients se contenter de l'amendement de M. Rodat, qui n'est autre chose que le projet de loi présenté par M. Fallières. C'est à cet amendement que le Gouvernement se rallie. (*Très bien! très bien! — Aux voix! aux voix!*)

SÉNAT. — *Séance du 23 octobre 1884.* — La loi, adoptée par la Chambre, fut portée devant le Sénat. Elle fut vivement attaquée par M. Bérenger qui en critiqua l'esprit et les diverses dispositions. M. Waldeck-Rousseau lui répondit sur tous les points et la loi fut votée en première lecture.

MESSIEURS,

Je ne retiendrai pas, je l'espère, outre mesure, l'attention du Sénat; j'entends, en effet, répondre à l'honorable M. Bérenger en le suivant exclusivement sur le terrain qu'il avait primitivement choisi, c'est-à-dire en examinant ce qu'il a lui-même nommé une question préjudicielle.

M. Bérenger tire, en effet, de la rédaction de la loi, ou, pour mieux dire, il tire d'un de ses articles, l'article 19, cette objection : l'article 19 n'entre pas dans certains détails, il ne s'explique pas sur le régime de la relégation, il ne fixe pas le lieu de la transportation, il n'indique pas non plus la nature des dépenses qui pourront être faites. Il y a là un vice originel qui doit entraîner la condamnation de la proposition, et il demande que le Sénat ne passe pas à la discussion des articles.

Je sais bien qu'au cours des développements qu'il a donnés à cette exception de procédure, rencontrant sur sa route un certain nombre de questions qui touchent le fond même de ce débat, il les a successivement abordées; j'aurais, je l'avoue, la tentation de le suivre immédiatement sur ce terrain, si je n'estimais que le Sénat doit se prononcer tout d'abord sur cette question de procédure, et, si, d'autre part, je ne considérais comme un danger pour la loi, comme un risque pour le caractère réfléchi que doit avoir votre vote, d'entrer ici dans la discussion générale par une porte de côté, de ne pas suivre, dans l'examen des différents articles qui vous sont soumis, la marche que l'esprit public a suivie lui-même, la marche que le Gouvernement a adoptée ; j'entends dire par là que nous proposerons au Sénat une tout autre méthode de discussion que celle qu'a suivie l'honorable M. Bérenger.

Je ne crois pas dénaturer son argumentation en disant qu'elle revient à ceci : transporter les récidivistes est difficile, onéreux ; faire un règlement déterminant quelle sera la condition des transportés est une œuvre laborieuse ; déterminer le chiffre des dépenses qui pourront être engagées est une œuvre considérable ; il y a là, en un mot, une besogne qui ne se fait pas toute seule ; par conséquent, il ne faut pas aborder l'examen de ce problème.

Eh bien ! Messieurs, la méthode que je vous propose et que je compte suivre est celle-ci : quand nous discuterons le fond, quand je m'expliquerai sur les grandes lignes du projet dans son ensemble, je crois pouvoir établir, avec une force qu'on acquiert rarement dans des questions de cet ordre, que vous êtes en présence d'un problème qu'il faut résoudre... (*Oui ! oui ! très bien ! à gauche.*)... d'un problème qu'il peut être difficile, onéreux de résoudre ; que ce n'est pas sans doute une tâche aisée, que vous êtes en présence d'une question sociale des plus complexes et des plus graves, mais que vous ne pouvez pas en ajourner plus longtemps la solution. (*Très bien ! très bien ! sur les mêmes bancs.*)

Et quand nous aurons reconnu que nous sommes en face d'un mal qui s'accuse, qui s'affirme chaque jour, qu'il faut y apporter un remède, alors nous discuterons si la forme que le Gouvernement vous propose est bonne ; nous rechercherons s'il en existe une meilleure.

Pour marquer un autre vice de l'argumentation de l'honorable M. Bérenger, je n'ai véritablement qu'un point à indiquer au Sénat. Dans le projet qui vous est soumis, il y a, Messieurs, des dispositions d'ordre bien divers ; les unes touchent au principe même de la relégation, les autres aux conditions auxquelles la relégation peut être encourue ; et l'on arrive enfin à l'article 19, que je résume, car il est assez long à lire. C'est cet article qui dit que des décrets, rendus en forme de règlement d'administration publique, détermineront les lieux où se fera la relégation, les conditions dans lesquelles il sera fourni du travail et des moyens de subsistance aux relégués; en un mot, c'est l'article qui confie à un règlement d'administration publique le soin de déterminer tout ce qui a trait au régime, aux conditions matérielles et aux conditions d'application de la relégation.

Eh bien! Messieurs, n'est-il pas évident que l'on peut être absolument d'accord sur le principe de la relégation, sans être d'accord sur la méthode législative qu'il faut suivre pour en déterminer les conditions et les détails? Je dis détails, parce que c'est le mot le plus simple et le plus naturel, mais j'entends, comme M. Bérenger, qu'en pareille matière le plus petit détail est un détail grave et digne de toute l'attention du Parlement. Je croyais donc, Messieurs, qu'il y aurait eu peut-être plus de logique et de simplicité à chercher tout d'abord s'il y a une loi à faire sur les récidivistes, si cette loi doit aboutir à la relégation, à se demander ensuite si l'article 19 doit être adopté lorsqu'on discutera les articles, sauf à exercer à ce moment le droit d'amendement et de critique, et, s'il est une fois acquis qu'on devra reléguer, prononcer la peine de la transportation contre certains condamnés, et sauf aussi à rechercher si l'article 19 doit être modifié, s'il paraît contenir certains vices, et à demander alors que cet article soit renvoyé à la Commission, et qu'on apporte au Sénat un plan législatif indiquant toutes les mesures qui peuvent être adoptées.

Je pourrais, ce me semble, me borner à dire au Sénat : employons cette méthode, recherchons s'il y a lieu de faire une loi sur la relégation; puis, arrivant à l'article 19, nous verrons s'il n'est pas seulement indispensable de laisser à des règlements d'administration publique le soin de déterminer et les lieux, et les conditions, et, par suite, les dépenses de la transportation.

Je veux cependant, Messieurs, profiter de ma présence à la tribune pour répondre à une accusation que j'ai entendue bien des fois depuis quelque trois ans que ce projet est pendant devant le Parlement, mais qui m'a surpris dans la bouche de l'honorable M. Bérenger beaucoup plus que dans celle des autres orateurs qui l'avaient formulée.

Cette objection consiste à présenter comme un fait sans précédent qu'une loi pénale ait édicté que des condamnés seraient transportés dans des colonies pénitentiaires, sans déterminer, en même temps, quelles seraient ces colonies, sans préciser quel serait le régime de la transportation, en un mot, sans qu'on ait mis dans la loi le règlement lui-même.

Eh bien! je réponds à l'honorable M. Bérenger, lequel est un jurisconsulte éminent, que ce qui serait sans précédent, c'est que, en faisant une loi touchant à la transportation, on eût mis dans un texte législatif tout ou partie de ce qu'il s'étonne de ne pas voir figurer dans celui que nous proposons.

Il y a, en effet, une loi qui est le monument unique de notre législation en pareille matière, c'est la loi de 1854, dont nous verrons les heureux effets. Cette loi de 1854 édicte que la peine des travaux forcés sera combinée avec une autre peine, la transportation; et que porte l'article 1er? qu'à l'avenir les condamnés aux travaux forcés subiront leur peine dans des établissements créés par décret. La loi de 1854 n'est pas autre chose qu'une analyse, une résumé, une synthèse des dispositions que nous avons nous-mêmes introduites dans le projet qui est actuellement soumis au Sénat.

Mais ce n'est pas tout; le scandale est beaucoup plus grand que l'honorable M. Bérenger ne se l'imagine.

Usant de l'initiative parlementaire, j'ai déposé à la Chambre des députés la première proposition de loi relative à la relégation qu'on appelait alors la transportation des récidivistes; et, dans l'article 13 de cette proposition, dont je fus un instant le rapporteur, article dont le Sénat pourra trouver le texte dans le rapport que j'eus l'honneur, à cette époque, de déposer sur le bureau de la Chambre des députés, j'avais introduit une disposition ainsi conçue :

« Dans les six mois à dater du vote de la présente loi,

un règlement d'administration publique déterminera tout ce qui concerne l'exécution de la présente loi et notamment : le lieu de la transportation, l'étendue des concessions de terrains à faire aux transportés et à leurs familles, les avances à leur faire pour premier établissement, leur mode de remboursement, l'étendue des droits de l'époux survivant, des héritiers et des tiers sur des terrains concédés, les conditions auxquelles le conjoint ou les enfants du transporté pourront être autorisés à le rejoindre dans les colonies. »

C'est cet article 13, Messieurs, qui est devenu, plus tard, l'article voté par la Chambre des députés avec quelques augmentations, et c'est ce même article 13 qui, avec des améliorations notables, est devenu l'article 19 du projet de loi actuel, soutenu devant le Sénat d'accord par la Commission et par le Gouvernement.

Il portait que ce ne serait pas la loi qui désignerait le lieu de la transportation, qui établirait le régime pénitentiaire de la colonie, mais que ce serait un règlement d'administration publique.

Eh bien! savez-vous ce qu'était cet article? Je l'avais, sans autre orgueil, copié littéralement dans la loi de 1854 sur la transportation. Vous l'y trouverez en propres termes. De telle sorte que je suis dans la vérité absolue quand je dis : on ne peut pas nous reprocher de faire quelque chose qui soit sans précédent, car ce que nous avons fait par la loi sur les récidivistes, tant par la méthode que nous avons employée que par le but que nous voulons atteindre, n'est pas autre chose que de créer une annexe, et je dirai volontiers un prolongement de la loi de 1854, en appliquant à la correctionnalité, aux délits et aux délinquants, des mesures qui ont fait leurs preuves, appliquées par la loi de 1854, aux scélérats de l'ordre supérieur, si l'on peut ainsi parler (*Sourires.*), c'est-à-dire au grand criminel.

Tant dans la forme qu'au fond, le Sénat ne peut vraiment pas s'arrêter à l'objection présentée par l'honorable M. Bérenger : d'abord, parce que si l'article 19 est mal fait, c'est dans la discussion des articles qu'il y aura lieu de produire des critiques ; et aussi parce que, comme je viens de le démontrer très brièvement, ces critiques, si on les apprécie pour ce qu'elles valent et ce qu'elles sont, ne sont véritablement pas fondées et ne se justifient pas.

Nous aurons à les discuter, après nous être rendu compte de ce qui est le vif de la question, après avoir regardé bien en face le problème qui se pose, avoir vu ce que c'est que les récidivistes : car beaucoup de gens pensent le savoir. Tout le monde, en tout cas, en entend parler, tout le monde en souffre ; mais je crois pouvoir dire, sans prétention, que peu de personnes le savent.

C'est là, en effet, une catégorie de criminels et de délinquants tellement particulière que les idées générales et un peu préconçues que l'on voudrait introduire dans une sorte de philosophie pénale applicable aux récidivistes sont absolument erronées et controuvées (*Assentiment.*) ; et quand nous verrons, comme je le disais tout à l'heure, ce que c'est que le récidiviste, de quelle nature et de quelle qualité il est, quand nous rechercherons le remède qui doit être apporté à un mal que personne ne conteste et dont, je le répète, tout le monde souffre ; quand il s'agira de se demander s'il est possible, *a priori*, de fixer, dans un projet de loi, tout ce qui peut être rendu nécessaire par les éventualités multiples de la relégation, il deviendra certain pour tous que la méthode sage est la méthode appliquée en 1854, qui consistait à confier à des règlements d'administration publique, pouvant se prêter à des modifications et à des progrès nécessaires, le soin de décider ce que doit être la condition des récidivistes, en quel lieu et sous quel régime ils sont placés, et comment ils doivent être surveillés ou punis.

Messieurs, une loi doit poser des principes ; elle est la source de toute espèce de droits, et quand nous disons que le Gouvernement aura le droit d'organiser, par règlement d'administration publique, le régime pénitentiaire, nous demandons à puiser dans le pouvoir législatif l'autorité nécessaire pour faire ce règlement.

L'honorable M. Bérenger a dit que, dans cette affaire,

tont le monde est responsable, et le Gouvernement qui ne veut pas entrer dans les détails, et la Commission qui veut lui donner un blanc-seing. D'après l'honorable sénateur, la Commission abdique; elle veut esquiver les responsabilités, et, au contraire, je prétends qu'elle va au-devant d'elles.

Messieurs, personne n'abdique et personne ne se dérobe.

Lorsque nous discuterons plus en détail, au fur et à mesure que les questions viendront, et elles sont nombreuses, vous verrez que le Gouvernement n'éprouvera aucune difficulté à s'expliquer sur ce qu'il entend devoir être le régime de la relégation ; mais vous verrez également, si même cette considération n'est pas, dès à présent, dans vos esprits, que vouloir mettre dans une loi tout ce qui est relatif au régime de la relégation des récidivistes et à la condition qui leur sera faite, pourvoir, en un mot, à toutes les éventualités qui pourront se produire par le fait de la relégation, c'est se lier les mains à l'avance d'une façon fâcheuse et mauvaise, alors que l'on peut, de la façon la plus régulière, sauvegarder les droits du Parlement, et, en même temps, donner à l'application de la loi une certaine souplesse et une certaine élasticité dont elle a besoin.

Est-ce qu'en effet il ne tombe pas sous le sens que tout règlement d'administration publique concernant le régime de la relégation doit aboutir nécessairement à une question de dépenses? L'honorable M. Bérenger l'a proclamé lui-même. Si donc nous avons une façon de comprendre la relégation, de la formuler, il faudra bien que nous arrivions à la mettre en application, à la mettre en exercice.

Pour l'appliquer, il faudra, non moins nécessairement, que nous demandions des crédits au Parlement; et c'est ainsi, Messieurs, que ces règlements d'administration publique que nous n'aurons eu le droit de faire que parce que vous nous l'aurez donné, nous ne pourrons les appliquer qu'à la condition d'obtenir votre sanction, et de prouver au Parlement qu'ils ont été dictés par une saine intelligence des besoins de la relégation, des besoins des colonies, et aussi des besoins des relégués.

C'est là, Messieurs, ce que j'avais à dire sur cette question purement préjudicielle. Je la crois véritablement vidée, et j'ajournerais volontiers quelques autres explications que j'ai à donner au moment où j'aborderai la loi dans son ensemble et dans ses aspects généraux, si l'honorable M. Bérenger n'avait apporté à la tribune une série d'affirmations fort graves, de contestations fort énergiques, dont les deux principales sont celles-ci :

M. Bérenger nous dit : vous n'avez pas de colonies où l'on puisse transporter les récidivistes, et il ajoute, se plaçant à un autre point de vue : vous ne savez pas ce que vous aurez de récidivistes à transporter ; nous sommes dans les ténèbres, et vous n'avez pas fait la lumière!

Nous la ferons, Messieurs, avec les plus grands détails. Ce que j'apporte aujourd'hui, ce sont beaucoup moins ces détails eux-mêmes qu'une protestation qui me paraît nécessaire.

Les deux questions que je viens d'indiquer et qu'a touchées l'honorable sénateur sont des plus graves.

M. Bérenger a pris l'une après l'autre nos colonies, et de la revue qu'il en a faite il a tiré cette conclusion, avec laquelle je me suis familiarisé par trois années de lecture de polémiques et de discussions parlementaires : qu'il y a des colonies qui sont trop bonnes pour les récidivistes, et d'autres qui ne le sont pas assez. S'agit-il d'une colonie où le commerce et l'industrie ont déjà jeté quelques racines : on dit qu'y envoyer les récidivistes, c'est y jeter le trouble. S'agit-il de colonies où il faut vaillamment, avec une certaine peine et au prix de certains dangers, conquérir le droit à l'existence : on nous montre les récidivistes véritablement sacrifiés.

L'extrême sensibilité que les récidivistes ont éveillée depuis quelque temps ne laisse pas que de m'étonner singulièrement. J'ai dit, à la Chambre des députés, que je réservais plutôt ma pitié pour ceux qui souffrent d'un surcroît de méfaits, que pour ceux qui les accomplissent...

(*Très bien! très bien! sur un grand nombre de bancs.*)... mais je n'ai jamais été jusqu'à penser qu'on pût envoyer de parti pris des hommes, même coupables, même criminels, dans des pays où il serait démontré qu'on ne peut pas vivre, et ressusciter ainsi ce qu'on a appelé, — je ne crois pas que ce soit M. Victor Hugo, — ce qu'on a appelé avec une justesse énergique la guillotine sèche.

M. Batbie. — Cette expression n'est pas de M. Victor Hugo.

M. le Ministre. — C'est précisément ce que je croyais savoir.

M. Bérenger. — Elle se trouve dans son discours de 1850.

M. Batbie. — Elle est de Tronson du Coudray.

M. le Ministre. — En ce qui concerne la Nouvelle-Calédonie, je n'ai absolument qu'un mot à dire. M. le rapporteur de la Commission a indiqué, d'accord avec le Gouvernement, que nous ne songions pas y faire la relégation des récidivistes en masse, mais que l'on pourrait, dans l'intérêt même de cette colonie, y faire de la relégation individuelle.

Eh bien! j'ai eu sous les yeux, dans ces temps derniers, un document auquel il sera sans doute fait, par le Gouvernement et par la Commission, plus d'un emprunt dans le cours de ces débats : c'est le procès-verbal extrêmement intéressant et extrêmement curieux des travaux d'une Commission qui a été instituée en 1882, à la Nouvelle-Calédonie, par M. Pallu de la Barrière; ce procès-verbal est précédé d'un questionnaire attestant, de la part de M. Pallu de la Barrière, une connaissance très profonde, très exacte, des besoins de la colonie, sur lesquels il interrogeait les principaux intéressés.

Je trouve ce document important et intéressant pour la raison que voici : c'est que, dans tous ces débats, j'ai souvent entendu parler de la Nouvelle-Calédonie, et avec insistance, avec l'insistance qu'on pourrait puiser dans une autorité personnelle, par beaucoup de personnes qui se sont faites, dans le sentiment le plus généreux, le plus noble, les avocats d'office de la colonie; et que je n'ai pas été fâché de prendre sur le fait l'opinion, la pensée, le sentiment d'hommes considérables de cette partie de nos possessions.

Consultés sur leurs propres intérêts et amenés à dire si véritablement l'envoi de récidivistes devait être considéré comme funeste pour une colonie du genre de celle qu'ils habitent, ils se sont prononcés, Messieurs, sur la question de principe avec une sagesse infinie, et ils ont dit qu'autant la colonisation par la transportation seule était une folie, autant la colonisation par l'élément libre seul était une illusion.

Et ces hommes, qui représentent les intérêts les plus respectables de la Nouvelle-Calédonie, qui possèdent un patrimoine acquis par un labeur obstiné et périlleux, déclarent qu'il n'est possible de rien faire, dans ce pays, sans l'envoi de condamnés venus de la métropole, venus de France ; ils concluent, de la façon la plus énergique, à cette colonisation mixte qui a fait l'Australie et qui comprend, à la fois, des criminels, des délinquants que la métropole expulse, et ces hommes d'esprit aventureux — je prends le mot dans son sens le meilleur — qui viennent dans la colonie pour tirer parti des ressources que leur offre précisément, au point de vue du travail, la main-d'œuvre de la transportation.

Ils affirment encore cet autre fait, que constate pareillement M. Pallu de la Barrière dans l'exposé qui précède le procès-verbal des travaux de la Commission : c'est que, jusqu'à ces derniers temps, on s'est très peu servi, dans la colonie, de ces ressources de la transportation. Et je n'en veux qu'une preuve ; ce n'est pas un raisonnement, c'est un fait brutal :

La Commission s'adresse à M. Pallu de la Barrière et lui dit : vous avez fait plus, en quelques mois, qu'il n'a été fait depuis des années. Elle constate que dans son court passage au gouvernement de la Nouvelle-Calédonie, passage qui ne touchait pas encore à sa fin, M. Pallu de la Barrière, qui avait trouvé 308 concessionnaires dans la colonie, en avait porté le chiffre à 608.

Quand on voit un fonctionnaire doubler, en moins de deux ans, le nombre des concessions, on peut dire, en effet, sans témérité et sans présomption, qu'avant lui on n'avait pas usé avec beaucoup d'ardeur, avec beaucoup d'empressement, du régime des concessions.

De plus, Messieurs, dans le même travail, on apprend que, pour la première fois, on fait pour la Nouvelle-Calédonie un programme de travaux dont on indique la consistance, l'importance et la durée ; et pour exécuter ce programme de travaux, à quoi conclut-on ? A l'entretien permanent, en Nouvelle-Calédonie, d'un effectif de 6.000 travailleurs dont le niveau ne pourra pas baisser, de transportés, de libérés, fournissant, au bout de dix ans, un stock de 4.000 relégués devenus concessionnaires.

Ce n'est pas tout, et je donne ces détails parce qu'il est véritablement fâcheux que nous soyons si sévères pour nos possessions et si injustes tout à la fois. Le même travail constate qu'il y a actuellement en Nouvelle-Calédonie 263.000 hectares de terres prêtes à recevoir la culture, terres à pâturages ou terres à céréales ; que lorsqu'on aura distribué aux 4.000 concessionnaires, qui seront en quelque sorte le stock des transportés entretenus pendant les travaux, les concessions dont l'étendue est déterminée, il ne restera pas moins de 212.000 hectares appelant la main de l'homme, appelant sa façon, et que l'on réserve à la colonisation, et particulièrement à la colonisation libre.

Or, si vous voulez suivre le mouvement de la colonisation libre, vous arriverez à cette conviction, sans que l'on puisse en faire un grief à notre esprit national, que la colonisation libre, en France, n'a jamais atteint la proportion qu'elle a atteinte, par exemple, en Angleterre. Et cependant vous voyez qu'en Australie, pour cinq forçats ou cinq convicts, il ne se rendait que deux colons libres. Nous pouvons donc bien supposer qu'étant admise la différence de nos mœurs nationales, de nos instincts, vous aurez encore moins de colons libres à la Nouvelle-Calédonie.

Eh bien ! quand on examine le programme de travaux que je vous ai indiqué, qui sera comme la préface des entreprises futures que la Commission entrevoit et que l'imagination devine, on comprend que la transportation individuelle, c'est-à-dire l'envoi dans la colonie de condamnés dont l'administration, pendant la période de détention, aura vérifié les aptitudes, l'envoi de relégués, de récidivistes appartenant à certaines professions et correspondant à un besoin de main-d'œuvre dans la colonie, ne peut être qu'un instrument de progrès pour la colonie, un moyen d'accroître ses richesses et sa prospérité.

Voilà ce que j'ai à dire de la Nouvelle-Calédonie. Permettez-moi d'ajouter à cette première protestation une protestation beaucoup plus énergique encore en ce qui concerne la Guyane. Pour la Guyane il est entendu, — M. Bérenger rappelait cela comme une objection capitale, il est entendu que la Guyane est un pays inhabitable, que c'est un pays où il ne faut pas chercher à établir notre culture, notre commerce, notre industrie et nos mœurs; c'est une terre qui engloutit tout ce qu'on lui apporte, tout ce qu'on y envoie; un homme envoyé à la Guyane est un homme perdu à terme et à court terme. Songer à envoyer des récidivistes à la Guyane, c'est faire œuvre d'inhumanité.

Je ne sais pas comment l'honorable M. Bérenger concilie les sombres perspectives qu'il a ouvertes en parlant de la Guyane avec l'attrait de la transportation qu'il nous présentait comme devant être un des sentiments éveillés chez les récidivistes par la présente loi. C'est une contradiction que je relève en passant, je ne veux pas sortir de mon sujet. Mais est-il vrai qu'à la Guyane les choses soient ainsi? Si on pouvait admettre cela un instant, il ne pourrait pas y avoir assez de protestations contre la folie des gouvernements qui se sont succédé; il faudrait se demander comment nous persistons à garder, à entretenir de nos finances une possession, je ne dis pas dangereuse, mais mortelle.

Et quand je lisais le rapport de M. Chessé, le gouverneur actuel de la Guyane, dont je vais vous citer aussi quelques extraits, il y a une chose qui m'a frappé et qui fournit un argument auquel je ne sais pas ce qu'on peut répondre.

M. Chessé constate un fait que nous savions, mais sur lequel il est bon de rappeler à nouveau l'attention. Comment! la Guyane est un lieu plein de danger, trop fertile en occasions de mort pour qu'on y envoie ces habitués du crime et du délit qui infestent la France! Il n'est pas permis, sans manquer aux lois de l'humanité, d'y envoyer des hommes qui, dans notre milieu civilisé, sont une menace de chaque heure! Et cependant vous y envoyez vos soldats, vos fonctionnaires, vos marins, et ce qu'il y a de plus singulier, de plus frappant — j'ai dans mon dossier des documents établissant ce fait jusqu'à l'évidence, c'est du reste un fait matériel : ces travaux trop dangereux qui consistent à fouiller une terre trop riche, car le danger, à la Guyane, c'est que la terre est trop riche, trop fertile, — ces travaux, que l'on ne peut pas confier à des récidivistes, à des forçats, parce que l'on risquerait d'abréger leur existence, il n'en a pas été fait beaucoup à la Guyane, mais la presque totalité a été faite par les soldats de notre armée.

Eh bien! de deux choses l'une : ou ces travaux ne peuvent pas être confiés à des condamnés sans manquer à l'humanité, et alors n'envoyons plus personne à la Guyane; ou bien il s'est formé sur la Guyane une de ces légendes qui, en France, étouffent jusqu'à la curiosité des hommes qui les porterait à s'informer; c'est une des colonies les plus merveilleusement aptes à recevoir la transportation, et alors il faut lui donner, par la loi nouvelle, les ressources qu'elle demande, dont elle a besoin, donner satisfaction aux vœux qu'elle formule avec une énergie singulière et qui ont été traduits par le gouverneur actuel, M. Chessé, comme ils avaient été exprimés par ses prédécesseurs.

Mais, dit-on, et la mortalité?...

Sur la mortalité, je voudrais faire une observation. Il est d'habitude de dire qu'à la Guyane la mortalité est de 60 p. 100. Ceci est l'indication des gens qui exagèrent un peu. Ceux qui restent dans les limites d'une modération plus grande disent 40 p. 100. M. Bérenger a pris un terme moyen, et il a établi, ce qui n'est pas la même chose, qu'il était mort 50 p. 100 des transportés envoyés à la Nouvelle-Calédonie.

Eh bien! des chiffres qui n'ont pas été imaginés pour les besoins de ce débat, car ils sont fournis par des annales de statistique qui sont entre les mains des députés et des sénateurs, prouvent qu'à l'heure actuelle, et depuis plusieurs années, — je vais vous dire tout à l'heure pourquoi, — la mortalité varie sensiblement, d'ailleurs suivant les points de la Guyane que l'on interroge. Sur les points de la Guyane les plus mauvais, elle est de 9 p. 100; sur les points moins mauvais, elle descend à 7 p. 100, et sur les meilleurs à 3 p. 100. Si l'on fait une moyenne entre ces différentes parties de la Guyane pour arriver à en dégager le chiffre normal, on trouve une mortalité de 6 p. 100.

Or, Messieurs, 6 p. 100, savez-vous ce que c'est? C'est la mortalité de nos établissements pénitentiaires ou à peu près; c'est la mortalité de la Nouvelle-Calédonie. Et, pour la Nouvelle-Calédonie, on n'a jamais eu, que je sache, les mêmes alarmes, les mêmes appréhensions. Mais, Messieurs, quand on parle de cette moyenne, quand on cite des chiffres sur la Guyane, il faudrait se rendre compte d'une chose qui modifie singulièrement le calcul ou, pour mieux dire, qui le renverse, c'est qu'on fait une moyenne sur des éléments absolument faussés, et c'est ce que le gouverneur de la Guyane établit dans un court passage que je vous demande la permission de vous lire :

« Supposons, par exemple, dit-il, que l'on continue, en effet, à ne plus envoyer de transportés européens à la Guyane (il nous en reste en ce moment 500 environ sur les pénitenciers, dont le plus grand nombre sont déjà vieux et infirmes); il va arriver un moment où, par leur âge commun, leurs infirmités, un assez grand nombre de ces hommes mourront sans doute à peu de distance l'un de l'autre; nous avons déjà une mortalité de 140 sur 1.200; nous aurons peut-être demain 250 sur 500 : dira-t-on que la mortalité de la transportation européenne est de 50 p. 100 à la Guyane, ce qui équivaudrait à dire que 50 p. 100 de mortalité représentent l'état sanitaire des îles du Salut?... »

C'est qu'en effet si, pour faire des chiffres, vous prenez une population qu'on ne renouvelle pas, qu'on ne rafraîchit pas, si je puis ainsi parler, il arrive fatalement qu'au bout d'un certain nombre d'années votre statistique ne s'exerce plus que sur des éléments spéciaux et particuliers, et ce sera alors comme si vous vouliez faire en France une statistique portant, non pas sur la mortalité de la population en général, mais sur celle d'une certaine catégorie et d'un certain âge de la population.

Je ne veux pas, Messieurs, me borner à ce que je viens de dire; M. Bérenger a fourni beaucoup de détails sur ce point, et je tiens beaucoup, au début de cette discussion, à mettre la réputation de notre plus grande colonie au-dessus de ces attaques.

M. LE BARON DE LAREINTY. — Et vous avez parfaitement raison!

M. LE MINISTRE. — Je voudrais entrer dans quelques autres considérations, qui sont connues de plusieurs d'entre vous, mais qu'il n'est pas inutile de rappeler ici.

Oui, Messieurs, il est parfaitement certain qu'à l'origine des choses, par l'absence complète de plans de colonisation, par la façon dont on a procédé au défrichement, on a subi une mortalité épouvantable. Pourquoi cette mortalité se déclarait-elle? Parce que la Guyane est un pays de forêts coupées par des savanes. D'après tous les officiers qui l'ont visitée, d'après toutes les personnes qui l'ont connue, c'est le sol le plus riche en humus qu'on puisse imaginer, le plus fécond en exhalaisons à de certaines heures; aussi, aujourd'hui, considère-t-on qu'il n'y a guère qu'une façon de procéder au défrichement, c'est de déterminer un périmètre relativement restreint; c'est d'y faire d'abord l'air et la lumière, et puis, au lieu d'aller recommencer cette opération à trente ou quarante lieues, et de multiplier ainsi les clairières insalubres, c'est d'élargir progressivement la brèche, de rayonner, d'ouvrir des avenues, afin de mettre derrière les travailleurs qui entreront pas à pas dans la forêt, dans la savane, l'air, la lumière et la salubrité.

Eh bien! c'est le contraire que l'on a fait à la Guyane; on a créé un petit nombre d'établissements espacés : l'île de la Mer, la Montagne-d'Argent, Saint-Georges, Sainte-Marie, Saint-Augustin, Kourou, etc.

Partout où, sur les terrains que j'indique, les travailleurs se présentaient pour défricher les terres, il est certain qu'ils en faisaient sortir la fièvre.

Mais qu'est-il arrivé? Quelque chose de plus affligeant encore. A ce moment, il se fit à la Guyane un mouvement d'opinion considérable. Un pétitionnement énorme s'organisa — énorme dans la proportion où cela pouvait se faire dans une colonie naissante comme celle-là. Puis, on ne s'occupa plus des pétitions.

Des années se passent; et, au moment où des établissements fondés depuis longtemps commençaient à cesser d'être insalubres, on décrète l'abandon de toutes ces possessions; établissement par établissement, on cède à l'industrie privée les meilleurs de ces établissements, et le gouverneur de la Guyane a pu affirmer, après bien d'autres, que le plus grand nombre de ceux qui furent abandonnés comme insalubres ont été cédés au moment même où ils cessaient de l'être, et qu'aujourd'hui ils sont dans la colonie des endroits remarquables par leur salubrité.

Il va plus loin : je vais mettre sous les yeux du Sénat quelques lignes qui seront la justification complète et décisive de cette colonie au point de vue de la salubrité.

Je les emprunte à un document qui a été fourni par le ministre de la Marine dans le cours de l'année 1884. Voici comment M. Chessé décrit la Guyane, au point de vue des ressources qu'elle offre à la relégation :

« Un pays d'une étendue considérable par rapport à sa population : 100.000 kilomètres carrés avec une population de 25.000 âmes à peine, en ne parlant, bien entendu, que des territoires compris entre le Maroni et l'Oyapock; un sol essentiellement riche de tous les dons de la nature, offrant de plus l'appât de l'or, susceptible de répondre à tous les appels de l'homme, agriculteur ou industriel, qui, le plus souvent aussi, trouvera à sa portée la chasse et la pêche; une situation géographique qui, dès qu'on le voudra, assurera à la colonie, en faveur de la métropole, un immense développement commercial, embrassant aussi bien le pays de la mer des Antilles que les régions baignées par l'Amazone; toutes choses de nature, en principe, à favoriser la population qui viendra se fixer ou qu'on transportera à la Guyane et qui, par suite, devaient désigner cette colonie comme lieu de relégation, où les récidivistes pourraient, en effet, trouver mieux qu'ailleurs, s'ils sont capables de travail, et étant donné qu'ils seront susceptibles de s'amender, la régénération sociale que le législateur a en vue. »

Et dans un autre document, celui qui a été imprimé à la suite du rapport, M. Chessé conclut absolument de la même façon, avec plus de précision et plus d'énergie :

« C'est, à mon avis, dit-il, un pays particulièrement désigné tout naturellement pour recevoir la transportation, à régénérer en tant que possible par le travail, par les voies ouvertes à la colonisation libre, ce qui dotera bientôt la France d'une des plus belles et des plus puissantes colonies dont puisse s'enorgueillir une métropole. Je dois à la vérité de constater ce qui est : la Guyane deviendrait une des plus belles colonies françaises. Son renom d'insalubrité est fantaisiste. »

Et alors, M. le gouverneur, qui avait le devoir de tout dire, indique qu'on a aussi des maladies à la Guyane.

Nous n'avons pas la prétention de trouver pour les récidivistes une colonie qui ne présentera aucun danger, aucun risque, dans laquelle il n'y aura pas de fièvres.

Messieurs, je vous montrerai cela plus tard, au cours de cette discussion, — je dois, en ce moment, laisser de côté bien des points, — je vous montrerai, dis-je, que si la relégation comme la transportation doivent produire, produiront certainement des effets et des résultats, c'est parce que vous n'enverrez pas les récidivistes dans un milieu gorgé de biens et de richesses, c'est parce que vous les mettrez aux prises non plus avec les tentations, mais avec les difficultés de la vie; si on admet que la politique coloniale, que l'intérêt de la métropole, veulent que nous ne désertions pas nos possessions, il faut bien aussi que nous en acceptions les épreuves : oui! l'on peut, comme ailleurs, prendre la fièvre à la Guyane, ou d'autres maladies, par un séjour prolongé. La Guyane n'offre pas actuellement toutes les ressources que peut présenter Paris ou l'une des plus belles provinces de la France, c'est incontestable; mais qui donc oserait en conclure que c'est une colonie que notre intérêt nous commande d'abandonner?... qui donc pourrait en conclure qu'on ne doit pas y pratiquer la relégation, s'il est démontré qu'elle peut être pour elle un moyen et un agent considérable de transformation et de prospérité? (*Très bien! très bien!*)

Voilà, Messieurs, ce que je voulais dire, pour l'instant, de la Guyane et de nos colonies, répondant ainsi aux objections tirées du fond et qui consistent à dire que nous n'avons pas de colonies.

Je crois qu'on pourrait résumer cette partie de la discussion en s'appropriant une formule qui a servi dans un autre sujet et dire que certainement ce ne sont pas les colonies qui manquent à la France, mais que pendant trop longtemps nous avons manqué à nos colonies, et que lorsque des hommes éminents, considérables, expérimentés, viennent vous dire : Il y a chez nous un champ immense ouvert au travail, il faut des ouvriers, une main-d'œuvre plus abondante; nous pouvons trouver la satisfaction de ce besoin dans l'envoi des relégués, des récidivistes; sans doute nous devons tout faire pour que la peine ne cesse jamais d'être équitable, mais il ne faut pas se laisser émouvoir, outre mesure, par des considérations de sensibilité que rien ne justifie.

J'ai un mot à répondre maintenant à une autre assertion de l'honorable M. Bérenger, assertion qui appartient également au fond du débat. Elle ne m'arrêtera pas très longtemps, parce qu'il faudra fatalement y revenir plusieurs fois.

L'honorable M. Bérenger dit : Mais comment avez-vous fait cette loi? Savez-vous le nombre des récidivistes que vous aurez à transporter? Avez-vous pensé par hasard à vous inquiéter des dépenses que cela comporterait? Avez-vous consulté quelqu'un? Vous ne nous apportez qu'un projet fait au pied levé, — qu'on me passe l'expression, — et auquel vous n'avez pas réfléchi !

M. Bérenger, auquel on citait le gouverneur de la Guyane, répondait : Le gouverneur de la Guyane est un fonctionnaire; vous le consultez, par conséquent il ne doit pas vous dire la vérité; et, lorsque vous lui citez d'autres autorités, celles des directeurs de prisons, il les met également en doute.

Eh bien! je vais indiquer rapidement au Sénat quelles longues, quelles minutieuses informations ont été faites. Il n'y a pas de question pour ma part qui m'ait plus occupé et préoccupé, et je crois que, ces occupations et préoccupations, je les ai partagées avec des hommes infiniment laborieux qui ont eux-mêmes, pendant de longs mois, depuis que ces débats sont ouverts, épuisé mille recherches, demandé des chiffres à tous les documents, et que jamais, au contraire, une loi n'a été abortée avec une connaissance et une étude plus exacte, je me flatte de le dire, que la loi sur les récidivistes.

Particulièrement en ce qui concerne le nombre des relégués, l'honorable M. Bérenger fait des hypothèses, des calculs. Il prend un chiffre dans la statistique de M. Desportes, il le multiplie par un autre et il arrive à dire : vous allez avoir 10.000 récidivistes la première année, 20.000 la seconde, 30.000 la troisième; il s'est heureusement arrêté à la quatrième. (*Hilarité sur quelques bancs.*)

Voici, Messieurs, comment nous avons fait nos chiffres. Nous avons voulu nous rendre compte, aussi exactement que cela peut être fait, de la population subissant une peine qui serait tombée sous l'application de la loi si on l'avait appliquée au mois d'octobre de l'année dernière, c'est-à-dire au moment où la Chambre des députés votait le projet de loi.

Depuis, la Commission du Sénat ayant introduit quelques

modifications dans le projet, nous nous sommes dit que cette consultation n'avait plus tout à fait la même exactitude, en conservant toutefois sa valeur; nous avons refait la même enquête et nous avons demandé quelle serait la population pénale tombant sous l'application du projet de loi actuel, s'il venait à être appliqué à une date déterminée. Qui est-ce qui a fait ce travail? Ce sont, Messieurs, tous les directeurs de maisons de longue ou de courte peine, c'est-à-dire des hommes qui ont quelque habitude, quelque expérience et le degré d'intelligence voulu pour comprendre ce que sont les articles de la loi et ce qu'est le récidiviste qui doit être frappé.

J'aurai à reparler de ces directeurs, des lumières précieuses qu'ils nous ont fournies, et j'aurai à rendre ici hommage à ces fonctionnaires plus modestes peut-être que d'autres, mais qui ne le cèdent à aucun par leur dévouement et leurs lumières. Ils se sont mis à cette tâche; ils n'ont pas donné seulement des statistiques de chiffres, ils ont répondu à des questions qui leur étaient posées assurément de façon à satisfaire, je crois, l'honorable M. Bérenger lui-même. Comment ils ont fait leurs statistiques, M. Bérenger dit : ils les ont faites de fantaisie. En effet, on n'a pas dans les prisons d'une façon exacte les casiers judiciaires; il fallait s'adresser au ministère de la Justice.

Eh bien! nous nous étions d'abord adressés au ministère de la Justice. Lorsque j'étais député, lorsque c'était au nom de mon initiative parlementaire que le projet de loi avait été déposé, et que j'en étais le rapporteur, j'ai eu l'honneur de demander à la chancellerie quels seraient les résultats de son application. La chancellerie me donna le chiffre 5.400 et quelques, et cela en consultant toutes les archives et tous les documents qui lui permettaient de faire une évaluation, je ne dirai pas absolument, mais sensiblement exacte. Nous nous sommes dit que cela ne suffisait pas, qu'il fallait arriver à plus de rigueur dans la précision.

Alors tous les directeurs de maisons centrales et de correction, ayant demandé les casiers judiciaire qui pouvaient leur manquer au parquet, — car ils savaient à merveille que, quand un casier judiciaire manque, c'est au parquet qu'il faut le demander, — nous ont transmis les tableaux qui ont servi à la détermination des chiffres que nous vous soumettons et nous ont montré que les évaluations de la chancellerie étaient au-dessus de la réalité. Ces calculs ayant été faits deux fois, à une année de distance, et ayant donné, à quelque cinquantaine près, les mêmes chiffres, on a bien le droit de les tenir pour rigoureusement exacts.

Mais, — et c'est sur ce point qu'il est bon de consulter les directeurs de prison : ils ont des lumières que nous n'avons ni les uns ni les autres, — j'ajoute que si vous prenez l'historique d'une maison de détention départementale ou centrale pendant cinq ans, vous verrez qu'à part un mouvement dans la criminalité que je vous indiquerai, l'état du personnel est sensiblement le même, non pas toute l'année, mais d'une année par rapport à l'autre et aux mêmes époques, et que, s'il n'y a pas exactement le même nombre de détenus, le nombre ne se modifie pas d'une façon qui permette de croire à beaucoup d'imprévu dans ces calculs.

Nous sommes donc arrivés au chiffre qu'on vous a fait connaître, mais nous avons obtenu d'autres constatations plus intéressantes. Nous avons demandé aux directeurs ce qu'on pensait dans les prisons du projet sur les récidivistes; nous leur avons demandé s'il y avait une catégorie de détenus, de condamnés, qui manifestassent plus de répugnance, plus de terreur vis-à-vis de la loi sur les récidivistes; et il est arrivé que ces hommes qui ont — je le dis à M. Bérenger — sur lui et sur moi la très grande supériorité de parler de choses qu'ils voient, d'hommes qu'ils touchent, qu'ils coudoient, avec lesquels beaucoup d'entre eux ont l'immense mérite d'être de véritables apôtres, de les voir jour par jour, d'essayer de les ramener au bien, et qui conquièrent précisément leur confiance et leurs confidences par le respect qu'ils inspirent, eh bien! ces hommes qui savaient ce sur quoi on les interrogeait, voici ce qu'ils ont répondu; j'en mettrai le détail sous les yeux du Sénat.

Dans les prisons, il y a un détenu qui accepte la transportation, non pas avec l'enthousiasme que M. Bérenger décrivait, mais avec une sorte de résignation; ce n'est pas l'homme qui est tout à fait tombé, c'est celui qui se sent descendre, qui rougirait encore devant ses camarades d'atelier s'il y rentrait flétri; l'homme, en un mot, chez lequel il reste quelque chose. Celui qui a horreur, qui a terreur, — c'est l'expression employée par nos directeurs, — celui qui a terreur de la relégation, c'est celui que M. Bérenger croyait devoir être séduit par l'espoir d'être envoyé dans cette Guyane, qu'il faisait cependant si sombre et si mortelle tout à l'heure, c'est le vrai récidiviste, et cela parce qu'il est le produit de cette civilisation qui l'expulse, parce qu'il en est le produit malsain et vénéneux, parce qu'il vit d'elle, parce que le récidiviste, ce n'est pas le coupable, ce n'est pas le malheureux, ce n'est pas l'homme qui tombe, c'est encore moins l'ouvrier sans travail, c'est je ne sais quelle aristocratie de la paresse, je ne sais quelle bohème du ruisseau, c'est l'homme qui a tout pesé, tout calculé, qui a mesuré toutes les condamnations, qui sait mieux que son conseil le nombre de jours, de mois de prison auxquels il s'expose, et qui, après cet examen, après avoir fait son choix, a opté pour cette misère particulière qui ne va pas sans un certain luxe, sans un certain bonheur d'aventures, sans l'attrait ou le plaisir particulier de cette vie errante qu'il mène dans nos capitales et dans nos grandes villes. Voilà l'homme qui n'envisage la transportation qu'avec terreur, parce qu'il faut qu'il travaille, parce que l'envoyer vivre d'un travail rude, dans un pays nouveau, dans une colonie où le commerce, l'industrie et aussi le bien-être ne sont encore qu'à l'état naissant, c'est — permettez-moi cette expression ou plutôt cette comparaison — l'éloigner de la table à laquelle il se nourrit, à laquelle il mange. (*Vive approbation.*)

J'ai, pour ma part, reçu ces dépositions, ces déclarations avec une satisfaction particulière. Ç'a été pour moi un allégement de voir que, sur tous les directeurs de maisons centrales et de maisons départementales, il n'y en avait pas un qui n'eût observé le même phénomène.

Ils attestent encore autre chose, Messieurs, et c'est un fait que je livre à vos méditations en terminant. Ils attestent que, dans beaucoup de maisons, la proportion des récidivistes détenus a diminué pendant une certaine période, pendant la période où s'était fait jour ce courant de l'opinion publique d'où est sorti le projet actuel et avec cette impétuosité que vous savez, et telle qu'il ne semblait douteux pour personne qu'il dût être voté à bref délai. La criminalité, la récidive a diminué le jour où on a vu la Chambre des députés inscrire dans le projet de relégation cette obligation, cette conséquence forcée et naturelle de la condamnation.

Et depuis, Messieurs, — car on suit la politique dans la prison, on la suit de loin, et peut-être pas toujours avec un esprit bienveillant et juste, mais on la suit, — on a vu que la loi sur la relégation semblait perdre du terrain et de la faveur; on a mal interprété certaines dispositions, et ceux qui sont le plus volontiers consultés dans les prisons, ceux qui ont conquis leurs galons dans le crime, ont dit : la loi, on ne la fera pas, ou bien, si on la fait, ce sera avec tant d'humanité que nous pourrons escompter encore l'indulgence du juge. (*Marques d'assentiment à gauche.*)

Voilà, Messieurs, l'enquête qui a été faite et dont, au cours de cette discussion, je mettrai les témoignages sous vos yeux. Dans ces conditions et quand des problèmes comme celui-ci sont posés, je conclurais volontiers en disant au Sénat: la première question que vous avez à résoudre est celle-ci : la relégation des récidivistes s'impose-t-elle avec évidence, d'une façon inéluctable? Si oui, comment doit-elle se faire? Et si, à ce moment, vous trouvez que les conceptions du Gouvernement et de la Commission laissent à désirer, c'est le rôle du Parlement et sa raison d'être d'améliorer ce qui est défectueux. Mais, quant à repousser la lecture des articles de la loi par l'exception préjudicielle présentée par M. Bérenger, c'est assurément ce que le Sénat ne fera pas.

Depuis trois années que cette discussion est ouverte devant l'opinion publique et le Parlement, il y a eu deux sortes d'adversaires du projet de loi sur la relégation ; il y a eu des adversaires qui disaient : il ne faut pas de relégation, cela excède le droit de l'homme, cela excède le droit social ; ils prenaient la question face à face ; ils opposaient, suivant eux, un principe à un besoin. C'est là une catégorie d'adversaires que nous avons rencontrés, combattus, et je crois que, s'il s'en trouve encore au Sénat, nous pourrons leur démontrer sans peine que le principe social est sauf, et que les droits de la société sont, au contraire, respectés par la loi actuelle.

Mais il y a une autre catégorie d'adversaires et ce ne sont pas, à mon sens, les moins dangereux ; ce sont ceux qui disent : il y a mieux à faire ; on aurait pu employer un autre moyen, avoir recours à une autre méthode ; celle-ci présente des difficultés telles qu'il vaut mieux ne pas aborder l'examen du projet de loi. C'est à ce genre d'objection que vous répondrez, en déclarant que l'exception préjudicielle soulevée par M. Bérenger ne peut pas être admise, et en disant, quand le moment sera venu, que vous passez à la discussion des articles du projet de loi. (*Applaudissements sur un grand nombre de bancs.*)

Sénat. — *Séances des 5, 6, 9 et 13 février 1885.* — Quand le projet de loi revint en seconde lecture devant le Sénat, on peut dire que la réforme fut à peu près entièrement remise en question. Elle fut combattue tour à tour, dans son ensemble ou dans ses dispositions, par MM. Bérenger, Emile Labiche, Léon Renault, etc. En quatre discours vigoureux, M. Waldeck-Rousseau réfuta les arguments de ses adversaires. Sa logique et sa ténacité en triomphèrent, et, grâce à lui, la loi fut votée par 189 voix contre 18.

Messieurs,

Dans les observations qu'a présentées l'honorable M. Bérenger, il y a deux parties : l'une a été consacrée à détourner le Sénat du vote du projet de loi qui lui est soumis par sa Commission, et l'autre a pour but de recommander des propositions dont il est l'auteur et qui portent sur la réforme de notre Code pénal. Depuis que le projet de loi sur les récidivistes est à l'étude dans le Parlement, l'honorable M. Bérenger a, deux fois, soulevé à l'encontre de ce projet des objections qui étaient tirées de la préférence qu'il accorde à certaines méthodes.

A une certaine époque déjà un peu lointaine et dont la date m'échappe, il a saisi le Parlement d'une étude très approfondie de notre régime pénitentiaire. Il a proposé l'extension du régime cellulaire, de la mise en liberté conditionnelle, ainsi que d'autres mesures encore qui introduisent dans notre régime pénitentiaire des améliorations sensibles.

Dès cette époque, il présentait ces combinaisons qui lui étaient particulièrement chères comme de nature à rendre inutile une loi particulière sur la transportation des récidivistes. Je me rappelle que, dès cette époque aussi, non pas dans cette enceinte, mais à la Chambre des députés, faisant allusion aux propositions dont vous étiez alors saisis, je disais à nos honorables collègues : c'est commettre une erreur grave, à mon sens, que de considérer qu'on ne peut pas être partisan de la transportation des récidivistes sans être l'adversaire d'une réforme quelconque du régime pénitentiaire, et ce n'est pas une erreur moindre que de penser qu'il suffira d'introduire des améliorations dans notre méthode d'emprisonnement pour remédier à ce fléau, chaque jour plus saisissant et plus désastreux, qui s'appelle la récidive.

Aujourd'hui, c'est à la même méthode de raisonnement que je fais appel. Nous n'étions pas à ce moment, le moins du monde, hostiles à une transformation progressive, en harmonie avec nos ressources, du régime pénitentiaire ; nous étions même entrés dans cette voie avant que le projet de loi dont le Sénat était saisi ait été voté par lui. Nous avions considéré qu'il importait avant tout de créer des maisons d'éducation correctionnelle, qu'il fallait séparer les détenus d'avec les prévenus, qu'il fallait créer des quartiers d'amendement, que c'était là autant de mesures marquant une amélioration notable dans notre régime général d'emprisonnement ; mais nous ne pensions pas que ces mesures fussent, à elles seules, assez efficaces, et nous estimions qu'il était encore nécessaire d'employer vis-à-vis des récidivistes des moyens plus énergiques et plus coercitifs.

Que propose l'honorable M. Bérenger? Il vient vous dire : notre Code pénal n'est pas assez sévère, l'économie de ses peines n'est pas assez logique, le magistrat qui applique ces peines est trop faible ; lorsqu'un homme qui a déjà été condamné une première fois reparaît devant lui, il ne lui inflige qu'un châtiment qui n'est pas suffisamment dosé, qui n'est pas bien gradué.

Dans un aperçu, plutôt que dans un projet de loi complet, — il l'a reconnu lui-même, — il a jeté les bases d'un plan de réforme de notre législation pénale en ce qui concerne, tout au moins, la nature et la gravité des peines.

Eh bien ! Messieurs, — le Sénat voit que je réponds tout d'abord à cette partie de l'argumentation de M. Bérenger, — je n'entends pas méconnaître que ce soit un objet fort digne d'attention que de rechercher s'il n'y a pas dans les peines, telles qu'elles sont aujourd'hui édictées par notre Code pénal, des modifications à introduire. Je n'entends pas nier qu'on puisse reprocher à certains tribunaux l'abus trop fréquent ou l'emploi trop large, tout au moins, des circonstances atténuantes; je pense que, de même qu'il est bon d'améliorer le régime pénitentiaire, de même il serait bon peut-être de renforcer la législation pénale.

Mais je demeure, Messieurs, aussi convaincu qu'à l'origine que, lorsqu'on veut voir là le remède et tout le remède, on commet une erreur absolue ; et ce que je reproche à l'honorable M. Bérenger, c'est moins d'être l'auteur de propositions tout à fait dignes d'intérêt et de considération que de venir dire au Sénat: mes propositions suffisent ; hors d'elles, il n'y a que des remèdes incertains : je vous apporte la guérison efficace et prochaine du mal qui vous préoccupe. En un mot, ce que je lui reproche, c'est de croire, au delà de ce qui convient, à la toute-puissance et à la vertu de ses propositions, et de ne pas rendre peut-être un témoignage suffisant à la nécessité inéluctable, selon moi, de la loi de transportation des récidivistes que nous vous demandons.

Je viens, par conséquent, insister devant le Sénat, aussi rapidement que possible, pour lui demander de voter enfin cette loi sur les récidivistes. Je vais lui en donner très sommairement les raisons dominantes, décisives, à mon sens, et il me permettra assurément de dire qu'au moment où nous discutons ce projet pour la deuxième fois dans cette assemblée, on peut éprouver quelque étonnement, si l'on compare ce que j'appellerai l'unanimité de l'opinion à le vouloir, à le souhaiter (*Très bien! à gauche.*), et ce qui se produit d'autre part, cette multiplicité des objections, cette multiplicité des difficultés accumulées comme à plaisir sur son passage. On comprendra difficilement qu'un desideratum quasi-universel qui s'est produit dans tous les camps, dans toutes les fractions de l'opinion, après une législature qui tout à l'heure est à sa quatrième année d'existence, n'ait pas encore reçu satisfaction.

J'ai dit, à propos même de cette loi, que lorsque l'opinion publique se saisissait d'une question avec cet ensemble, cette unanimité, lorsqu'elle se prononçait d'une façon aussi formelle, il faut, sans nul doute, encore regarder à ce qu'on va faire, mais cependant on peut considérer qu'il y a là un préjugé singulièrement favorable. On n'admettra pas aisément, je ne dis pas qu'un parti — car les partis ont leurs erreurs — mais qu'une nation tout entière, qu'un pays intelligent comme le nôtre, se trompe aussi complètement et aussi grossièrement, on peut le dire, sur ses intérêts les plus immédiats et les plus pressants.

Ce qui a été demandé par l'opinion publique, en dehors des réformes et des améliorations dont je viens de parler, c'est un remède différent, c'est une peine autre que les peines actuelles; c'est l'application à la récidive de délit à délit ou de crime à délit d'une législation qui existe aujourd'hui pour le crime, lorsque le crime a atteint une certaine gravité ; c'est, en un mot, la généralisation d'un système de transportation de plein droit qui, en matière criminelle, a fait ses preuves.

On vous a, dans la discussion précédente, donné des chiffres et je les rappellerai moi-même tout à l'heure

Eh bien ! Messieurs, pourquoi cela ? D'abord, parce que tout le monde avait sous les yeux et dans la mémoire les exemples auxquels l'honorable M. Bérenger a fait allusion, l'exemple des résultats immenses, résultats pour le bien-être et la moralité de la métropole, résultats pour le développement de la colonie, qui avaient été produits pour l'Angleterre par l'application de la transportation. Je sais que sur cette question, et particulièrement en ce qui concerne l'Australie, on a beaucoup varié ; beaucoup de contradictions se sont heurtées. Ce sont les convicts qui ont fait l'Australie, disent les uns : consultez lord Gray ; ce sont eux qui l'ont ruinée, disent les autres : consultez lord Russel. C'étaient, en effet, les deux champions de ces idées opposées.

Je ne veux pas, au début de ces observations, faire une longue digression historique ; mais permettez-moi de résumer d'un mot cette histoire de l'Australie.

Jusqu'à la fin du dix-huitième siècle, l'Angleterre a écoulé en Amérique, dans la province de Maryland, le trop-plein de ses convicts de l'époque, trouvant ainsi dans un pays avec lequel sa marine lui offrait des communications faciles le moyen de se débarrasser de cette population corrompue et corruptrice vis-à-vis de laquelle les peines ordinaires ne produisaient aucun résultat.

Il s'est passé quelques années dans ce qu'on pourrait appeler le désordre d'une première expérience ; on avait jeté sur cette terre d'Australie, que les Hollandais avaient trouvée meurtrière, un certain nombre de convicts avec quelques officiers de marine, sans une organisation préconçue et arrêtée, sans ressources bien définies, et c'est alors que se sont produits les désastres et les horreurs de Norfolk. Puis, quelques années se sont écoulées et l'on a vu la population des convicts grossir simultanément avec la population que donnait la colonisation libre. Et vous consultez les chiffres de ce que produisait l'Australie quelque vingt ans après cette expérience, vous verrez que le trafic représenté par cette colonie était devenu imposant, énorme.

Il est advenu alors — ce qui explique qu'il y ait deux systèmes, deux versions — qu'à un certain moment, vers 1840, si je ne me trompe, au lieu d'être la colonie infertile, la terre presque sauvage sur laquelle on avait jeté des convicts, l'Australie est devenue une terre frappée presque à l'image de la métropole, riche, puissante. Tous les arts, toutes les industries, toutes les branches du commerce s'y étaient développés. Et c'est à ce moment que la colonie devenue florissante par l'apport des convicts, suivis eux-mêmes de la colonisation libre, a manifesté sa répugnance pour continuer de recevoir d'autres convicts, en disant : Nous nous suffirons désormais à nous-mêmes. De sorte que si l'on veut bien recueillir les données que nous fournit l'histoire sur cette intéressante transformation, on voit que la colonisation par les convicts s'impose à peu près pour une colonie qui n'est pas arrivée à son développement ; on voit que les convicts sont, en quelque sorte, les pionniers et l'avant-garde de la colonisation libre, et c'est pourquoi dans une colonie où presque tout est à faire ils représentent un élément de travail, un élément de population indispensable et précieux.

Et puis on voit aussi que le jour où la terre inculte est devenue fertile, le jour où ce qui n'était qu'une agglomération de hasard est devenu une grande ville, le jour où l'état de barbarie ou de demi-barbarie a fait place à l'état de civilisation, on voit, dis-je, que l'affluence des convicts peut être une mauvaise chose et que la transportation ne présente plus, au point de vue de la colonisation, les mêmes avantages.

Voilà ce qui s'est produit pour l'Australie. Je voudrais bien que, pour les colonies où nous songeons à envoyer des récidivistes, on pût nous faire les objections que faisaient les colons de l'Australie lorsqu'ils refusèrent de laisser continuer les envois de convicts ; je voudrais qu'on pût dire : tout est fait, c'est la colonisation sous toutes ses formes qui s'épanouit dans ces colonies.

Alors, s'il en était ainsi, les objections porteraient ou du moins devraient peser d'un grand poids, mais je n'apprends rien à personne en disant que là où chacun de nous peut songer comme lieux de transportation, il y a beaucoup à faire, il y a même presque tout à créer.

Je laisse de côté cet aperçu auquel l'argumentation de l'honorable M. Bérenger m'a conduit, et j'arrive à examiner avec le Sénat si la peine de la transportation n'est pas une peine nécessaire, si elle ne s'impose pas avec l'évidence même, avec l'évidence que donnent les faits certains que l'instruction a recueillis et qui ne font chaque jour que s'accentuer davantage.

On vous a dit, — et je tomberai dans quelques redites : il serait bien difficile d'y échapper dans une seconde discussion, — que la proportion des récidives de délit à délit s'était accrue d'une façon très significative, très frappante, très inquiétante en même temps ; que, au contraire, la récidive de crime à crime avait diminué dans une proportion qui n'est ni moins significative, ni moins frappante.

M. DE GAVARDIE. — C'est une erreur complète !

M. LE MINISTRE. — Ce n'est point une erreur, monsieur de Gavardie, et je vais arriver aux chiffres qui prouvent l'exactitude de ce que j'avance. Je dis que cette comparaison fait que naturellement se pose à l'esprit une question qui est celle-ci : d'où peut venir que, tandis que le nombre des crimes diminue depuis une certaine époque, celui des délits et particulièrement des délits en récidive ne fait qu'augmenter ? Les détails qui vous ont été donnés me dispenseront d'insister longuement sur les chiffres ; je tiens cependant à vous en présenter quelques-uns qui me paraissent tout à fait dignes d'intérêt.

J'ai parlé d'abord de la diminution de la criminalité. A partir de quelle époque la criminalité a-t-elle diminué en France d'une façon, en quelque sorte, mathématique et en suivant une progression qui ne s'est pas démentie une seule année?

C'est à partir de l'application de la loi du 30 mai 1854 sur la transportation, et si vous voulez bien prendre le compte rendu que publie la chancellerie, les états de statistique des crimes et des délits, vous verrez que jusqu'à l'année 1854 les crimes augmentent dans une proportion qui n'est pas aussi frappante que celle de l'augmentation des délits, mais dans une proportion qui n'en est pas moins très forte.

En 1854, on applique la loi de transportation aux crimes. Et qu'il me soit permis, à ce propos, de rappeler au Sénat que ce que nous lui demandons de faire pour les délits, c'est précisément ce qui a été fait pour les crimes. Ainsi, quand on nous reproche de faire de la transportation une peine accessoire plus forte que la peine principale, nous ne faisons qu'assimiler le coupable qui a commis un certain nombre de délits d'une nature et dans des conditions déterminées au coupable qui aurait commis un seul crime.

A partir de 1853, voilà les chiffres que l'on trouve :

Les cours d'assises ont jugé contradictoirement, en 1853, 5.440 accusations.

En 1854	4.798
En 1855	4.535
En 1856	4.399

Je vous épargne la lecture des autres années, c'est toujours la même décroissance qui se produit, et nous arrivons en 1882, qui est la dernière année que j'ai trouvée dans cette statistique, où, de 5.440 accusations existant en 1853, on est tombé à 3.644. Lorsqu'on voit que le point de partage où l'ascension s'arrête et où commence, au contraire, le mouvement de descente, c'est précisément la loi de 1854, c'est-à-dire la transportation des criminels, je prétends que l'on tient sous la main une première démonstration de l'efficacité certaine, absolue, de cette peine particulière que l'on appelle la relégation ou la transportation.

M. DE GAVARDIE. — La statistique criminelle dit absolument le contraire. (*Bruit à gauche.*)

M. LE PRÉSIDENT. — Vous aurez la parole, monsieur de Gavardie, n'interrompez pas !

M. DE GAVARDIE. — Voulez-vous me permettre de lire... (*Non ! non ! à gauche.*)

M. LE MINISTRE. — Quant à la récidive, Messieurs, son histoire est toute différente.

Je voudrais d'abord vous dire un mot de son importance.

A Paris, sur l'ensemble des individus arrêtés en 1880, 21 p. 100, c'est-à-dire près du quart, avaient été condamnés plus de quatre fois depuis dix années. En 1878, rien qu'à Paris, sur les individus arrêtés on trouve 10.690 récidivistes.

En 1879, on en trouve 12.858 ;
En 1880, 13.270.

Dans les grands centres on trouve des proportions qui, pour être plus faibles en apparence, ne sont pas moins fortes en réalité ; on trouve, par exemple, que, pour le département de l'Aisne, la proportion des récidivistes correctionnels arrêtés est de 41 p. 100.

Dans la Marne, elle est de 40 p. 100, dans la Seine-Inférieure de 40 p. 100, dans Seine-et-Oise de 40 p. 100, dans le Nord de 37 p. 100 et dans le Rhône de 36 p. 100.

Voilà pour son importance ; mais ce que je ne puis trop recommander à l'attention du Sénat, c'est le développement de la récidive, c'est sa marche, c'est le chemin qu'elle fait et qu'on peut constater aisément en puisant toujours aux mêmes sources.

On y trouve les renseignements que voici :

En 1856, il y a 40,000 récidivistes sur l'ensemble des condamnés, soit 27 p. 100 ;
En 1861, 47.000, soit 31 p. 100 ;
En 1866, 56.000, soit 36 p. 100 ;
En 1871, 60.000, soit 37 p. 100 ;
En 1876, 70.000, soit 38 p. 100 ;
En 1879, 72.000, soit 40 p. 100 ;

En 1880, 75.000, soit 42 p. 100;
En 1881, la proportion s'élève à 43 p. 100.

C'est-à-dire que, de 1856 à 1880 inclus, la proportion de l'augmentation de la récidive n'a pas été moins de 15 p. 100.

Si, au lieu de prendre le tant pour 100, vous prenez tous les chiffres, vous voyez que le chiffre des récidivistes, qui était en 1856 de 40.000, arrive en 1880 à celui de 75.000, c'est-à-dire qu'il a, à 5.000 près, presque doublé.

C'est là un phénomène assurément bien digne de l'attention de tous les législateurs, de tous ceux qui s'occupent des causes qui peuvent nuire au développement d'une société.

Nous avons fait des sacrifices immenses, très lourds, pour accroître la richesse morale et matérielle de ce pays. Eh bien ! en face de tout ce qui a été fait dans cet ordre d'idées, il y a ce fait brutal qui se dresse, à savoir que la récidive correctionnelle augmente dans des proportions énormes, qu'elle marche par bonds vertigineux, se traduisant année par année par des augmentations de 4 ou 5.000 récidivistes. Et alors, on est conduit à se demander s'il n'y a pas dans ce phénomène quelque chose qui appelle un remède nouveau, une peine distincte de celles qui sont aujourd'hui appliquées et dont l'inefficacité ressort de la lecture même des chiffres que je viens de faire passer sous vos yeux.

C'est qu'en effet, Messieurs, lorsqu'on étudie ces faits, lorsqu'on sort des abstractions pour descendre dans la réalité même des choses, pour se mettre en présence des hommes qu'il y a derrière ces chiffres, des natures et des caractères tout particuliers qu'il y a derrière ces statistiques, on arrive à une conviction qui est toute la raison d'être de la loi sur la relégation des récidivistes. Si l'on ne partage pas cette conviction, il ne faut pas faire de loi sur les récidivistes; si on la partage, si l'on croit notre loi juste, cette conviction est celle-ci : c'est qu'il y a des incorrigibles, c'est qu'il y a dans notre état social actuel des hommes sur lesquels s'use la peine, s'émousse la condamnation à la prison, aux peines, en un mot, qui existent dans nos Codes.

Vous voyez par la proportion des crimes et des délits auxquels je fais allusion, qu'il est devenu absolument constant que certains hommes, après un certain nombre de chutes, recommenceront l'exercice du même métier illicite qu'ils pratiquaient auparavant; ils commettront les mêmes fautes et les mêmes délits, et rien de ce qui a prise sur un honnête homme n'a de prise sur eux.

La prison les effraye-t-elle? Interrogez sur ce point les directeurs des prisons. Elle rentre par calcul dans les prévisions et les frais généraux de la récidive.

Les condamnés d'une certaine nature s'y mettent en retraite, c'est une sorte d'asile dans lequel ils doivent passer un an, un certain nombre de mois à l'abri du besoin.

Si ce n'est pas, pour le récidiviste, la peine de la prison qui doit l'empêcher de tomber dans les mêmes fautes et de rentrer dans la même voie, est-ce la flétrissure? Pour lui, elle n'existe pas. J'ai dit, dans une précédente discussion, que c'était pour lui un galon de plus. La flétrissure résultant des condamnations augmente sa célébrité. Si vous consultez les hommes que je désignerai plus volontiers comme appartenant exclusivement à l'école pénitentiaire que ceux qui ont de moins près pratiqué les condamnations de ce genre, ils vous diront qu'il est matériellement certain pour eux, — à moins de recourir à une peine différente, d'une nature spéciale, qui a pour but de faire une impression, — que vous vous trouverez toujours vis-à-vis du condamné entre un va-et-vient de la liberté à la prison, en face de cette lutte, qui finit par être sans dignité et sans efficacité, entre le juge qui condamne et le prévenu qui se résigne à la condamnation jusqu'à ce qu'il sorte de la prison pour commettre un nouveau délit. Il faut quelque chose d'une nature différente des peines qui existent. Je viens de parler des directeurs des maisons centrales ou des directeurs des circonscriptions pénitentiaires. J'ai dit qu'on pouvait accorder, à coup sûr, quelque importance au témoignage d'hommes qui sont journellement, par leur profession, en contact avec ceux qui sont la raison d'être de la loi actuelle. Nous avons recueilli leurs rapports, qui sont très nombreux et qui touchent à toutes les questions qui concernent cette loi.

Je vous demande la permission de mettre sous vos yeux des passages qui ne rentrent pas tous dans le même ordre d'idées, mais qui sont intéressants au point de vue de ma démonstration : à savoir que la relégation des récidivistes est une arme indispensable aux mains de la société, et qu'elle peut être une arme efficace :

« Les récidivistes, dit le directeur de la circonscription pénitentiaire de Meurthe-et-Moselle, les récidivistes sont, en général, intelligents, et il y a lieu de croire qu'ils pourront rendre à la colonisation de réels services. Ils pourront même peut-être se relever et mériter plus tard la bienveillance du Gouvernement... Pour les hommes soumis à la surveillance, la relégation avec la certitude est préférable à la demi-liberté qui leur est laissée en France. Ces malheureux considèrent la prison comme un refuge ; ils craignent que la misère ne les pousse à commettre un crime et ne demandent qu'à subir en prison une peine de six à huit mois, durant lesquels ils seront du moins à l'abri du besoin. »

Dans un autre rapport, qui est du directeur de la circonscription pénitentiaire de Toulouse, je trouve des renseignements plus étendus et plus topiques au point de vue qui me préoccupe :

« A mon avis, il est certain que cette loi inspire la crainte aux récidivistes en général. Ils savent que leur relégation aux colonies est un progrès social qu'on veut réaliser ; ils l'ont compris. Mais les experts du genre pensent et espèrent même qu'avant d'assurer un système de répression et d'installation dans les colonies, on réfléchira (et ceci est entre guillemets, comme une expression recueillie de la bouche même d'un détenu) « et que cette loi ne sera « pas mise à exécution, parce que le Sénat la rejettera ». (*Mouvement.*)

« Voilà leur pensée principale. Néanmoins — et je

recommande ce passage à toute votre attention, — le premier effet produit par les nouvelles dispositions du projet de loi a été une décroissance de la population détenue dans les prisons de Toulouse et dans les principales prisons de la circonscription.

« A Toulouse, la moyenne pendant les dix premiers mois de l'année de 1882 a été de 185, tandis que celle des dix mois correspondants de 1883 n'a été que de 140, soit une différence en moins de 45.

« Le point de départ d'une diminution sensible ne remonte qu'au mois de mai dernier, c'est-à-dire au temps où la loi sur les récidivistes était discutée à la Chambre des députés, et notamment depuis le vote de cette loi. »

Voici un rapport, ou plutôt un extrait que je prends dans un rapport du directeur de la maison centrale de Melun, M. Nivelle. C'est la conclusion du document qu'il nous a envoyé :

« En résumé, Monsieur le Ministre, si je juge de l'efficacité de la loi projetée par l'impression qu'a produite la lecture, je puis dire qu'elle est bonne, car l'impression a réellement terrifié la majeure partie des détenus. Ceux qui ont encore au cœur le véritable sentiment du relèvement, et à la maison centrale de Melun ce sont les plus nombreux, disent que la nouvelle loi, toute dure qu'elle est, est moins dure que la loi sur la surveillance. Avec la surveillance, disent-ils, ils n'auraient peut-être pas pu échapper à une rechute, parce que la surveillance ne leur permettait pas de gagner leur vie honorablement, parce que la surveillance était une seconde peine plus dure que la première, en ce sens qu'elle les empêchait de se relever par le travail en les faisant pour ainsi dire chasser de tous les ateliers. »

Enfin, Messieurs, dans cette masse de rapports que j'ai là, si j'y prends celui de Fontevrault, j'y lis ceci :

« Depuis que la loi sur la relégation des récidivistes est à l'étude, j'ai la certitude que beaucoup de repris de justice sont sortis du territoire afin d'en éviter les conséquences.

« On se tromperait étrangement si l'on supposait que la

perspective d'être envoyé à six mille lieues de la métropole sans espoir d'y revenir ne fera pas diminuer le nombre des récidivistes. Ces derniers, comme tous les Français, du reste, tiennent au sol qui les a vus naître malgré l'existence misérable qu'ils y ont menée le plus souvent. »

Et un peu plus loin :

« J'ai la certitude la plus complète que, lorsqu'on saura dans les maisons centrales que la loi sur la relégation des récidivistes est rigoureusement appliquée, le nombre des malfaiteurs diminuera sensiblement. »

J'ai là un énorme dossier composé de tous les rapports auxquels j'ai fait quelques emprunts : j'affirme que les directeurs des maisons centrales, des circonscriptions pénitentiaires, reconnaissent et proclament hautement que la transportation des récidivistes, non seulement peut produire des effets nécessaires à obtenir, mais qu'elle apparaît comme la seule peine décisive, étant donné l'habitude et la connaissance des sujets avec lesquels ils sont chaque jour en contact.

Et, en effet, tout à l'heure je vous montrais ce qu'est la récidive correctionnelle, combien elle est importante, nombreuse, pour quel chiffre énorme elle figure dans nos statistiques. Il y a quelque chose qu'on ne voit pas assez, c'est le caractère particulier du récidiviste, c'est la place toute spéciale qu'il occupe dans le mal, ce sont ses aptitudes toutes personnelles et qui en font, dès le jour où il entre dans la maison centrale de détention, un sujet qui se signale de lui-même à l'attention du directeur. Il y a sans doute parmi les récidivistes un certain nombre d'individus en quelque sorte déchus, tombés, n'ayant plus ni énergie physique, ni énergie morale; ceux-là ne sont pas les récidivistes les plus dangereux; ce sont, dans ce cas-là, des récidivistes qui ont accompli le plus grand nombre de délits qu'ils pouvaient accomplir, et, pour l'avenir, ils ne présentent pas aux yeux de la société la même somme d'inquiétude.

Mais le récidiviste dangereux, celui qui, aujourd'hui, appelle l'attention de tout le monde, c'est celui qui, soit par lui-même, soit par les autres, produit ces criminels de seize, dix-sept, dix-huit ans, ces chefs d'une école presque nouvelle qui nous montre ce spectacle absolument terrifiant, absolument douloureux, à savoir que les criminels les plus hardis, que les criminels qui commettent les actes les plus abominables, sont précisément les plus jeunes. Et ne croyez pas que ce soient des gens chez lesquels l'esprit soit oblitéré, ne croyez pas que ceux qui donnent cet enseignement, soit dans la maison centrale, soit dans la rue, soient, au point de vue intellectuel, au point de vue de l'énergie, les derniers des hommes; nullement, ce sont des gens chez lesquels l'individualisme domine au point de faire disparaître tout autre sentiment; ce sont des gens merveilleusement trempés pour la lutte et le combat, qui dépensent dans le métier qu'ils font une somme d'énergie, d'intelligence et de talent qui, bien employée, aurait produit les résultats les plus admirables; ce sont des hommes que rien ne décourage, qui mènent au sein de notre civilisation une vie de trappeurs. Et, quand on réfléchit que la loi actuelle est surtout faite pour cette catégorie de criminels qui tient une si large place dans la récidive, il importe de remarquer quels sont les hommes et quelle somme d'activité et d'intelligence ils iront porter dans les contrées où on les reléguera.

Ceci dit sur l'intelligence du récidiviste, sur sa nature, sur les dangers qu'il constitue pour la société, je n'insiste pas sur cette abominable propagande du mal dont ils sont les auteurs les plus à craindre. J'ai à répondre à quelques autres objections qui ont été faites par l'honorable M. Bérenger, tout en réservant pour la discussion des articles ce qu'il y a peut-être d'un peu spécial dans certaines critiques.

M. Bérenger dit : Soit, il y a des récidivistes; vous allez les transporter, ce n'est pas mon système; mais enfin si vous décidez la transportation, comment la pratiquerez-vous? Combien avez-vous de personnes à transporter? Avez-vous des colonies qui peuvent recevoir ce contingent de malfaiteurs, de pionniers, que vous voulez envoyer sur cette terre nouvelle?

Et l'honorable M. Bérenger déclare qu'au point de vue financier, comme au point de vue pratique, le nombre des récidivistes est trop considérable pour qu'on s'arrête à cette perspective.

Il est parti, pour faire ce raisonnement, de la discordance apparente, je me hâte de le dire, qui existe entre les chiffres que j'avais donnés à la Commission et ceux qui ont été donnés par le garde des Sceaux.

Interrogé sur la question de savoir combien de récidivistes seraient à transporter pendant une année, nous avons donné des chiffres dont la moyenne est de 4.500 à 5.000. Et je considère à l'heure actuelle qu'un chiffre de 5.000 récidivistes, même dans les premières années, représente plutôt le maximum. M. Bérenger nous répond : M. le garde des Sceaux est d'un avis différent. Il trouve, en effet, 20.000 individus en état de récidive, ou ayant subi un nombre de condamnations qui, aux termes de la loi, entraîne la relégation.

Tout à l'heure, je disais qu'il n'y avait entre nous qu'une contradiction apparente. Je m'explique. M. le garde des Sceaux, en déclarant qu'il y a sur la surface de notre continent, dans les villes de France, 20.000 individus qui, depuis des années, ont encouru trois, quatre, cinq condamnations, n'a pas le moins du monde entendu dire que, chaque année, on aurait dans ce contingent, qui forme, en quelque sorte, le stock de la criminalité, à prendre la totalité du personnel pour l'envoyer par la relégation dans une colonie.

Il y a bien véritablement 20.000 personnes qu'on peut envoyer dans un lieu de relégation, parce que ces 20.000 personnes, dans un nombre d'années voulu, ont encouru un certain nombre de condamnations ; mais combien de ces personnes tombent-elles, aujourd'hui, sous l'application de la loi? Combien de ces personnes, qui ont encouru le nombre de condamnations voulu, sont-elles passées de nouveau devant les tribunaux ? Quelle est la moyenne, en un mot, de ceux qui, ayant déjà une somme considérable de condamnations, encourent une condamnation nouvelle? C'est là, Messieurs, la question pratique que nous avions à résoudre. Comment l'avons-nous résolue? En recherchant à des époques différentes — et ces époques ont donné des résultats absolument concordants — quel était, dans la population détenue, le chiffre des condamnés qui tomberaient sous l'application de la loi si elle était votée à telle époque ou à telle autre. Et c'est parce que, sur ces 20.000 ou 25.000 récidivistes, il n'y en a qu'un certain nombre qui se fassent condamner chaque année, que la moyenne des individus à transporter sera, non pas de 20.000, ce qui représenterait la totalité de ceux qui ont un ensemble de condamnations, mais de 5.000, ainsi que nous l'avions affirmé.

Quant à la dépense, je sais bien qu'on n'emploie pas un remède aussi énergique et, à mon sens, aussi décisif, sans que des sacrifices soient nécessaires; mais je crois, comme le disait si bien votre honorable président l'autre jour, que s'il est des sacrifices que le pays soit disposé à faire, ce sont ceux qui ont pour but d'assurer sa tranquillité. La loi sur les récidivistes a été demandée particulièrement par certaines grandes villes. Pourquoi? Parce que le mouvement des esprits y est plus vif, plus excité; parce que les occasions de parler et de faire connaître sa pensée sont plus nombreuses : et c'est ainsi que c'est à la ville de Lyon, si je ne me trompe, que revient l'honneur de la première manifestation solennelle en faveur d'une loi sur la transportation des récidivistes.

Mais, Messieurs, il n'y a pas que les grandes villes qui soient intéressées à cette mesure; si vous voulez toute ma pensée, je crois que les grandes villes, Paris même, sont peut-être les personnes morales les moins intéressées dans la question, par la raison que, dans les grandes villes, il y a une police, qu'il y a des forces publiques considérables et que la surveillance peut s'y exercer; je ne dis pas qu'elle puisse toujours empêcher que des crimes se commettent, — l'expérience démontre malheureusement le contraire, — mais enfin on se sent sous la protection d'une police et d'une force publique. Mais ceux qui ne sont que très insuffisamment protégés, ceux qui réclament avec moins de bruit peut-être, mais avec plus de vivacité au fond, une loi sur la transportation des récidivistes, ce sont les habitants de nos campagnes qui sont chaque jour menacés (*Très bien! très bien! à gauche*), qui, eux, ne sont pas placés sous la protection d'un gardien de la paix ou d'un gendarme. Vous savez, Messieurs, quel est le personnel de notre police rurale : c'est la gendarmerie, qui se trouve absolument absorbée par d'autres occupations, la correspondance, diverses fonctions administratives très lourdes.

On peut donc dire que, si la loi sur les récidivistes doit être un soulagement pour les grandes villes, elle rassurera d'une façon qui s'impose les habitants de nos campagnes, qui sont trop souvent à la merci des malfaiteurs se livrant à des incursions quelquefois très lointaines et ayant — je puis donner ce renseignement au Sénat — des correspondants, non pas dans tous les départements, mais dans beaucoup de départements.

Messieurs, je ne crois pas que la question de dépense suffise pour arrêter le Sénat. Mais je dis qu'il faut la réduire à sa véritable proportion, et que lorsqu'on fait le compte de ce que coûte la transportation de 4.500 ou de 5.000 récidivistes, il n'est pas absolument juste de n'établir qu'une colonne, celle des dépenses. Il faudrait porter en déduction, d'abord, tout ce que ces 5.000 récidivistes, qui auraient été condamnés dans l'année, remarquez-le bien, qui auraient ensuite été condamnés à nouveau, puisque nous partons de cette idée que la récidive c'est l'état d'incorrigibilité qui fait qu'on va de condamnation en condamnation, auraient coûté, je ne dis pas aux prisons, je dis au public, je dis à l'Etat; il faudrait faire encore la défalcation des frais de justice qui sont énormes : car, si je ne me trompe, c'est plus d'un million et demi de frais de justice non recouvrés et qui proviennent précisément des jugements encourus par les condamnés sans ressources, sans foyer, par ces vagabonds d'une certaine nature particulièrement dangereuse, en un mot par cette population qu'il s'agit d'expulser de notre territoire et d'envoyer dans une colonie.

Vous voyez donc, Messieurs, sauf à revenir sur ce point, que ce ne serait pas, toute balance faite, le chiffre des dépenses qui devrait nous arrêter.

Reste alors une objection sur laquelle l'honorable M. Bérenger a insisté et qui consiste à dire :

Mais, voyons! où enverrez-vous ces transportés? Votre premier projet de loi, celui que vous avez défendu, était déjà bien obscur sur ce point ; mais enfin il disait que ce serait dans une colonie. C'était là une indication. Cette indication a disparu et, aujourd'hui, le texte nouveau proposé par la Commission parle de lieux d'internement, de relégation, sans indiquer si ces lieux seront aux colonies ou dans certaines possessions françaises.

« La relégation — dit, en effet, le nouvel article 1er — consistera dans l'internement perpétuel des condamnés auxquels la présente loi est applicable.

« Des règlements d'administration publique détermineront les territoires affectés à la relégation, les mesures de police et de surveillance auxquelles seront soumis les relégués. »

Lorsque l'honorable M. Bérenger dit qu'il y a là un point d'interrogation auquel il faut répondre, il me trouve tout à fait de son avis et de son opinion. Je pense, en effet, qu'il ne peut pas être question de pratiquer la relégation des récidivistes en Algérie, par exemple, ou en Corse. Je le pense d'autant mieux qu'au moment même où, comme député alors, j'ai déposé une proposition de loi pour la transportation des récidivistes, d'autres de nos collègues d'Algérie déposaient un projet de loi identique pour obtenir qu'on transportât les récidivistes algériens en dehors de l'Algérie. Or, ce serait manifestement, vis à vis de ces départements français, — car nous nous sommes heureusement habitués à considérer les départements d'Algérie comme des départements français beaucoup plus que comme des colonies, — ce serait, dis-je, un procédé bien menaçant que de leur dire :

Nous allons transporter nos récidivistes dans les départements que nous avons civilisés avec tant de peine et qui ont eux-mêmes à subir, du côté de l'élément indigène, des assauts parfois redoutables ou, tout au moins, très pénibles.

Quant à la Corse, je n'admets pas davantage qu'on puisse en faire une colonie de relégation. Je suis donc, sur ce point, tout à fait d'accord avec l'honorable M. Bérenger pour dire, — c'est du moins mon opinion, bien que la Commission ait été d'un sentiment différent, — qu'on ne doit pas laisser dans la loi une expression aussi vague et qui peut permettre à des intérêts aussi respectables que ceux dont je viens de parler, de prendre quelque ombrage d'une disposition qui pourrait être pour eux une menace.

Une objection dernière a été présentée par l'honorable M. Bérenger; elle est tirée, non plus de ce que la désignation serait trop vague — je viens d'indiquer que, sur ce point, je ne m'oppose nullement à ce que son désir reçoive satisfaction, — mais de la difficulté où l'on serait de trouver une colonie où les récidivistes pussent rendre des services, où il y eût des conquêtes à faire, et où, d'autre part, ils ne fussent pas exposés à des périls trop considérables, à des dangers trop certains, l'honorable M. Bérenger pensant, en effet, — et ce n'est pas non plus sur ce point que nous tomberons en contradiction, — qu'on ne devrait pas envoyer des récidivistes dans une colonie où l'on aurait la certitude qu'ils devraient trouver la mort.

Eh bien! je crois que, lorsque nous arriverons à discuter cet article, qui est toute une partie de la loi, qui confie à un règlement d'administration publique le soin de déterminer la colonie ou les colonies où seront envoyés les transportés, il me sera facile de montrer, surtout aujourd'hui, surtout après avoir fait mon profit d'une discussion antérieure, que là n'est pas la difficulté, et que, si l'on veut bien ne pas verser dans une sensibilité exagérée, — je ne parle même pas de sensiblerie, — si l'on veut bien considérer qu'il y a à demander au récidiviste de se racheter par quelques services rendus; si l'on veut bien admettre qu'il ne faut pas être plus attendri sur la destinée des récidivistes que nous ne le sommes sur celle de nos nationaux, des représentants de notre armée et de tant d'autres personnes qui vont dans les colonies où les récidivistes pourraient aller, on arrivera à trouver que ce ne sont pas les colonies qui nous manquent, qu'il en est, à mon sens, d'absolument désignées dès maintenant; non pas que je croie que l'élément forcé, l'élément récidiviste puisse suffire à une colonisation; non !

Dans notre première discussion, j'ai mis sous les yeux du Sénat une sorte de consultation extrêmement intéressante donnée par une Commission instituée à la Nouvelle-Calédonie, et qui déclarait hautement qu'autant l'élément forcé, l'élément transporté était utile à une bonne colonisation, autant il serait insuffisant à lui seul pour fonder une colonie. Je crois que les deux choses se commandent, qu'elles doivent s'allier, qu'il faut, en dehors d'un certain nombre d'hommes vis-à-vis desquels on aura des pouvoirs de discipline, qui seront les transportés, qu'il faut, dis-je, un certain nombre d'hommes qui profitent des conquêtes commencées, qui se mettent à leur suite, les uns formant une avant-garde, allant au-devant de certains dangers — je n'en disconviens pas — les autres étant là pour développer les conquêtes qui sont faites, pour rendre plus fertile et plus prospère la colonie qui aura ainsi reçu un premier appoint par la transportation.

Je demande au Sénat la permission de ne pas entrer sur ce point dans des détails qui seraient évidemment prématurés. (*Parlez! parlez! — C'est très intéressant!*)

Quant à la discipline, quant au régime auquel seront soumis les condamnés, l'honorable M. Bérenger a dit : Vous ne pouvez pas songer à les laisser en l'état de liberté absolue; ils seraient alors une véritable menace pour la colonie. Transporter un certain nombre de récidivistes de France à la Guyane, par exemple, et là les abandonner à tous leurs mauvais instincts, sans règles particulières, sans une discipline plus étroite, sans une surveillance de chaque jour, en quelque sorte, — elle peut être nécessaire — c'est faire une opération qui peut être avantageuse pour la métropole, mais qui serait meurtrière pour la colonie.

Sur ce point — et sauf à préciser plus tard davantage — je n'hésite pas à dire au Sénat que si nous avons demandé qu'on renvoyât à un règlement d'administration publique les détails de ce régime auquel seront soumis les transportés, c'est par une seule considération ; cette considération, je crois l'avoir déjà exposé, elle est toute pratique : c'est qu'il ne m'est pas donné de penser qu'on puisse d'un seul jet, d'un seul coup, arriver à tracer le cercle et le programme complet du régime auquel devront être soumis les récidivistes transportés dans une colonie quelconque ; c'est parce que je crois que la règle, qui doit déterminer les conditions imposées à ces récidivistes, doit être susceptible d'être aisément modifiée, qu'elle doit être singulièrement souple, qu'il faut pouvoir la modifier suivant l'expérience faite, suivant les circonstances du moment, que nous avons demandé qu'au lieu d'une loi qui ne peut pas être rapidement votée, — nous en faisons l'expérience aujourd'hui, — ce fût un règlement d'administration publique qui déterminât ces conditions, avec la certitude que le Parlement a toujours le dernier mot, puisque rien de ce règlement ne pourra être exécuté sans que le Parlement soit lui-même consulté.

Mais je tiens à dire, parce que c'est en répétant que les transportés seront là-bas à l'état de liberté absolue qu'on a suscité des terreurs qui se comprennent fort bien dans certaines colonies, je tiens à dire que je n'admets pas que les transportés, une fois envoyés soit à la Guyane, soit ailleurs, y soient livrés à leur bon plaisir et sans surveillance ; qu'un convoi vienne jeter sur le rivage d'une de nos colonies 500, 1.000 ou 1.500 récidivistes, sans que rien soit prêt pour les recevoir, sans qu'il y ait une surveillance organisée, sans qu'ils soient, en un mot, astreints à une certaine discipline.

Je me borne à indiquer très brièvement — ce n'est qu'un cadre que le règlement d'administration publique déterminera — dans quelles conditions il nous apparaît que la transportation peut être pratiquée. Nous pensons que, dans les colonies où seront nécessairement envoyés les récidivistes, il doit exister — à la Guyane, cela existe déjà — ce qu'on appelle des chantiers de travaux publics. Bien qu'à la Guyane ces chantiers n'aient pas reçu une impulsion très vive, peut-être par suite du manque de bras, peut-être par la faute d'un certain élément qui a manqué, il y en a déjà plusieurs ; mais ces chantiers peuvent être développés ; il y a, pour le transporté qui n'aurait pas d'autres ressources, qui ne voudrait pas embrasser une autre profession, s'utiliser autrement, un accueil possible, un emploi de ses forces. L'Etat pourrait le recevoir dans les chantiers et l'utiliser soit pour la construction des routes, soit pour le creusement des canaux, opérations qui se recommandent particulièrement dans l'intérêt de la salubrité de la Guyane.

Parmi les récidivistes qu'on enverra de France, il peut y en avoir d'autres désireux d'exercer une autre industrie, ou désireux de s'employer dans une plantation, chez un particulier. Nous croyons, sauf à en étudier de très près les conditions particulières, qu'il y aurait lieu de mettre en pratique ce qui s'est fait si utilement en Australie, c'est-à-dire de faciliter des contrats d'assignement, des engagements qui interviennent entre le propriétaire d'une plantation et le récidiviste, le transporté, qui garantissent à celui-ci un salaire, un logement et du travail, sauf à lui de rendre au propriétaire qui l'emploie des services déterminés. Placé entre ces engagements volontaires et la ressource des chantiers de l'Etat, le récidiviste peut encore ne point rechercher l'engagement volontaire, chercher au contraire à éviter les chantiers de l'Etat, et se trouver à l'état de vagabondage.

Eh bien! c'est là ce que nous ne pouvons pas admettre ; je considère que le règlement d'administration publique, déterminant quels seront les droits de la colonie sur les récidivistes, devra déterminer, avec le plus grand soin, que le récidiviste auquel on aura, par exemple, offert une place dans une plantation ou dans une ferme et qui ne l'aura pas acceptée, ou celui qui, l'ayant acceptée, aura rompu son contrat pour se livrer au vagabondage, pourra être employé par la contrainte, soit à la suite d'un engagement, soit à la suite d'une décision, dans les chantiers de l'Etat à faire des routes, à faire des canaux, en un mot, aux travaux publics. Il y aura donc, Messieurs, tout un mécanisme à organiser, toute une méthode à prévoir, à délimiter en quelque sorte ; c'est là ce qui pourra être l'œuvre du règlement d'administration publique, et ce qui ne nous avait pas paru pouvoir être l'œuvre de la législation, l'œuvre du législateur, ni trouver sa place dans un article de notre loi.

M. Emile Labiche. — Il faut que le principe soit au moins dans la loi ?

M. le Ministre. — Oui, monsieur Labiche, mais il me semble qu'il y est indiqué d'une façon très nette.

M. Emile Labiche. — Oui, dans le projet actuel, mais il n'était pas indiqué dans le projet de la Chambre des députés.

M. le Ministre. — Le principe était consigné dans le texte que le Sénat a déjà voté une première fois, et il se trouve, avec plus de précision encore, dans le texte nouveau, à l'article 1er, et aussi dans une autre disposition, celle qui, justement, est relative au règlement d'administration publique, c'est-à-dire l'article 19.

De ces deux articles il ressort, de la façon la plus claire du monde, — et le Gouvernement, vous le savez parfaitement, les avait adoptés, — que ce règlement d'administration publique se fera sur des bases indiquées et fixées par la loi, et l'une de ces bases est l'obligation pour les récidivistes de ne pas rester en état de vagabondage, de s'utiliser, de travailler, à peine d'encourir une condamnation et d'être employés aux travaux publics, c'est-à-dire aux travaux de l'Etat.

Voilà, Messieurs, les observations que m'a paru appeler le discours de M. Bérenger. Ce sont des observations d'intérêt général. Je les ai produites pour demander au Sénat de ne pas s'arrêter au contre-projet de l'honorable sénateur, et de passer à la discussion des articles du projet de loi qui lui est soumis. (*Très bien!* *et applaudissements à gauche.*)

Messieurs[1],

J'avais pensé ne prendre la parole, à l'occasion de l'article 1er, que pour indiquer les raisons pour lesquelles le Gouvernement se rallie à un amendement déposé par un certain nombre de sénateurs, et dont M. le président a fait connaître la substance. Cet amendement consiste, en effet, à retrancher dans le texte nouveau proposé par la Commission les dispositions qui permettraient de pratiquer la relégation des récidivistes ailleurs que dans les colonies ou possessions françaises; en d'autres termes, de reléguer les récidivistes soit en France, soit en Algérie, soit dans une île française qui s'appelle la Corse. Il me semblait, en effet, que la marche logique de la discussion devait être celle-ci.

Si le Sénat passait à la discussion de l'article, l'amendement serait venu immédiatement s'offrir à votre examen, et le Gouvernement aurait indiqué alors pour quels motifs il s'y ralliait, et M. Labiche, comme membre de la Commission, eût indiqué pour quelles raisons cette Commission avait proposé une mesure plus large et offert au Gouvernement une latitude qu'il n'a pas cru pouvoir accepter. Mais la marche qu'a prise la discussion m'appelle à m'expliquer immédiatement sur les points qui ont été traités à cette tribune.

En effet, le texte, tel que l'honorable M. Labiche paraît vouloir le défendre, est ainsi conçu :

« La relégation consistera dans l'internement perpétuel des condamnés auxquels la présente loi est applicable. »

Où l'internement perpétuel se pratiquera-t-il? C'est ce que le texte ne dit pas. Dans la pensée de la Commission, dans la pensée de l'honorable M. Labiche, cela veut dire : l'internement se pratiquera soit en France, soit dans les colonies et possessions françaises.

Or, Messieurs, il n'a pas échappé à votre attention — et l'honorable rapporteur l'a fait tout à l'heure remarquer — que M. Labiche n'a donné aucune des raisons pour les-

---

1. Séance du 6 février 1885.

quelles le Gouvernement pourrait interner les récidivistes en France, mais qu'il a donné toutes celles pour lesquelles le Gouvernement ne devrait pas interner les récidivistes dans les colonies. (*Très bien! à gauche.*)

M. TESTELIN. — C'est vrai !

M. LE MINISTRE. — Dans les développements dont il a accompagné sa proposition à la tribune, il a, en effet, repris un certain nombre d'objections qui avaient été antérieurement formulées, et je ne crois pas traduire d'une façon infidèle l'impression que son discours était de nature à produire sur le Sénat, en disant que personne n'avait paru apporter à cette tribune d'objections plus pressantes que l'honorable M. Labiche contre l'application du projet qui est aujourd'hui en discussion. (*Très bien! à gauche.*)

En effet, les colonies, il les condamne. Et quant à cette mesure qu'il propose, qui serait juxtaposée à la première, et qui consisterait dans l'internement, dans la relégation des récidivistes en France, il ne m'est point apparu qu'il ait donné aucun argument de nature à justifier la proposition dont il a saisi le Sénat.

Je m'expliquerai, Messieurs, d'un mot sur ce point, et le Sénat comprend que cela me dispensera de revenir à nouveau sur ce sujet lorsque la question se posera d'une façon plus pressante par la discussion même de l'amendement. Si, dès l'origine, suivant en cela le mouvement de l'opinion, non pas le mouvement d'une opinion erronée, d'une opinion de foule inconsciente, mais celle de criminalistes, de Cours d'appel, de tant d'hommes compétents, nous avons demandé que la relégation se pratiquât aux colonies, c'est en vertu de deux ordres de motifs que j'indique d'une façon extrêmement brève.

Le premier ordre de motifs, et le plus important, c'est qu'on fera difficilement comprendre à ce pays, si l'on veut bien sortir du système du bagne, que le remède à employer contre les périls sans cesse croissants de la récidive consiste à favoriser une partie du continent français de la totalité des récidivistes qui sont aujourd'hui dispersés sur toute son étendue.

Je sais très bien, Messieurs, que personne n'admet, en pareille matière, la liberté absolue. Mais enfin, entre la liberté absolue et ces chaînes dont l'honorable M. Schœlcher a parlé, qui ne sont dans l'état actuel qu'une image et un souvenir, mais qui symbolisent l'esclavage, il y a une très grande différence. Nous croyons, en effet, que, si nous envoyons aux colonies les récidivistes ne jouissant pas de moyens d'existence, ces récidivistes ne pourront les recevoir que de l'Etat, et que, les recevant de l'Etat, ils devront à l'Etat un travail. Voilà notre méthode. Vous voulez appliquer ce système à la France; mais sur le contingent des récidivistes qui sortent de nos prisons, il y en a un très grand nombre qui ont des moyens d'existence, des ressources; il y en a qui ont un pécule; il y en a surtout — je veux parler d'une catégorie qui est assurément la moins intéressante, mais celle qui appelle cependant plus spécialement notre attention, — il y en a qui, au point de de vue des recherches que la société peut diriger contre eux, sont dans une situation telle qu'elle leur permettra de dire : j'ai le moyen de vivre, j'exerce une industrie, j'ai une profession, j'ai de l'argent.

M. DE GAVARDIE. — C'est une question de latitude alors, comme disait Pascal. (*Protestations à gauche.*) Comment! on ne peut pas faire une observation ?

M. LE PRÉSIDENT. — Non, monsieur de Gavardie, vous ne voulez pas être interrompu, et vous avez raison, quand vous êtes à la tribune...

M. DE GAVARDIE. — Je ne crains par les interruptions.

M. LE PRÉSIDENT. — Vous provoquez souvent les interruptions, c'est vrai, mais je vous en prie, gardez le silence.

M. LE MINISTRE. — Ce que j'affirme, c'est que sur le contingent annuel des récidivistes sortant des prisons, il y en a un très grand nombre auxquels vous pouvez tenir ce raisonnement : Vous n'avez pas de moyens d'existence; si l'Etat vous en donne, vous lui devez un travail ; il va vous embrigader, vous incorporer dans un chantier. Mais il y en a vis-à-vis desquels cette argumentation ne serait pas soutenable, et alors qu'est-ce que vous ferez?

C'est en cela que le système de M. Labiche aurait mérité d'être précisé, et je crois bien que, si je vais au fond de sa pensée, elle est celle-ci : On créera sur le sol français un certain nombre d'établissements, de vastes pénitenciers dans lesquels seront internés à perpétuité tous les récidivistes sortant des prisons. Si c'est là sa pensée, à cette proposition je fais deux objections fondamentales.

La première, c'est qu'il ne s'agit plus de relégation; il s'agit ou de travaux forcés, ou de réclusion, ou d'emprisonnement à perpétuité. La seconde, c'est que non seulement vous appliquez pour ceux-là une peine de relégation, c'est-à-dire l'élimination de la métropole, mais encore vous demandez à l'Etat d'entretenir, leur vie durant, ce flot de récidivistes qui tantôt apparaît comme faible, lorsqu'il s'agit de faire réussir une proposition, tantôt comme formidable, lorsqu'il s'agit d'effrayer le Sénat avec une dépense. (*Approbation à gauche.*)

Je me résume sur ce point. Notre premier motif pour ne pas admettre le système préconisé par l'honorable M. Labiche, est celui-ci : l'internement ou bien se produit dans les conditions où nous le concevions à l'origine sur un des points du territoire, ou bien c'est un bagne, une série d'établissements de détention ou de réclusion dans lesquels vous devrez, leur vie durant, vous l'avez écrit dans votre article, entretenir les condamnés, leur infligeant par là même une peine d'emprisonnement perpétuel, en imposant à l'Etat des dépenses infiniment plus grandes que celles qui pourraient résulter du projet de loi élaboré par la Commission; mais toujours, quand on ne dit ni où, ni comment il se fera, l'internement est un péril pour le continent français.

Ceci dit sur ce point, permettez-moi de répondre à quelques critiques qui ont été présentées d'une façon saisissante, je dirai volontiers pittoresque, par l'honorable M. Labiche, avec le charme incisif de sa parole.

L'honorable M. Schœlcher est monté à cette tribune, poussé par la sollicitude si naturelle qu'il a toujours témoignée à nos colonies, et il vous a dit : « On est effrayé à la

Guyane de voir que vous songez à la traiter plus mal que la France; de voir qu'il y a en France, dispersés, répandus sur un sol étendu, sous les yeux d'une police très forte, un grand nombre de malfaiteurs que vous allez jeter brusquement dans une colonie où il y a des intérêts très respectables, où il y a des citoyens français, des nationaux en nombre assez considérable, au grand détriment de leur sécurité, pour la plus grande menace de leurs intérêts présents et à venir. » De sorte que si l'on écoute l'honorable M. Schœlcher, on prend de la Guyane cette idée qu'elle est, dans une certaine mesure, assimilable à la France, que les récidivistes y feront courir les mêmes périls, et qu'il était peu naturel de transporter à la Guyane, pays où le commerce, où l'industrie existent, où les intérêts particuliers se sont multipliés, ceux qui sont en France une menace pour les mêmes intérêts dont je viens de donner l'énumération.

Que si, au contraire, on écoute l'honorable M. Labiche, non seulement on ne voit plus dans la Guyane une colonie sur laquelle se seraient successivement agglomérés les intérêts particuliers, coloniaux, industriels; mais véritablement, si on le suit dans la série de ses paradoxes, on arriverait volontiers à se demander s'il y a une Guyane. (*Rires.*)

En effet, nous la possédons depuis un siècle, et l'honorable M. Labiche dit qu'il y existe un troupeau, ce qui comporte sans doute quelques habitants, et tout naturellement il est passé par assimilation de la Guyane à l'île qu'habitait Robinson Crusoé. La Guyane est habitée ; elle l'est dans une mesure un peu plus forte, mais enfin pas beaucoup.

Je crois, Messieurs, qu'entre ces deux thèses, qu'il suffit d'opposer l'une à l'autre pour montrer leur exagération, il y a une vérité, et une vérité triste qu'il faut dire ; cette vérité, l'honorable M. de Verninac vous la faisait toucher du doigt.

Il y a trois Guyanes sous la même latitude, dans le même pays, conquises à des époques qui n'ont pas été sensiblement différentes. S'il fallait faire quelque différence, au point de vue de la salubrité, la plus fertile et la plus salubre serait la Guyane française.

Voix diverses. — C'est vrai !

M. LE MINISTRE. — Eh bien! vous avez une Guyane anglaise qui est aujourd'hui riche, prospère ; vous avez une Guyane hollandaise qui ne le cède en rien à sa voisine, et vous avez une Guyane française dont M. Labiche faisait tout à l'heure un désert.

Non, ce n'est pas un désert, mais ce qui est vrai, c'est qu'il n'y existe pas 50 kilomètres de routes, c'est que la main-d'œuvre y fait complètement défaut, c'est que l'initiative particulière n'y a pas été assez forte pour mettre en valeur des terres sur la richesse desquelles pas un seul accent discordant ne s'est fait entendre dans l'enquête que vous avez ouverte. Tous ceux qui ont été interrogés, tous ceux qui ont parlé ou écrit sur ce pays depuis tout à l'heure soixante ans, attestent que le sol est riche, peut-être trop riche, et que s'il produit la fièvre quand on le défriche, c'est qu'il contient dans ses flancs des trésors de fécondité.

On n'a rien fait ou presque rien à la Guyane, et aujourd'hui il est malheureusement trop facile de répondre à ceux qui, comme l'honorable M. Schœlcher, viennent nous dire : « Ne troublez pas tant d'intérêts, ne venez pas apporter l'inquiétude dans cette population qui peu à peu produit, défriche », que, si nous ne sommes pas tout à fait vis-à-vis de la Guyane dans la même situation où était l'Angleterre vis-à-vis de l'Australie à la fin du dix-huitième siècle, nous sommes dans une situation qui n'est pas sensiblement différente.

Et l'on pourrait établir plus d'une ressemblance entre les deux colonies. Lorsque les Anglais pour la première fois ont envoyé des convicts en Australie, on disait contre cette contrée tout ce qu'on dit aujourd'hui contre la Guyane. Les Hollandais l'avaient abandonnée, la considérant comme une terre où aucun Européen ne pouvait vivre. On avait déclaré que c'était un rocher à la fois stérile et mortel, et il est arrivé qu'avec l'importation de convicts, pratiquée dans des conditions d'imprévoyance dans lesquelles, je l'espère, nous saurons ne pas tomber, en quelques années ce marais, ce rocher, — on avait épuisé toutes les épithètes, même les plus contradictoires, — devenait une colonie florissante.

J'ai glissé rapidement, Messieurs, sur ce chapitre dans mon discours d'hier; permettez-moi deux détails : de 1787 à 1836, l'Angleterre transportait en Australie 100.000 convicts, et ces 100.000 convicts étaient accompagnés pas à pas, en quelque sorte, par 60.000 émigrants libres. Ceci confirme une fois de plus, et d'une façon saisissante, la vérité de cette thèse qui a été défendue par la Commission constituée par M. Pallu de la Barrière, à savoir que la colonisation forcée par les convicts, à elle seule, est impuissante (*Marques d'approbation sur plusieurs bancs*); que trop souvent, et surtout dans un pays où l'on reste volontiers, d'où on ne s'expatrie qu'à regret, la colonisation ne peut être, en quelque sorte, faite que par l'élément libre qui vient participer aux résultats obtenus par le colon pénitentiaire.

En effet, cette population qui dans l'espace de quarante ans s'attache à l'Australie et produit ces merveilleux résultats, on pourrait, en quelque sorte, la partager par moitié; il y a moitié de transportés en vertu de la loi pénale, et moitié d'émigrants libres qui, sachant qu'il y a là des bras à bon marché, que des routes s'ouvrent, que des villages se fondent, viennent y jeter les bases d'un commerce et d'une industrie qui sont devenus absolument florissants.

Je dis florissants, et, en effet, quel a été le résultat pour l'Australie de cette collaboration de l'élément pénal et de l'élément libre? En 1820, les 35.000 convicts qui avaient été transportés en Australie représentaient une production de 28.065.000 francs, c'est-à-dire que la valeur commerciale des produits de la Nouvelle-Australie apportés en Angleterre ou dans les autres pays européens n'était pas inférieure à 28 millions. Eh bien! je le répète, — et c'est uniquement pour faire ce raisonnement, pour le nouer en quelque sorte, que j'ai insisté sur ces faits, — on avait condamné l'Australie, comme vous condamnez aujourd'hui la Guyane; on avait condamné la transportation, comme vous condamnez aujourd'hui la relégation!

On peut dire, je le sais bien, qu'à la différence de l'Angleterre, de l'Allemagne et de quelques autres Etats européens, chez nous les courants d'émigration se produisent plus difficilement ; je ne suis pas de ceux que cela afflige ; je ne crois pas que l'émigration considérable d'une population marque un état de prospérité véritable; je crois, en tout cas, que le sentiment qui retient les Français chez eux prouve qu'on n'y est pas si mal; que notre climat, que le régime sous lequel nous vivons, constituent un abri suffisant pour toutes les bonnes volontés et toutes les intelligences.

Mais, si notre penchant à l'émigration libre est moins fort, s'il n'a pas permis à des colonies comme la Guyane de prendre un développement sérieux et de devenir une colonie véritablement digne de ce nom, j'affirme que cette considération, loin d'ébranler le système que je défends, est, au contraire, de nature à le fortifier, que c'est une raison de plus pour nous attacher à la colonisation forcée, alors que nous ne disposons pas des moyens de colonisation libre que l'on pourrait rencontrer en Angleterre et dans les autres pays dont j'ai parlé. Voilà ce que j'avais à répondre sur l'idée générale de transportation dans les colonies comme la Guyane.

Une autre critique a été faite ; en y répondant, je répondrai aussi à une partie du discours de l'honorable M. Labiche ; je montrerai pour quelle raison de plus, en dehors de celles que j'ai données, nous nous attachons à la relégation dans les colonies, considérant que l'internement en France ne serait pas une peine nouvelle et ne constituerait pas une amélioration pénale.

On a dit : Mais qu'est-ce que produira la relégation, qu'a-t-elle déjà produit? A la Guyane, on a trouvé jusqu'à trois libérés qui auraient fondé des établissements ! Cela prouve qu'ils meurent tous, ou bien que les libérés incorrigibles en France restent incorrigibles aux colonies ! Vous allez envoyer 20.000 récidivistes à la Guyane ou dans quelque autre colonie : récidivistes ils étaient, récidivistes ils demeureront.

Essayeront-ils de fonder des établissements et de travailler ? rien de plus douteux. Et la raison de douter, c'est que, comme M. Labiche l'affirme, après qu'on a envoyé à une certaine époque tant de condamnés aux travaux forcés à la Guyane, après qu'il y a eu tant de libérés, l'examen le plus attentif qui a été fait par la Commission dans les soixante séances qu'elle a tenues n'a permis de retrouver que trois libérés ayant fondé des établissements !

Eh bien ! Messieurs, permettez-moi de mettre sous vos yeux un document que j'ai lu, monsieur Labiche, comme je lis tous ceux que je communique et dont je me sers, n'ayant pas l'habitude d'infliger une lecture pénible aux membres d'une Commission sans en avoir préalablement fait moi-même l'expérience. Ce document a été publié par le ministère de la Marine en 1877.

Il ne faut pas, comme vous le voyez, remonter à des époques bien reculées et se perdant dans la nuit de la colonisation ; c'est un rapport qui a été fait par M. Babinet, ancien directeur des grâces au ministère de la Justice. M. Babinet a voulu, dans une statistique, donner une idée, non pas complète, mais assez saisissante, des résultats obtenus par ce fait matériel que j'appellerai, si le mot pouvait ne pas choquer, la transplantation.

Il a pris au ministère de la Marine les états des libérés, les notes données aux libérés, le relevé des établissements qu'ils ont fondés, et, écartant tous ceux qui pouvaient être considérés comme des condamnés par accident, comme des hommes malheureux ou coupables n'ayant éprouvé qu'une chute, il a établi les quelques chiffres et renseignements que je vais vous fournir sur les malfaiteurs d'habitude.

Voilà, au surplus, comment il présente son travail. Je vais avoir quelques lectures à faire au Sénat, je lui demande de les écouter avec patience ; elles seront plus éclairées et plus démonstratives que ma propre démonstration :

« J'ai fait un travail pour les années 1867, 1868, 1869, 1870, et pour la Guyane, à raison de la durée prolongée de cette colonie pénitentiaire. J'avais l'avantage de pouvoir comparer : d'une part, les listes des transportés présentés comme dignes de participer aux grâces annuelles par le ministère de la Marine; d'autre part, les comptes rendus des présidents d'assises pour chaque condamné, représentant sa situation morale et judiciaire au moment de la condamnation. Le chemin parcouru dans la voie de la régénération était donc pour moi plus évident que pour les gouverneurs de la Guyane. J'ai systématiquement écarté de mes relevés tous les condamnés qui n'appartenaient pas à la classe des criminels d'habitude, quelque hésitants qu'ils parussent. C'est ce qui explique le nombre restreint de ceux que j'ai admis sur mes tableaux. »

Voici ce travail : il comprend des notices, au nombre de 130, qui montrent que M. Babinet a trouvé au ministère de la Marine 125 libérés, dont il a pu reconnaître les traces, de plus que l'honorable M. Labiche. (*Sourires sur quelques bancs.*)

Chacun des noms de ces libérés est accompagné des circonstances de sa condamnation, de son établissement et de l'état dans lequel on l'a retrouvé dans la colonie.

J'ai dit au Sénat que je lui ferai quelques lectures. Je crois que celle-ci est des plus intéressantes et qu'il ne m'en voudra pas.

« N° 1. — H... Geoffroy... »

Quelquefois on ne donne pas les noms, et le Sénat comprendra pourquoi.

Les notes que je lis sont simplement celles données par le gouverneur ; ce sont les notes de conduite [1].

M. Gontay. — On peut, à ce qu'il paraît, vivre à la Guyane.

M. le Ministre. — Je pourrais abuser de l'attention que le Sénat me prête, mais je ne tiens pas à poursuivre au delà du nécessaire la démonstration que j'ai entreprise contre l'honorable M. Labiche ; je ne veux pas multiplier ces citations ; je demande cependant à en faire encore quelques-unes. Je ne dissimule pas au Sénat que je prends celles qui me paraissent être les plus démonstratives.

1. Voir le tableau page 314.

DÉSIGNATION	ANTÉCÉDENTS et avis du président d'assises	CRIME NOUVEAU	SITUATION A LA GUYANE
A. (Th.).	A subi 4 ans de prison et 8 ans de travaux forcés. Incorrigible malfaiteur.	Assises de la Gironde, 22 juin 1852. Travaux forcés à perpétuité. Vol avec effraction dans une maison dont il étrangle à moitié la gardienne, une fille de 22 ans.	Habile ouvrier; bonne conduite; contre-maître des carriers ou mineurs; très actif, très intelligent, plein de zèle; rend de très grand services; religieux. — En 1862 et 1865, obtient commutation en 20 ans et remise de 10 ans.

Il y a, Messieurs, je le répète au Sénat, 130 notices de ce genre.

M. Blavier. — Sur combien de transportés, monsieur le Ministre, portent ces documents ?

M. le Ministre. — M. Babinet ne donne point le chiffre exact des transportés sur lesquels il a fait porter son examen.

M. Blavier. — C'est regrettable, car c'est très important.

M. le Ministre. — Son examen porte, comme je le disais tout à l'heure, sur les années 1867, 1868, 1869 et 1870.

Ce que je me propose, Messieurs, ce n'est évidemment pas de démontrer que tous les transportés à la Guyane, à quelque époque que ce soit, quel qu'ait été le régime pratiqué et surtout quels qu'aient été les directeurs des colonies pénitentiaires et les gardiens placés auprès de ces hommes, soient tous invariablement devenus de pillards, voleurs et assassins qu'ils étaient, des cultivateurs et des travailleurs honnêtes; mais je réponds à cette assertion que la relégation n'a jamais produit de résultat, qu'elle ne transforme pas le coupable, en montrant quel est l'avis d'un homme dont chacun de vous, Messieurs, connaît l'autorité, dont l'avis s'est formé par l'examen des documents sérieux les plus probants.

M. Babinet déclare que la peine de la transportation, suivie de la libération, a donné des résultats frappants qu'il

DÉSIGNATION	ANTÉCÉDENTS et avis du président d'assises.	CRIME NOUVEAU	SITUATION A LA GUYANE
1. H... (Geoffroy), Alsacien.	Quatre condamnations pour vol, dont une à 5 ans de prison. Dangereux.	Le 12 septembre 1856, il attaque sur la grande route un voiturier, lui ouvre le crâne de plusieurs coups de hache et vole son argent et ses valeurs ; la victime survécut. Le 12 février 1857, travaux forcés perpétuels, à Colmar.	Retrouvé en 1867 à Saint-Laurent-du-Maroni. Concessionnaire rural ; conduite régulière, laborieux, père de famille.
2. S... (Pierre), 26 ans.	Voleur émérite, incorrigible.	Assises de la Charente, 11 novembre 1861, 8 ans de travaux forcés. Vols.	Retrouvé aux Iles du Salut. Terrassier, marié, père de deux enfants, actif, laborieux ; conduite excellente.
4. A... (Pierre-Jean), 31 ans.	Voleur d'habitude, avec effraction ; trois fois condamné.	Assises d'Angers, 20 novembre 1862, 6 ans de travaux forcés pour un vol dont il avait dissipé le produit avec des filles perdues.	Manœuvre, charpentier. Bon travailleur, bonne conduite ; marié, père de famille.

Je passe, Messieurs, au n° 7.

7. P... (Jean-Abel), 29 ans.	Antécédents déplorables ; vols et faux, déjà condamné à 5 ans de réclusion pour faux.	Assises de l'Aude, 25 mai 1857 : Faux aussi multipliés qu'audacieux.	A Saint-Laurent, concessionnaire rural, très laborieux, énergique et intelligent, marié et faisant bon ménage.
9. R... (Georges), né le 9 juillet 1821.	A dix-neuf ans, condamné à 3 ans de prison ; laisse dans la maison centrale les plus mauvais souvenirs.	Travaux forcés perpétuels. Libéré à la fin de 1845, et fileur de coton ; marié. Il avait en février 1847, volé avec effraction chez son beau-frère et tué de quatre coups de hachette son neveu, enfant de douze ans, témoin de son crime.	Signalé en 1862 comme un travailleur intatigable ; très bons services comme charpentier de marine et couvreur. Signalé en 1864, dévoué, assidu, sujet recommandable qui applique son énergie à bien faire ; commué en 15 ans. En 1865 et 1867, à Saint-Laurent, charpentier, digne de toutes les faveurs.

est impossible de méconnaître, et qu'on ne retrouve pas dans les prisons de France, quelle qu'ait été la peine et quelles qu'aient été les récompenses données aux condamnés en question.

Je viens de montrer les effets que produit la transportation ; j'essayerai, tout à l'heure, d'expliquer comment je comprends ces effets.

CONDAMNATIONS PRONONCÉES ET ANTÉCÉDENTS JUDICIAIRES		DATES DES ARRÊTS ou JUGEMENTS	PEINES INFLIGÉES (Prison, amendes.)	DURÉE de la SUR- VEILLANCE
MOTIFS	COURS ou TRIBUNAUX			
Vol	Marseille	28 fév. 1853	3 mois	
Vol	Nancy	21 mai 1858	1 an	
Vol	Mâcon	16 janv. 1860	4 mois	
Vol, escroquerie, vagabondage	Mâcon	20 avril 1860	15 mois, 50 fr.	
Vagabondage	Langres	13 avril 1861	3 mois	
Escroquerie, outrage	Langres	21 mars 1862	4 mois	
Vol	Dijon	1er avril 1862	18 mois	
Vol	Sarrebourg	3 sept. 1864	1 mois	
Vagabondage	Strasbourg	14 juin 1865	6 mois	
Vol	Metz	24 mars 1866	13 mois	
Escroquerie, bris de clôture	Langres	3 mai 1867	6 mois	5 ans.
Rupture de ban	Nancy	30 nov. 1867	2 ans	
Vagabondage	Bordeaux	10 juil. 1871	6 jours	
Abus de confiance	Bordeaux	3 oct. 1871	2 mois, 25 fr.	
Vol	Bordeaux	11 juin 1872	1 mois	
Vol	Bordeaux	6 sept. 1872	4 mois	
Vol	Bordeaux	27 janv. 1873	4 mois	
Vol, ban rompu	Bordeaux	29 juil. 1873	1 an, 1 jour	
Vol	Bordeaux	4 nov. 1874	2 ans	
Vol	Toulouse	24 nov. 1876	4 mois	

Voulez-vous me permettre de mettre en contraste les effets que produit l'emprisonnement? Il suffit pour cela de prendre au hasard dans les casiers judiciaires des détenus qui sont aujourd'hui dans nos maisons centrales ou autres établissements pénitentiaires. Je vous demande la permission de vous infliger une nouvelle lecture, parce que je veux vous faire toucher du doigt que, lorsqu'un très grand nombre de libérés ont été placés dans un milieu nouveau, dans des conditions nouvelles, dans des conditions sociales absolument différentes, ils se sont transformés au point qu'on ne lit pas ces notices sans quelque surprise ; celle que vous m'avez exprimée tout à l'heure, je l'ai partagée moi-même à l'origine.

Cette transformation, Messieurs, ne peut pas être produite par les condamnations. Je n'ai besoin de prendre au hasard, pour le démontrer, dans l'énorme dossier du directeur de l'administration pénitentiaire, qu'un seul des casiers ; ils sont à peu près tous les mêmes.

Celui que j'ai sous les yeux est celui d'un homme qui se trouvait sous le coup de la transportation, Alexis Genson (22 novembre 1876). (Voir le tableau page précédente.)

Il y a encore neuf condamnations que je pourrais vous donner. Et ce n'est pas un exemple isolé, veuillez bien le croire ; ce sont des exemples que chacun de ceux d'entre vous qui ont été magistrats ou avocats, ou mêlés à l'administration pénitentiaire par un contact quelconque, a pu vérifier, comme je l'ai vérifié moi-même.

Qu'est-ce que cela prouve?

Tenez, Messieurs, quand j'entends dire : Il ne faut pas envoyer les récidivistes dans une colonie, parce que là il y a des dangers, parce que là la vie est dure, parce que là le combat pour l'existence est particulièrement pénible et douloureux, il me semble qu'on donne la raison exacte pour laquelle la transportation est efficace. Il est clair que si vous enlevez le récidiviste d'un milieu civilisé, comme le milieu français, pour le porter dans un autre milieu également civilisé, où il sera l'objet des mêmes tentations, des mêmes sollicitations mauvaises, où il sera en proie aux mêmes séductions de chaque jour, de chaque heure ; si, d'une France où il voit passer devant lui la richesse sans avoir la force morale nécessaire pour n'y pas puiser, vous le transportez dans une colonie non moins abondante en richesses, en plaisirs, vous n'aurez fait que déplacer le théâtre des hostilités. (*Vives marques d'approbation.*)

Vous n'aurez rien changé en lui, parce que vous n'aurez rien changé dans les conditions morales et matérielles de son existence. (*Très bien! très bien! à gauche.*) Si au contraire, vous faites ce que j'ai appelé un pionnier de la civilisation, de cet homme qui est pour cette même civilisation une menace; s'il lui faut conquérir, chaque jour, le droit à la vie par un effort personnel; si, au lieu d'être aux prises avec une civilisation trop avancée, il est aux prises avec une barbarie qui n'a pas encore tout à fait disparu, cet homme, qui représentait la barbarie en France, va représenter, dans une certaine mesure, la civilisation dans le milieu nouveau où vous l'aurez transporté.

Ce n'est pas tout; il est affranchi de ce fardeau de condamnations qu'il traînait dans notre pays; la réprobation qui le suivait un peu partout, qui l'accompagnait même dans l'atelier, quand par hasard il en franchissait le seuil, elle a disparu; il sait qu'il peut se créer une situation nouvelle; il sait que, là où il est, les services qu'il rend lui seront plus comptés que les condamnations qu'il a subies; ce sont, en un mot, des conditions morales et matérielles tellement différentes qu'elles justifient cette opposition saisissante, tout à fait digne de remarque, entre la destinée du condamné qu'on remet perpétuellement en prison, auquel on inflige une sorte d'internement perpétuel, et celle de l'individu auquel on dit, après qu'il a fait sa peine : Tu iras dans une colonie; oui, là, la vie sera dure; oui, le poids du jour sera accablant; il faudra lutter contre une barbarie qui, si elle n'a pas complètement disparu, peut encore être un peu menaçante.

Et là, où il faudra acheter la vie par ce combat incessant, le récidiviste deviendra ce que sont devenues les 130 personnes qui me servent d'exemple dans cette discussion, et dont M. Babinet relevait, dans un travail très précieux, les véritables titres, je ne dirai pas à l'admiration — il est difficile d'admirer des hommes qui ont un casier judiciaire comme ceux dont j'ai relevé les notes — mais auxquelles il n'est pas possible de refuser toute estime, en pensant qu'après avoir été au dernier degré de l'échelle du crime ces hommes sont devenus des travailleurs respectés, rendant des services, n'ayant subi aucune espèce de punition, en un mot des hommes régénérés. (*Vive approbation à gauche.*)

M. DE GAVARDIE. — 130 sur 5.000! (*Exclamations sur les mêmes bancs.*)

M. LE MINISTRE. — Voilà, Messieurs, pourquoi ceux qui sont comme moi partisans de la relégation croient fermement, profondément, à son efficacité, sans se dissimuler aucune des difficultés qu'elle présente.

Est-ce que c'est une petite œuvre que de prendre dans l'état actuel de notre société les 20.000 condamnés qui, année par année, dans une proportion de 5.000 suivant nous, tomberont sous l'application de la loi? Est-ce que c'est une petite réforme de faire qu'il n'y ait pas un haut du pavé pour le vice et pour le crime en France? Est-ce que c'est une entreprise médiocre que de purger et les villes et les campagnes de cet élément qui les infeste, de cet élément qui n'est pas une menace par lui-même, croyez-le bien, et c'est là ce qu'il y a de plus pressant dans la question, — le récidiviste mauvais, criminel, en lui-même est une menace, soit; mais là par où il est le plus menaçant, par où il nuit davantage encore à la société, c'est par cette contagion de chaque jour, contagion dans la rue, contagion dans l'atelier, et surtout, Messieurs, contagion dans les prisons. (*Très bien! très bien!* à *gauche.*)

Eh bien! si cela est une grande œuvre, une œuvre véritablement sociale, véritablement humaine, si on veut bien ne pas altérer le sens des mots, — car, pour ma part, ceux qui sont menacés par les récidivistes m'intéresseront jusqu'à la fin de ce débat beaucoup plus que les récidivistes eux-mêmes — (*Nouvelles marques d'approbation sur les mêmes bancs*), il n'est pas surprenant qu'il faille acheter ce résultat au prix de lourds sacrifices, au prix d'efforts considérables.

Ce que je disais tout à l'heure, je le répète une fois de plus : Oui, l'entreprise est difficile, le fardeau de la responsabilité sera lourd et je vous assure que, pour l'assumer, il faut le sentiment, il faut l'instinct avivé que j'ai du danger en présence duquel nous nous trouvons et qui ne fait que grandir chaque jour.

Mais enfin, dit-on, nous n'avons pas de colonies.

Comment! voilà un pays comme la France qui est alors condamné à conserver chez lui des récidivistes? Car enfin il ne suffit pas de montrer que cela pourra soulever quelques réclamations aux colonies.

J'entends d'une oreille aussi complaisante que qui que ce soit les réclamations qui nous viennent de ces succursales de la mère-patrie; mais j'entends aussi les plaintes beaucoup plus pressantes de ceux qui nous entourent, de la métropole, de la France tout entière. Or, d'une part, il ne s'agit ni d'envoyer 20.000 malfaiteurs en pleine liberté dans une colonie, ni même de livrer, sous un régime de surveillance, toutes ces colonies à la relégation; nous sommes également d'accord sur ce point qu'ils seront soumis à un régime disciplinaire résultant de leur condition même, résultant des condamnations qu'ils ont subies, résultant du travail qu'ils viendront demander à l'État, du contrat forcé qui se nouera ainsi entre l'État et eux.

D'un autre côté, je suis absolument décidé à demander que le règlement d'administration publique et le texte de la loi spécifient, précisent non pas seulement les colonies, mais les lieux d'internement dans chaque colonie; et, en résumé, pour prendre un exemple, cela revient à dire que si la Guyane est désignée comme lieu de déportation, on pourra, dans certaines parties, dans certaines régions de la Guyane, reléguer un certain nombre de récidivistes qui seront placés sous les lois d'une discipline sévère, soumis à une surveillance active. Je prétends écarter ainsi *a priori* toute une partie des objections qui se sont produites contre l'envoi des relégués dans les colonies.

L'intérêt des colonies, Messieurs, quel est-il? J'ai lu très attentivement toutes les protestations qui se sont élevées lorsque le projet de loi a été connu, ou plutôt mal connu dans les colonies.

Permettez-moi de vous dire que ce mouvement d'opinion, qui s'est produit en certains points surtout, se caractérise pour ainsi dire par un double sentiment, ou plutôt par une erreur d'un côté et par une visée de l'autre.

L'erreur, elle résulte des délibérations mêmes qu'on vous a lues : c'est qu'on a dit, pour effrayer les colonies de l'arrivée des récidivistes : Des navires vont survenir; ils vont débarquer sur la plage 5.000 malfaiteurs de la pire espèce, et à ces 5.000 malfaiteurs on a promis liberté entière ! C'était, en un mot, prédire à ces colonies une invasion des barbares rejetés par le continent. (Sourires ,

Il n'est donc pas surprenant qu'un conseil général s'émeuve; il n'est pas surprenant que les rares habitants que l'honorable M. Labiche veut bien concéder à la Guyane se soient eux-mêmes alarmés, et qu'ils aient été alarmés d'autant plus qu'ils étaient, suivant lui, moins nombreux.

Et dans la thèse de l'honorable M. Schœlcher, celle-là toute différente, il serait moins extraordinaire encore qu'une colonie nombreuse, prospère, déjà florissante, eût vu avec inquiétude pour ses richesses acquises cette horde de malfaiteurs débarquant sur son territoire, et destinée à y jouir d'une liberté dont l'usage serait évidemment préjudiciable à tous ses intérêts.

Il n'est question de rien de cela, et l'erreur qui a ainsi suscité ce mouvement d'appréhension ne peut s'expliquer que par une connaissance imparfaite du texte qui formait la loi même votée par la Chambre des députés, surtout par une ignorance totale du texte actuellement soumis à vos délibérations et dont nous vous demandons le vote. Ce texte contient, comme vous le savez, l'obligation au travail pour les transportés lorsqu'ils ne justifieront pas de moyens d'existence réguliers; il dispose, en outre, qu'un règlement d'administration publique fixera le régime auquel ils seront soumis, ainsi que toutes les conditions de surveillance auxquelles ce premier essai, le premier envoi de récidivistes, par exemple, devra être nécessairement subordonné.

Et puis, il y a aussi dans certaines colonies — je n'en indique aucune — une autre tendance, un autre courant. Ce n'est pas que nulle part on méconnaisse que la main-d'œuvre fasse défaut, — je retrouverai tout à l'heure le témoignage de l'honorable M. Franconie. — M. Franconie a constaté, d'une part, que la Guyane était une terre merveilleusement riche, riche entre toutes les terres, et que, de l'autre, s'il y avait des prairies admirables où il n'y a pas une seule tête de bétail, cela tenait à ce que, depuis tout à l'heure un siècle, on n'a pas frayé un seul sentier pour s'y rendre. Pourquoi cela? D'après l'honorable député, parce que la main-d'œuvre n'existe pas et aussi, — ce n'est assurément pas l'honorable M. Schœlcher qui le regrettera, — parce qu'un certain élément barbare de colonisation a disparu depuis longtemps et qu'une certaine importation ne se fait plus, Dieu merci, dans nos colonies françaises.

Elle ne se fait pas non plus parce que, d'un autre côté, un autre élément de main-d'œuvre fait aujourd'hui absolument défaut — j'entends parler des coolies. — Je ne veux pas établir d'assimilation entre la méthode à laquelle je faisais allusion et celle dont je parle à l'heure actuelle, bien que le commerce des coolies puisse, par certains côtés, éveiller des susceptibilités qui ne sont même pas excessives, à coup sûr. Eh bien! dans certaines colonies, on pense qu'avoir des travailleurs à très bon marché, moyennant des traités avec les importateurs de coolies, serait peut-être plus avantageux, moins fécond en risques que d'avoir des récidivistes soumis à la surveillance étroite de la police. Mais, comme ce sont là des expédients auxquels il faut renoncer, le problème, si on le pose dans l'intérêt même de la colonie, est celui-ci : faut-il continuer d'entretenir à grands frais un pays immense, merveilleusement riche, continuer d'y avoir une armée, des fonctionnaires, des médecins, des religieuses, des frères ? — je parlerai tout à l'heure, au point de vue statistique, des constatations qu'on peut faire avec les documents émanés de ces ordres; — faut-il dire, en un mot, que la Guyane est un pays où il peut bien y avoir des richesses, mais que c'est un pays inexploitable, et, dès lors, renoncer à y entretenir tous ceux qui y sont aujourd'hui envoyés à grands frais par la métropole? ou bien faut-il faire ce qu'a fait un peuple colonisateur, qui n'était pas, certes, mieux doué que nous au point de vue de l'organisation, au point de vue des services qui peuvent être rendus par les transportés, faut-il avoir recours à cet élément de toute colonisation qui, se juxtaposant à la colonisation libre, pourra faire de la Guyane une colonie dans laquelle le chiffre de la population ne soit plus susceptible d'être contesté, comme il l'était tout à l'heure, et dont les produits pourront rivaliser avec tant de produits étrangers?

Reste l'intérêt des récidivistes qu'on ne peut pas vouer, dit-on, à une mort certaine. J'ai déjà dit et répété plusieurs fois que si la question se posait ainsi, ce n'était évidemment ni le Gouvernement, ni la Commission du Sénat qui viendraient demander l'envoi de récidivistes à la Guyane; mais il me semble qu'il plane bien des incertitudes et qu'on a peut-être introduit quelques erreurs dans le jugement à rendre sur l'état de notre colonie de la Guyane.

Tout à l'heure, il m'a semblé que l'honorable M. Labiche disait que le gouverneur de la Guyane considérait l'opération comme très mauvaise, très dangereuse. Vous avez eu sous les yeux, comme annexe du rapport de la Commission, le rapport de M. Chessé lui-même; je lui ai fait de larges emprunts dans la première discussion; je me borne, aujourd'hui, à le résumer et à rappeler ses conclusions.

M. Chessé, après avoir établi que la Guyane était mieux faite qu'aucune autre colonie pour recevoir l'élément pénal, protestait à cette époque avec une très grande énergie contre quoi? contre l'envoi des récidivistes? Nullement : il protestait comme protestait la colonie, comme protestait tout le monde, contre cette pensée qu'on enverrait à la Guyane 20.000 récidivistes à l'état de liberté absolue, et n'étant soumis à aucune espèce de contrainte et de surveillance. Je vous demande, Messieurs, la permission de remettre sous vos yeux quelques lignes qui formaient la conclusion du gouverneur de la Guyane :

« Je n'ignore pas que l'Algérie et nos Antilles ne peuvent nous fournir pour nos travaux qu'un contingent trop faible pour nos besoins, et comme les questions de main-d'œuvre et de travail produit doivent passer avant toute autre de convenance ou de tranquillité personnelle ; comme, après tout, la transportation doit se traduire par une simple question de discipline intérieure et de gendarmerie, j'ai l'honneur de solliciter instamment de vous, monsieur le ministre, l'envoi à la Guyane, le plus tôt possible, d'un convoi de transportés européens et de récidivistes européens, dès que la question sera résolue. Si, comme j'ai tout lieu de le croire, la Nouvelle-Calédonie a demandé qu'on ne lui envoyât plus de transportés, ou du moins qu'on en diminuât le nombre, et, si vous voulez bien accueillir favorablement ma demande, vous donnerez en même temps satisfaction aux deux colonies. »

Par conséquent, non seulement le gouverneur de la Guyane ne repoussait pas l'envoi des récidivistes, mais il le demandait de la façon la plus pressante. Il s'était, à cet égard, expliqué dans son travail, — il faut bien que j'en dise encore quelques mots, car notre première discussion est déjà loin ; — il s'expliquait sur les conditions qui permettaient d'affirmer que la Guyane n'était pas un pays inhabitable.

On a fait dans la Guyane des expériences — peut-on appeler cela de ce nom ? je ne sais — qui ont été appréciées par de nombreux voyageurs, par des officiers de marine, par des auteurs qui ont écrit sur la matière, toutes dépositions et tous témoignages qui ont été relevés dans un ouvrage assez récent, — il est du mois de novembre 1884, — et qui contient des citations et des extraits. C'est un ouvrage de M. de Nouvion sur la Guyane.

Eh bien ! par les extraits qu'il donne, par l'expression propre de sa pensée et de son opinion personnelle, M. de Nouvion montre que les expériences, qui ont été faites à une époque très lointaine, l'ont été dans des conditions qui ne permettent pas de juger de l'état de la colonie.

Tous ces auteurs, ces voyageurs, ces fonctionnaires qui ont habité la Guyane, sont unanimes sur ce point : que cette contrée n'est pas, par elle-même, un pays mauvais, un pays dangereux ; tous reconnaissent, d'autre part, que si l'on veut s'y livrer à certains travaux, il y a des précautions particulières à prendre ; et que notamment, si l'on prétendait faire aujourd'hui ce qui, paraît-il, s'est fait à certaines époques, envoyer quelques centaines ou quelques milliers de récidivistes en pleine forêt pour y procéder à l'abatage des arbres, et faire coucher ces hommes sur le lieu même où ils auraient accompli ce travail, on les laisserait exposés aux fièvres qui se dégagent du sol entr'ouvert dans la journée, et que très assurément la mortalité s'élèverait, comme dans certaines périodes, jusqu'à 27 p. 100. Il faut, au contraire, comme le conseillait, avec son expérience de colon, l'honorable M. de Lareinty dans la discussion précédente, faire travailler les hommes pendant certaines heures du jour seulement, celles qu'on appelle les heures fraîches.

Il faut, d'autre part, prendre soin, et c'est la méthode qui est passée aujourd'hui dans nos habitudes, même sur le continent européen, d'organiser des moyens de transport aisés et rapides pour reconduire chaque soir l'équipe de travailleurs qui, le jour, a été occupée à ouvrir une route, je suppose, dans une espèce de camp, se déplaçant au fur et à mesure de l'avancement des travaux.

En procédant de la sorte, presque toutes ces causes considérables de maladie et de mortalité seront sensiblement atténuées.

Je ne voudrais pas, Messieurs, insister longuement sur des citations qui remontent à 1822 pour finir à 1884 ; je me borne à affirmer au Sénat que j'ai dépouillé consciencieusement ces ouvrages, et que l'opinion qui est émise par leurs auteurs, et par M. de Nouvion lui-même, est exactement celle que j'indique aujourd'hui. Oui, ils admettent que la Guyane est un pays très riche qui, lorsqu'on l'habite même dans ses bois sans défricher le sol, dans les conditions que je viens de dire, est plus salubre que les autres colonies, mais que certains travaux y commandent certaines précautions et un régime approprié au climat.

J'ajoute enfin, Messieurs, que les expériences qui ont été faites sur les libérés ont été très peu concluantes. Il résulte, en effet, des documents qu'un très grand nombre d'entre eux, livrés à eux-mêmes dans des conditions d'imprévoyance qui se justifiaient par les événements, je le veux bien, mais d'imprévoyance totale et absolue, ont été victimes, non pas seulement des conditions atmosphériques, mais des conditions dans lesquelles ils se sont mis à vivre en des pays où la sobriété et l'usage presque nul des alcools est la première loi pour les hommes qui sont employés à des travaux comme ceux dont je viens de parler. Je demande au Sénat la permission de lui faire grâce de la lecture de ces documents ; je voudrais lui en mettre sous les yeux de plus récents qui me paraissent avoir une assez grande valeur.

Voici, par exemple, l'*Annuaire de la Guyane française*, publié à Cayenne en 1881.

J'y trouve une indication des causes qui ont pu peser si longtemps, et d'un poids si lourd, sur la réputation de la Guyane au point de vue de la colonisation :

« Le mauvais choix des émigrants, l'oubli des précautions nécessaires, l'imprévoyance inconcevable qui se montra dans toutes les mesures, occasionnèrent la mort du plus grand nombre des colons. Ce fut tout ce que la colonie retira d'une entreprise qui, mieux conçue et mieux dirigée, eût peut-être placé la Guyane française au premier rang parmi les établissements coloniaux de l'Amérique méridionale. La position de cette colonie au vent de toutes les autres, l'étendue de ses forêts, ses vastes savanes, l'abondance de ses poissons présentaient de grands moyens de commerce. On pouvait se livrer avantageusement à l'exploitation des bois pour la marine et les constructions civiles. »

Voici un autre extrait que j'emprunte à M. Nibau, ingénieur, dont l'ouvrage date de 1882 :

« L'administration coloniale, dit-il, semble avoir été toujours aussi peu soucieuse de la prospérité de cette admirable colonie, où il ne faudrait que vouloir pour obtenir un peu de travail produisant au centuple. »

Et puis, dans une note sur les richesses de la Guyane, l'auteur dit encore :

« La Guyane peut devenir un des plus riches pays du globe où abondent les exploitations agricoles, forestières et minières. Comme l'a dit Saint-Arnaud, si la Guyane, au lieu d'être une vieille terre, était une découverte moderne, on s'y précipiterait avec fureur. »

Voici enfin, Messieurs, des documents un peu moins récents — ils sont de 1871 et de 1874 — dont quelques-uns paraissent mériter d'être placés sous vos yeux ; je les emprunte à l'enquête qui a été faite sur le régime pénitentiaire. C'est un extrait du rapport de M. le comte d'Haussonville :

« Nous ne voulons point faire ici l'histoire de la transportation depuis ses débuts sur la plage inhospitalière de Cayenne jusqu'à l'époque actuelle. On trouvera cette histoire discrètement, mais fidèlement racontée, avec ses épreuves et ses déboires, dans la notice officielle de 1867. On y lira le récit des efforts tentés par une administration tout à fait novice en matière d'administration pénitentiaire, et sur les épaules de laquelle on avait brusquement jeté ce fardeau, pour préparer aux transportés des conditions à peu près satisfaisantes dans une contrée où, suivant la notice officielle, « rien n'était prêt pour les recevoir ».

On y verra que la mortalité générale s'est élevée, pendant la première période, jusqu'à 25 p. 100, et, sur certains points de la colonie pénale, jusqu'à 32 p. 100. Toutefois, à l'époque où elle a rompu pour la première fois le silence qui lui avait été imposé jusque-là, l'administration de la marine paraissait considérer les difficultés comme à peu près vaincues, et la notice de 1867 se termine par l'expresson d'une certaine confiance dans l'avenir de la transportation pénale à la Guyane !

Je trouve ici la confirmation d'un fait que j'avais signalé dans le premier débat qui s'est agité devant le Sénat, à savoir que l'on avait renoncé à certains établissements précisément au moment où ces établissements avaient passé la période critique ; que, quelques mois à peine après l'abandon qui en avait été fait par l'Etat, un certain nombre de ces établissements mortels, insalubres, où l'on ne pouvait vivre, avaient passé entre les mains de particuliers qui les ont conservés et qui en ont su tirer un large profit.

J'ai encore d'autres témoignages tout à fait récents.

En voici un qui émane de l'inspecteur des services administratifs et financiers de la marine et des colonies, et qui porte la date du 22 novembre 1884. C'est une lettre adressée par cet honorable fonctionnaire à M. le gouverneur de la Guyane, qui était en France :

« La ville même de Cayenne est incontestablement l'une des possessions françaises les plus saines ; toutes les statistiques médicales l'ont depuis longtemps prouvé. On en peut dire presque autant des communes rurales dont le chef-lieu a été placé à une assez grande distance des embouchures de grands cours d'eau, tels que Roura, Ionnégrande, Mousinery, Mana, etc. Tous les pénitenciers actuels m'ont également paru avoir leur siège dans des situations excellentes au point de vue hygiénique. On ne saurait donc, sans tomber dans une exagération intentionnelle et bien évidente, aller prendre comme moyenne la mortalité sur les placers, ni à l'hôpital de la Transportation aux îles du Salut, surtout avec sa fameuse salle 5. Il ne resterait en fait de localités à l'égard desquelles il y aurait lieu, selon moi, de faire des réserves sérieuses, que les centres situés au delta des fleuves dans certaines conditions d'intoxication paludique, qui, loin d'être spéciales à la Guyane, malgré sa latitude de 4 degrés nord, sont communes à nos meilleures colonies, et plus graves encore à Madagascar, en Cochinchine, au Tonkin. Là, les créoles blancs et les gens de couleur eux-mêmes résistent peu ; mais en Guyane, tous ces points relativement dangereux ont, depuis longtemps, été évacués par l'administration pénitentiaire : je veux parler surtout d'Oyapock, Kair, Appronague et Sinnamary, de sinistre mémoire. »

Etant donné qu'il est si facile de faire un choix judicieux entre les terrains à concéder aux récidivistes dans cette vaste contrée aujourd'hui littéralement étouffée par l'exubérance de sa végétation, je ne vois pas trop en quoi ce serait manquer à l'humanité que d'y reléguer la lie de nos grandes villes.

Les esprits les plus opposés à cette idée dans la colonie paraissent, d'ailleurs, s'y être ralliés depuis peu. Ils aperçoivent maintenant, et non sans raison je crois, dans cette mesure gouvernementale, l'une des rares planches de salut qui se peuvent offrir pour le relèvement de cette France équinoxiale, dont la ruine et la décadence ne sont un mystère pour personne.

Enfin, Messieurs, un autre document qui, je crois, achèvera de porter la conviction dans les esprits les plus hésitants, c'est une lettre de M. le colonel Reste, de l'infanterie de marine. Elle porte la date du 25 novembre 1884, et j'y trouve les renseignements suivants :

« A mon arrivée à Cayenne en 1883, je fus frappé de la bonne mine de nos officiers et soldats ; j'en fis mon compliment au commandant Page, qui me répondit ceci : « Il y a deux ans que je commande le bataillon d'infanterie de marine en garnison dans la colonie, et, pour un effectif dépassant 600 hommes, je n'ai encore perdu personne de maladie. » C'était l'exacte vérité, et je puis ajouter que, pendant mon séjour en Guyane, ce même bataillon n'a perdu qu'un seul soldat, atteint de dysenterie à la suite de graves imprudences.

« L'Européen n'a guère à craindre que des fièvres légères, qui apparaissent presque toujours aux changements de saison en mars et surtout en août. Pour détruire ce genre de maladie, il suffirait de quelques travaux de canalisation permettant l'écoulement des eaux stagnantes vers la mer.

« Au point de vue de la colonisation, on a également tort de croire en France qu'il est dangereux pour l'Européen de cultiver le sol de la Guyane. J'estime, au contraire, qu'un travail modéré, exécuté pendant les heures fraîches de la journée, c'est-à-dire de six heures à neuf heures du matin, et de trois heures à six heures du soir, ne peut être que favorable pour la santé. Nos soldats jardiniers, qui travaillaient au moins six heures par jour pendant toute l'année, bien qu'ils fussent mal logés, se portaient aussi bien que leurs camarades faisant le service.

« Est-ce à dire que les récidivistes qu'il est question d'envoyer en Guyane pourront se livrer impunément au défrichement d'un sol vierge? Non, mille fois non! Une pareille opération, dans quelque pays qu'on l'entreprenne, engendre toujours des maladies, mais avec de l'hygiène et des mesures plus intelligentes que celles prises sous l'Empire, lors de la transportation des condamnés dans la colonie, on pourra les atténuer considérablement. J'ai tenu garnison dans toutes nos colonies, sauf la Réunion, et j'affirme que la Guyane est une des plus saines; c'est celle, dans tous les cas, où la mortalité des troupes est la moins élevée, malgré les épidémies de fièvre jaune qui sévissent de temps à autre. »

Je pourrais, Messieurs, continuer en ajoutant à ces citations des citations nouvelles. Il me semble que l'ensemble de ces documents pris à toutes les sources, puisés dans les déclarations de fonctionnaires, de voyageurs, de professeurs en résidence à Cayenne, d'officiers de marine ayant la lourde responsabilité des troupes, sachant ce que pèse un témoignage dans lequel on vient dire que les troupes d'infanterie de marine sont moins malades à la Guyane qu'ailleurs, ont plus d'autorité que toutes les appréhensions, que toutes les exagérations, que tous les efforts qui ont été faits pour démontrer que, comme je l'ai dit dans une autre occasion, la Guyane est très bonne pour les marins, les soldats, les magistrats, mais qu'elle n'est pas assez bonne pour les récidivistes.

J'ai fait allusion à d'autres documents, je ne veux en faire qu'une simple mention; je les indique au Sénat, en les résumant plutôt qu'en les lisant; ce sont des tableaux relatifs à l'envoi et au retour des sœurs de Saint-Joseph de Cluny, des frères de Ploërmel et des sœurs de Saint-Paul de Chartres. Il est manifeste que, si la Guyane était aussi insalubre, ce ne sont pas les sœurs, qui soignent les malades, qui souffriraient le moins; que, si le pays y était tel qu'un Européen ne pût s'y risquer sans compromettre son existence, elles tomberaient au premier rang des victimes du climat.

Eh bien ! on pourra consulter ces tableaux ; on y verra que ces religieuses envoyées à la Guyane y restent en moyenne 10, 12, 15 ans ; et comme on les fait revenir quand elles y ont contracté une maladie, il est permis de conclure que le climat n'y est pas aussi meurtrier, puisque, encore une fois, les personnes qui s'exposent le plus à la maladie par les soins mêmes qu'elles donnent aux malades, et qui doivent quitter la colonie dès qu'elles sont malades, restent cependant dans la colonie, pendant cette durée de temps que je viens d'indiquer.

J'en ai fini, Messieurs, avec cette question que je m'étais proposé d'examiner et qui est la question de savoir si le mal qu'on a dit de la Guyane doit détourner le Sénat de voter la loi sur les récidivistes, ou, pour parler plus exactement et plus clairement, la loi contre les récidivistes. Je ne veux pas faire de la Guyane autre chose que ce qui résulte de l'examen auquel je me suis livré. Je le répète encore une fois : là, pour les relégués, l'existence sera pénible, et j'ajoute que c'est parce que l'existence y sera pénible que la loi sera efficace.

Un mot de ce qui a été dit au point de vue financier, et j'aurai fini. Je suis entré, du reste, dans des détails si nombreux, que ma tâche, au point de vue des articles, sera singulièrement simplifiée. Je voudrais parler maintenant de la question budgétaire.

Je crois, Messieurs, qu'on est tombé à cet égard dans des exagérations qui ne sont pas beaucoup moins sensibles que celles qui ont été commises quand il s'est agi de parler de la Guyane, de son climat et du sort qui est réservé à ceux qu'on y enverra. Des calculs très minutieux ont été établis à la suite d'une correspondance qui a duré plusieurs mois entre les ministres de la Marine et de l'Intérieur. Le ministre de la Marine faisant connaître avec ses documents — il était bien placé pour le faire — à combien pouvait être évaluée la dépense pour chaque condamné, à la Nouvelle-Calédonie et à la Guyane, constatait qu'il y avait, en ce qui concerne le séjour, et surtout le transport, une très notable réduction en faveur de la Guyane. Le transport des récidivistes dans cette dernière colonie présenterait, selon M. le ministre de la Marine, une économie considérable relativement aux frais du transport à la Nouvelle-Calédonie; c'est une question de longueur de parcours. Et c'est après cette étude minutieuse, Messieurs, qu'on a fourni à la Commission les chiffres mêmes qui ont été mis sous vos yeux.

Je n'ai jamais discuté ces chiffres, bien que je prétende qu'ils sont, à un double point de vue, entachés d'exagération. J'en ai déjà dit un mot précédemment; permettez-moi de préciser. Je ne suis pas entré dans le détail, j'ai parlé seulement de ce qu'il fallait, selon moi, déduire des dépenses qu'entraînerait la relégation soit à la Nouvelle-Calédonie, soit à la Guyane; je n'ai fait que des évaluations approximatives. Je demande maintenant à revenir sur ce point en quelques mots. D'abord, nous avons eu sous les yeux l'exemple très frappant, très encourageant, de l'Angleterre.

D'après les documents qui m'ont été soumis et qui sont d'une authenticité parfaite, relativement à l'entretien d'un détenu en Angleterre au *Millbank penitentiary*, le transporté ne coûtait que 14 livres sterling et l'assigné arrivait à ne coûter que 4 livres sterling, ce qui revient à dire que, pour un pays qui a un système pénitentiaire sensiblement égal et semblable au nôtre, l'entretien d'un récidiviste, d'un relégué, est inférieur, dans une proportion de plus du tiers, à l'entretien de ce récidiviste dans l'établissement pénitentiaire.

En France, un condamné revient à 55 centimes dans la maison centrale, balance faite de la dépense dans la maison pénitentiaire départementale et dans la maison centrale.

Eh bien! je trouve sous ma main les chiffres qu'il y aurait lieu de déduire des chiffres auxquels on avait établi la journée d'entretien. Que coûtait un récidiviste transporté à la Nouvelle-Calédonie? C'était 1 fr. 05; il y avait là une dépense infiniment plus forte, ce qui s'explique, parce que le condamné devait acquitter une fois pour toutes le montant de son transport, de son fret pour ainsi dire, et que l'on faisait entrer dans les calculs de ce qu'il coûtait à l'Etat français les frais de premier établissement, de transport, etc..., toutes choses qui ne sont pas des dépenses annuelles.

Mais il y a des sommes qu'il faudrait déduire de celles qui tomberont à la charge du budget. J'ai parlé de ce qu'auraient coûté 5.000 récidivistes restant en France ; je n'avais pas, à ce moment, les chiffres sous les yeux, je viens de les retrouver et je vous demande la permission de vous les faire connaître.

Je vous ai montré déjà les états de services des récidivistes. On peut supposer, si on ne les transporte pas, et si surtout vous admettez que certains récidivistes sont jeunes, on peut supposer, dis-je, qu'un récidiviste, le reste des années qu'il serait demeuré en France, aurait fait une année de prison, et je crois que je lui fais bon compte. Ce n'est pas, en effet, une année de prison qu'il aurait fait, mais certainement plusieurs années ! (*Très bien ! très bien ! à gauche.*)

Eh bien ! l'année de prison d'un récidiviste, à raison de 0 fr. 76 par jour, représente 275 fr. 45 ; et, pour 5.000 récidivistes, 1.377.000 francs.

Il y a les frais de justice dont j'ai également dit un mot. Les récidivistes sont aujourd'hui dans la proportion de 50 p. 100. Les frais de justice s'élèvent à plus de 6 millions et les frais relatifs aux récidivistes figurent dans les frais impayés pour plus de la moitié. Or, les frais de justice impayés sont de 3 millions en chiffres ronds.

En admettant que les récidivistes entrent pour moitié dans ces chiffres, — et je reste évidemment au-dessous de la vérité, — on arrive ainsi à 1.500.000 francs, de sorte que 5.000 récidivistes coûtent à l'heure actuelle 2.877.000 francs.

J'affirme que, si je n'avais pas voulu vous soumettre des chiffres d'une évidence indiscutable, ce n'est pas pour une année de prison qu'il faudrait faire le calcul, ce n'est pas pour la moitié des frais de justice impayés qu'il faudrait ouvrir un compte, mais ce serait pour des sommes infiniment plus considérables que celles que je viens d'indiquer. Eh bien! Messieurs, si l'on déduit ces 2.877.000 francs de 5, 6 ou 7 millions, suivant qu'on voudra chiffrer les dépenses qui incomberont à l'État pour la transportation des récidivistes, on réduit d'une façon qui est juste, équitable, nécessaire, le compte qu'il faudra ouvrir à la transportation. Mais il y a, Messieurs, une autre source d'économies dont je n'ai pas dit un mot, l'autre jour, et que je me permets de vous signaler aujourd'hui.

Nous admettons, dans nos calculs, que le fonctionnement de la relégation ne changerait rien au public des criminels et des récidivistes. Or, si c'est l'évidence même que la relégation diminuera le nombre des crimes et des récidives en France, il s'ensuit nécessairement que par le jeu de la loi nous trouvons encore une cause d'atténuation dans l'avenir des dépenses de première année. Donc, il n'y a rien dans les dépenses qui soit excessif et au-dessus des ressources de l'État.

Je répète ce que je disais hier, c'est que les dépenses, fussent-elles plus lourdes encore, — et je crois qu'elles doivent être atténuées, — ne seraient pas trop fortes si l'on se place en présence du résultat que nous voulons atteindre et du mal en face duquel nous sommes. Voilà, Messieurs, les observations que j'avais à soumettre au Sénat.

La conclusion naturelle qui en découle est celle-ci : c'est que nous demandons au Sénat, en écartant une certaine rédaction de l'article 1ᵉʳ telle qu'elle est proposée par la Commission, de ne voter la relégation qu'en précisant, je ne dis pas l'endroit même où la relégation aura lieu, mais la nature du pays où elle s'effectuera. Nous n'admettons pas qu'elle puisse avoir lieu sur le continent français, ni en Algérie, ni en Corse. Nous croyons qu'on doit spécifier d'une façon nette que la relégation aura lieu dans les colonies et possessions françaises.

Nous demandons surtout et avant tout au Sénat de ne

pas s'arrêter aux objections présentées par nos adversaires, qui demandent le rejet pur et simple de l'article et par suite de la loi. J'ai exposé l'importance que le Gouvernement attache au vote de cette loi, et, pour ma part, je considère que c'est une œuvre de salut public à laquelle le Sénat tiendra, je crois, à honneur de s'associer, en votant la loi dans les conditions que nous lui proposons de sanctionner. (*Applaudissements répétés sur un grand nombre de bancs. — L'orateur, en retournant à son banc, est vivement félicité par un grand nombre de sénateurs.*)

Messieurs [1],

Il me paraît que l'honorable M. de Pressensé et, après lui, l'honorable M. Léon Renault, ont mêlé deux questions très distinctes et que je voudrais séparer dès le début de mes observations.

L'un et l'autre, en effet, soutenant cette thèse que la relégation peut être facultative et ne doit pas être obligatoire, ont donné comme argument qu'obliger le juge à prononcer de plein droit la relégation contre certains coupables, contre certains malheureux, c'était faire une loi cruelle, injuste et partant excessive. Ils ont, tous les deux, fait allusion à une des dispositions assez nombreuses de l'article 4, lequel comprend l'énumération de tous les faits délictueux ou criminels qui peuvent entraîner la relégation, et ils ont dit :

Comment pouvez-vous admettre qu'un homme qui, quatre ou cinq fois, par exemple, aurait été pris mendiant, c'est-à-dire dénué de moyens d'existence, malheureux à raison peut-être des circonstances plutôt que coupable, doive être impitoyablement condamné par le juge à cette peine accessoire découlant de la condamnation principale, et qui est la relégation ?

N'est-ce pas véritablement faire violence à tous les sen-

1. Séance du 9 février 1885.

timents d'humanité de dire à l'avance que, sans aucune appréciation possible pour le juge, la conséquence nécessaire de la sentence qu'il aura prononcée sera de condamner à la relégation un homme peut-être plus à plaindre qu'à blâmer?

C'est là un ordre d'idées absolument distinct de celui que je me propose de traiter. Si le Sénat pense que le seul fait d'être condamné trois, quatre, cinq, six fois ou davantage...

Un sénateur à droite. — Dix fois!

M. LE MINISTRE. — ... Dix fois, si vous voulez, pour vagabondage, n'entraîne pas contre l'individu ainsi frappé plusieurs fois de suite par les tribunaux une présomption d'incorrigibilité, une présomption conduisant à cette conclusion que l'homme est dangereux et ne peut pas se repentir, il y a là matière à discussion toute spéciale, toute particulière, qui porterait sur le paragraphe 3 de l'article 4. Je me suis expliqué sur ce point devant la Chambre des députés; je le ferai également devant le Sénat, si les besoins de la discussion m'y amènent, mais je prétends qu'auparavant il faut juger une question beaucoup plus haute, beaucoup plus générale. Je réserve le point de savoir si des condamnations prononcées pour vagabondage entraîneront la relégation, et je pose la question en ces termes : quels que soient les faits qui devront être productifs de la relégation, cette relégation devra être obligatoire ou facultative? Les faits qui entraînent la relégation seront nombreux ou restreints, ils devront être plus ou moins graves, vous en ferez bientôt la nomenclature, vous en donnerez l'énumération ; je me place, aujourd'hui, en dehors de cette énumération qui sera votre œuvre, et étant admis qu'un certain nombre d'actes vous semblent impliquer la relégation, comme châtiment et comme conséquence, ma thèse — et je la développerai très rapidement — est celle-ci : la relégation doit être l'œuvre du législateur et ne peut pas être l'œuvre du juge.

Pourquoi dire que la relégation sera facultative? C'est pour préciser, n'est-il pas vrai, qu'elle sera l'œuvre du magistrat. Et c'est, à mon sens, déserter de suite le terrain essentiel, le terrain même sur lequel on doit se placer quand on fait une loi sur la relégation.

En effet, Messieurs, je me répéterai, en disant encore une fois à cette tribune : Si vous croyez que l'alternance perpétuelle entre la prison et la liberté peut, vis-à-vis de tous ceux qui commettent un crime ou un délit, à une heure déterminée, être de quelque efficacité; si vous pensez que plus d'années de prison obtiendront ce que moins d'années n'ont pas produit; si vous n'admettez pas, ce qui est le résultat de l'observation à laquelle se sont livrés tous les criminalistes, et ceux qui ont vu les prisons de près, qu'il y a des hommes vis-à-vis desquels les peines actuelles de nos codes s'émoussent; si vous ne croyez pas qu'il y ait des incorrigibles, dans le sens légal du mot, il ne faut pas faire une loi sur la relégation, puisqu'elle procède de cette pensée que vis-à-vis d'une certaine catégorie il faut une peine nouvelle, une nouvelle législation.

Lorsqu'on voit des casiers judiciaires comme ceux que j'ai fait passer ces jours derniers sous les yeux du Sénat, lorsqu'il y a un individu, des milliers d'individus ayant pu vingt, vingt-cinq, trente fois de suite être condamnés à la prison sans s'être amendés, on arrive à penser ce que je crois fermement, profondément, ce qui est la raison d'être de la loi elle-même, qu'il y a des natures incorrigibles, des hommes vis-à-vis desquels il faut prendre des mesures spéciales et pour lesquels les peines ordinaires ne suffisent pas. (*Marques d'approbation sur plusieurs bancs.*)

Eh bien! cette incorrigibilité, de quels faits peut-elle résulter? D'où pourrez-vous la déduire? Vous la déduirez de la multiplicité des délits, vous la déduirez de l'inefficacité des expériences faites. Je prends un homme qui a commis un crime abominable; le jury déclarera qu'il est coupable et le condamnera à une peine qui sera peut-être la peine de mort. Je dis que cette double sentence rendue repose sur cette démonstration que l'homme dont je parle a commis un crime comportant une peine des plus sévères et des plus lourdes; je me hâte d'ajouter que, si abominable et détestable que soit le crime qu'il a commis et qui l'a amené devant le jury, on ne peut pas dire que cet homme était un incorrigible, on ne pourrait pas le dire parce qu'il a pu, à une heure donnée, s'abandonner à un instinct absolument pervers, céder à un mouvement de passion ou de colère et commettre les derniers excès. Mais, parce qu'on a pu faire la preuve qu'une série de peines, prévues par nos codes, était inefficace contre certains individus, on ne peut pas affirmer pour celui-là qu'il soit de ceux dont on ne peut attendre aucune amélioration. Au contraire, et le Sénat va voir pourquoi j'entreprends cette comparaison : voici un homme qui n'a commis que des délits d'une certaine nature, et, pour sortir du vague, des délits que je vous demande le permission de préciser : prenons par exemple l'escroquerie, l'abus de confiance, l'outrage public à la pudeur et l'excitation habituelle des mineurs à la débauche. Il aura, non pas une fois, mais quatre fois volé, ou quatre fois commis des escroqueries, ou quatre fois commis des outrages publics à la pudeur, ou quatre fois excité habituellement les mineurs à la débauche. Ou bien, introduisant plus de variété dans cette existence criminelle, il aura choisi et pris un à un chacun de ces délits pour arriver à une somme totale de quatre condamnations : est-ce qu'on peut dire avec quelque vraisemblance qu'ayant été condamné à trois mois de prison la première fois pour vol, à trois mois la seconde fois pour escroquerie, à trois mois la troisième fois pour outrage public à la pudeur, à trois mois la quatrième fois pour vagabondage ou mendicité, — et je mets les choses au mieux pour lui (*Sourires.*), — il soit à espérer qu'en lui donnant plus de trois mois de prison la quatrième fois, il cessera d'être un voleur, un escroc, ou un de ces individus qui vivent de la débauche publique ?

Messieurs, il ne faut pas raisonner en se plaçant en face des abstractions, mais bien en face de la réalité. Toutes les fois que nous parlons d'hommes qui, par une série d'actes vils, misérables, odieux, ont par une suite de condamnations mérité un traitement particulier, on nous répond en parlant de malheureux égarés, de ceux vis-à-vis desquels la justice sociale ne serait pas assez complète.

On nous dit : la mendicité n'est pas un crime, la pauvreté n'est pas un délit. Avoir été trouvé quatre fois tendant la main dans la rue, ce peut être le fait d'un homme particulièrement éprouvé et plus digne de pitié que capable d'exciter la colère.

Messieurs, ce ne sont pas ces circonstances que nous envisageons. Lorsque vous aurez à discuter quels sont les délits qui doivent trouver leur place dans l'article 4, vous pourrez dire qu'on en doit retrancher, si cela est nécessaire, — l'avis de la Commission est qu'on en doit ajouter, — vous pourrez dire qu'il y a d'autres actes qui, par leur répétition et par leur nature, font la démonstration de l'incorrigibilité.

Lorsque vous aurez fixé une nomenclature des délits, de ceux qui sont une preuve de dégradation et d'avilissement, il restera toujours cette question : l'homme qui est tombé un certain nombre de fois — quatre fois dans l'hypothèse de la loi — dans la même faute ou dans une faute semblable, ne mérite-t-il pas un traitement particulier?

Eh bien! alors on nous dit : Soit, il mérite un traitement spécial, mais ce sera le juge devant lequel il comparaîtra la quatrième fois qui sera maître de le lui appliquer ou de le lui éviter. Le magistrat se mettra en face de cet homme et se demandera s'il mérite une peine plus sévère ou plus clémente.

Je voudrais d'abord, Messieurs, vous faire remarquer comment, aussitôt qu'on enlève au principe nécessaire d'une loi quelque chose de ce qui lui est essentiel, on arrive à ruiner cette loi de fond en comble. Voici la situation que vous créez au magistrat : se trouvant en face d'un prévenu, ayant à sa disposition une peine d'une certaine nature qu'il peut lui appliquer, — je suppose qu'elle soit de trois mois, — condamnera-t-il simplement le prévenu à trois mois de prison ou le condamnera-t-il à trois mois de prison et à la transportation, à la relégation à perpétuité?

Il y a même quelque chose de plus singulier. Ce magistrat, qui pourrait donner une peine d'un an d'emprisonnement, a le droit de l'abaisser par l'application des circonstances atténuantes jusqu'à trois mois. Vous supposez donc un magistrat faisant l'opération que voici : ne condamnant pas à un an de prison le prévenu qui comparaît devant lui, abaissant la peine à trois mois et y ajoutant la relégation à perpétuité. Cela conduit à dire que la relégation ne peut être prononcée par un juge correctionnel. Tenez, en effet, pour absolument certain que du moment où la relégation serait l'œuvre du juge et cesserait d'être l'œuvre de la loi, il serait absolument impossible de soutenir que cette relégation sera prononcée par les tribunaux correctionnels. Je mets en fait qu'il y aurait dans les fonctions données à ces magistrats une telle contradiction qu'il faudrait immédiatement faire un pas de plus en avant et décider que la relégation pourra être prononcée par le jury seulement. En effet, un magistrat correctionnel, qui ne peut pas excéder une somme de peines moindres en elles-mêmes que la relégation, ne pourra jamais prononcer à la fois une peine inférieure d'emprisonnement et la peine supérieure de la relégation à perpétuité.

Donc, vous enlevez d'emblée aux magistrats correctionnels la possibilité, le pouvoir de condamner à la relégation ; nous tombons alors dans une autre impossibilité ou, tout au moins, dans un ordre de difficultés qui ne vous a certainement pas échappé. Si l'on admet que la relégation, qui doit être prononcée par les juges, ne peut l'être par les magistrats correctionnels et qu'il faut aller devant le jury, vous arriverez à cette conclusion : vous créez pour ceux qui ont fourni la meilleure démonstration de leur nature perverse et incorrigible une juridiction d'exception, et cette juridiction sera d'un ordre plus élevé que la juridiction s'appliquant à un délit commis par une personne jusque-là sans reproche qui aurait commis une première infraction. Vous aurez donc, au point de vue correctionnel, deux espèces de prévenus.

Les uns iront devant le tribunal correctionnel, qui, par

rapport à la cour, à la solennité des assises, est moins imposant, moins grand, moins élevé, si je puis dire. Ceux qui auront démontré que la peine sur eux ne fait rien, auront, au contraire, les honneurs de la cour d'assises, si je puis employer cette expression.

Je ne parle que des difficultés pratiques, des conséquences dans lesquelles on engagerait le Sénat s'il faisait ce premier pas qu'on lui demande.

Je disais au début de cette discussion que proposer de livrer aux magistrats le soin de prononcer la relégation, c'était ruiner la loi elle-même, c'était porter atteinte à son principe et qu'il ne fallait pas se faire d'illusion sur les résultats auxquels l'on arriverait. Cette observation a été faite; je vous demande la permission de la reproduire sous une autre forme. On a cité la raison d'être de la peine. On a rappelé les règles qui s'imposent à la justice pénale. On a dit : la peine doit se justifier par le péril couru et par le droit de défense qui fait la protection de la société. On a avancé, d'autre part, que la peine devait être salutaire; qu'une peine qui ne serait pas de nature à produire cette influence susceptible de créer une amélioration, serait stérile et condamnée d'avance. A ce dernier point de vue et en considération des résultats que vous obtiendrez, n'oublions pas que nous sommes en présence d'un contingent de criminels ou de délinquants tout à fait spéciaux. Si on observe qu'après un certain nombre de condamnations ordinaires ils restent exactement ce qu'ils étaient auparavant, c'est apparemment parce qu'ils escomptent d'une façon habituelle, et je dois leur rendre cette justice, d'une façon assez ingénieuse et assez sûre, le traitement qu'ils rencontrent devant les tribunaux. Si vous dites au récidiviste que dix, quinze condamnations n'ont pu corriger : Si tu recommences, tu pourras être frappé de trois à quatre mois de prison, et le juge aura, en outre, le droit de te condamner à la relégation; soyez persuadés, Messieurs, que le récidiviste fera ce raisonnement qui est la base de toutes ses opérations : je commettrai mon délit dans des conditions telles que je puisse être condamné à une peine d'emprisonnement, mais jamais à la relégation.

Il y a plus. On a parlé de ce qui se passe dans les tribunaux, on a rappelé l'expérience des juges, celle des hommes d'affaires : j'affirme comme avocat, en appelant à mon aide le témoignage de tous ceux qui ont partagé mes labeurs à une certaine époque, que s'il est un homme qui sache devant la justice obtenir des adoucissements à la peine plus aisément qu'un autre, peut-être plus naïf et moins coupable, c'est justement celui qui a la plus longue expérience de la façon dont se commettent les délits, et de la façon dont ils sont jugés. Et, si vous pensiez qu'en disant aux récidivistes qu'un magistrat plus hardi les condamnera à une peine d'emprisonnement plus élevée, cela les empêchera de recommencer leurs délits, je vous affirme, avec l'accent d'une conviction profonde, que vous n'aurez fait qu'inscrire dans nos lois, dans notre Code, qu'une peine comminatoire absolument stérile vis-à-vis d'eux, et qui ne produira aucun des résultats que vous vous proposez d'atteindre. (*Très bien! très bien! à gauche.*)

J'ajoute enfin, Messieurs, qu'il faut être logique jusqu'au bout. Je pars, moi, de cette idée qu'il y a des incorrigibles et qu'un certain nombre de condamnations à raison de faits, de certains délits, font la preuve de cette incorrigibilité. Qu'est-ce que cela veut dire? Que ce n'est pas d'après le dernier délit qu'on peut juger si un homme est incorrigible.

J'amène devant la justice un individu qui est pris volant dans la rue. Il se peut très bien que, volant pour la première fois, ce fait rende son acte plus odieux et plus blâmable que celui d'un autre prévenu qui aura volé trois fois par exemple, suivant les termes de la loi, et porté atteinte à la propriété d'autrui. Est-ce par le fait même dont le juge est saisi qu'il pourra savoir si le prévenu est incorrigible ou non? Si l'enchaînement des délits ne fait pas cette preuve, comment la faire?

Si la loi ne dit pas que, après un certain nombre d'expériences, il y a présomption légale d'incorrigibilité, qui voulez-vous qui fasse son œuvre? Vous dites : le juge consultera le casier judiciaire, il le fait bien pour l'application de la peine. Je réponds qu'il peut très bien le faire lorsqu'il s'agit pour lui de donner quinze jours ou trois mois de prison. Quand, en effet, ouvrant les 50 ou 60 dossiers qui passent quotidiennement dans ses mains, devant les chambres correctionnelles de la cour de Paris, par exemple, il verra un prévenu qui a eu déjà quatre ou cinq condamnations, il lui donnera quinze jours ou un mois de prison plutôt qu'à celui dont le passé est moins chargé; mais ce travail qui ne peut être qu'un travail hâtif, superficiel, ne lui dira pas le moins du monde s'il est en présence d'un coupable ordinaire; et alors il faut admettre que le magistrat se demandera quelles ont été les condamnations antérieures de ce prévenu, les circonstances dans lesquelles elles l'ont frappé; qu'il ne trouvera pas dans les peines prononcées la preuve de la culpabilité et qu'il faudra rechercher quelle a été la physionomie des débats, la tenue de l'accusé, quels ont été ses sentiments devant les juges. Eh bien ! en ordonnant cela, vous condamneriez le juge à une œuvre impossible ; et ce n'est pas en répondant à un homme comme l'honorable M. Léon Renault, que je crains d'être contredit en affirmant qu'il imposerait aux magistrats qui, pendant une après-midi, voient défiler devant eux tout un contingent, tout un bataillon de malfaiteurs, un examen qui serait tellement superficiel que leur conscience leur ferait un devoir de se soustraire à la responsabilité qu'ils encourraient, si, se fondant sur le vu d'un casier judiciaire, ils prononçaient une peine comme la transportation.

Mais je vais plus loin. Si vous admettez qu'après quatre condamnations pour vol, pour excitation à la débauche ou pour escroquerie, le juge peut ne pas prononcer la relégation, il faut être logique, je le répète; il faut admettre qu'après une somme de condamnations moindre il peut la prononcer. Si, en effet, c'est affaire à lui de savoir s'il a un incorrigible sous les yeux, ou s'il a, au contraire, quelqu'un qui n'est pas incorrigible, il faut lui laisser le droit de reconnaître, à la seconde condamnation par exemple, s'inspirant de son jugement, de l'habitude qu'il a des hommes, qu'il est en présence d'un condamné sur lequel trois mois ou un an de prison ne feront absolument rien.

De sorte, Messieurs, qu'il n'y a, en vérité, que deux idées entre lesquelles il faut opter dans ce débat : ou bien la détermination de l'incorrigibilité confiée à la loi, et la peine qui en est la conséquence est une peine trop grave, trop sévère pour qu'elle ne doive pas être la conséquence de la loi; ou bien, au contraire, la transportation entrant dans nos codes comme une peine nouvelle, facultative, non pas comme une peine accessoire, mais comme une peine principale et ne devant plus être prononcée, je le répète, par un magistrat dont les pouvoirs, en matière de peine, sont extrêmement limités.

Jamais, en effet, vous ne ferez admettre que le magistrat qui pourra prononcer la transportation soit le juge correctionnel; et vous allez, de proche en proche, à cet autre ordre d'idées par lequel on vous demande de décider que la transportation ne pourra être que le résultat d'une sentence du jury.

Je passe enfin à la dernière objection qu'on a faite. On vous dit : Mais pourquoi ne ferait-on pas pour la relégation ce qu'on a fait pour la surveillance de la haute police? La surveillance de la haute police était aussi une peine accessoire, découlant de plein droit de certaines condamnations. On a vu qu'il y avait là un danger, que certains magistrats s'abstenaient de prononcer certaines peines, parce qu'ils trouvaient que ces peines, entraînant la surveillance de la haute police, étaient véritablement trop lourdes pour les condamnés. Et puis, on a bientôt compris que vis-à-vis de certaines personnes, de certains prévenus, de certains condamnés, il y avait lieu de permettre aux magistrats d'être indulgents, de les dispenser de leur appliquer cette surveillance de la haute police qui aurait pesé, leur vie durant ou pendant un certain nombre d'années, sur leur existence de travailleurs, d'ouvriers, et l'on en conclut qu'il n'y aurait pas plus d'inconvénients à agir de même, lorsqu'il s'agit de la relégation.

Je réponds en ramenant toujours notre honorable contradicteur à ce qui est, suivant moi, le point même de la question : Quand vous amenez devant le juge un prévenu, et que vous appelez ce magistrat à se prononcer sur la peine qu'il devra infliger, je comprends très bien que lorsqu'il s'agit de savoir si un fait isolé, unique, mérite trois mois de prison et la surveillance de la haute police, on lui permette, par une disposition dérogatoire au droit commun, de décider que les trois mois de prison seront appliqués, et de dispenser de la surveillance de la haute police, toujours par cette même raison qu'alors le magistrat est en présence d'un fait pour l'appréciation duquel il est plus compétent que personne.

Mais quand il s'agit de récidive, quand il s'agit de faits ayant produit leur effet, dont le résultat a été des condamnations multiples qui peuvent remonter à de lointaines années, vous entendez faire dominer l'appréciation du dernier juge sur le résultat, inévitable selon nous, des condamnations qui ont été antérieurement encourues.

En effet, Messieurs, l'idée dominante en cette matière est celle-ci, — c'est par là que je termine :

La relégation n'est pas le résultat d'un quatrième délit. Vous exigeriez qu'il y eût eu dix délits que je vous dirais encore : elle ne sera pas le résultat du dixième délit. La relégation est le résultat de chacun de ces délits qui ont été commis dans les conditions que vous aurez précisées; et il est, en quelque sorte, vrai de dire qu'au fur et à mesure qu'un homme est frappé pour vol, escroquerie, pour excitation de mineurs à la débauche, par exemple, il encourt une partie de la peine de la relégation; de telle sorte qu'il encourra la peine tout entière le jour où il sera arrivé à subir le nombre des condamnations qui auront été jugées nécessaires par le législa eur. Si vous détruisez cette notion, si vous y portez atteinte, il est incontestable que la relégation ne sera plus ce qu'on a compris qu'elle devait être : elle sera une peine restant dans les mains du juge qui osera à peine l'appliquer, qui ne sera pas souvent en mesure de l'appliquer; elle ne constituera pas, vis-à-vis des criminels, cette mesure d'intimidation, de préservation qui, à mon sens, doit être son caractère prédominant.

J'ajoute enfin que, lorsqu'un Parlement comme le nôtre, pendant de longs mois, pendant des années, a discuté avec une certaine anxiété, avec le sentiment de la gravité de l'œuvre entreprise, cette loi sur les récidivistes; quand on a vu tant d'esprits distingués venir proclamer : « Non! la relégation n'est pas dans le droit social, c'est une peine excessive, c'est presque une peine sauvage », dire : Nous allons mettre la relégation dans nos codes, et nous rejetons la responsabilité de l'application sur le juge, c'est la condamner d'avance à être une peine inerte.

Rendez-vous compte, Messieurs, de ce que sera la situation des magistrats. Voilà deux tribunaux côte à côte; dans l'un, il se trouve des esprits plus fermes, peut-être plus sévères : ils condamnent à la relégation; l'autre a une jurisprudence différente, la relégation lui apparaît comme une peine beaucoup trop forte, comme une peine excessive : il ne l'applique pas. Vous aurez ainsi ce qu'il y a de pis en matière de justice : une inégalité relative; vous aurez des tribunaux devant lesquels le récidiviste paraîtra avec plus de confiance, et d'autres qu'il envisagera avec plus de terreur.

J'ai promis dans la première délibération de m'expliquer sur ce point; l'occasion m'en a été offerte et je viens de le faire aussi succinctement que possible. Le mot par lequel je veux terminer est celui-ci : En demandant au Sénat — et vous comprenez bien que ce n'est pas pour le plaisir de soulever des objections, d'engager des discussions comme nous en rencontrons à chaque pas, que j'ai pris ce parti — en demandant, dis-je, au Sénat de voter, comme la Chambre l'a fait elle-même, la relégation obligatoire, la relégation de plein droit, j'ai la conviction qu'en dehors de cette disposition de la loi tous les efforts que nous avons faits, tout ce que nous poursuivons, le but que nous nous sommes assigné, tout cela en vérité doit disparaître : nous aurons inscrit dans nos codes une peine qui ne sera ni efficace, ni exemplaire; nous n'aurons obtenu aucune des améliorations que nous désirons et dont la nécessité se fait, chaque jour, plus vivement sentir. (*Très bien! très bien! et vifs applaudissements à gauche et au centre.*)

Messieurs [1],

Il résulte des explications qui vous ont été fournies par l'honorable M. Bozérian, que la Commission et le Gouvernement sont absolument d'accord sur la nécessité d'insérer dans la loi actuelle un texte qui permette d'atteindre une certaine catégorie de malfaiteurs qui, à l'heure actuelle, ne sont pas visés par l'article 270 du Code pénal.

Ce qui divise la Commission, le Gouvernement et l'honorable M. Bozérian, c'est la question de forme, c'est l'expression à donner à cette volonté formelle du législateur de frapper une catégorie de personnes que l'honorable M. Bozérian croit suffisamment définie par une qualification introduite dans son amendement, et qu'il nous semble préférable d'atteindre en mettant dans la loi quelque chose de plus et une définition plus serrée.

La Commission, en faisant renvoyer à ses délibérations ce paragraphe 4 de l'article qui est en discussion, avait indiqué, par l'organe de son honorable rapporteur, quelles étaient les difficultés que l'on rencontrait dans l'étude et dans la solution de cette question. Je vous demande la permission de vous les faire connaître très rapidement et très succinctement.

C'est, en effet, à la condition de se rendre bien compte de ce que la législation a d'imparfait et d'insuffisant qu'on peut arriver à conclure et à dire ce qui doit être fait et dans quelle mesure la loi doit être complétée.

L'article 270 du Code pénal est, aujourd'hui, le seul texte qui puisse être invoqué pour opposer une répression à un certain genre de délits, à un certain genre de per-

---

1. Séance du 13 février 1885.

sonnes, personnes et délits qui sont actuellement l'objet de notre préoccupation. Ce texte de l'article 270 est ainsi conçu :

« Les vagabonds ou gens sans aveu sont ceux qui n'ont ni domicile certain, ni moyens de subsistance, et qui n'exercent habituellement ni métier, ni profession. »

Il en résulte, par conséquent, que pour pouvoir s'armer de cet article contre le vagabond d'une certaine espèce qui aurait été arrêté par la police, il faut qu'on puisse établir contre lui qu'il n'a pas de domicile certain, qu'il n'a pas de moyens de subsistance, et qu'il ne se livre habituellement à aucune profession.

Messieurs, lorsque nous avons pour la première fois étudié cette grave question des récidivistes, il n'est pas de point sur lequel notre attention se soit plus particulièrement portée. Il nous semblait, en effet, — et quelques chiffres que je mettrai sous les yeux du Sénat lui prouveront combien cette préoccupation était légitime, — qu'il y avait dans cet ordre d'idées et de faits des précautions qui s'imposaient. Aussi, lorsque, comme député, j'ai eu l'honneur de saisir la Chambre de la proposition que le Sénat a presque entièrement sanctionnée, j'avais demandé qu'on modifiât l'article 270 du Code pénal dans le sens que voici. L'article 8 de cette proposition était ainsi conçu :
« Les vagabonds ou gens sans aveu sont ceux qui n'ont ni domicile certain, ni moyens de subsistance, — ce sont les termes de l'article 270, — soit qu'ils n'exercent habituellement aucune profession, qu'ils vivent du jeu ou de la prostitution sur la voie publique. »

Et voici l'ordre d'idées dans lequel nous nous étions placés pour proposer cette rédaction à la Chambre des députés. Il est absolument vrai que, lorsqu'on arrête un vagabond, un souteneur, — je crois qu'il n'y a aucune espèce d'inconvénient à prononcer ce mot à la tribune, et je suis sur ce point parfaitement de l'avis de l'honorable M. Bozérian, — lorsque, si l'on trouve sur lui une somme en espèces, 50, 60, 100 francs, quelquefois même des sommes plus considérables, on lui dit : vous êtes un vagabond, et qu'il répond : Nullement, j'ai des moyens de subsistance, invoquant à l'appui de cette thèse la possession d'une somme plus ou moins forte selon que son industrie est plus ou moins prospère; le juge peut alors lui dire : Il est vrai que vous possédez 100 francs, mais ces 100 francs, vous les devez à l'exercice d'une profession qui n'est pas avouable; c'est exactement comme si vous ne possédiez rien. Et dans le sens vrai, dans l'esprit de l'article 270, n'avoir pas d'argent ou avoir de l'argent par l'exercice de la prostitution d'autrui sur la voie publique, c'est tout un.

Aussi, Messieurs, n'est-ce pas de là qu'est née la difficulté; c'est en un autre point très délicat que l'article 270 est insuffisant.

Je prends le même individu; il vient d'invoquer cette première exception tirée de ce qu'il possède de l'argent, on la repousse par les raisons que je vous ai fait connaître. Il se retranche alors dans une seconde exception et il dit : Soit, j'admets que je n'aie pas d'argent, que je n'aie pas de moyens d'existence, mais j'ai un domicile certain; et alors il donnera quatre-vingt-dix fois sur cent l'adresse d'un garni -- car ce n'est encore que dans les grandes villes que fleurit l'industrie qui nous préoccupe aujourd'hui.

On va aux renseignements, et on trouve qu'en effet, depuis quinze jours, trois semaines ou un mois, peu importe, l'homme en question est descendu dans un hôtel garni, qu'il y possède une chambre, qu'il a un domicile certain dans le sens de l'article 270. Si la jurisprudence a toujours eu raison de la première de ces exceptions que je vous ai fait connaître, elle a toujours dû se reconnaître impuissante devant l'établissement de cette circonstance : le domicile certain invoqué par le vagabond, par le souteneur, et vérifié par l'instruction à laquelle il a été procédé. C'est de là qu'est née la préoccupation dont je parlais tout à l'heure au Sénat.

Nous nous sommes demandé si, alors que l'article 270 peut frapper celui qui n'a pas de domicile certain et qui n'a pas de moyens d'existence, il n'était pas tout à fait indispensable d'atteindre une catégorie de personnes qui ne doivent leur domicile certain et leurs moyens d'existence qu'à l'exercice d'une profession inavouable.

Pour ma part, je déclare qu'en bonne logique il m'a toujours paru difficile d'admettre qu'on pût répondre à un souteneur : Vous avez 100 francs sur vous, mais ils ne comptent pas, parce que c'est la prostitution d'autrui qui vous les a procurés ; — et que, d'autre part, on ne fût pas fondé à ajouter : Vous avez, il est vrai, un domicile certain, mais il ne peut pas compter davantage, parce que vous ne le devez qu'à l'exercice de la même industrie et qu'aux mêmes ressources inavouables. Toutefois, il ne suffit pas, en matière de loi pénale, de pouvoir invoquer une bonne logique, de former un raisonnement même rigoureux ; il faut que le texte de la loi vienne à l'appui de la logique et du raisonnement. C'est pourquoi, dans le texte que je rappelais tout à l'heure, j'avais proposé à la Chambre des députés d'indiquer que le vagabond, dit souteneur, ne pourrait pas plus invoquer son domicile certain que les moyens d'existence dont il serait détenteur, s'il vivait ordinairement, habituellement, exclusivement même, soit du jeu illicite pratiqué sur la voie publique, soit de la prostitution d'autrui, également pratiquée sur la voie publique.

Cette formule ne parut pas être aussi complète, aussi serrée, — pour employer une expression juste, — que doit l'être une formule pénale ; et, au cours de la deuxième délibération, j'entre dans ces détails pour que le Sénat comprenne bien comment cette disposition qui tendait à modifier l'article 270 avait fini par sombrer au cours de la seconde lecture devant la Chambre des députés, le rapporteur, M. Gerville-Réache, proposa une modification du texte.

Je vous demande, Messieurs, la permission de la mettre sous vos yeux ; nous arriverons ainsi peu à peu à voir ce qui est trop vague et à retenir ce qui est, au contraire, suffisamment précis :

« Les vagabonds ou gens sans aveu — proposait de dire le rapporteur — sont ceux qui n'ont ni domicile certain, ni moyens de subsistance, et qui n'exercent habituellement ni métier ni profession »... C'était la reproduction textuelle de l'article 270... « ou bien qui tirent profit habituel de jeux illicites et prohibés sur la voie publique ou de la prostitution d'autrui sur la voie publique. »

En faisant ainsi, on avait cru mieux faire et donner une notion plus nette du délit qu'on voulait atteindre. Il advint qu'au cours de la discussion qui s'engagea immédiatement sur cette rédaction nouvelle, on fit une observation très forte, et l'on dit : Vous reconnaissez que seront vagabonds ceux qui n'ont ni domicile certain, ni profession habituelle, ni moyens de subsistance, c'est très bien, c'est l'article 270 ; mais vous admettez encore que seront considérés comme vagabonds ceux qui vivent de la prostitution d'autrui ou de jeux illicites pratiqués sur la voie publique. Ce faisant, vous semblez par là même dire que le fait de vivre de la prostitution d'autrui, quelles que soient les conditions dans lesquelles il s'accomplit, peut être un délit, et vous résolvez ainsi incidemment une des questions les plus graves qui préoccupent le moraliste et le législateur, celle de savoir dans quelle mesure le fait de favoriser la prostitution peut être délictueux.

C'est, en effet, ce qui résultait de la seconde partie de cette rédaction que je relis une seconde fois : « ou bien qui tirent profit habituel de jeux illicites et prohibés sur la voie publique ou de la prostitution d'autrui sur la voie publique ». On ajoutait encore que cette rédaction, loin d'élargir le texte de l'article 270, semblait dans une certaine mesure le restreindre, puisque d'un côté la jurisprudence, d'après l'article 270, était toujours maîtresse de dire si une profession était, oui ou non, une profession avouable et que, d'un autre côté, il semble résulter de ce texte qu'il n'y a plus que deux professions dont les vagabonds ne pourraient pas exciper : la profession qui consiste à tirer parti de la prostitution exercée par autrui sur la voie publique et celle qui consiste à tirer parti de jeux illicites tenus sur la voie publique.

Ce fut en présence de ces observations que cette modification au texte de l'article 270 fut abandonnée. Il en résulta qu'on demeura en présence du texte de l'article 270 tel qu'il existe dans le Code, sans qu'une modification y fût apportée.

Eh bien ! Messieurs, j'estime qu'il est de toute nécessité — et ce n'est pas sur ce point que je rencontre la moindre contradiction sur les bancs de la Commission, je crois même que je n'en trouverai pas davantage sur les bancs du Sénat, — qu'il est de toute nécessité d'atteindre une catégorie particulière de personnes dans laquelle vous trouveriez le véritable foyer de recrutement de la plupart des malfaiteurs dangereux, de la plupart des criminels qui sont visés par les autres articles de votre loi. (*Très bien! très bien!*)

Je sais qu'on nous a accusés de faire une loi nouvelle. Nous avons, ce me semble, répondu victorieusement à cette incrimination en disant : Il ne faut pas comprendre, parmi les délits qui entraîneront la relégation, le délit de mendicité ; il faut, au contraire, retenir le délit de vagabondage, parce que ce sont là deux choses absolument distinctes et différentes.

Lorsque, pour la première fois, j'ai étudié ces questions, je me rappelle être arrivé à cette distinction. Je disais : Il y a le bon vagabond et il y a le mauvais ; il y a le mendiant et puis il y a l'homme qui est le voleur du lendemain et le plus souvent le voleur de la veille. Et, si vous voulez vous reporter à nos statistiques publiées par la chancellerie ainsi qu'aux documents fournis par la préfecture de police, vous trouverez des faits qui ne peuvent manquer de former la conviction décisive de ceux qui n'apportent dans l'examen de ces questions aucun parti pris. Je ne veux donner que quelques chiffres pour accentuer encore et fortifier, s'il en est besoin, cette conviction qui me semble déjà s'être répandue dans le Sénat ; ils auront pour effet de l'entraîner vers le vote d'une disposition la plus claire possible, destinée à atteindre cette classe de malfaiteurs dont je parlais tout à l'heure. Ainsi pour ne parler que des vols, les statistiques de la chancellerie constatent que sur 32.947 vols, 47 p. 100 ont été commis par des gens condamnés déjà pour vagabondage ; je ne dis pas pour mendicité, je dis pour vagabondage, j'exclus les mendiants. Sur 982 crimes de viol, presque le tiers, 320, ont été également commis par des hommes condamnés antérieurement pour vagabondage. Ceci, c'est le niveau moyen pour toute la France.

Si au contraire vous examinez quelle est la situation, j'allais dire hygiénique, au point de vue moral, d'une grande ville, vous allez immédiatement être en présence d'un fait qui montre de quelle importance est le contingent du vagabondage dans la criminalité.

Je prends Paris :

Sur 250 condamnés ayant subi 5 condamnations, — je ne prends pas les condamnés pour la première et la seconde fois, — 16 seulement, sur 250, n'ont été condamnés que pour vagabondage, ce qui veut dire que les autres avaient été à la fois condamnés pour vagabondage et pour vol; en d'autres termes que, sur 250 individus ayant subi 5 condamnations, la presque unanimité a préludé au vol par le délit de vagabondage; 91 seulement n'ont été condamnés que pour vol. Ceci est encore une autre phase, un autre aspect de la question, et montre qu'il est extrêmement rare que l'on arrive au vol en quelque sorte de plain-pied.

Sur 250 individus ayant subi 5 condamnations, il y en a 91 qui n'ont pas commencé par le vol et le vagabondage. 143 ont été condamnés, au contraire, pour ces deux délits, c'est-à-dire pour vol d'une part, et pour vagabondage d'autre part.

Enfin, et c'est un troisième chiffre, ou plutôt une troisième indication que je recommande à votre attention : dans les six premiers mois de 1882, on arrêtait à Paris 6.350 vagabonds; tous leurs dossiers et leurs casiers judiciaires ont été dépouillés, sur ma demande, par la préfecture de police, de manière à pouvoir ranger en deux catégories les vagabonds de hasard, d'occasion, et ceux ayant d'autres condamnations, ayant un casier judiciaire et étant des vagabonds dangereux.

On en a trouvé 5.970 sur 6.350, soit 94 p. 100, ayant des casiers judiciaires, constituant des vagabonds dangereux;

et seulement 380, soit 6 p. 100, représentant ce qu'on pourrait appeler le contingent des malheureux et non pas des misérables.

Messieurs, je pense — et si je rappelle ce fait, c'est afin d'en saisir le public plutôt que le Sénat dont la conviction est faite — que, lorsqu'on se préoccupe de la question des récidivistes, il faut attacher une attention toute spéciale à frapper cette catégorie de personnes qui figurent dans une proportion aussi considérable dans les additions de la criminalité.

Il faut frapper ces personnes non pas seulement parce qu'elles figurent dans une proportion énorme dans ces additions, mais parce que vous pouvez les considérer comme étant les agents et les multiplicateurs de la criminalité. C'est, en effet, le vagabondage qui, dans les grandes villes, est l'école préparatoire du crime; ce sont certains vagabonds qui produisent les criminels et les assassins de seize ou dix-sept ans. C'est dans ce milieu qu'il faut chercher ceux qui sont déjà des criminels endurcis.

Il n'est pas possible d'assimiler le fait de l'homme qui tend la main, parce qu'il aura été frappé par un malheur, privé par les revers de fortune de sa situation, avec le fait de l'homme qui n'est vagabond qu'en apparence, dont on peut dire, non qu'il n'a pas de métier ou de profession, mais qu'il a trop de mauvais métiers et de trop mauvaises professions, l'homme qui ne manque peut-être pas d'un domicile de hasard comme le garni qu'on loue à la nuit ou à la semaine, mais qui ne se sert de ces moyens d'existence, de ce domicile et des ressources qu'il peut posséder que pour pratiquer ce vagabondage particulièrement dangereux, l'homme, en un mot, que l'honorable M. Bozérian vous demande de qualifier en empruntant à la langue courante une expression qui est aujourd'hui passée dans les mœurs.

Quant à la rédaction que nous demandons au Sénat d'adopter, il existe entre la Commission et le Gouvernement un désaccord de forme que je voudrais expliquer en quelques mots.

L'honorable M. Bozérian dit : Que voulez-vous atteindre? Les gens qui descendent tous les soirs sur le trottoir, qui y pratiquent, avec l'auxiliaire d'un certain nombre d'autres personnes, la prostitution, les souteneurs ? — c'est ainsi qu'on les appelle.

Eh bien! ne cherchons pas plus longtemps une définition, et mettons dans notre texte que ceux qui auront été condamnés commes souteneurs un certain nombre de fois et dans certaines conditions, se verront passibles de la relégation lorsque le total de leurs condamnations s'élèvera à un certain chiffre.

Ce n'est pas, Messieurs, par un sentiment de réserve de langage excessif que je résiste à la proposition de l'honorable M. Bozérian, mais c'est parce qu'il me semble qu'un texte pénal doit définir les délits non pas en empruntant à la langue courante une expression dont je vais montrer tout à l'heure combien l'amplitude et l'incertitude peuvent être dangereuses, mais en qualifiant le fait lui-même.

Vous savez à merveille que toutes les fois que notre Code pénal consacre le châtiment d'un délit, il prend soin d'indiquer quels sont les éléments constitutifs de ce délit; souvent ces éléments sont nombreux. Dans tous les cas, ils sont toujours recueillis par le législateur avec autant de précision qu'il en peut mettre dans son langage. Eh bien! si vous vous bornez à dire, en empruntant à Larousse une sorte de définition qui sera le commentaire des jurisconsultes à venir : on punira les souteneurs au même titre que les voleurs, au même titre que ceux qui ont commis une escroquerie, je prétends que vous éveillerez bien dans la pensée du public une idée précise, mais vous n'aurez pas mis dans la législation un texte exact, analogue à ceux que le législateur pénal s'est toujours fait honneur d'insérer dans le Code.

Souteneur!... Mais, Messieurs, même dans ma pensée, à moi qui suis aussi sévère qu'on peut l'être et qui demande une loi aussi rigoureuse qu'on peut le désirer contre les souteneurs, le souteneur n'est pas, à chaque instant de son existence, susceptible d'être appréhendé par la justice pour être condamné. C'est, dit Larousse, le fait de l'homme qui vit de la prostitution d'une fille, qui la protège contre les gens ivres — c'est peut-être contre les gens ivres qu'il est le moins obligé de la protéger — et qui la protège contre l'intervention de la police.

C'est, en effet, contre la police que le souteneur exerce surtout cette tutelle particulière qu'il s'est arrogée à l'endroit de ces créatures auxquelles vous avez fait allusion. Voilà le souteneur. Il est chez lui; il a dans sa clientèle un certain nombre de femmes dont il exploite la profession honteuse. Il reste prudemment dans un logement garni; souvent même ce n'est pas dans un garni qu'est le siège de son industrie, il peut avoir un domicile plus stable, plus confortable.

Eh bien! je crois que la pratique de la prostitution dans ces conditions ne peut pas être assimilée au vagabondage, et que vous sortiriez singulièrement du cercle dans lequel l'application de la peine de la relégation peut lui être faite.

Ce qu'il faut bien préciser, c'est qu'on pourra arrêter le souteneur lorsqu'il se livrera, manifestement aux yeux de tous, à l'exercice de sa profession particulière qui consiste à vivre de la prostitution d'autrui exercée sur la voie publique.

Le fait délictueux, c'est donc non pas seulement de vivre de la prostitution d'autrui, remarquez-le bien, c'est encore moins de protéger les personnes qui se livrent à la prostitution, mais c'est le fait de vivre de l'exercice de cette prostitution sur la voie publique. Par conséquent, si vous vous bornez à dire que le souteneur sera puni des peines édictées contre le vagabondage, je mets en fait que votre loi sera trop large, trop vague à l'endroit de l'énumération des éléments indispensables pour constituer un délit et qui doivent être insérés dans toute espèce de texte pénal.

La rédaction que nous avons proposée à la Commission et qu'elle a acceptée, je crois, est celle-ci. Elle répond, je pense, à la pensée de l'honorable M. Bozérian et à la pensée de ceux qui, comme nous, voient la nécessité d'intervenir par la loi contre la catégorie d'individus que vous savez :

« Sont considérés comme gens sans aveu et seront punis des peines édictées contre le vagabondage tous individus qui, soit qu'ils aient ou non un domicile certain, ne tirent habituellement leur subsistance que du fait de pratiquer ou faciliter sur la voie publique des jeux illicites ou la prostitution d'autrui sur la voie publique. »

Nous n'avons pas reculé devant une répétition qui n'est pas très euphonique, pour nettement préciser ce qui est bien la caractéristique du délit.

Il ne faut pas seulement qu'on vive de la prostitution sur la voie publique, il faut qu'on la pratique sur cette voie publique, qu'on la facilite, qu'on l'exerce; il faut, en un mot, trouver le vagabondage en une espèce de flagrant délit, dans l'accomplissement de cette série d'actes que l'honorable M. Bozérian résume d'un seul mot.

Il ne faut pas seulement que le souteneur lui-même soit sur la voie publique, n'est-il pas vrai? Il faut qu'on le surprenne exerçant ou facilitant soit les jeux illicites, ce qui est pour la journée, soit la prostitution, ce qui est pour le soir et pour la nuit.

L'honorable M. Bozérian a fait quelques observations auxquelles je veux répondre. Il dit : Vous arrivez à des résultats auxquels j'arrive moi-même; mais vous êtes moins sévère que moi. Ainsi vous qualifiez de « vagabondage » tous les actes de la nature de ceux que vous entendez prévoir, tandis que vous faites de l'exercice habituel de cette profession particulière un cas qui est assimilable au vagabondage ordinaire.

Messieurs, je réponds que nous assimilons ceux qui exercent cette profession de souteneurs aux vagabonds en général. Il y a, dans le Code pénal, depuis l'article 271 jusqu'à l'article 278, un certain nombre de textes qui punissent le vagabondage d'une façon plus ou moins sévère, suivant qu'il est exercé simplement, avec menaces, avec fausses clefs ou à l'aide d'autres circonstances qui sont également prévues par la loi.

Eh bien! je crois que, dans une loi où nous cherchons à

comprendre ces personnes particulières qui sont les souteneurs, il ne faut pas non plus, — et en ce qui concerne la définition du délit particulier qu'on leur impute, que l'on entend constituer contre eux, — il ne faut pas excéder la sévérité.

Ce qu'il y a de sévère et d'indispensable dans la loi, c'est la relégation, comme conséquence d'un certain nombre de condamnations.

Mais, si vous entendez demander que le premier acte rentrant dans vos prévisions, dans les prévisions de la loi pénale, que le premier acte de vagabondage particulier, qui est le fait des souteneurs, soit puni par le tribunal à l'égal de la mendicité à main armée, je prétends que vous aurez établi un texte dont la sévérité est beaucoup trop grande. Je prétends surtout qu'en voulant assimiler ce fait dont je parle au vagabondage avec toutes ses nuances, vous laissez les juges absolument maîtres de la peine. Ainsi, si le souteneur, dont vous faites un vagabond tel que vous voulez qu'il soit atteint, est arrêté par la police porteur d'armes, de fausses clefs, c'est la peine de vagabondage qualifiée par l'article 277 qui lui sera appliquée. Mais, s'il est trouvé n'étant nanti d'aucun de ces objets, le délit, toujours d'après les circonstances prévues par le Code pénal, sera celui du vagabondage ordinaire. Je crois que cela est important, et qu'il y a à faire au point de vue de la sévérité, quant au fait isolé, une distinction non établie par votre texte, qui permettrait de prononcer la relégation comme pour plusieurs condamnations.

Eh bien ! il faut prévenir ce cas et ne pas apporter dans la loi une sévérité exagérée.

Je crois que sur ce point la rédaction que nous avons l'honneur de proposer au Sénat peut donner une ample satisfaction. L'honorable M. Bozérian a ajouté que le chiffre des condamnations que nous demandons était trop considérable ; au moins il m'a semblé, d'après ses observations, que telle était sa pensée sur ce sujet. Vous exigez sept condamnations. M. le rapporteur, dans une interruption, a dit que le texte répond lui-même à l'objection qui est faite par l'honorable M. Bozérian. Vous savez que, dans les premiers paragraphes de l'article 4, on énumère un certain nombre d'hypothèses où un condamné peut être relégué ; puis on arrive à une série d'hypothèses différentes qui est celle-ci.

Je prends le texte de l'amendement qui est plus clair sur sept condamnations, dont deux au moins prévues par les deux paragraphes précédents, les autres, c'est-à-dire cinq, soit pour vagabondage, soit pour infraction à l'interdition de résidence signifiée par l'article 19, etc.

Comme l'article additionnel que nous vous proposons assimile l'acte du souteneur, le fait d'exercer la profession de souteneur, au vagabondage, il est clair qu'un individu qui aurait été condamné cinq fois pour contravention aux dispositions de cet article pourrait être relégué, si, d'une part, il a été condamné pour d'autres délits, pour vol, pour escroquerie, attentat à la pudeur, je suppose, et si, en second lieu, deux des cinq condamnations pour vagabondage ont été des condamnations à trois mois de prison.

Eh bien ! ce sont là des précautions qu'il nous a paru bon de prendre, et afin de donner satisfaction, je ne dis pas à ce que j'ai appelé ici une première fois de la sensiblerie, dans une pareille loi il convient de n'apporter aucun sentiment de cette espèce, mais à l'idée morale de la justice et de la prudence qui s'imposent à toutes les assemblées. (*Très bien ! très bien ! à gauche.*) Ce qui prouvera que notre loi n'est pas critiquable à ce point de vue, c'est quand nous aurons établi que pour être relégué il ne suffira pas d'avoir été pris cinq fois sur le trottoir se livrant à cette horrible industrie que M. Bozérian définit dans son amendement ; il faudra aussi que, sur les cinq condamnations dernières, il y en ait deux à plus de trois mois de prison, c'est-à-dire qu'il faudra que l'acte ait été accompli dans des conditions particulières et coupables (*Nouvelles marques d'approbation.*), et qui auront éveillé les sévérités exceptionnelles du juge. Et cela ne suffira pas encore. Il faudra qu'en outre des cinq condamnations pour vagabondage, on ait été condamné deux fois pour vol ou deux fois pour attentat aux mœurs. Eh bien ! quand on réunit sur une même tête cette addition de délits multiples, quand on est en présence d'un homme qui aura deux fois volé, ou deux fois commis le délit d'escroquerie, ou deux fois commis un attentat aux mœurs, et qui aura été pris cinq fois en état de vagabondage, on peut être certain qu'on n'est pas en présence d'un égaré, d'une victime de la société, mais d'un ennemi de la société, d'un homme qui vit à son détriment, qui appartient à la catégorie de ceux qui fournissent tous les jours aux tribunaux et aux cours d'assises leurs pires recrues, les pires condamnés. Par conséquent, j'estime que non seulement cette disposition n'appelle pas les critiques, mais qu'elle est une justification de la loi.

Voilà pourquoi je demande au Sénat de voter la rédaction que nous lui proposons, dont le but est le même que celui de l'amendement de l'honorable M. Bozérian, mais qui a le double avantage d'abord de ne pas introduire dans nos codes une expression qui figure bien dans le dictionnaire de Larousse, mais qui me paraît plus à sa place dans un dictionnaire où on est obligé de traiter toutes les questions et de définir tous les mots, que dans notre législation même. (*Très bien! très bien! sur divers bancs.*) Notre rédaction a surtout pour avantage, non pas de dire au public ce qu'est un souteneur, — il le sait, — mais de dire dans quels cas ce souteneur pourra être puni. Il faut qu'une loi pénale indique avec la précision la plus grande toutes les conditions qui devront être réunies pour la constitution du délit.

Je crois que l'énonciation toute simple, toute brutale d'un mot, lequel d'ailleurs ne m'effarouche pas, n'aurait pas les avantages d'une rédaction plus complète, et qui me semble avoir une portée légale plus considérable.

Ce que je demande au Sénat, c'est que vous introduisiez dans la loi un article de plus; il ne contrevient pas à l'article 270, qui restera dans le Code à l'usage des vagabonds, des mendiants ordinaires. Il faut qu'il y ait une disposition qui permette de punir ces hommes qui, non seulement sont dangereux par eux-mêmes, par la corruption dont ils s'entourent, mais aussi par les exemples qu'ils donnent et par l'innombrable quantité de délits et de crimes qu'ils produisent. (*Très bien! très bien! sur un grand nombre de bancs.*)

M. Bozérian. — Voulez-vous me permettre une observation, monsieur le ministre?

M. le Ministre. — Très volontiers.

M. Bozérian. — Il est un point sur lequel je désirerais quelques explications. Je voudrais savoir ce que vous entendez au juste par les mots « jeux illicites », puisqu'il y a des jeux qui constituent une simple contravention, aux termes de l'article 476 du Code pénal, et sont punis d'une simple amende, et qu'il y en a d'autres qui, au contraire, ont un caractère plus délictueux.

M. le Ministre. — J'avais, en effet, promis de répondre à cette partie de l'argumentation de l'honorable M. Bozérian et de signaler ce qui est, à mon sens, dans son amendement, une lacune.

M. Bozérian vous propose de frapper les souteneurs, nous vous demandons de frapper aussi les bonneteurs. C'est encore une expression qui, dans l'usage courant, entraîne avec elle une signification assez précise.

Nous avons cru qu'il importait de mettre dans la loi : « Ceux qui vivent ordinairement de la prostitution d'autrui sur la voie publique et ceux qui vivent de l'exercice des jeux illicites sur la voie publique. » Je dois d'ailleurs dire au Sénat que, presque quatre-vingt-dix fois sur cent, dans la pratique, ces deux familles n'en font absolument qu'une. On est bonneteur au Point-du-Jour dans l'après-midi, et souteneur sur les boulevards aussitôt que le crépuscule est advenu. (*Sourires approbatifs sur quelques bancs.*)

Ce sont là deux ressources, j'allais dire deux cordes mises à un même arc par ces industries particulièrement modernes.

L'honorable M. Bozérian nous dit : Qu'entendra-t-on par ces mots de jeux illicites tenus sur la voie publique? Est-ce simplement les jeux qui sont frappés d'une peine correctionnelle, c'est-à-dire les jeux qui sont punis par un certain nombre d'articles du Code pénal? Ou sera-ce même les jeux qui, parce qu'ils sont pratiqués sur la voie publique et en l'absence de toute autorisation de l'administration, sont illicites ?

Je réponds que, dans ma pensée, cela doit s'entendre de tous les jeux qui sont pratiqués sur la voie publique en dehors d'une autorisation... (*Marques d'approbation sur un grand nombre de bancs.*) l'autorisation du préfet de police à Paris, celle des préfets ou des maires dans les départements et dans les communes, c'est-à-dire de ces jeux de hasard qui ne sont pas en eux-mêmes une escroquerie, et je crois qu'en précisant bien ce point je ne donnerai peut-être pas, je le reconnais, satisfaction à la pensée de l'honorable M. Bozérian, mais j'expliquerai bien la mienne.

L'honorable M. Bozérian semble croire qu'on ne devrait atteindre que l'exercice des jeux illicites s'accomplissant dans des conditions telles qu'on pourrait relever contre celui qui les pratique le délit d'escroquerie. Je réponds : non, il y a deux faits parfaitement distincts et qu'il ne faut pas confondre. Ainsi, pour parler du jeu de bonneteau, — je demande pardon au Sénat d'entrer dans des détails de cette nature, mais tout détail, quel qu'il soit, est digne de l'attention d'une assemblée quand il s'agit de prendre une mesure aussi utile... (*Approbation sur un grand nombre de bancs.*) — le bonneteur ne commet pas une escroquerie ; le jeu qu'il pratique demande seulement à être pratiqué avec adresse, avec habileté.

J'affirme, Messieurs, que la police, après un examen très attentif de la façon dont procèdent les bonneteurs, a pu relever contre un certain nombre d'entre eux ce qu'on pourrait également relever contre certaines personnes qui tiennent d'autres cartes et jouent un autre jeu : une habileté excessive, qui devient alors constitutive de l'escroquerie ; mais elle a reconnu qu'il y a aussi une sorte d'adresse en elle-même ne pouvant pas être considérée comme constituant un délit d'escroquerie, et qui, parce que le jeu est pratiqué sur une route publique, qu'on fait appel aux paysans dans un marché ou dans une foire, ou encore à des enfants ou à des adolescents qui s'approchent de la table, n'en constitue pas moins un trouble sur la voie publique.

Lorsqu'on vient d'établir dans un marché, dans une foire ou dans une fête, une table sur laquelle on pratique des jeux sans autorisation, on se livre précisément à un de ces exercices, un de ces jeux illicites qui doivent tomber sous l'application d'une loi de cette nature.

J'ajoute qu'il y a, pour cela, une raison à mon sens essentielle et décisive : c'est que précisément une des caractéristiques de l'industrie générale dont je parlais, est que, lorsque le juge se trouvera en présence d'un homme que le parquet aura traduit devant lui comme vagabond, il aura à rechercher s'il a pratiqué la prostitution ou vécu de jeu sur la voie publique, et que, presque toujours, il rencontrera cumulées ces deux circonstances.

Encore une fois, Messieurs, j'estime que le fait de n'avoir d'autre ressource que de pratiquer dans un marché, dans une foire ou sur la place publique des jeux qui ne sont pas autorisés par l'administration, constitue une circonstance qui doit être retenue dans une loi comme la loi actuelle et doit, en conséquence, prendre place dans l'article nouveau que nous proposons au Sénat d'insérer. (*Très bien ! très bien ! et vifs applaudissements à gauche et au centre.*)

FIN DE LA PREMIÈRE SÉRIE

TABLE DES MATIÈRES

	Pages.
Introduction	I
Le travail, levier des destinées humaines.	
Cesson, 29 septembre 1879	1
L'Église ouverte a la foi et non a la politique.	
Montreuil-le-Gust, 6 octobre 1879	6
Les Congrégations contre la République.	
Bruz, 6 septembre 1880	11
La Réforme judiciaire.	
Chambre des députés, séances des 13 et 20 novembre 1880.	19
Chambre, séances des 26 et 28 janvier 1883	55
Indemnités accordées aux victimes du Coup d'Etat du 2 décembre 1851.	
Chambre, 31 mars 1881	83
Sur la séparation anticipée des Chambres.	
Union républicaine, 12 juin 1881	90
La Révolution française.	
Rennes, 14 juillet 1881	93
Le clergé et les élections.	
Chambre, 24 novembre 1881	98
Un programme de gouvernement.	
Union républicaine, 8 mai 1882	100
Défense de la politique du ministère Gambetta.	
Rennes, 14 juillet 1882	104
De l'autorité.	
Saint-Brice, 22 septembre 1882	110
Loi d'expulsion.	
Union républicaine, 19 janvier 1883	115
La loi municipale.	
Révocation des gardes champêtres. Chambre, 27 février 1883.	117
Publicité des séances des conseils municipaux. Sénat, 3 et 28 mars 1884	120

	Pages.
Pouvoirs de police des maires. Sénat, 6 mars 1884.	131
Organisation municipale de Paris. Chambre, 8 et 10 novembre 1883	144
Sénat, 3 et 7 avril 1884	172

PROPOSITIONS D'AMNISTIE.

Chambre, 19 mars et 9 juillet 1883, 12 juillet 1884. 207

LA LOI SUR LES RÉCIDIVISTES.

Chambre, 26 avril, 8 mai, 25 et 28 juin 1883 225
Sénat, 23 octobre 1884, 5, 6, 9 et 13 février 1885 256

Paris. — L. MARETHEUX, imprimeur, 1, rue Cassette. — 10984.

Extrait du Catalogue de la BIBLIOTHÈQUE-CHARPENTIER
à 3 fr. 50 le volume
EUGÈNE FASQUELLE, ÉDITEUR, 11, RUE DE GRENELLE

ÉCONOMIE POLITIQUE & SOCIALE

PAUL BERT
La Morale des Jésuites.. 1 vol.

ERNEST CHARLES
Théories sociales et Politiciens.. 1 vol.
Praticiens politiques (1870-1899)..................................... 1 vol.

GEORGES CLEMENCEAU
La Mêlée sociale... 1 vol.
Aux Embuscades de la vie... 1 vol.

EUGÈNE FOURNIÈRE
L'Ame de demain... 1 vol.
L'Artifice nationaliste... 1 vol.
Ouvriers et Patrons.. 1 vol.

URBAIN GOHIER
Le Peuple du XX° siècle.. 1 vol.

YVES GUYOT
La Comédie socialiste... 1 vol.
L'Évolution politique et sociale de l'Espagne..................... 1 vol.
Les Conflits du travail et leur solution.............................. 1 vol.

ED. LABOULAYE
Questions constitutionnelles.. 1 vol.

PAUL LEROY-BEAULIEU
La Question ouvrière au XIX° siècle................................. 1 vol.

HENRY LEYRET
En plein Faubourg... 1 vol.

PAUL LOUIS
Les Étapes du Socialisme.. 1 vol.
L'Avenir du Socialisme... 1 vol.

F.-L. MALEPEYRE
La Magistrature en France.. 1 vol.

LE P. VINCENT MAUMUS
La Crise religieuse et les Leçons de l'histoire.................... 1 vol.

ALFRED NAQUET
La Loi du divorce.. 1 vol.

TOLSTOI
Conseils aux dirigés (Trad. HALPÉRINE-KAMINSKY)......... 1 vol.

D° TOULOUSE
Les Conflits intersexuels et sociaux.................................. 1 vol.
L'Art de vivre... 1 vol.

WALDECK-ROUSSEAU
Questions sociales... 1 vol.
Associations et Congrégations... 1 vol.
La Défense républicaine... 1 vol.
Action républicaine et sociale... 1 vol.
Politique française et étrangère...................................... 1 vol.
Pour la République... 1 vol.

RENÉ WALLIER
Le Vingtième siècle politique (1901, 1902, 1903 et 1904).... 4 vol.

www.ingramcontent.com/pod-product-compliance
Lightning Source LLC
Chambersburg PA
CBHW050540170426
43201CB00011B/1506